中国社会发展年度报告

李汉林 主编

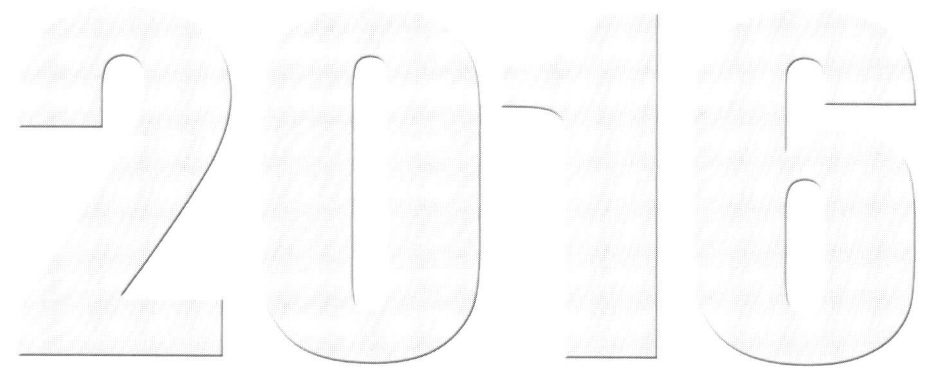

中国社会科学出版社

图书在版编目（CIP）数据

中国社会发展年度报告.2016 / 李汉林主编.—北京：中国社会科学出版社，2017.1

ISBN 978 - 7 - 5203 - 1024 - 6

Ⅰ.①中… Ⅱ.①李… Ⅲ.①社会发展—研究报告—中国—2016 Ⅳ.①D668

中国版本图书馆 CIP 数据核字(2017)第 228453 号

出 版 人 赵剑英
责任编辑 王 茵 孙 萍
责任校对 杨 林
责任印制 王 超

出 版 中国社会科学出版社
社 址 北京鼓楼西大街甲 158 号
邮 编 100720
网 址 http://www.csspw.cn
发 行 部 010 - 84083685
门 市 部 010 - 84029450
经 销 新华书店及其他书店

印 刷 北京君升印刷有限公司
装 订 廊坊市广阳区广增装订厂
版 次 2017 年 1 月第 1 版
印 次 2017 年 1 月第 1 次印刷

开 本 710 × 1000 1/16
印 张 33.25
插 页 2
字 数 374 千字
定 价 118.00 元

《中国社会发展年度报告》编委会

目　录

第一章　社会参与:理论与经验

一　引论

孟子曰：“霸者之民，欢虞如也。王者之民，皞皞如也。”所谓“霸者”“王者”，如果略去社会属性的因素，单纯从社会学意义上理想类型的角度去考究的话，可以视作在历史与理念之间抽象出来的两种较佳的社会治理（Social Governance）模式。其中，王者之治更是大善之治。所谓“皞皞如也”，指的是民众在善治之下一种心悦诚服、志得意满又自在舒展的状态。

孔子对于理想社会的勾勒则是这样的：“大道之行也，天下为公，选贤与能，讲信修睦。故人不独亲其亲，不独子其子，使老有所终，壮有所用，幼有所长，矜、寡、孤、独、废疾者皆有所养。男有分，女有归。货恶其弃于地也，不必藏于己；力恶其不出于身也，不必为己。是故谋闭而不兴，盗窃乱贼而不作，故外户而不闭，是谓大同。”其中，他所说的“货不必藏于己”“力恶其不出于身”皆是指社会成员在善治之下，积极参与到社会生活中去，由自身出发又回至自身，从而不断地达成并实现善治。这种理想中的“善治”（Good Governance）的重要特征在于，它将“治理”从主体与客体的关系转换为主体与主体之间的关系，将每一位社会成员不单单视为被动的治理对象，同时，也是不断地参与社会事务、处于社会关系之中、充满无限潜力与创造的可能性的对象。在这种理想的论述之中，“每个人的自由发展是一切人自由发展的条件”①。

转入当前现实，就眼下来看，我国进入深化改革开放的新阶段。新的时代面临新的问题，新的阶段呼吁新的社会发展与治理模式。从改革开放前总体性支配的治理模式到改革开放后技术化治理方式的转变，呼应着社会结构的巨大变迁。② 在这一巨变背后，经济体制内部巨大的市场力量被释放出来，一切创造财富的源泉在不断涌流，在经济存量的基础上，增量不断生成，不断突破创造，又不断面临挑战；在政治体制方面，执政党一方面注重配合改革开放后新的经济力量发育成长的制度环境的建设，另一方面小心翼翼地避免这种新的力量突破社会主义国家的根本底线，致力于在效率与公平之间求得一种动态平衡；在思想文化层面，围绕主流意识形态话语，既出现了向西方文明不断汲取有益文化因素的呼吁，也出现了回顾我国悠久漫长的历史，并在社会主义新传统中不断吸纳其中珍贵养分的声音。总而言之，回顾我国改革开放近40年的历程，从社会发展的角度，我们可以看到，是社会活力不断被激发的过程，是社会成员的主观能动性不断被调动、新的创造性因子不断活跃的过程，是每一个成员以多种多样的方式参与到社会发展事业当中，发挥自身能量的过程。一言以蔽之，是社会成员以不同

① 《马克思恩格斯选集》第1卷，人民出版社1995年版，第294页。

② 参见渠敬东、周飞舟、应星《从总体支配到技术治理——基于中国30年改革经验的社会学分析》，《中国社会科学》2009年第6期。

的样态、在本有的社会结构的基础上，稳固与突破形成新的有效社会联结机制，不断实现社会参与的过程。

历史的发展没有止境。我国的改革开放事业依然面对多样问题。中共十八届五中全会指出：“必须坚持发展为了人民、发展依靠人民、发展成果由人民共享，作出更有效的制度安排，使全体人民在共建共享发展中有更多获得感。”如何在社会各个层面继续合理有效地推动与深化改革，如何进一步激发社会活力，让社会成员以更加充分的信心和更加有效的能力参与到这一过程中来，如何充分发挥社会成员的主观能动性，并使“全体人民在共建共享发展中有更多获得感”，是今后我国社会发展所要面对的重大命题。因此，本章将围绕“社会参与”（Social Participation）这一主题，检视其内涵与外延，并将其置于我国现实经验的脉络之中，来理解、探索与论证其与社会发展的关系。

二　社会参与:理论回顾

社会发展是致力于人民福祉（Well-being）、社会公平（Justice）、包容（Inclusiveness）、可持续发展（Sustainability）的一种理念。其中，人民福祉是根本目标；社会公平是基本要求；包容是主要机制；可持续发展是前提条件。[①] 就实质意义来看，无论是社会发展所追求的根本目的，还是实现这一根本目的的

① 参见中国社会科学院社会发展战略研究院“社会发展与社会态度研究”课题组《社会发展的四个理念》，载《社会发展研究》第1期，中国社会科学出版社2011年版。

机制与条件；无论是实现这一目的所必须秉持的基本原则，还是完善这一目的所必须蕴含的基本理念，都从绝对意义上指向人的参与本身：人是社会中的人，也是历史中的人。人在社会发展及历史变迁中，既是追求者，也是实现者；既是创造者，也是享有者；既是有朽者，也是不朽者。人民与社会的发展，永远不可能隔岸观火，因此也永远不可能摆脱这样一种本质关系：人的社会参与推动并体现社会发展，社会发展激励并指向人的社会参与。社会参与，贯穿于社会发展的目标、要求、机制及条件之中，是灵魂性要素。无论是经典理论家，还是当代学者，对于"社会参与"都有相关论述及思考，下面我们将援借他们的理论来进一步理解之。

（一）经典社会学家的历史洞察

马克思早已指出："人的本质不是单个人所固有的抽象物，在其现实性上，它是一切社会关系的总和。"[①] 这是一个关于人的本质的根本论断，我们从中可以断定，"社会参与"这一概念是一个关系性的概念。它首先指向人的本质的复归，人作为"自成一类"（Sui Generis）的存在，不可能脱离与他人在物质生产的过程中所结成的社会关系，不可能囿于自身幻想的个人世界，也不可能单靠抽象的理念进行创造性生活。人必须参与到人与人的互动所建构形成的社会中去，既以不同的样态呈现社会的光泽，又以不同的样态完成自身。人在社会中，就自然意义上而言，本就是社会参与的人。只不过，人又是历史中不

① 《马克思恩格斯选集》第1卷，人民出版社1995年版，第60页。

断完成的人，在不同的历史处境中，人的社会参与的方式、意义与价值根本不同。从历史唯物主义的角度看，人以构成阶级的方式，以阶级与阶级斗争的办法完成社会参与。人在社会参与的过程中，因为所属阶级的不同，居于统治与被统治、压迫与被压迫的历史状态。在奴隶社会、封建社会以及资本主义社会，社会参与的主体可以化约为两大不同的阶级：统治阶级与被统治阶级。奴隶主、封建君王以及资产阶级由于生产资料的绝对占有，以压迫与统治的方式参与到社会中去，居于其下者则是奴隶、无地农民与无产阶级，尽管生产资料被剥夺殆尽，然而作为类存在的他们，同样必须以被压迫者的姿态参与到社会中去。在社会主义社会乃至共产主义社会，由于生产资料实现了社会化，阶级压迫趋于消无，人们的社会参与不再充满不甘与不满，不再区分为压制性的与被压制性的。“上午打猎，下午捕鱼，傍晚从事畜牧，晚饭后从事批判”①，人们已实现了人的状态，完成了由“自在”（Self-Being）向“自为”（Self-Making）的转换。人们的社会参与以一种无压力与无强制的自由状态，在历史发展的光明阶段呈现出一种自然性与社会性的高度统一。这是马克思的经典论述，从中我们可以看到“社会参与”这一概念本身具备的历史性。

经典社会学家涂尔干在描摹人类社会由前现代转向现代的时候，从“社会团结”的角度，将人类社会的团结方式区分为“机械团结”（Mechanical Solidarity）与“有机团结”（Organic Solidarity）两种。前者，人们的团结依赖于人与人之间

① 《马克思恩格斯选集》第1卷，人民出版社1995年版，第85页。

自然形成的血缘与地缘等先天关系，人的个性包笼在高度重合的传统所要求的共性之中。而后者，所实现的则是一种功能性的相倚，人们依据自身在社会分工中位置的不同，以更为深层次的方式参与到社会中去。不过，涂尔干并未对从机械团结到有机团结的转换持绝对的乐观态度，无论是前现代社会还是现代社会，社会的团结总容易出现过紧或者过松的弊病。以社会参与的概念涵摄之，人们对于社会生活与生产的参与，在他看来，总难恰如其分。这种社会参与的不充分与不主动状态，使得“失范”（Anomie）这一现象在过渡与转型时代总是以一个阴暗的魅影的形象出现。在滕尼斯那里，“共同体”（Community）与“社会”（Society）则成为划分人的两种结合模式的概念范畴。人在共同体中，因为家庭、宗族等浓郁的血缘关系结合在一起，以地缘上的靠近为相互作用时空间上的界定，人们的社会参与限定在交往程度较深的熟人领域里，守望相助，这种社会参与在滕尼斯看来有着温情脉脉的浪漫色彩。而“社会”，尽管突破了共同体地缘与血缘因素的局限，实现了现代人在空间上更频繁与高速的流动，但是因为缺少了人与人之间高密度与深层次的了解与沟通，是一种浅层次、不充分的结合模式，人们的社会参与，缺乏先天因素带来的安全感，针对陌生人构成的熙熙攘攘的社会，总是有一定的戒备。[①] 韦伯对于现代社会日益除魔祛魅的理解，也为现代人的社会参与涂上了一层冷漠无热情的色彩。

---

① 有关滕尼斯与涂尔干对于现代社会人与人之间连接性质的不同判断与理解，参见李猛《社会的构成——自然法与现代社会理论的基础》，《中国社会科学》2012年第10期。

以上经典社会理论家并未针对“社会参与”做出直接的论述，但是从他们的核心思想中，我们可以看出：第一，“社会参与”隐含在他们对于社会构成模式的思考之中；第二，他们对于“社会参与”的历史性有着充分而警醒的认识。波丁（J. E. Boodin）在20世纪20年代援用布留尔（Lévy-Bruhl）与涂尔干的著作，对于社会参与的规则有一个较为系统的论述。[①]他指出，社会参与有着三种不同的类型：第一种，社会参与中的个人是自发无意识的，个体在参与过程中不会质询和思考；第二种，人们的社会参与是程序性的，这是一种过渡的类型；第三种，人们的社会参与是批判性的，实践与经验是检验真理的客观标准而非群体集体无意识式的认同。这种社会参与是创造性的，并且是真正意义上“社会”的。波丁强调个人在社会参与中的批判性与创造性的同时，也在不断强调个人与集体社会连接的重要性，并强调只有在这种连接中人们批判性与创造性的社会参与才是真正有建设意义的。

（二）当代学者的理论阐释

“社会参与”（Social Participation）这一概念，源自西方行政管理学，是一种社会治理的多元主义思路。它突破以往以政府或市场为中心的单一参与模式，强调以政府、市场、社会、公民等多个群体或组织为中心的多元参与模式。也有学者从更为规范与狭义的意义上，认为“社会参与”是指公共权力机构在进行立法、制定公共政策、决定公共事务或进行公共治理时，

① J. E. Boodin, “The Law of Social Participation”, *American Journal of Sociology*, Vol. 27, 1921, pp. 22 – 53.

由公共权力机构通过开放的途径从公众和利害相关的个人或组织获取信息，听取意见，并通过反馈互动对公共政策和治理行为影响的各种行为。[①] 这一概念，肇始于经济学家艾莉诺·奥斯特罗姆（Elinor Ostrom）的多中心治理理论。所谓多中心治理理论，指的不是政治上或经济上无组织的涣散状态，而是一种突破一元思维的公共“治理术”，即“行为单位既会独立自主地追求自己的利益，又会相互协调合作”。该理论指出：“通过社群组织自发秩序形成的多中心自主治理结构，以多中心为基础的新的‘多层级政府安排’具有权力分散和交叠管辖的特征。多中心公共论坛以及多样化的制度与公共政策安排，可以在最大限度上遏制集体行动中的机会主义，实现公共利益的持续发展。”

雪莉·阿恩斯坦（Sherry Arnstein）在不同国家经过实地调研、比对观察之后提出“公民的社会参与阶梯论”（Ladder of Citizen Participation），将社会参与的程度区分为假参与、表面参与、高层次表面参与和深度参与四种类型。

第一，假参与。这种社会参与的类型包括“操纵”（Manipulation）与“训导”（Therapy）两种。二者旨在“治愈”或“教育”公民，往往通过运用公共关系的技术，达到使公民放弃实际权力的目的。

第二，表面参与。包括“通知”（Informing）与“咨询”（Consultation）两种。“通知”往往是一个单向过程，没有真正反馈给那些掌握权力的人；“咨询”是发现人们的需要和表达其关切的重要尝试，但往往只是一个假装倾听的仪式。

---

① 参见蔡定剑《公众参与：风险社会的制度建设》，法律出版社 2009 年版，第 5—7 页。

第三，高层次表面参与。其类型则是“安抚”（Placation）。它使公民拥有提出建议的机会，但没有实际权力。

第四，深度参与。包括伙伴关系/合作（Partnership），指的是通过协商和责任的联合承担重新分配权力；授权（Delegated power），指赋予公民决策和问责的权力和权威；公众控制（Citizen Control），指赋予公民完全的决定和控制执行资金的责任。[①]

进一步地，有西方学者提出了衡量社会参与程度的界定维度。比如科恩（Carl Cohen），他用“参与的广度”与“参与的深度”来度量现代民主政治生活中社会参与的范围。所谓“广度”，指的是公民参与政治生活的普遍性；所谓“深度”，则是指公民参与政治生活的有效性。托马斯（John Clayton Thomas）则使用“公民参与的适宜度”这一变量化和指标化的方法来界定社会参与程度。他引入“决策质量”和“决策可接受性”两个变量，指出社会参与程度的选择主要依赖于这两个变量之间的均衡。托马斯甚至划定了社会参与的具体途径：一是以获取信息为目标的社会参与途径，如关键公众接触法、公民调查等；二是以增进政策接受性为目标的社会参与，主要途径有公民会议、咨询委员会等。欧洲国家在实践层面，社会参与的特点不一。如英国和法国，社会参与的突出领域是城乡规划；在意大利，则是政府展示会；在丹麦则有一个专门负责在全国范围内推动公共启蒙与公共讨论的永久性机构：丹麦技术委员会；等

① 参见蔡定剑《公众参与：欧洲的制度和经验》，法律出版社2009年版，第15—19页。

等。[①] 国内学者如蔡定剑，将阿恩斯坦后来发展出来的八个阶梯分为四个层次：低档次的参与、表面层次的参与、高层次的表面参与、合作性参与。而孙柏瑛则将八个阶梯分为三个发展阶段：非实质性参与阶段、象征性参与阶段以及完全性参与阶段。[②] 关玲永认为，衡量社会参与程度，可以从广度、深度与效度三个维度入手。广度指公民政治参与的数量和渠道的多少；深度指公民政治参与的作用范围和自主性程度的高低；效度则指公民政治参与的个体效应和整体效应。

可以说，经济学家较多地关注社会参与作为一种多元化的治理方式，对于经济人本身在效率逻辑方面构建有效秩序的自主性和可能性。公共管理学家更多地将注意力集中在公共政策制定时广泛吸纳多方利益群体意见的过程上。经典社会学家虽未直接论及“社会参与”这一概念，但是在他们思想的核心表述中，我们可以看到“社会参与”在宏阔的历史变迁中所凸显出来的人的主体性作用的演变，以及它本身所折射出来的与社会发展息息相关的特点。

通过以上理论与文献的回顾，我们应该意识到这么几点：第一，就经典理论家而言，社会参与在社会不同的发展阶段有着质的区别。无论是马克思还是涂尔干，乃至滕尼斯，都可以从他们的理论中提炼出社会参与之于社会发展的征示关系。第二，经典理论家对于社会参与的认识，都强调不同形态的人在

① 参见刘红岩《国内外社会参与程度与参与形式研究述评》，《中国行政管理》2012 年第 7 期。

② 参见孙柏瑛《当代地方治理——面向 21 世纪的挑战》，中国人民大学出版社 2004 年版，第 229 页。

参与过程中主体性作用的发扬。第三，晚近的学者，无论是波丁、阿恩斯坦还是托马斯，以及我国的诸多学者，实际上都在既定的学科框架内承继了经典理论家的观点，并希望用更加具体的测度化的方式来探究社会参与问题。在从社会理论的层面厘清“社会参与”这一概念的内涵之后，我们需要将目光转向群体和经验层面，并有意识地将其置于我国的历史脉络中来讨论之。

三　我国的社会参与:经验与挑战

改革开放以来，我国的一系列制度设置，从路径方面来看，一个很突出的特点便在于，它从经济领域开始，继而扩展到其他领域；从城乡结构上看，它从农村开始，继而扩展到城市。[①]因此，我们首先从经济领域出发来回顾改革开放以来我国的社会参与状况，以辨析在社会发展的经验脉络中，它居于怎样的位置。

（一）改革开放以来的经济参与

20世纪70年代末80年代初，在农村，我国经济体制改革的最初标志是家庭联产承包责任制的确立与实行。这种将土地使用权与所有权划分开来，由公社、村队集体生产划归家庭承包的制度构架，在相当程度上解放了农村的生产力，使得农村劳动力获得了更加充分的激励，并更加有效地作用到生产资

① 参见［英］罗纳德·科斯《变革中国》，王宁译，中信出版社2013年版。

料——土地上去。当农村劳动力与土地的作用程度几近饱和之后，乡镇企业作为新生事物在广大农村异军突起。如费孝通所说，中国的农村出现了一批“每天放工回来，可以在田里做一些农活，在农忙时兼顾农业”的“新人”。同时，由城入乡的劳动力流动开始出现，并且随着90年代中叶开始衰落的乡镇企业呈激增态势，直至今日，其数量约为2.7亿个。[①] 这种如此大规模的、农民以劳动力的形式参与城镇化进程的现象在人类历史上尚无前例。紧随农村经济体制改革的，是城市中各种国有资本的改革和重组，国有企业首要从效率逻辑出发，一方面进行所有制结构的调整，另一方面裁汰冗员，以充分刺激固有在企业单位制内部的生产力效率。总而言之，改革开放遵循的最初逻辑是释放总体性社会格局中积存的内在活力，让一部分人先富起来，以先富带动后富。

这种经济参与从数量上看，规模庞大，无论是劳动力、资本，还是生产技术，由于制度的导向作用，它们参与到市场经济中的程度逐步加强，在生产、分配、交换、消费的各大环节中相互作用与结合的程度更深，内在的价值不断放大，由此形成我国经济总量高速起飞的宏观效应：截至2014年，我国的国内生产总值已达643974万亿元。GDP作为衡量经济发展水平的重要指标，它体量的大小意味着一个社会在一定历史时期和地域范围内所创造出来的物质财富的大小。所谓“庶之”“富之”，让社会成员能更加充分地创造并占有社会财富，这是一个

① 国家统计局数字显示，2015年，全国农民工总量27747万人，比上年增长1.3%。其中，外出农民工16884万人，增长0.4%；本地农民工10863万人，增长2.7%。

朴素的发展要义。但是，一方面，我们不可以步入发展主义的迷途，将其理解为发展的根本要义和唯一要义，即“富之”并非“教之”的先决条件；另一方面在GDP巨大数字的背后，不可以忽略结构性问题。

第一，就地域和城乡来看，民众参与的深度与效度不同，东部地区在市场经济中，参与到社会化大生产的程度更深、效度更高，因此创造并占有了更多的社会财富；城市居民相对于农村居民，享受到的经济参与回报相对于农村显然更高。并且，更为重要的是，农村居民尤其是奔赴城市打工的农民在参与到市场经济的过程中时，付出了高昂的社会性代价。农村的空壳化，以及留守儿童与老人，都是这一社会性代价的缩影，这是对于传统中国伦理本位的社会格局的巨大冲击。

第二，在经济参与的过程中，高水平经济参与的准入门槛越来越高，人们在经济活动中所占有的主动权分殊越来越大。经济参与的过程，如同图海纳所描述的法国的社会分层，像是正在变成一场马拉松；阶层固化影响正常的社会流动，尤其是代际社会地位的流动，进而影响人们经济参与乃至社会参与的正向主动性和信心。

第三，经济参与对于经济地位较低的公民而言，越来越呈现出一种被动性，比如说打工农民，这与经济体制改革初期由城入乡的流动人口所呈现出的活力气象很不一样。经济参与的主动性不足，指的并非是参与者的工作意愿不强，而是指由经济参与所带来的经济与心理回报缺乏有效的增量刺激。这是由急剧抬升的城市入住成本所导致的。这对于漂浮在城市之中的“半城市化人口”而言，尤其如此。很难说他们在城市的经济参与是完全充分的。

除了GDP背后的结构性问题之外，我们尚需将GDP增长、社会发展与人的社会参与置于更宏阔的世界体系与更自然的生态系统中去理解。要真正具备可持续发展的历史意识，甚至不是要将生态保护与经济发展理解为一种艰难的平衡关系，而是要理解为一种将后者包含于前者的嵌入关系。既然“发展”在时间上征示着未来，那么它本身就是可持续的。而生态环境是任何有意义的发展及参与所必须持续占有的前提性空间。

我国目前的经济发展阶段，被形象概括为“新常态”时期。究其原因，既与全球经济大趋势步伐一致，同时，也与中国经济发展内在的结构性因素紧密相关。如果全球的经济新常态可以被描述为新平庸或长期停滞的话，那么中国经济新常态的特点则是增长上的结构性减速。有经济学家指出，在新常态下，我国面临着产能过剩、债务风险增大以及城镇化转型等新矛盾和新挑战。① 经济上的结构性减速，实际意味着社会发展中“隧道效应”的缩小，这就必然意味着对于“马太效应”的抑制要更及时和迅速。② 社会中的个体在经济方面的参与，就当前来看，遵循的最具合法性的逻辑是市场逻辑。个体在社会化大生产中价值的判定主要依据他在参与到社会化大生产的链条中时所占据的市场位置和市场价值，而个体在市场中位置的占据从社会流动的角度来看，无论是在我国还是世界，无论是现在还

---

① 参见李扬、张晓晶《“新常态”：经济发展的逻辑和前景》，《经济研究》2015年第5期。

② 参见李汉林《放大“隧道效应”，抑制“马太效应”》，《经济日报》2016年1月28日。

是历史上，都有很强的阶层再生产性。那么，就眼下来看，如何在抑制“马太效应”的同时，又不干扰和破坏社会主义市场经济的运作逻辑和发育环境；或者说，如何在市场力量沿着本有的社会结构的路径不断膨胀的同时，控制它不去突破“马太效应”所造成的社会断裂的极限，是处理我国社会参与在经济领域方面的核心命题之一。

除此以外，社会主义市场经济作为契约经济，尤重社会信任。必须高度重视市场经济中的信任问题。市场经济中的信任可以区分为普遍信任与关系信任两种。[①] 同样，与我国的社会结构紧密相关，市场经济的运作结构镶嵌于社会结构之中，就当前来看，我国市场经济中的信任主要表现为依赖于差序格局的关系信任。这种信任结构一方面被认作降低了改革开放初期市场运作的交易成本，另一方面对于市场经济的进一步发育也构成了障碍。如果说市场经济作为一种将人类的投入和产出均质化的力量，它的扩展内在地要求突破血缘与地缘的限制，不仅仅是要在熟人之间，而是要在陌生人之间建立一种客观无差别的契约交换模式的话，那么，市场经济中存在的普遍信任结构恰恰是需要进一步的社会参与来实现的：这种实现，一方面依靠制定各种市场经济得以运作的公平制度，以使得超越关系型信任的行动逻辑有更强的合法性基础；另一方面，需要的则是制度的持久性以及时间和耐心，而且不可能是在摧毁关系信任结构的基础上建立普遍信任结构，而是在关系信任结构的基础上外推出去逐渐形成后者。最终从根本意义上形塑一种内在于

① 参见陈福平《市场社会中社会参与的路径问题：关系信任还是普遍信任?》，《社会》2012 年第 3 期。

市场经济的契约性精神气质（Ethos）。社会参与本身，如同前文论述的，就实质来看，正是一种从血缘和地缘关系出发，去搭建陌生人之间社会连接的持续化努力。

（二）政治参与：在国家与社会之间搭建桥梁

“人是政治的动物。”政治参与是人在社会生活中铺展开自身权利，参与到属人的世界与属人的历史中去的表现方式。根据《布莱克维尔政治学百科全书》，政治参与指的是“参与制订、通过或贯彻公共政策的行动。这一宽泛的定义适用于从事这类行为的任何人，无论他是当选的政治家、政府官员或是普通公民，只要他是在政治制度内以任何方式参与政策的形成过程”①。从这个定义来看，社会参与的主体既包括普通民众，又包括官僚群体；另外，它把政治参与的范围限定在政治制度内，排除了非制度化的政治参与。

政治参与，在理想意义上，被视作在国家与社会之间搭建的桥梁，可以有效矫正政府的行动与公民的意愿之间的失调和冲突，以使政治体系得以高效稳妥地运行。我国的政治参与自新中国成立以来，跟随时代变迁，不断发生变化。② 新中国成立伊始，1949 年的《中国人民政治协商会议共同纲领》开宗明义：中华人民共和国“实行工人阶级领导的、以工农联盟为基础的、团结各民主阶级和国内各民族的人民民主专政”。1953

---

① 参见［英］戴维·米勒、韦农·波格丹诺主编《布莱克维尔政治学百科全书》，邓正来译，中国政法大学出版社 2002 年版。

② 参见王绍光《政治文化与社会结构对政治参与的影响》，《清华大学学报》（哲学社会科学版）2008 年第 4 期。

年我国的第一次公民选举，参加投票的选民有 2.78 亿人，占登记选民总数的 85.88%，共选出基层代表 566.9 万人。仅从数字上看，在中国几千年的历史上极具突破意义。

新中国成立后直至改革开放以前，我国公民的政治参与被概括为"革命型的政治参与"及"动员型政治参与"两种。[①]"革命型政治参与"的特征之一在于，它以大规模群众性、周期性政治运动为参与的基本形式，比如 1950—1976 年这 20 多年间，就有过数十起规模较大的政治运动，如镇反运动（1950—1953）、知识分子改造运动（1951—1952）、新"三反"运动（1953）、"文化大革命"运动（1966—1976）等。"革命型政治参与"的另外一个特征则是，以对原有政治秩序、政治格局以及政治体制的否定为取向。这种政治参与所鼓励形成的是一种"斗争"的世界观。比如说，土改和集体化运动期间，党动员群众参与政治斗争的目的是"砸碎旧世界，创造新世界"；"文革"时期则是"打碎旧的国家机器"。"动员型政治参与"，是指公民受到他人的号召、动员、暗示等而被动地参与政治生活的实践活动。[②] 这种参与形式在新中国成立后逐步稳固构筑在单位制的基础之上，借助资源的控制—依赖结构，形成一种鲜明的动员式特征。这段时间的政治参与实际上并没有起到在国家与社会之间搭建良好桥梁的作用。

改革开放以后，党和国家的重心由"阶级斗争"转移到了经济建设上来。这一时期公民政治参与的突出特点则是"建设

① 参见梁丽萍、邱尚琪《建国以来中国公民政治参与模式的演变分析》，《中国行政管理》2004 年第 5 期。

② 参见陶东明、陈明明《当代中国政治参与》，浙江人民出版社 1998 年版。

型政治参与”和“自主型政治参与”。[①] 所谓“建设型政治参与”的标志性特征在于：第一，从参与的取向上看，政治参与的心态更加主动、积极；第二，从参与的手段和渠道上看，更加合法和正式。而“自主型政治参与”则是指“公民基于自身的利益和需要而自觉地以某种方式对政治过程施加影响的参与行为”。[②] 有学者总结，我国制度化政治参与的方式包括以下六种。

（1）执政党领导下的人民代表大会制度和政治协商制度，以及执政党内的参政议政活动；

（2）执政党在非政府组织和企业组织中建立党的支部，以此来吸纳这些组织的成员参与政治活动；

（3）执政党吸纳社会精英（如私营企业主）入党，并以此来扩大党的执政基础，推进公民有序的政治参与；

（4）信访制度；

（5）行政过程中的政治参与，包括行政复议和行政诉讼、听证会、开放式会议以及其他公民参与政府决策的活动和行为；

（6）在基层社区和乡镇开展的公民选举和自治活动等。[③]

当前我国非制度化的政治参与则主要有四种方式。

（1）个人接触；

（2）越级上访和集体上访；

---

① 参见梁丽萍、邱尚琪《建国以来中国公民政治参与模式的演变分析》，《中国行政管理》2004 年第 5 期。

② 梁丽萍、邱尚琪：《建国以来中国公民政治参与模式的演变分析》，《中国行政管理》2004 年第 5 期。

③ 王明生、杨涛：《改革开放以来我国政治参与研究的回顾和展望》，《清华大学学报》（哲学社会科学版）2011 年第 6 期。

（3）群体性事件；

（4）抗拒行为。①

亨廷顿指出，在实践中非制度化政治参与的正常顺序可能是：个人非政治行动（个人避免卷入政治）、个人政治行为（个人的政治接触）、集体非政治行动（集体性的、非政治性质的诉求和行动）、集体政治行动（集体性的、政治性质的诉求和行动）。②

我国已经进入经济体制改革的新阶段，与之相应，我国也进入了政治体制改革的新阶段。中共十七大报告指出："政治体制改革作为我国全面改革的重要组成部分，必须随着经济社会发展而不断深化，与人民政治参与积极性不断提高相适应。"扩大公民有序的政治参与不仅是我国政治体制改革的重要内容，也是发展中国特色社会主义民主的题中之义。党的十八大则首次提出"社会主义协商民主是我国人民民主的重要形式"。党的十八届三中全会进一步把"推进协商民主广泛多层制度化发展"作为"加强社会主义民主政治制度建设"的重要内容。尽管无论是制度化的政治参与，还是非制度化的政治参与，实际上都发挥了社会整合、政治稳定、利益分配和价值调节的作用，但是我国的政治参与依然存在着仪式化、形式化以及民众参与冷淡的不足。一般而言，社会参与和社会流动、经济发展呈正相关关系。因此，在宏观的社会结构层面保持社会流动的通畅，进一步夯实社会的经济基础，同时，开发我国传统伦理思想中

① 王明生、杨涛：《改革开放以来我国政治参与研究的回顾和展望》，《清华大学学报》（哲学社会科学版）2011 年第 6 期。

② 参见［美］塞缪尔·亨廷顿、琼·纳尔逊《难以抉择——发展中国家的政治参与》，汪晓寿等译，华夏出版社 1989 年版。

与社会参与相关的内容，并与现代社会价值观有意识地结合在一起，可以在很大程度上保持政治参与的顺畅。

四 社区参与:社会参与的基层样态

实际上，除了第一部分文献所论及的个人社会参与的抽象形态与历史含义之外，“社会参与”在现代社会的具体形态更多地体现在群体层面。从理想类型（Ideal Type）的角度考察之，是以人与人之间或者由于地理空间的聚合，或者由于价值观念的近似而凝聚在一起，共同为群体福祉的维系与增进所做出的持续性、常态化与无保留的集合性努力（Collective Efforts）。无论是社区（Community），还是社会组织（Social Organization），都是现代人个体完成社会参与的重要群体性样态。

何谓社区参与（Community Participation）？学者们普遍认为它是指社区成员自觉自愿地参加社区各种公共活动或公共事务的决策、管理和运作，影响社区权力运作，分享社区建设成果的行为和过程。[①] 社区参与，根据参与主体的不同，可以区分为广义与狭义两种。广义的社区参与，是指政府及非政府组织介入社区发展的过程、方式和手段；更是指社区公民参与社区发展计划、项目等各类公共事务与公益活动的行为及其过程，体现了居民对社区发展责任的分担和社区发展成果的分享。狭义的社区参与则仅仅指称居民的参与实践。[②] 社区参与，按照不同

① 参见王刚、汪丽萍《社区参与简论》，《城市研究》1998 年第 5 期。

② 参见徐永祥《社区发展论》，华东理工大学出版社 2005 年版。

的标准，同样可以划分为不同的类型。①

第一，按照主体参与意识的强弱，可以区分为动员性参与与自主性参与。动员性参与是指政治系统通过广泛的动员，将社区居民纳入参与范围之内，是被动式的参与；自主性参与则是指以参与主体的明确意图与积极行动为特征。同样，类似的区分还可以为“依附参与”与“志愿参与”。②

第二，按照参与主体的组织形式，可以分为组织参与与非组织参与。组织参与是通过常设性的组织参与社区事务，如志愿活动；非组织参与则是社区居民不通过组织形式个人自发地行事，如邻里互助。

第三，根据参与社区的制度化水平，可以区分为制度化参与与非制度化参与。非制度化参与指的是参与行为没有制度化的支撑，因此无法长期稳定维持；制度化参与，则指居民的参与依托制度化的支撑，能持续稳定地进行，以推动社区持续发展。

第四，根据参与程度的不同，把参与区分为观察、表态、执行、管理和决策。所谓社区深度参与，不是指简单的管理社区建设的项目和决策，而是指参与建设项目的各个环节。

按照桑德斯的社区定义，社区指的是“一个居住的地方”“一个空间单位”“一种生活方式”“一种社会互动”等。互动包括“合作、合并、竞争、同化、冲突、适应”等方面。社区意识形成的基础则是“传统主义、个人主义、共同生活、相互

① 参见徐永祥《社区发展论》，华东理工大学出版社 2005 年版。

② 参见李汉林主编《中国社会发展年度报告（2014）》，中国社会科学出版社 2014 年版，第 323—342 页。

依赖”四个方面。[1] 社区作为基层治理最重要的群体聚落形态，社区居民高质量的参与，通过上述四个维度社会作用的发挥，对于社会稳定可以起到重要作用。如同上文论述的，“社区参与”作为“社会参与”在群体组织形态上最经验化的方式，既是标示社会发展程度的重要指标，同时也是促进社会发展的重要催化剂。社区参与的社会功效，与社会参与的社会功效一致却又更具体，可以体现为以下几点。

首先，社区事务管理。参与本身即是治理的重要形式和内容。社区居民参与到社区事务的决策、管理和监督中去，一方面可以切实有效地针对社区的问题和弊病，更广泛地提出解决问题的方案，降低管理成本；另一方面，也可以在参与过程中培育社区居民自身对于社区的归属感，以形成良性循环。

其次，公共产品的供给。社区参与程度的提高，理论上，一方面，可以通过充分的意见沟通与反馈，提升公共物品供给的针对性与效率性；另一方面，避免“公地悲剧”的发生，使公共物品的使用更具持久性。

再次，公共危机的治理。所谓“公共危机”，指的是“一个事件突然发生并对一定范围内大众的正常生活、工作、生命财产以及正常的社会秩序构成威胁的状态”[2]。公共危机的产生往往具有突发性、紧迫性以及难控性等特点。社区参与，一方面可以将公共危机的隐患消弭于最初阶段，另一方面在公共危机爆发之时，可以最大限度地动员社区居民，将危机的解决变成集体的共同努力，提高危机解决的效率。

---

① 参见［美］桑德斯《社区论》，徐震译，黎明文化事业公司 1975 年版。

② ［美］罗伯特·希斯：《危机管理》，王成译，中信出版社 2004 年版。

最后，培育社区社会资本。参与的过程即是社区居民共同完成一项事业的过程，无论这项事业是否具有持续性，亦无论这项事业的层次高低；无论是文体娱乐活动，还是美化社区环境、维护社区治安等志愿服务活动，在这个过程中成员都有机会增进彼此了解，加深认识，增益信任，扩充社区社会资本，这是维系社区凝聚力的重要外在表现形式。

社区参与的驱动机制，可以划分为吸纳式参与和关切式参与两种。[①] 前者无论是社会参与还是社区参与，都是以吸纳积极分子或者是高信任者为主；后者的参与则以公共关切驱动为特征。类似地，社区参与还可以区分为三个层次：依附参与、志愿参与和权益参与。

单从城市社区的描述性状况来看，我国的社区参与存在这样的特点：第一，地区差异明显。社区参与受地区经济发展水平的制约严重。发达地区相对于欠发达地区，社区参与的形式更多样，数量更广泛，并且就速率来看，东部地区的推进要较中西部更快。第二，二线城市矛盾多，底子薄。一线城市社区制度建设起步早、条件好，同时居民对于社区参与的要求也更高，权益意识也更强。二线城市在制度建设方面较之一线城市偏弱，但社区参与的意识却在增强，由此形成的矛盾也较多。第三，社会中间阶层社区参与意识强烈。这与我国社会参与的整体状况相一致。[②] 在信息化程度普遍提高的今天，网络形成了

---

① 参见高勇《参与行为与政府信任的关系模式研究》，《社会学研究》2014 年第 5 期。

② 参见李汉林主编《中国社会发展年度报告（2014）》，中国社会科学出版社 2014 年版，第 323—342 页。

一个人们可以以相对匿名化的方式，来展开各种形式的互动以及表达看法与意见的空间。截至 2016 年 6 月，我国网民规模达 7.1 亿，互联网普及率达到 51.7%。[①] 这种虚拟网络社区的参与也成为当今社会参与极其重要的形式之一。一方面，它与现实的社区及社会参与，存在一种“镜像”的映照关系。比如说，就网络参与的城乡结构来看，依然存在不平衡。截至 2016 年 6 月，我国网民中农村网民占比 26.9%，规模为 1.91 亿；城镇网民占比 73.1%，规模则为 5.19 亿。另一方面，在各阶层之间，单就参与的规模来看，由于网络参与具备的相对匿名性及参与媒介的多样性、相对低成本性，又表现出一定的阶层超越性特点，不过，从收入的角度去看，在 2001—3000 元及 3001—5000 元的中等群体占比较高，分别为 16.2% 和 22.7%。[②]

五 小结及余论

无论是对于“社会参与”这一概念的历史考察，还是对它的现代检视；无论是在中国社会发展的历史脉络中来辨识经济及政治参与的演化路线、未来方向，还是在更加经验与中观的层次上去考量我国的社区参与，在意识到社会参与水平受社会发展水平制约的同时，也应该认识到蕴含在社会参与之中对于社会发展所能起到的创造性推动作用。认识到这一点，实际上即是认识到人在社会参与中开辟出历史希望的无限潜能。当然，

① 中国互联网络信息中心：《第 38 次中国互联网络发展状况统计报告(2016)》，http://tc.people.com.cn/n1/2016/0803/c183008-28606650.html。

② 同上。

就社会成员本身而言，我们有理由不断希望：他的参与的意愿，是主动的，而不是被动的；他的参与的能力，是健全的，而不是残缺的；他的参与的条件，是正义的，而不是不义的。

就更宏阔的意义而言，人的参与，不仅仅是经济与政治的参与，同时也是文化的参与。人们在社会生活中所展开的互动，依托与建构的也不仅仅是物质意义上具象的聚落形态，更重要的则是共享的文化价值观。就当前来看，我国的社会成员在文化参与的形式上，呈现出多元的异质性。这既表现在由于生物学原因所导致的世代差异及族群差异上，也表现在因为经济与政治发育程度的不同所导致的对于生活价值的理解及看待世界方式的不同上。在新时代，如何协调种种不同的价值观，如何增大群体对于异己的群体价值的理解与宽容程度，如何避免因为无形的误解所导致的有形冲突，如何“各美其美，美人之美”？这种根植于人们内心深处的文化性或曰主体性问题，或许是隐藏在一系列急迫的经济与政治问题背后的根本问题，也是关系到社会发展的永恒命题。

第二章　社会景气与社会信心

一　引言

2016年的中国社会，仍然是一个“欣欣向荣”与“严峻挑战”并存的社会。

2016年，中国共产党十八届六中全会的胜利召开，进一步夯实了党领导发展的制度基础。2016年，我们成功地举办了G20杭州峰会。一方面，我们用华丽的方式向世界展示了中国形象与中国力量；另一方面，用生动的中国故事和数据显示出中国作为大国在一些关乎全球发展的重大问题上应有的责任与担当，用中国方案体现中国精神、贡献中国智慧。可以毫不夸张地说，中国已经在积极参与全球的社会与经济治理，并在这个过程中提供凝聚中国发展经验的理念性和制度性的公共产品，以造福于人类的可持续发展。2016年，量子卫星的上天，至少使人类的信息传播速度又有了一个前所未有的新高度。也是在2016年，中国女排在里约奥运会上的夺冠，使人们看到了新的女排精神：一方面是亮剑，即使不赢，也要竭尽全力，继续拼搏，而不失继续奋斗的勇气；另一方面是制度的创新，用主教练负责制等一系列职业经理人的制度来创新女排队伍的发展方向、理念和机制，最后造就了制度规范行为的辉煌。还是在2016年，中国30个省份取消了农业户口，并统一登记为居民户口，一举打破了几十年来的户籍制度藩篱。今天的农村居民包括在城里打工的农民工兄弟终于有了和城市居民同等的权利和待遇。这些既展示了我们国家发展过程中的“欣欣向荣”，同时也在为新常态下的继续发展以及供给侧的改革提供了重要的条件。

在经济发展层面上，2016年的中国经济发展稳中向好，趋稳改善迹象明显。根据初步核算，在2016年上半年，国内生产总值按可比价格计算，同比增长6.7%，略高于市场此前预期。中国居民消费价格指数上涨2.1%，物价水平总体平稳；2016年6月，工业生产者出厂价格指数同比下降2.6%，降幅连续6个月收窄。另外，“新经济”日益释放活力。2016年上半年，网上零售额约2.2万亿元，同比增长28.2%。同期，中国高技术产业和装备制造业增加值同比分别增长10.2%和8.1%，比规模以上工业整体增速分别快4.2个和2.1个百分点。从“新经济”代表行业来看，2016年上半年医药制造业增加值同比增长10.4%，工业机器人产量增长28.2%，新能源汽车产量大增88.7%。从投资结构上看，中国薄弱领域投资正在加速“补短板”。2016年上半年，水利环境和公共设施管理业、信息传输软件和信息技术服务业投资同比分别增长26.7%和22.5%，分别快于全部投资17.7个和13.5个百分点，表明投资结构在持续优化。更可喜的是，中国的消费在2016年仍然维持在两位数的增长。据统计，2016年上半年，中国社会消费品零售总额约15.6万亿元，同比名义增长10.3%，增速与一季度持平。同期，最终消费支出对中国 GDP 的贡献率为 73.4%，比上年同期提高 13.2 个百分点，表明消费已成中国经济最大的“稳定器”。与此同时，在就业稳定背景下，居民收入亦稳步增长。2016 年上半年，全国居民人均可支配收入为 11886 元，同比名义增长 8.7%，扣除价格因素实际增长 6.5%。城乡居民人均收入倍差为 2.80，较上年同期缩小 0.03，表明城乡收入差距有所收窄。[①]

在社会发展层面上，2016 年，消费作为中国社会发展进入新拐点的重要特征变得愈来愈明显。在 2016 年，我们可以很容易地感受到，中国的消费行为正在从购买产品到购买服务转变，消费意愿也逐步从大众产品到高端产品跃迁。消费目标也不断从实用和低价转向追求更为健康、均衡的生活方式。在 2015 年，中国跨境电商用户规模超过 4000 万，年增产率接近 40%，交易规模超过 2000 亿元，且保持 60% 的增速。据估计，在 2018 年，交易规模将突破 1 万亿元。[②] 有人预测，到 2030 年，中国家庭全年在食物上的支出占比将下降 18%，未来 15 年，中国将贡献全球消费增量的 30%。[③] 事实上，当人们试图用更多高质量的商品来抚慰情绪，更在意商品的安全性、丰富性和高品质的时候，当人们更愿意用更多的经济付出来营造更好的情绪和氛围，提升更高的生活质量的时候，一个社会的消费升级就会发生：人们在消费领域上努力践行“等价交换”的原则，认真维护自己的权益，在不知不觉的行为过程中推动权利意识突出

① 《2016 上半年中国经济十大亮点》，2016 年 7 月 17 日，中商情报网（http：//www.askci.com/news/finance/20160717/17023742650_2.shtml）。

② 《南方周末》2016 年 9 月 1 日。

③ 同上。

的个人主义的觉醒，并逐渐构造出新的价值观念与行为规范。由此所表现出来的是，人们的重要期盼已经不再是基于温饱的点点滴滴，而是提高生活质量的方方面面。这些都是从消费升级的角度在说明，人们正在用疾风暴雨式的消费行为潜移默化且强有力地解构着中国以往的经济结构，深刻地影响着中国当前社会结构的变迁，不知不觉地在推动中国的社会发展进入一个新的拐点。

当然，我们在看到“欣欣向荣”的同时，也要认真对待目前中国社会发展中的“严峻挑战”。

一方面我们看到经济快速地发展，另一方面我们也可以观察到许多扭曲的经济行为：房价扭曲的攀升，一方面使工薪阶层收入与城市奇高的房价不可匹配①，使人们发出在一些城市奋斗 200 年不吃不喝也买不起房的哀叹；另一方面也使不少排队离婚、虚假结婚、抵押原房产等扭曲的投机行为有了不小的市场。据统计，2016 年，中国居民家庭每年负担的房贷还款金额占家庭可支配收入从 2015 年的 28% 飙升至接近 40%，中国人的还款负担已经超越了次贷危机时期的美国人。② 面对买几套房就能坐等翻倍的房地产业，实体经济在深深地相对剥夺的感受中无限沮丧，极大地影响着其奋起发展的积极性。这里有必要尽

---

① 据统计，2015 年全国城镇非私营单位在岗职工年平均工资为 63241 元，同期全国商品房单位面积销售均价为 6792 元/平方米，即普通居民不吃不喝工资全部用于买房，2015 年全年工资可购买 9.3 平方米房子。2015 年，中国房价与年平均工资的比值是 9.3 倍，大大高于国际上 3—5 倍的合理水平，这不仅抑制了普通工薪阶层住房购买力，同时也成为房地产库存居高不下的主要原因之一。《中国新闻周刊》2016 年第 20 期，第 1 页。

② 《中国新闻周刊》2016 年第 35 期，第 11 页。

快达成的一个共识是：在推动小康社会变迁的过程中，住房和医疗、教育一样，不宜也不能作为市场经济的骨干和命脉的重要组成部分，而更多地应该作为民生不可或缺的基本需求。[①] 只有在此基础上不断和及时调整我们的经济政策与社会政策，才可能有力地推动中国经济社会的可持续发展。

在今天农村很多地方，田间几乎已经看不到55 岁以下的种田人，农村社会结构空心化的现象严重。“70 年代出生的不愿种地、80 年代出生的不会种地、90 年代出生的不提种地”几乎成为常态。面对高昂的房价，户籍制改革的制度红利可能会很快吞噬，且逐步演变成住不起城市、回不去农村的尴尬境地。如此下去所形成的一种扭曲的社会结构必然会给中国社会的稳定与发展带来巨大的隐患。事实上，如果我们的产业政策和社会政策能够让中国的农业也成为有奔头的产业，如果中国的农民也会像城里人那样过得体面，感受到更多的获得感，让他们进城的梦想变得可望实现，那么，目前的这种社会发展的尴尬局面就会有很大的改善。

2016 年，我们依然感受到富裕与贫困的撕裂，传统与现代的紧张。当我们议论消费升级成为中国社会发展拐点重要特征的时候，在甘肃贫瘠的农村发生了一家六口因为贫困而自我毁灭的悲剧。尽管是个案，但还是引起全国性的关注，它提醒着人们，中国不可能在贫富巨大差距的状态下迈向小康，不可能在贫瘠的土地上开出梦想之花。我们在发展的过程中要百倍关注消灭贫困，缩小贫富差距。另外，2016 年一位中国人民大学

① 《南方周末》2016 年9 月15 日。

研究生的意外死亡，吸引了全国舆论与媒体的很大注意力，呼唤着法律的公平与正义。还有，辽宁整个省级人大的大规模贿选，触碰中国共产党执政的底线，暴露出我国选举制度设计缺陷，势必会引起人们深层次反思干部制度与权力机制，推动制度进一步的透明与公正、改革与发展。

中国社会目前的这种结构紧张带来的一个直接后果就是在社会上普遍蔓延着的焦虑。从根本上说，这种焦虑主要来自人们在社会中的不安全感：富裕的阶层对自己已经获得的财富不安全而感到焦虑；奋斗中的中产阶层对其所处地位的不稳定和不安全而感到不安；刻苦努力的蓝领阶层为自己饭碗的不安全而感到惶恐。在深层次上，当一个社会中的阶层对自己努力的方向迷茫，对未来自己与社会的发展方向没有一个稳定预期以及符合发展逻辑积极判断的时候，当不同阶层各自的参照群体也陷入不稳定和迷茫的时候，这个社会中的各个不同阶层的群体就会陷入一种莫名的焦虑与紧张。在这种情况下，失序与失范以及由之引发的越轨行为和集体行动就会不断威胁着一个社会的转型与变迁，这种社会中的结构就会逐渐失去张力。尤其严重的是，这种社会性的焦虑与紧张有时会像瘟疫一样蔓延与扩散，很容易由个体的宣泄转变成一种总和性社会情绪，在总体上影响一个社会的稳定，干扰社会的转型与变迁。这种情况，必须引起我们的严重警惕与注意。

上述所描述的，无论是总体性的经济社会结构、城乡关系结构、收入分配结构，还是民众的社会态度与情绪，都构成了我们分析 2016 年中国社会景气与社会信心状况的结构性背景。

二 分析框架

如何在宏观与微观的结合上把握中国社会发展的形势，如何分析和看待在发展过程中出现的问题，对于我们国家当前与今后的发展至关重要，对研究者以及政策制定者能够在事实基础上做出正确的分析与选择至关重要。正是基于这种考虑，多年以来，我们尝试系统地从理论与方法的结合上研究社会的总体发展状况。在对国外一些发展理论的梳理以及对国内改革开放的一些发展经验和发展思路总结的基础之上，我们将社会发展的理念归纳为致力于人民福祉、社会公平、社会包容、社会可持续发展的路径和模式，并在此基础上，提出通过“社会景气”与“社会信心”这两项表征民众“总和性情绪”的社会事实来观测与分析一个社会发展的总体状况与运行态势。在这里，我们期望通过对“社会景气”与“社会信心”的研究，能够使人们可以较为准确地把握社会变迁与发展的形势，较为全面地把握经济社会的运行状况，从而使理论的研究以及政策的制定有一个全面、可靠的数据基础。

我们认为，个体层次上的主观态度一旦“化合”到总体性的社会情绪（Aggregated Mood）便具有了社会事实的特征，这是因为所有外在的客观变化都能在人们的主观感受中稳定地表现出来。虽然社会景气与社会信心是人们某种主观态度的总和性体现，但反映的是整个社会结构是否整合有序、整个社会环境是否安定团结、整个社会方向是否顺应民意。在研究中，社会景气主要是指人们对他们目前所处的社会环境的一种主观感受，社会信心则是人们在综合考虑各方面因素的基础上对社会未来发展状况的预期。按照理论概念演绎的方式，社会景气被操作化为民众的满意度、相对剥夺感受和对政府的信任度；社会信心被操作化为对社会性事项的信心度和对个体性事项的信心度。从人们对可指涉对象的预期目标与目标实现程度之间的对比关系出发，民众社会态度产生的微观机制，即预期—实现的对比关系可以成为勾连微观个体与群体及社会宏观状况的“桥梁”。当然很难将这种对比关系进行精确化，但对比的差异程度却成为人们进行相关社会问题评判的“模糊”标准。依据此机制，一旦人们的预期目标未能达成或只是部分达成，则会降低满意度和对政府的信任度并激发相对剥夺感；同样的道理，对当下社会景气状况的判断则构成了人们对未来进行预期的现实基础。

与此同时，我们还认为，一个发展状况良好的社会应该是一个景气的社会，也应该是一个人们对未来有着良好预期与信心充足的社会；在这个意义上，对社会景气状况与社会信心状况的研究是试图达到把握社会发展“脉搏”，以“晴雨表”的方式反映社会发展状况的目标。通过深入地理解一个社会的“社会景气”与“社会信心”，能够使人们较为准确地把握社会变迁与发展的形势，较为全面地把握经济社会的运行状况，从而使理论的研究以及政策的制定有一个全面、可靠的数据基础。

和以往一样，2016 年，我们在对社会发展进行研究的过程中，首先尝试从社会景气与社会信心出发，对整个社会的发展状况进行评估。我们认为，一个社会的景气与社会信心状况是反映一个社会发展程度的“晴雨表”，许多外在客观变化都能在人们的主观感受中稳定地表现出来。社会景气强调的是人们对当下所处的社会环境的感受与看法，社会信心则是人们在综合考虑各方面因素的基础上对社会未来发展的理性预期。虽然是对人们主观态度的测量，但反映的是整个社会结构是否整合有序，整个社会环境是否安定团结，整个社会方向是否顺应民意。一个发展良好的社会理应是一个民众满意度水平高、相对剥夺感低、对政府信任的社会；一个发展良好的社会也理应是一个民众对未来有着良好预期与信心充足的社会。

正是在上述研究逻辑之上，我们将社会景气的测量操作化为满意度、相对剥夺感和对政府的信任度；将社会信心操作化为对社会宏观层面的信心度和个体微观层面的信心度（见图2—1）。

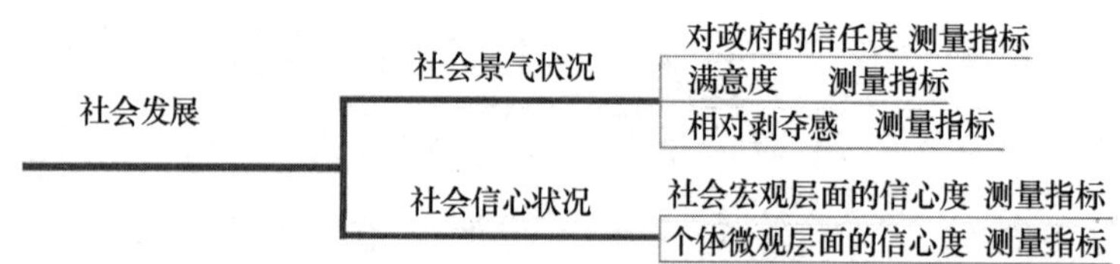

图2—1 社会景气的操作指标

三 2016年中国社会景气状况

2016年的调查数据显示，中国的社会景气与社会信心状况均呈现出下行的态势。就社会景气而言，和2012年以来的四个年份相比，2016年的社会景气指数为最低，分值为99.84分（见图2—2）。

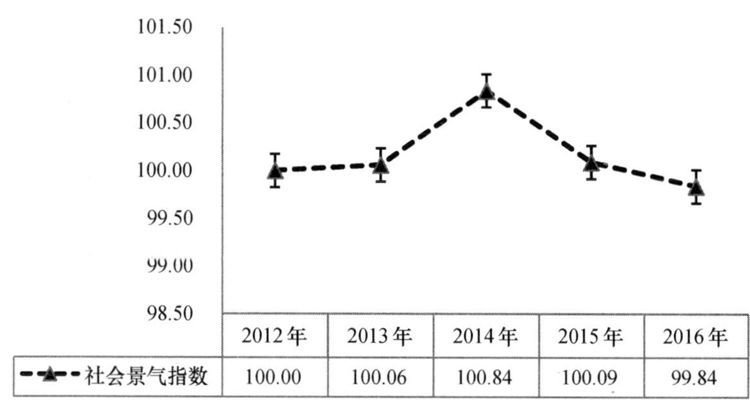

	2012 年	2013 年	2014 年	2015 年	2016 年
社会景气指数	100.00	100.06	100.84	100.09	99.84

图 2—2　社会景气状况变动趋势（2012—2016）

从上述具体的数据中可以看出，与其他年份相比，2016 年的指数下降不足 1 个百分点，且没有统计学意义上的显著差异（见本章附表 1）。但是作为一种下行的趋势，应该引起高度警惕。

2016 年是党的十八大以来的第五个年头，改革的攻坚和制度的创新都一一进入了实质的艰难性阶段，深层次的矛盾变得愈来愈尖锐，改革推进的力度与难度变得愈来愈大。随着社会发展迈入了新的拐点，之前的一些旧的东西已经被打破，但是新的制度却没有建立起来。人们一方面对改革与发展的期望值以及对新领导集体的期待变得愈来愈高，另一方面对现实中存在着的种种丑陋现象既感到不满和怨气，又感到无奈和无力，处于各种不同阶层的人们似乎不约而同地觉得自己所生活的社会缺乏一种稳定感和安全感，不约而同地处于一种莫名的焦虑中。特别是当人们的这种期望与期望的实现有了一些距离的时候，这种不满的情绪就会发泄出来，且在社会景气指标上反映出下行的态势。

具体分析不同结构性特征的社会群体的时候，我们发现(见表2—1)：在性别上，女性比男性对社会景气的感受要差；在年龄结构上，41—50岁年龄组的人群对社会景气的感受最低；在收入结构上，收入愈低，人们对社会景气的感受愈差；在教育水平结构上，具有初中与高中文化水平的群体对社会景气的感受最差。

表2—1　　不同群组民众有关社会景气状况的方差分析

	均值	标准差	样本量	方差检验
性别				
男	100.543	0.275	3582	F=12.94, Sig. =0.000
女	99.252	0.233	4354	
年龄				
30岁及以下	99.236	0.294	2609	F=12.43, Sig. =0.000
31—40岁	100.261	0.359	1962	
41—50岁	98.947	0.371	1785	
51—60岁	99.718	0.545	976	
60岁以上	103.854	0.708	604	
收入				
2000元及以下	97.609	0.684	610	F=30.60, Sig. =0.000
2001—4000元	98.454	0.306	2422	
4001—6000元	103.043	0.451	1212	
6001—8000元	102.339	0.801	349	
8001—10000元	103.327	1.104	205	
10000元以上	109.243	1.174	143	

续表

	均值	标准差	样本量	方差检验
文化程度				
小学及以下	100.481	0.813	443	F = 11.80, Sig. = 0.000
初中、高中	98.672	0.259	3697	
中专、技校	99.315	0.594	758	
大专	101.463	0.399	1601	
本科及以上	101.077	0.403	1429	

下文将从满意度、相对剥夺感、对政府的信任度三个方面具体来分析民众的主观态度及其变动趋势，进而对社会景气状况的变动有更为深入的理解。

（一）关于满意度状况

在一般的情况下，人们总是会从微观、中观和宏观三个维度来感受和评价他们所处的社会环境是否满意。在微观上，人们会直接从自身经济收入状况、社会地位状况以及向上流动机会状况，即从个人可持续发展的角度来感受目前是否发生变化。在中观和宏观上，人们可以从自身生活的社区以及国家的政策对生活质量的改善、社会包容和社会参与的影响程度上，来感受是否发生变化以及在多大程度上发生变化。

对满意度的测量由社会总体层面的满意度和个体层面的满意度两部分构成，其中对环境质量、基础设施状况、物价水平、教育水平、医疗服务水平、社会保障水平、治安状况、食品安全状况、社会公平公正状况、就业机会和社会风气的感受用以测量总体层面的满意度水平；对个人收入水平状况、家庭经济状况、住房状况、健康状况、工作状况、生活压力、家庭关系、人际关系、社会地位和发展机会十个方面的感受用以测量个体层面的满意度水平。这些感受均分为五个层次，即“很满意”“较满意”“一般”“较不满意”“很不满意”，分别赋值为1—5，分值越高，表示满意度水平越高。具体来看（见图2—3），2016年人们的满意度与往年相比都出现了不同程度的下降，民众对个体事项的满意度要低于对总体事项的满意度。

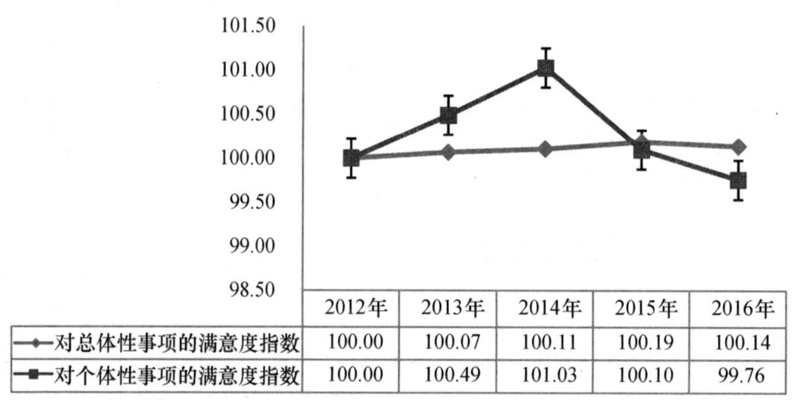

	2012年	2013年	2014年	2015年	2016年
对总体性事项的满意度指数	100.00	100.07	100.11	100.19	100.14
对个体性事项的满意度指数	100.00	100.49	101.03	100.10	99.76

图2—3 民众满意度状况（2012—2016）

深入分析不同群组民众的满意度状况，可以发现（见表2—2）：相对于男性，女性对总体性事项的满意度更低；但是在个体性的满意度上，尽管女性要低于男性，但是两者之间没有显著性差异。从年龄结构上分析，在总体性满意度上呈现出年龄愈低，满意度愈低；而在个体性事项上，41—50岁这个年龄段的民众表现出更低的满意度。从收入结构上分析，在对个体性事项的满意度上呈现出正相关的关系，也就是说，人们的收入愈低，则满意度愈低；但是，在总体性事项上，则呈现出无规律的波动性。类似的状况也表现在教育水平的结构上。

表 2—2　　不同群组民众有关满意度状况的方差分析

	对总体性事项的满意度				对个体性事项的满意度			
	均值	标准差	样本量	方差检验	均值	标准差	样本量	方差检验
性别								
男	100. 896	0. 267	3582	F = 15. 05, Sig. = 0. 000	99. 830	0. 256	3582	F = 0. 16, Sig. = 0. 686
女	99. 513	0. 237	4354		99. 696	0. 217	4354	
年龄								
30 岁及以下	99. 269	0. 293	2609	F = 13. 93, Sig. = 0. 000	99. 924	0. 274	2609	F = 13. 96, Sig. = 0. 000
31—40 岁	100. 377	0. 358	1962		100. 017	0. 321	1962	
41—50 岁	99. 589	0. 373	1785		98. 500	0. 368	1785	
51—60 岁	100. 314	0. 544	976		98. 804	0. 498	976	
60 岁以上	104. 441	0. 683	604		103. 440	0. 634	604	
收入								
2000 元及以下	100. 194	0. 660	610	F = 10. 55, Sig. = 0. 000	95. 939	0. 653	610	F = 37. 42, Sig. = 0. 000
2001—4000 元	98. 954	0. 304	2422		98. 772	0. 294	2422	
4001—6000 元	102. 378	0. 477	1212		102. 497	0. 410	1212	
6001—8000 元	100. 376	0. 811	349		103. 690	0. 746	349	
8001—10000 元	99. 852	1. 066	205		103. 778	1. 026	205	
10000 元以上	104. 961	1. 191	143		108. 698	1. 047	143	

续表

	对总体性事项的满意度				对个体性事项的满意度			
	均值	标准差	样本量	方差检验	均值	标准差	样本量	方差检验
文化程度								
小学及以下	103.576	0.797	443	F=8.25, Sig. = 0.000	97.992	0.757	443	F=17.11, Sig. = 0.000
初中、高中	100.079	0.259	3697		98.768	0.245	3697	
中专、技校	98.972	0.586	758		98.707	0.547	758	
大专	100.737	0.398	1601		101.408	0.354	1601	
本科及以上	99.159	0.403	1429		101.554	0.376	1429	

在上述描述性统计的基础上，我们想进一步察看民众无论是在个体性事项上还是在总体性事项上，哪些方面的满意程度较低，换言之，哪些方面成为影响民众总体满意状况的“关键变量”。对此，一方面通过民众对各事项的满意度频数来呈现，另一方面在构建回归的基础上进行影响因素的权重分解。这样便能较好地回答上述提问。

统计结果显示（见图 2—4、附图 1），在个体性事项层面：除 2015 年①，生活压力与收入水平始终是人们最不满意的地方，其次是发展机会与社会地位。在总体性事项层面：从 2012 年到 2016 年，人们最不满意的前两项始终是物价水平与食品安全；从 2012 年到 2014 年，人们第三序次不满意的是社会公正状况，2015 年到 2016 年，社会公正让位于就业机会。另外，对环境质量的不满意比例从 2013 年的第四位，退居到了 2015 年的第九位和 2016 年的第八位，说明我们在环境质量的改进上得到了较为广泛的认可。

① 在 2015 年，人们最不满意的是住房状况，而生活压力和收入水平则退居第二位与第三位，社会地位与发展机会则退居第四位与第五位。

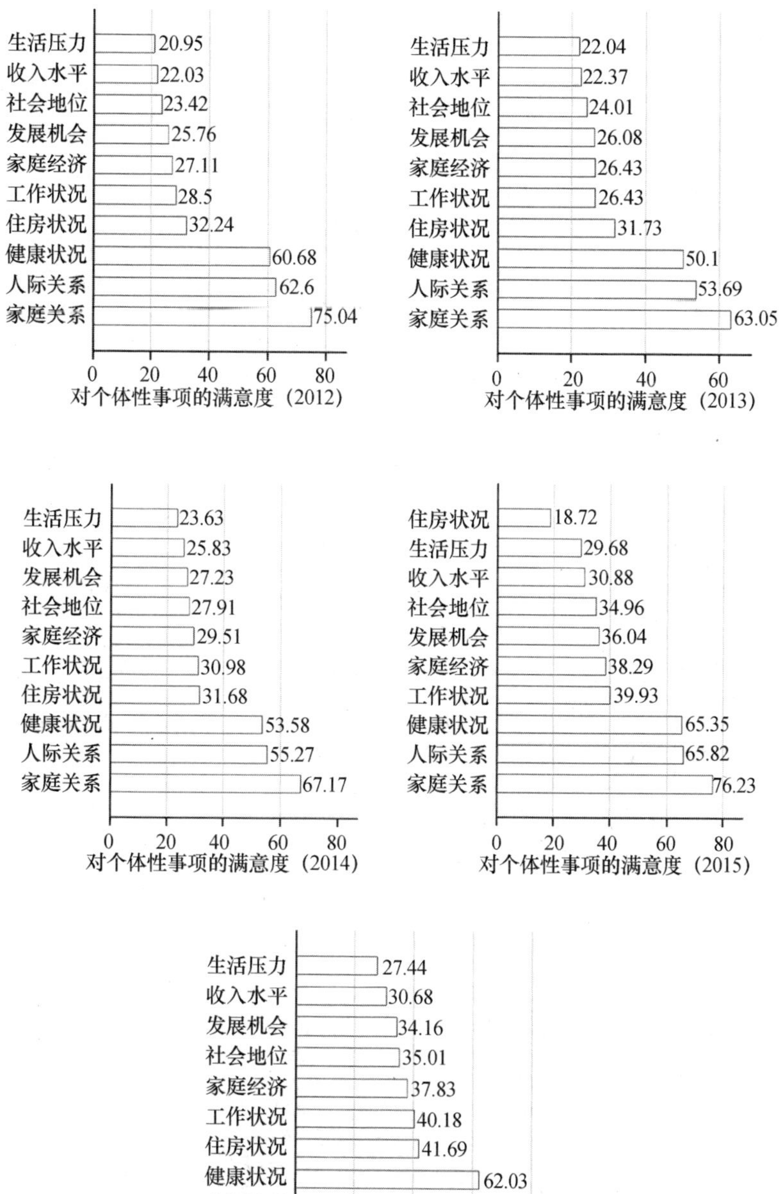

（a）对个体性事项的满意度

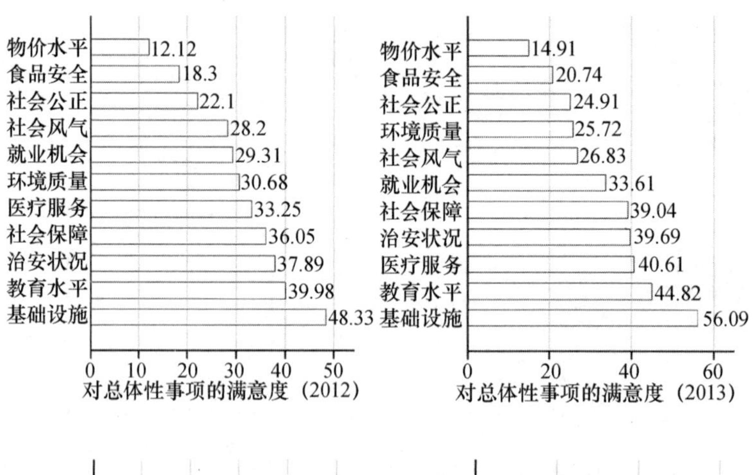

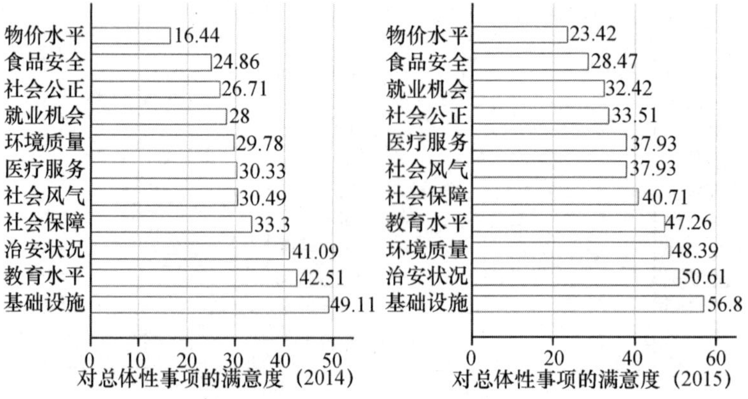

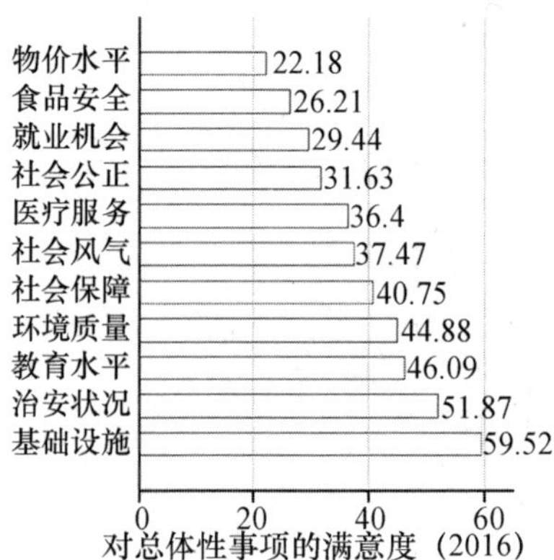

（b）对总体性事项的满意度

图2—4 民众对各事项的满意度排序（2012—2016）（分）

为了对社会总体事项满意度的内在结构进行分析，我们采用夏普利值分解方法对社会总体事项所包含的维度即采用的题器的重要性进行了排序。分析结果表明（见表2—3），在2015年影响力较高的前三个事项分别是社会保障、就业机会和社会风气，在2016年，影响力较高的前三个事项则分别是就业机会、社会保障和食品安全。进一步以各事项的满意度和贡献率为维度构建关系矩阵（见图2—5），可以很明显地看到，无论是在2015年还是2016年，物价水平和食品安全都成为民众满意度较低且影响权重较大的事项，这也为我们今后的制度设计和政策制定提供了一定的数据基础。

表2—3　以社会总体发展满意度和个体满意度为因变量的相关影响因素夏普利值分解

因素	总体性事项				因素	个体性事项			
	2015年		2016年			2015年		2016年	
	贡献额	贡献率（%）	贡献额	贡献率（%）		贡献额	贡献率（%）	贡献额	贡献率（%）
环境质量	0.022	9.07	0.024	8.32	收入水平	0.063	18.32	0.049	15.32
基础设施	0.022	9.08	0.024	8.31	家庭经济	0.078	22.72	0.060	18.65
物价水平	0.021	8.79	0.026	9.00	住房状况	0.023	6.76	0.037	11.43
教育水平	0.009	3.66	0.008	2.74	健康状况	0.017	4.93	0.024	7.42
医疗服务	0.025	10.22	0.026	9.00	工作状况	0.027	8.00	0.020	6.35
社会保障	0.035	14.66	0.038	13.26	生活压力	0.043	12.53	0.037	11.47
治安状况	0.019	8.03	0.026	9.02	家庭关系	0.012	3.52	0.017	5.32
食品安全	0.024	10.04	0.028	9.96	人际关系	0.019	5.54	0.018	5.50
社会公正	0.011	4.55	0.007	2.63	社会地位	0.032	9.25	0.031	9.80
就业机会	0.027	11.08	0.051	17.99	发展机会	0.029	8.43	0.028	8.74
社会风气	0.026	10.81	0.028	9.79	—	—	—	—	—
残差	-0.746		-0.806		残差	-0.967		-0.834	
总计	0.241	100.00	0.284	100.00	总计	0.342	100.00	0.320	100.00

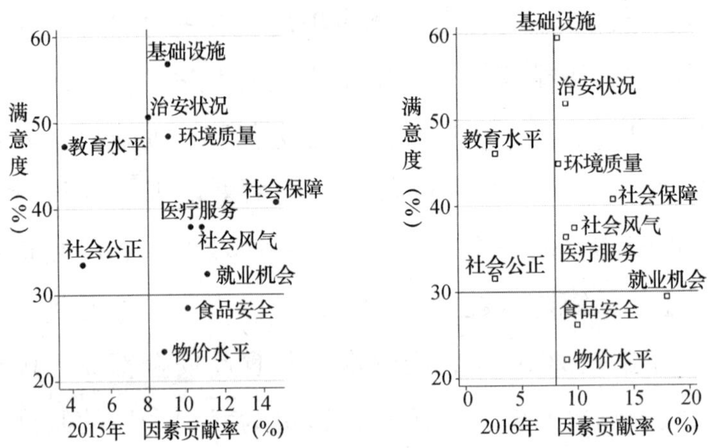

图 2—5 总体性事项满意度水平与要素贡献率的关系矩阵

与上述分析一致，以个体满意度为因变量，统计结果表明，2015 年与 2016 年影响力较高的前三位事项保持不变，分别是家庭经济、收入水平和生活压力。也就是说，在分析所选取的个体性事项中，上述三项对民众有关自身生活的总体满意度具有关键影响作用。同样，还是以满意度比例和贡献率为维度构建矩阵关系（见图 2—6），可以看出，生活压力和收入水平不仅影响效应最大而且满意度较低，这也为进一步提升民众生活满意度提供了具有操作性和依据性的政策方向。①

（二）关于相对剥夺感状况

相对剥夺感主要是指人们从期望得到的和实际得到的差距中所产生出来的或所感受到的，特别是与相应的参照群体的比

① 2016 年，国务院印发了《关于激发重点群体活力带动城乡居民增收的实施意见》，目标是到 2020 年，城乡居民人均收入比 2010 年翻一番。

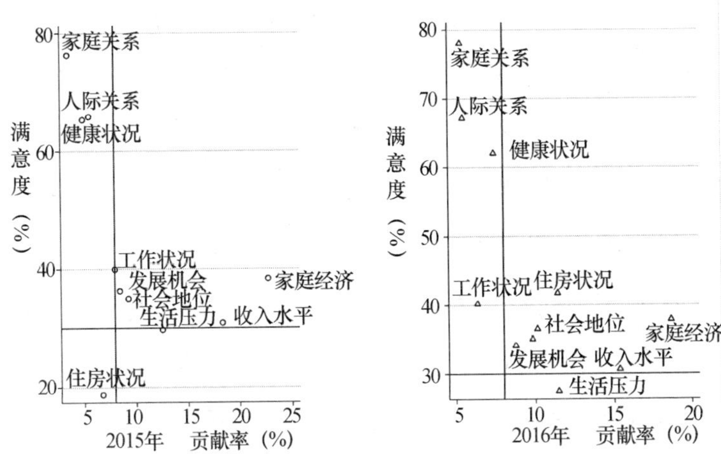

图 2—6　个体性事项满意度水平与要素贡献率的关系矩阵

较过程中所产生出来的一种负面主观感受、一种不满和愤慨的情绪。就社会的总体环境来说，相对剥夺感产生的一个基本条件，就是人们的期望值不切实际，特别是在急剧的社会转型过程中，当社会的贫富差距愈来愈大的时候，人们在各种各样的参照群体或个人的比照下，很容易使自己的期望值和实际实现值的差距不断拉大，从而产生越来越强烈的相对剥夺感，甚至是怨恨和愤慨的情绪。当这种情绪在群体内或者群体之间蔓延开来，就会形成一种不满的社会情绪，造成群体之间的结构性紧张，进而从根本上影响一个社会的稳定。

大量社会学的研究表明，一个社会的不平等和不公正并不是影响这个社会稳定的直接因素。只有在以下三种条件逐步递进并不断强化的情况下，才有可能导致一个社会的不稳定。这三个条件简单地说就是：第一，人们的相对剥夺感、地位的不一致性和不满意度变得愈来愈高；第二，社会的基本价值取向和行为规范发生动摇和混乱；第三，政府部门不作为。具体地说，不平等和不公正首先造成的一个最明显的社会后果是利益分配不当、激励机制扭曲和贫富差距过大。先富起来的群体以及一些腐败分子的炫耀性消费的示范效应，人们在经济制度中行为的激励结构扭曲以及社会生活中经济、政治行为规范与取向混乱，使人们的羡慕与妒忌、攀比与模仿、失落与愤怒等各种情绪交织在了一起。如果再加上媒体不适当的炒作与推动，就会使得其他社会群体心理上的那种相对剥夺感在相互比较的过程中变得愈来愈强烈，由此引发的不满意度就会变得愈来愈高。再加上政策没有做适当的调整，在结构上没有做出适当的制度安排，那么，人们就会对一个社会的诸如共同富裕、社会主义道路等这样的基本价值观念发生怀疑和动摇，对我们的政府以及政府的行为愈来愈不信任。在这样一种情况下，任何一个偶然的事件都可能会引起这个社会大规模的动荡和全面的不稳定，人们的愤怒与不满就可能会用一种极端的方式发泄出来。在这里，被剥夺的感受在这样一个结构紧张与冲突的过程中起到了推波助澜的重要作用。

值得我们严重注意的是，从 2012 年到 2016 年，人们对被相对剥夺的感受始终呈现出一种不断增强的趋势（见图 2—7），尤其是近两年来，这种增强的趋势具有统计上的显著差异性（见附表 3），应该引起我们的警惕。

深入分析不同群组民众的相对剥夺感受，可以发现（见表 2—4），相对于男性，女性的相对剥夺感受更加强烈。从年龄结构上分析，年龄愈大，相对剥夺感受愈强烈。从收入结构上分析，人们的相对剥夺感与收入呈现负相关关系，也就是说，

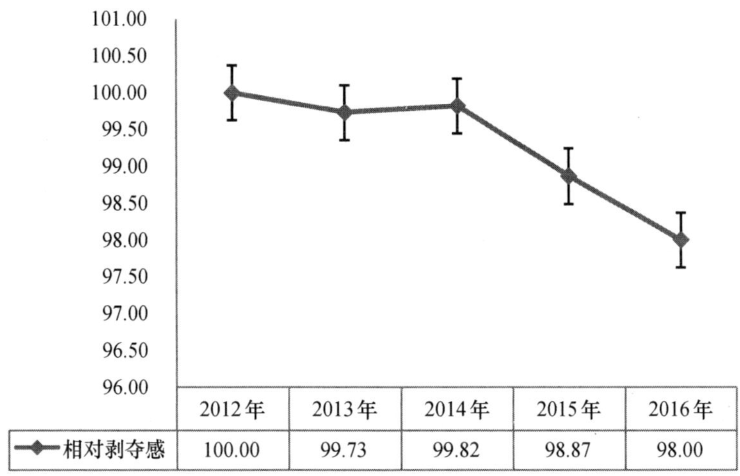

	2012年	2013年	2014年	2015年	2016年
相对剥夺感	100.00	99.73	99.82	98.87	98.00

图2—7　民众相对剥夺感状况（2012—2016）

注：图中数值愈小，相对剥夺的感受愈强烈。

收入愈低，相对剥夺感愈强烈。这种类似的状况也表现在教育水平结构上，教育水平愈低的民众，被相对剥夺的感受愈强烈。

在一个社会，当国家与政府不能按照包容的原则公平公正地分配各种社会资源的时候，不同群体在比较的过程中就会不可避免地产生一种被绝对或相对剥夺的感觉。人们的怨气以及相互之间的不满意会在这种比较的过程中变得越来越大，一种被毒化的社会环境就会在这种比较的过程中产生出来，群体之间的冲突也往往会发生在这种比较的过程中。所以恰恰在这个意义上，一个社会中相对剥夺感的高低，可以直接或间接地反映出一个社会能否兼顾、整合不同利益群体的不同诉求，能否尊重发展过程中不同利益群体的差异，以及能否公平公正地分配社会的各种资源。

表 2—4　不同群组民众有关相对剥夺感受的方差分析

	均值	标准差	样本量	方差检验
性别				
男	98. 925	0. 216	3582	F = 33. 21, Sig. = 0. 000
女	97. 242	0. 197	4354	
年龄				
30 岁及以下	99. 180	0. 247	2609	F = 31. 53, Sig. = 0. 000
31—40 岁	98. 959	0. 280	1962	
41—50 岁	97. 927	0. 314	1785	
51—60 岁	95. 505	0. 431	976	
60 岁以上	94. 061	0. 538	604	
收入				
2000 元及以下	89. 986	0. 494	610	F = 228. 96, Sig. = 0. 000
2001—4000 元	96. 656	0. 227	2422	
4001—6000 元	103. 101	0. 302	1212	
6001—8000 元	105. 906	0. 570	349	
8001—10000 元	108. 253	0. 748	205	
10000 元以上	111. 789	0. 921	143	
文化程度				
小学及以下	92. 221	0. 656	443	F = 130. 21, Sig. = 0. 000
初中、高中	95. 592	0. 206	3697	
中专、技校	97. 816	0. 447	758	
大专	101. 169	0. 305	1601	
本科及以上	102. 574	0. 336	1429	

注：表中均值愈小，相对剥夺的感受愈强烈。

除了上述从相对剥夺感指数进行的分析，下文将从民众主观社会经济地位的变动状况来进一步分析民众的相对剥夺感受。在我们的理解中，民众的主观地位认同与客观阶层地位的划分不同，是人们在综合考虑各种因素后进行的地位归属。一个处于转型期的社会，非常容易因为利益分配与再分配过程中所产生的贫富分化和社会不公，让一些处于劣势地位的社会群体通过比较产生一种权益和利益被他人剥夺的感觉，产生一种愤世嫉俗的情绪。当这种心态和情绪在社会中蔓延开来，又得不到有效的疏导和宣泄的时候，就会很容易引发人们对社会的大规模的不满，从而造成社会的不稳定，影响社会的变迁与发展。所以，从这个意义上说，人们对自己主观地位评估得愈低，这种主观地位认同下移的趋势发展得愈快，那么，对一个社会的稳定与发展就会变得很不利。

根据 2016 年及以往的数据分析，我们发现，民众对自己的主观地位认同呈现出逐步上移的趋势，人们的经济社会地位的获得感逐步增强。从图 2—8、图 2—9 中可以看到，2012 年人们主观经济地位自我认同为下层的比例为 38.82%，而到了 2016 年，这一比例则降低为 25.23%，减少了近 14 个百分点；与此同时，认为自己属于中层的被访者，由 2012 年的 25.35% 上升到了 2016 年的 34.28%，增加了近 9 个百分点；自我归属为上层的受访者比例由 2012 年的 0.29% 提升为 2016 年的 0.7%，上升 0.4 个百分点左右。在对自己社会地位的主观评价上也是如此。2012 年，认为自己的社会地位属于下层的被访者为 32.57%，而到了 2016 年，这一比例下降为 19.61%，减少了近 13 个百分点；认为自己的社会地位为中层的被访者，在 2012

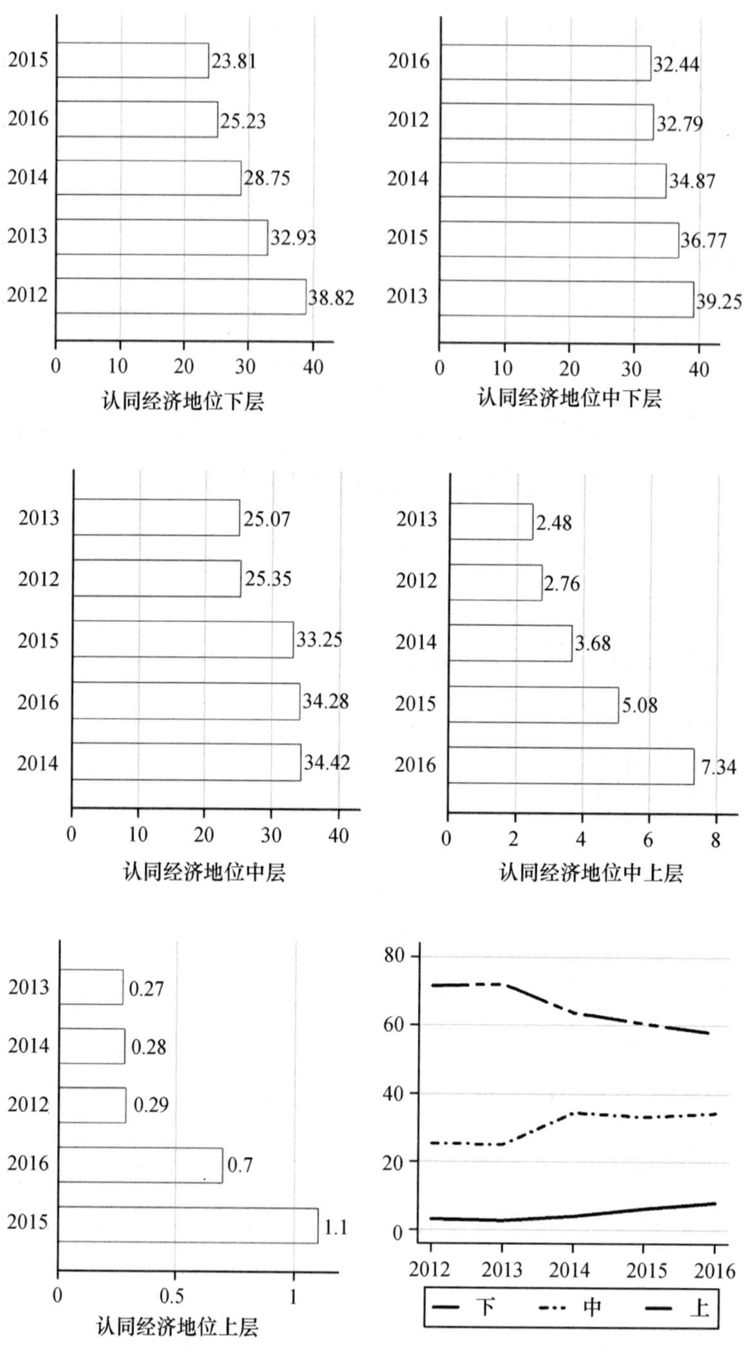

图 2—8　民众主观经济地位认同的变动（2012—2016）（%）

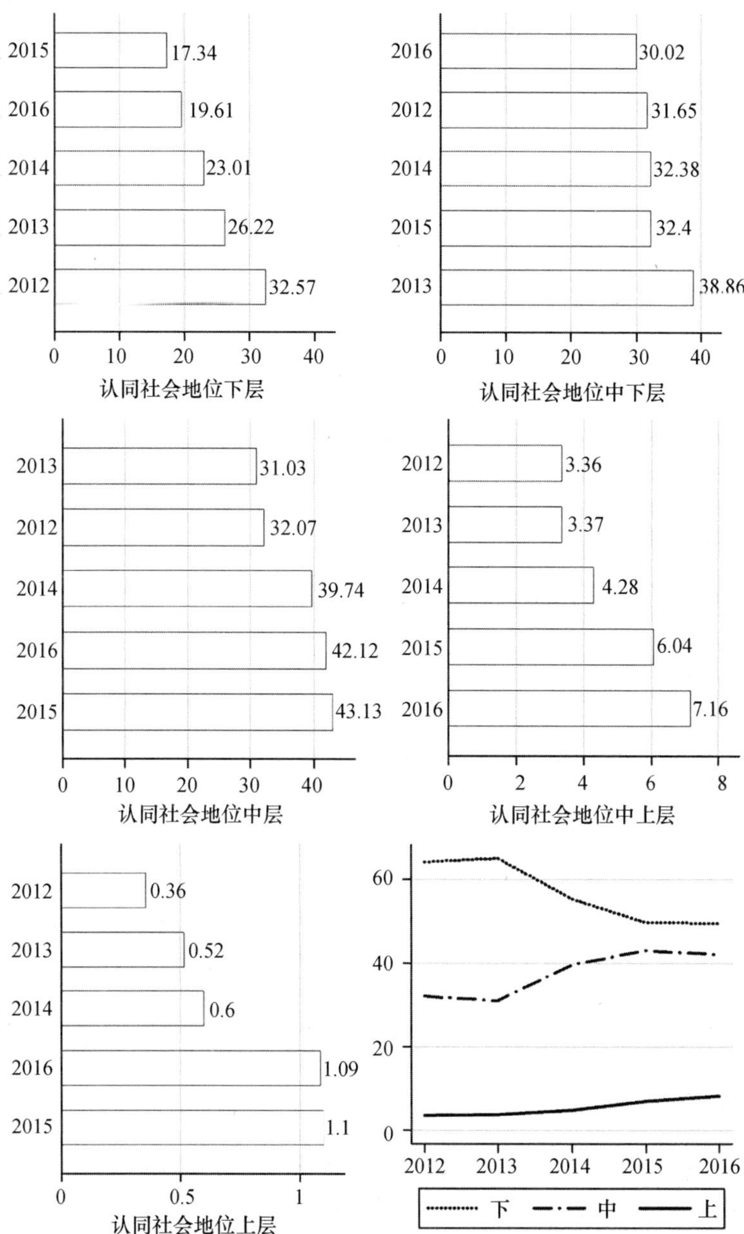

图 2—9　民众主观社会地位认同的变动（2012—2016）（%）

年为32.07%，到了2016年则上升到了42.12%，增加了近10个百分点；自我归属为上层的受访者比例则从2012年的0.36%上升为2016年的1.09%，提升了0.73个百分点。这种状况的存在，非常大的可能是因为人们在实际的工作和生活中，通过自己的奋斗和努力，获得了许多实实在在的利益，获得感的增强进一步提升了主观地位认同。

（三）关于政府信任度状况

政府信任度是人们对政府执政能力的主观感受，是对政府所做的相应的一些制度安排的评价，同时也是人们对政府行为绩效的一种认可以及人们对政府行为的一些期待与这些期待的实现状况。一个被公众不信任的政府，很可能是一个执政能力不高、绩效不好的政府，在这样一个政府的领导下，社会很可能不会稳定，人们对这个社会的经济与政治发展也很可能不会满意。发展的过程，在很多情况下，都是政府与企业、政府与社会、政府与公众不断博弈和互动的过程。在如何推动发展、如何创造发展的环境和条件等诸方面，政府都起到了举足轻重的作用。

当我们在深入分析对政府信任度的时候，有必要从以下三个方面来加以强调。

首先，对政府的信任度是对政府行为绩效以及执政能力的一种肯定与社会承认。在理论的意义上，政府是代表公众来掌握和分配公共资源，提供公共物品与公共服务。政府与公众实际上是一种特殊的“委托—代理”关系，为公众服务理应是政府的职责所在，也是政府存在的题中之义。不努力地为公众服务的政府，不仅不可能取得公众的信任，而且迟早会被公众所推翻。在某种程度上，政府分配的公共资源愈公平，为公众提供的公共物品与公共服务愈多、质量愈高，满足公众的利益需求与期望愈好，那么，人们对这样的政府以及政府的绩效的评价就会愈高，对他们的执政能力就会持一种赞赏与肯定的态度。这样一种公众的肯定与社会承认，表现出来的就是一种对政府的信任。在这里，有两个关键的概念，一个是政府行为的绩效与表现，另一个是公众的需求与期望。政府行为的绩效愈高，公众的需求与期望实现得愈好，那么，公众对政府的信任度就会愈高。

其次，对政府的信任是一个政府合法性的根本基础。从理论上说，合法性“是一种特性，这种特性不仅来自正式的法律或命令，更重要的是来自根据有关价值体系所判定的、由社会成员给予积极的社会支持与认可的政治统治的可能性或正当性”[①]。如果我们按照韦伯对统治的定义来理解政府统治的合法性起码有三点值得充分注意：第一，统治是一种社会承认了的权力。只有在对政府行为及其行为的能力给予充分的肯定和认可的情况下，政府管理作为一种统治才可能真正实现。因为统治的基础是顺从，是一种社会承认的、发自内心的顺从。第二，统治是一种具有合法性的权力。在这里，政府的统治的合法性与公众的认可形成了一种高度相关的关系：政府提供公共产品与公共服务的质量愈高，满足公众的利益需求与期望愈好，那么，人们对这样的政府就会愈信任，其政府实施管理与

① 王浦劬：《政治学基础》，北京大学出版社1995年版，第162页。

统治的合法性就愈巩固。人们从中可以看到，人们的社会承认以及发自内心的顺从是一个政府具有合法性的前提条件，也表明了政府实施管理与统治合法性的群众基础。因此，政府经常用自身的行为唤起人们对统治合法性的认识、维护与依赖，既是政府的一种责任，也是保持其统治的稳定性与连续性的条件。第三，统治是一种制度化的权力。这表明，合法要通过程序，权力合法性的确立是要通过一定的程序、遵循特定的规范来实现的。

最后，对政府的信任同时也是对形成政府行为的一系列制度安排与框架的承认与肯定。从实质上说，当我们对政府行为的绩效以及政府的管理和执政能力表示认可和承认的时候，同时也意味着，我们对承载政府行为的一系列制度安排与框架的认可和承认。这主要是因为，政府的行为往往是嵌入一定的社会与政治结构以及制度之中的，政府行为被这种结构与制度所规范与制约。也恰恰在这个意义上，对政府的信任反映出来的同时也是对政治系统与制度的信任。

总之，对政府的信任度表达出来的是公众对政府工作的满意或不满意，具体来说就是对政府所制定的相应的制度安排和政策措施、对政府提供的社会公共服务的质量、对政府履行的社会责任和社会义务以及对政府社会管理水平的满意或不满意。这些都直接或间接影响人们对政府的信任、政府的权威以及政府行为的合法性。对政府的信任度是人们对政府执政能力与自我治理的主观感受，是对政府所做的一些相应的制度安排的评价。由于公众对政府信任是建立在对政府行为的表现的感受上，所以我们就可以通过公众的这种感受来测量对政府的信任度。

通过2016年的数据分析，我们比较欣喜地看到，人们对各级政府的信任度稳中有升，且呈现出逐年提高的趋势。数据显示，2016年，民众对中央政府信任的比例为82.16%，对省级政府信任的比例为74.04%，均为以往五年来的最高；对县市级政府信任的比例为60.08%，比2015年略有降低（见图2—10）。这说明，政府在改进工作作风、提高办事效率与能力、为人民办实事等诸方面有了长足的进步。

从理论上说，在一个像中国这样的发展中国家里，国家与政府担负着管理、分配以及提供各种公共资源、公共产品和公共服务的重大责任。中国政府始终处于一种强势的地位，具有很强的动员、集中以及分配资源的能力，这一方面可以从根本上保证政府对国家社会经济发展宏观的可控性和稳定性，避免社会的分裂和对抗；另一方面，长期以来政府在其行为过程中所形成的权威以及在长期的发展过程中人们对政府形成的信任，使得政府对社会的有效治理有了一个根本的前提保证。没有了政府，没有了人们对政府的信任，一个社会的发展就没有了组织者，就不会有合理的秩序和有效的规则，社会就不可能发展与繁荣。政府与公众，是在一个发展的社会中互动的两个最重要的主体。离开了这两个主体，我们就无从分析社会，分析一个社会的结构，分析一个社会的环境乃至这个社会的景气状况。

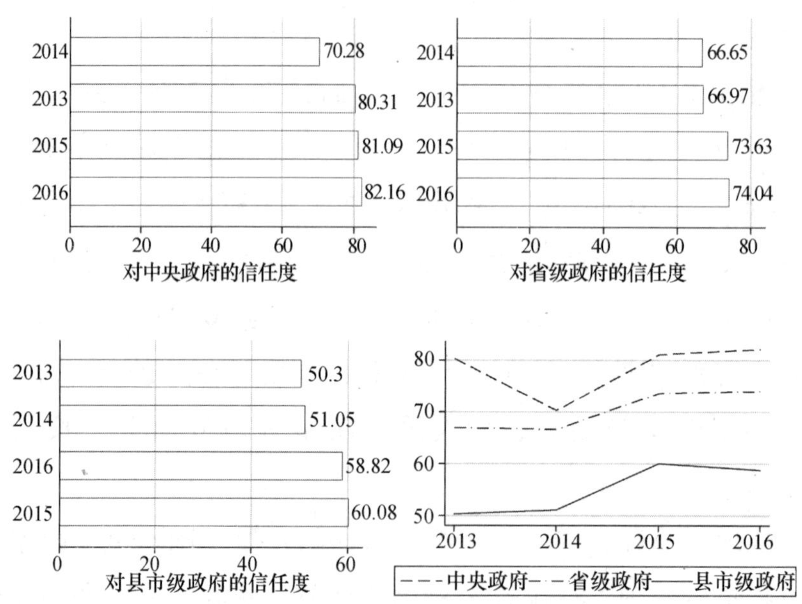

图 2—10 对不同层级政府的信任度（2013—2016）（%）

具体来看不同群组民众对政府的信任状况，我们发现（见表 2—5），不同性别、不同收入水平、不同文化程度的民众在对政府的信任度上不具有显著差异性。但值得注意的是，年龄结构的影响效应十分显著，即受访者的年龄越大，对政府的信任度越低。这一结果与 2015 年的调查数据呈现完全相反的态势。

对此种情况的可能解释是，年轻人对国家社会经济发展的变化更为敏感，对新领导集体行为的认可与认同亦在不断提高；相反，一些年纪较大的群体可能随着改革的深入在经济上受到的冲击相对会大一些，其获得感也相对要弱一些。这些都可能是造成这种负相关结果的原因。

表 2—5　　不同群组民众有关政府信任状况的方差分析

	均值	标准差	样本量	方差检验
性别				
男	24. 826	0. 317	3582	F = 1. 39, Sig. =0. 238
女	25. 323	0. 280	4354	
年龄				
30 岁及以下	26. 304	0. 375	2609	F = 15. 98, Sig. =0. 000
31—40 岁	25. 810	0. 414	1962	
41—50 岁	24. 953	0. 425	1785	
51—60 岁	23. 881	0. 616	976	
60 岁以上	19. 963	0. 725	604	
收入				
2000 元及以下	23. 673	0. 745	610	F = 1. 90, Sig. =0. 091
2001—4000 元	25. 493	0. 376	2422	
4001—6000 元	24. 849	0. 505	1212	
6001—8000 元	26. 481	0. 958	349	
8001—10000 元	25. 417	1. 264	205	
10000 元以上	27. 561	1. 539	143	
文化程度				
小学及以下	23. 214	0. 951	443	F = 1. 79, Sig. =0. 127
初中、高中	25. 344	0. 311	3697	
中专、技校	24. 311	0. 666	758	
大专	25. 481	0. 466	1601	
本科及以上	25. 071	0. 473	1429	

注：此处有关民众对政府信任状况的因子得分是按照调查问卷中的相关题器运用主成分分析方法生成，因子指标分别是：（1）对中央政府的信任状况；（2）对省级政府的信任状况；（3）对县市级政府的信任状况。

(四) 关于社会景气与组织景气的关系

在数据分析过程中我们发现，人们对政府行政能力的信任度较之以往四个年份有显著提高，而对政府职能部门的信任度则始终徘徊，五年来未有实质性改观（见图2—11）。根据近年来的实地调查和数据分析，我们发现，当前，不仅仅是在政府的行政部门，而且在不少组织中，不同层级的管理者认为“多一事不如少一事”的现象较为普遍，极大地影响了组织效率。人们在组织中不作为，效率低下，且没有一个明确的评估标准，使“磨洋工与不作为”成了组织中的常态，党和政府的意志贯彻以及“上情下达与下情上传”都不同程度遭遇“肠梗阻”。这些问题特别是在政府的职能部门如果不尽快加以研究解决，一方面会拉高组织内外的不满意度，在宏观上贻误国家改革与发展的大局；另一方面也会严重影响一个组织的景气乃至我们整个社会的景气，值得引起高度注意。也正是在上述意义上，有必要进一步察看组织成员对其所在组织运行状况的主观感受与社会景气状况间的关联关系。更进一步说，是否一个社会的景气状况有赖于各种组织的景气运行，如果如此，也为社会景气的分析奠定了一个组织分析的现实基础。

我们知道，在今天的中国社会，大多数的经济、政治与社会行为都是嵌入一定的组织之中，并通过组织来完成的；党和政府在经济、政治以及社会上的意志也都是通过一个个具体的组织来加以贯彻的；人们在经济、政治以及社会方面的期望更多的也是通过组织来实现的。组织是党和政府贯彻意志、组织

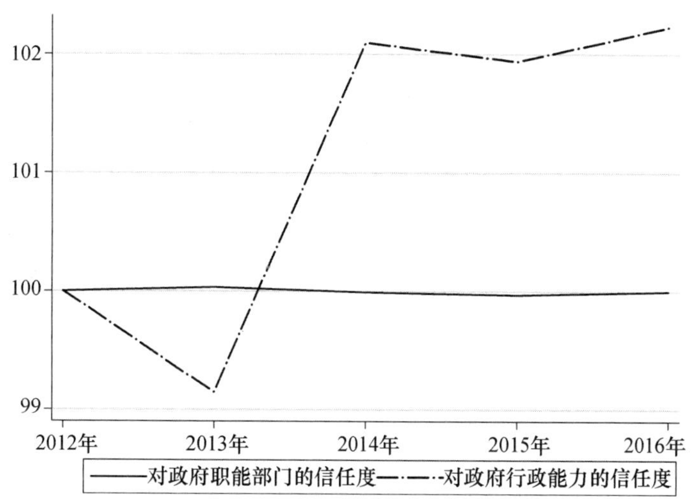

图 2—11　对政府职能部门和行政能力的信任度

成员实现自己期望的重要制度载体。当一个组织不能完成制度载体这种社会角色的时候，或者说不能做到上传下达、上上下下都不满意的时候，这个组织就会呈现出不景气的状况。

在这里，组织景气主要是指组织成员所感受到的一种工作氛围。工作组织与单位作为一个社会中重要的制度载体，主要是通过其所形成和营造的独特的社会环境或者说组织文化来影响和规范人们的社会行为的。根据国内外的研究以及我们的实证分析，此处把组织景气操作化为工作压力感、组织认同感以及付出回报感（见图 2—12）。我们认为，通过这样的三个子量表，可以触摸到一个组织的氛围和景气状况，而且恰恰在这个意义上，人们在单位中感受到的组织氛围，对其在组织中的行为会产生举足轻重的影响。

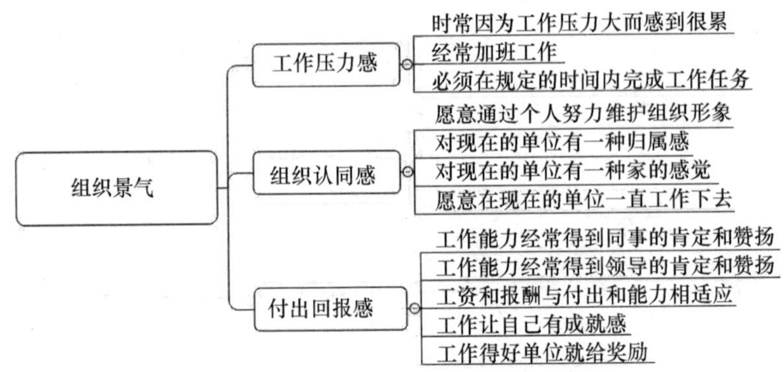

图 2—12　组织景气的操作指标

进一步的统计数据表明（见表 2—6），组织景气与社会景气之间有着显著的正相关关系。人们在组织中的压力愈大，则对社会景气的感受愈差；人们对组织的认同感以及付出回报感愈强，对社会景气的正面感受也愈加强烈。这一统计结果表明，一个社会的景气离不开各种不同类型组织的景气。当一些社会成员在自己所隶属的组织中不满意、感受不到组织的激励、体会不到其他组织成员的帮助和支持，那么，这种不满的感受和情绪就会或多或少地以各种不同的方式宣泄到社会当中去，在一定程度上影响社会总体的景气状况。所以，从某种意义上说，研究一个组织的景气状况能够使我们在更深层次上理解一个社会的景气状况。

表 2—6　组织景气指标与社会景气指数间的偏相关关系

	工作压力感	组织认同感	付出回报感	社会景气
工作压力感	1.000			
组织认同感	-0.164***	1.000		

续表

	工作压力感	组织认同感	付出回报感	社会景气
付出回报感	-0.173***	0.597***	1.000	
社会景气	-0.092***	0.461***	0.498***	1.000

注：*，$p<0.05$；**，$P<0.01$；***，$P<0.001$

另外，组织是否景气会直接影响组织成员的社会化过程。在现代社会，工作组织与单位是大多数社会成员除了家庭、学校以外的一个重要的“栖身”场所。人们在这样的组织与单位中，能够逐渐找到自己的社会认同、社会位置以及社会角色，积累社会经验，完成人生中重要的自我实现，并且逐渐走完自己最主要的社会生命历程。恰恰在这个意义上，工作组织与单位是一个社会中极其重要的制度载体。这个制度载体中的环境如何、氛围如何，可以直接影响组织成员的社会化过程，对组织成员行为的形塑起着至关重要的作用。良好的工作环境以及组织景气状况能够帮助人们更好地适应社会，顺利实现从“自然人”到“社会人”的转变。

组织是否景气会直接影响组织成员的成长和组织自身的效率。我们知道，一个景气状况良好的组织，在微观个体层面，能够帮助个体更好地在组织中实现自我，激发潜能；能够使人们在组织中有更多和更高质量的获得感；能够为人们的情感满足提供必要的社会归属；在中观组织层面，能够为人们的自我成长和满足提供必要的公共场所，能够促进良好的组织文化构建，以此提高组织成员对组织的认同感和满意度，提高组织效率，进而快速推动组织的创新与发展；在宏观层面，有助于我国的经济与社会实现“新常态”下的健康、平稳发展，同时也能够为稳定协调的社会发展提供合理的预期。另外，通过营造良好的工作环境来提高人们对组织乃至社会的认同程度，提高组织成员的人力素质，进而消减社会矛盾，实现社会团结及广泛的社会公平，也是社会治理的重要内容之一。

组织景气研究的深入，能够为组织的评估提供一个良好的学术与方法的基础。从实践意义上说，如何运用科学的方法，对一个组织的景气状况进行评估，这对于提高组织的效率，提高员工的满意度和获得感，加强员工对组织的认同与归属，都具有很重要的意义。我们现在更多的是从主观上来感受自己单位的工作环境。如果我们能够使人们的这种主观感受客观化、指标化，用一套科学的方法制作科学的量表来评估和测量一个组织的景气状况，那么，至少对于组织以及对于组织成员都是一种激励和鞭策，是一个值得重视和努力的方向。

基于以上的一些考虑以及五年来调查数据的分析，我们认为，为了改变这种状况，有必要大力加强对组织景气的研究，使我们能够在科学的基础上提高组织管理水平，加大对组织的评估与调控力度。

四　2016 年中国社会信心状况

社会信心主要是指人们对国家的经济社会发展形势，对物价、教育、社会保障、治安、食品安全、社会公平公正、就业和社会风气等宏观层面以及对个体的收入、住房、工作、健康、发展机会等微观方面的主观感受进行综合判断后得出的对未来发展前景的看法，折射出来则是人们对国家未来社会发展的预期，反映的是人们对未来社会发展与进步的期待和希望。中国与世界社会发展的历史反复证明，一个国家在发展过程中遇到困难与曲折并不可怕，最可怕的是这个国家的人民对未来的发展失去信心，丧失希望。一个对未来没有信心与希望的民族不可能推动这个国家的社会发展，在这种状况下，政府的行为就很容易受到人们的质疑，其合法性地位也一定会受到严峻的挑战。所以，认真地研究社会信心与社会景气，对于我们提高执政能力，搞好社会管理与社会建设，具有举足轻重的意义。

2016 年的数据表明，民众无论对总体性事项还是个体性事项的信心指数较之 2015 年均有不同程度的下降（见图 2—13）。进一步的统计结果显示（见表 2—7）：不同性别的社会群体，在个体性事项上无显著差异，但在总体性事项上，男性的信心度要比女性群体偏低。在不同年龄结构的社会群体中，年龄愈大，人们对总体性事项的信心愈足，对个体性事项的信心则反过来表现出愈弱的倾向。

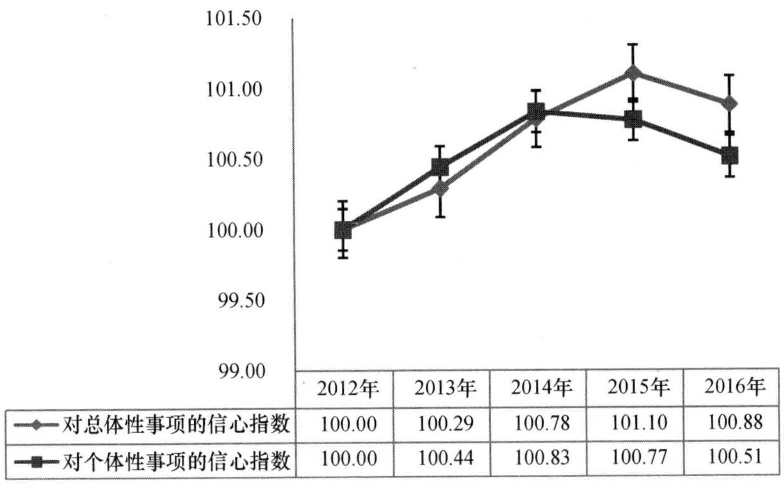

	2012年	2013年	2014年	2015年	2016年
对总体性事项的信心指数	100.00	100.29	100.78	101.10	100.88
对个体性事项的信心指数	100.00	100.44	100.83	100.77	100.51

图 2—13　社会信心状况变动趋势（2012—2016）

表 2—7不同群组民众有关社会信心状况的方差分析

	对总体性事项的信心				对个体性事项的信心			
	均值	标准差	样本量	方差检验	均值	标准差	样本量	方差检验
性别								
男	100.501	0.255	3582	F=4.13, Sig. = 0.042	100.202	0.256	3582	F=2.76, Sig. = 0.097
女	101.198	0.230	4354		100.759	0.219	4354	
年龄								
30岁及以下	100.700	0.290	2609	F=28.26, Sig. = 0.000	103.391	0.265	2609	F=42.76, Sig. = 0.000
31—40岁	99.265	0.345	1962		100.288	0.334	1962	
41—50岁	100.030	0.364	1785		98.177	0.370	1785	
51—60岁	103.104	0.491	976		98.517	0.495	976	
60岁以上	105.868	0.593	604		98.871	0.618	604	
收入								
2000元及以下	103.566	0.620	610	F=14.16, Sig. = 0.000	101.561	0.651	610	F=3.07, Sig. = 0.009
2001—4000元	99.417	0.307	2422		99.655	0.305	2422	
4001—6000元	98.084	0.441	1212		98.995	0.440	1212	
6001—8000元	97.914	0.782	349		101.029	0.730	349	
8001—10000元	97.245	1.016	205		100.697	1.033	205	
10000元以上	95.839	1.182	143		100.780	1.246	143	
文化程度								
小学及以下	104.509	0.693	443	F=11.06, Sig. = 0.000	98.583	0.743	443	F=16.46, Sig. =0.000
初中、高中	101.385	0.248	3697		99.413	0.248	3697	
中专、技校	100.446	0.560	758		101.264	0.537	758	
大专	99.965	0.385	1601		101.163	0.364	1601	
本科及以上	99.720	0.402	1429		102.757	0.371	1429	

有意思的是，在对收入结构进行分析的时候，我们发现，收入最高的社会群体反而对总体性事项的信心最低，而收入最低的社会群体则表现出最高的信心，且这种差异具有显著性。这一结果在某种程度上意味着，高收入群体的不安全感、危机意识以及焦虑、困惑与彷徨更为强烈，从而使得对未来的预期更为悲观；而处于社会底层的群体对国家总体发展有着更加积极的预期。在个体性事项上，表现出最没有信心的是月收入在4001—6000元的社会群体，且与其他群体相比具有显著差异。对这一结果的一种可能解释是，收入“夹心层”群体对生活的压力可能感受更为明显。

就教育水平结构而言，人们对总体性事项的信心与对个体性事项的信心表现出两种完全不同的方向，即在对总体性事项的信心方面，民众的教育水平愈高，反而信心愈低；在对个体性事项上则显现出完全相反的态势。这一结果所隐含的可能解释是，教育程度高的群体，对国家在总体性事项上的发展状况期待更高，一旦期望与现实结果有着较大差距，就更容易表现出不满情绪以及对未来发展的失望。教育程度低的群体可能更多要面对日常生活方面的压力，当这种压力不能在可预期的时段内得到有效舒缓，对未来发展预期不足的感受则会表现得更加明显。

进一步对历年来民众有关总体性事项各构成要素的预期状况进行对比后可以发现（见图2—14）：第一，从2012年到2016年，社会公正始终是人们对国家总体性事项信心最弱的方面，其在各事项中的排序未发生改变；第二，从2012年到2016

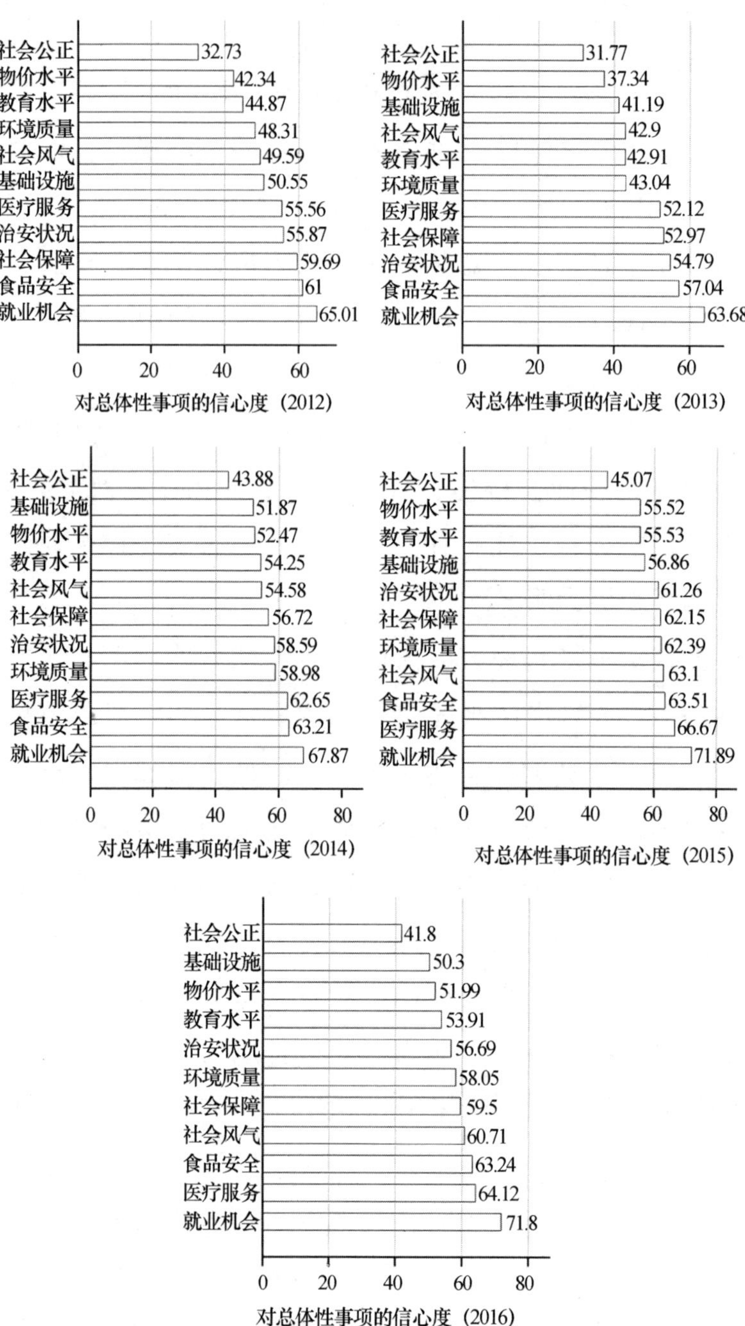

图 2—14　民众对总体性事项的预期状况（2012—2016）

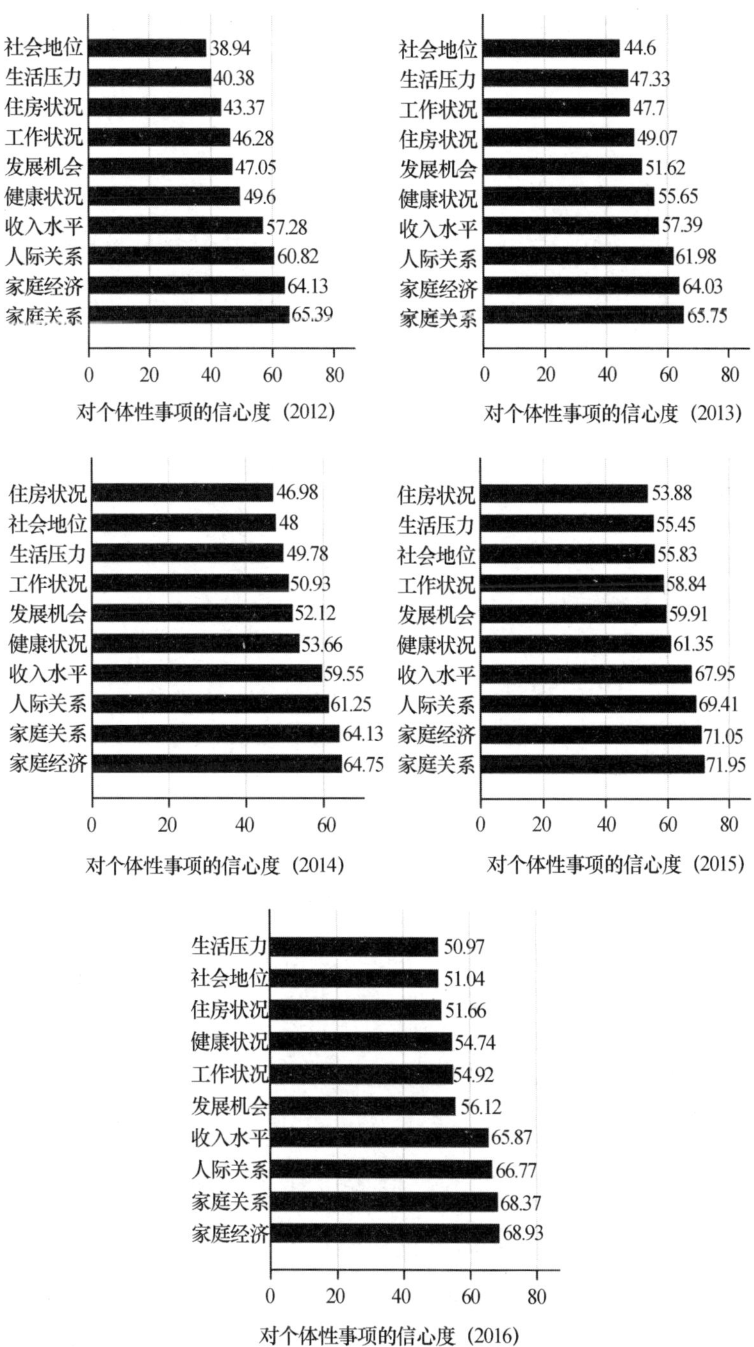

图 2—15　民众对个体性事项的预期状况（2012—2016）

年，民众对就业机会的预期最为充足，其排序亦未发生改变。这一结果提醒我们，公平正义是一个社会在发展过程中能够不断取信于民的关键。

同样，对个体性事项各构成要素的未来发展预期进行历年状况的对比，可以看出（见图2—15）：民众预期欠佳的前三项分别是生活压力、住房状况与社会地位。这一结果也为我们今后的政策制定提供了可资借鉴的方向。

五 结论与思考

（一）主要结论

通过2016年的问卷调查数据分析，尤其是结合2012—2016年问卷调查数据的比较，我们得出如下结论。

中国的社会景气与社会信心状况在2016年均呈现出下行的态势。就社会景气而言，和2012年以来的四个年份相比，2016年的社会景气指数为最低，指数为99.84；对总体性事项的信心指数为100.88，低于2015年的总体性事项信心指数；对个体性事项的信心指数为100.51，低于2014年与2015年两个年份的信心指数。尽管与其他年份相比，2016年的指数下降均不足1个百分点，且没有统计学意义上的显著差异，但是作为一种下行的趋势，应该引起我们的高度警惕和严重注意。

当深入具体分析不同结构性特征的社会群体的时候，我们发现，在性别上，女性（99.252）比男性（100.543）对国家社会景气的感受要差；在年龄结构上，41—50岁这个年龄组的人群（98.947）对国家社会景气的感受最低；在收入结构上，收入愈低，人们对国家社会景气的感受愈差；在教育水平结构上，具有初中与高中文化水平的群体（98.672）对国家社会景气的感受最差。

在分析社会景气的子量表即满意度量表的时候，我们看到，2016年人们的满意度与往年相比都出现了不同程度的下降。数据表明，2016年人们对个体性事项的满意度（99.76）要低于人们对总体性事项的满意度（100.14）。

深入分析不同群组民众的满意度的状况，我们发现，相对于男性，女性对总体的满意度状况具有显著性的差异，就是说，女性对总体性的满意度（99.513）要低于男性；但是在个体性的满意度上，尽管女性要低于男性，但是两者之间没有显著性的差异。从年龄结构上分析，在总体性满意度上呈现出年龄愈低，满意度就愈低；而在个体性满意度上面，41—50岁这个年龄段则表现出很低的满意度（98.500）。从收入结构上分析，在对个体性事项的满意度上呈现出正相关的关系，也就是说，人们可以非常清楚地从数据中观察到，收入愈低，则满意度愈低。但是，在总体性事项的满意度上则不是这样，收入在2001—4000元（98.954）以及在8001—10000元（99.852）这两组人群中，其满意度的状况要低于其他收入分组的人群，且具有统计学意义上的显著性差异。类似的状况也表现在教育水平的结构上：在对个体性事项的满意度上呈现出正相关的关系，也就是说，人们可以非常清楚地从数据中观察到，教育水平愈低，则满意度愈低；但是，在总体性事项的满意度上不是这样，中专、技校教育水平的人群（98.972）以及本科以上教育水平的人群（99.159），其满意度的状况要低于其他教育水平分组的人群，且具有统计学意义上的显著性差异。

当具体分析人们到底在什么方面表现出不满意的时候，我们首先进行了直观的分析，具体来说就是直接观察，人们在对个体性事项的十个方面里，哪几项最不满意。我们发现，在个体性事项的满意度方面，除2015年以外，生活压力与收入水平始终是人们最不满意的地方，其次是发展机会与社会地位。在总体性事项的满意度方面，从2012年到2016年，人们最不满意的前两项始终是物价水平与食品安全，这说明我们在这方面的改进工作还需要花费更大的气力。在2012年到2014年，人们第三个最不满意的是社会公正的状况，而到了2015年和2016年，社会公正让位于就业机会。另外，对环境质量的不满意从2013年的第四位，退居到了2015年的第九位和2016年的第八位，说明我们在环境质量的改进上得到了人们的广泛认可。

其次，通过影响因素夏普利值分解，分析哪几个方面的因素对人们不满意的情绪影响最多。在这里，运用这种方法进行排序的原则主要是，社会总体满意度的各个题器或事项将依据被访者对相关题器认知上的贡献率大小来进行排序。根据这种方法，我们以人们对社会总体发展满意度为因变量，以构建总体满意度的各事项为自变量，通过夏普利值分解方法来探讨各项因素对社会满意状况的影响力大小。分析的结果表明，在2015年影响力较高的前三个事项分别是社会保障（贡献率为14.66%）、就业机会（贡献率为11.08%）和社会风气（贡献率为10.81%），在2016年影响力较高的前三个事项则分别是就业机会（贡献率为17.99%）、社会保障（贡献率为13.26%）和食品安全（贡献率为9.96%）。

同样，我们根据夏普利值分解方法对人们的个体性事项满意度所包含的维度即采用的题器的重要性进行了排序。我们以人们对个体性发展满意度为因变量，以构建个体满意度的各事项为自变量，通过夏普利值分解方法来探讨各项因素对个体满意状况的影响力大小。分析的结果表明，在 2015 年与 2016 年影响力较高的前三个事项相同，分别是家庭经济（2015 年贡献率为 22. 72%，2016 年的贡献率为 18. 65%）、收入水平（2015 年贡献率为 18. 32%，2016 年的贡献率为 15. 32%）和生活压力（2015 年贡献率为 12. 53%，2016 年的贡献率为 11. 47%）。

在分析社会景气的子量表相对剥夺感的时候，我们发现，从 2012 年到 2016 年，人们对被相对剥夺的感受始终呈现出一种不断增强的趋势。我们的数据表明，在 2016 年人们所感受到的被相对剥夺感为这五个年份的最低（98. 00），比 2012 年少 2 个百分点，比 2013 年和 2014 年少近 2 个百分点，且这些数据具有统计学意义上的显著性差异，应该引起我们严重的警惕和注意。

深入分析不同群组民众对相对剥夺的感受，我们发现，相对于男性，女性对被相对剥夺的感受（97. 242）具有显著性的差异，就是说，女性比男性更能强烈地感受被相对剥夺。从年龄结构上分析，人们在被相对剥夺的感受呈现出负相关的状况：年龄愈大，被相对剥夺的感受就愈强烈。从收入结构上分析，人们的相对剥夺感呈现出正相关的关系，也就是说，人们可以非常清楚地从数据中观察到，收入愈低，则相对剥夺感愈强烈。类似的状况也表现在教育水平的结构上：人们的相对剥夺感呈现出正相关的关系，也就是说，人们可以非常清楚地从数据中观察到，教育水平愈低，则人们被相对剥夺的感受愈强烈，且上述的这些数据都具有统计学意义上的显著性差异。

根据 2016 年及以往的数据分析，我们欣喜地发现，人们对自己的主观地位认同呈现出上移的趋势，人们的经济社会地位的获得感逐步增强。数据表明，2012 年人们主观经济地位自我认同为下层的比例为 38.82%，而到了 2016 年，人们主观经济地位自我认同为下层的比例则减少为 25.23%，减少了近 14 个百分点；与此同时，认为自己属于中层的被访者，则由 2012 年的 25.35% 增加到了 2016 年的 34.28%，增加了近 9 个百分点。在对自己社会地位的主观评价上也是如此。2012 年，认为自己的社会地位属于下层的被访者为 32.57%，而到了 2016 年，认为自己的社会地位属于下层的被访者减少为 19.61%，减少了近 13 个百分点。与此同时，认为自己的社会地位为中层的被访者，在 2012 年为 32.07%，而到了 2016 年，认为自己的社会地位为中层的被访者则上升到了 42.12%，增加了近 10 个百分点。而且，人们对自己主观地位的认同呈现出逐年上移的趋势。这种状况的存在，非常大的可能是因为人们在实际的工作和生活中，通过自己的奋斗和努力，获得了许多实实在在的利益，社会分配过程中的那些极端的不公平得到了有效的遏制。

在分析社会景气的子量表对政府的信任度的时候，我们比较欣喜地看到，2016 年人们对各级政府的信任度稳中有升，且呈现出逐年提高的趋势。数据显示，2016 年，人们对中央政府的信任度为 82.16%，对省级政府的信任度为 74.04%，均为以往五年的最高；对县市级政府的信任度为 60.08%，比 2015 年略有降低。这说明，我们的政府在改进工作作风、提高办事效率与能力、为人民办实事等诸方面均有了一个长足的进步，表现出了一个强劲向好的行为趋向。

当具体分析不同群体对政府信任状况的时候，我们发现，在不同性别（F = 1.39，Sig. = 0.238）、不同收入水平（F = 1.90，Sig. = 0.091）以及不同文化程度（F = 1.79，Sig. = 0.127）的社会群体当中，他们对政府信任的感受均没有统计学意义上的显著差异。但是值得注意的是，2016 年在不同年龄的群体当中，人们对政府的信任度则表现出一种负相关的显著差异。这就是说，年龄愈大，人们对政府的信任度则愈低；反过来，人们的年龄愈小，对政府的信任度愈高。与 2015 年的调查数据相比，呈现出一种完全相反的态势。在 2015 年，反映出来的是一种正相关的显著差异：年龄愈大，人们对政府的信任度愈高；年龄愈小，人们对政府的信任度愈低。对 2016 年数据反映出来的情况一种可能的解释是，年轻人对这几年中国社会经济发展的变化敏感，获得感在不断增强，对新的领导集体行为的认可与认同在不断提高；一些年纪较大的群体可能随着改革的深入在经济上所受到的冲击相对会大一些，因此其获得感相对要弱一些。这些都是造成这种负相关结果的一些原因。看到这一点，对于我们能够有的放矢地做好思想工作，针对特定的社会群体来改进我们的工作作风，提高政府的管理水平，具有很重要的意义。

2016 年，我们在数据分析过程中还发现，人们对政府行政能力的信任度较之以往的四个年份有了很显著的提高，而人们对政府职能部门的信任度则始终徘徊，五年来没有实质性的改观。根据近年来的实地调查和数据分析，我们同时也发现，当前，不仅仅是在政府的行政部门，而且在不少各种组织中不同层级的管理者不作为状况普遍，“多一事不如少一事”的现象严重，极大地影响组织的效率；人们在组织中的不作为，效率低下，且没有一个明确的评估标准，使“磨洋工与不作为”成了组织中的常态，党和政府的意志贯彻以及“上情下达与下情上传”都不同程度遭遇“肠梗阻”。这些问题特别是在政府的职能部门如果不尽快加以研究解决，一方面会拉高组织内外的不满意度，在宏观上贻误国家改革与发展的大局；另一方面也会严重影响一个组织的景气乃至我们整个社会的景气，值得引起我们的严重注意。

数据表明，组织景气与社会景气有一种显著的相关关系。人们在组织中的压力愈大，那么他们对社会景气的感受就会愈差；人们对组织的认同感以及付出回报感愈强，那么这种满意的情绪很可能就会影响他们对社会景气的正面感受。事实上，一个社会的景气离不开这个社会中各种不同类型组织的景气。当一些社会成员在自己所隶属的组织中不愉快、不满意，感受不到组织的激励，体会不到其他组织成员的帮助和支持，那么，他们这种不满的感受和情绪就会或多或少地以各种不同的方式宣泄到社会当中去，在一定程度上会影响一个社会的景气。所以，从某种意义上说，研究一个组织的景气是能够使我们在更深层次上理解一个社会的景气。这恰恰是我们研究组织景气的意义。

在对社会信心的分析过程中，2016 年的数据表明，无论人们在对总体性事项还是对个体性事项的信心指数较之以往的年份都不同程度偏低，出现下行的态势。当对社会群体结构进行分析的时候，我们同时发现，不同性别结构的社会群体，在个体性事项信心指数上没有统计学意义上的显著差异（F = 2.76,

Sig. = 0.097），但是在总体性事项的信心上，男性群体（100.501）要比女性群体偏低。在不同年龄结构的社会群体中，年龄愈大，人们对总体性事项的信心则愈足，对个体性事项的信心则反过来表现出愈弱的倾向。在对总体性事项中，31—40岁的社会群体（99.265）表现出最弱的信心；在对个体性事项中，41—50岁的社会群体（98.177）则表现出最弱的信心。有意思的是，在对收入结构进行分析的时候，我们发现，收入最高的社会群体反而对我们国家总体性事项的信心表现出最低（95.839），而收入最低的社会群体则表现出最高的信心（103.566），且具有统计学意义上的显著差异。这个数据至少说明，高收入的群体体验着比较强烈的不安全感、危机意识以及焦虑、困惑与彷徨，而处于社会底层的社会群体反而通过我们社会这几年的改革开放看到了一个可预见的希望，从而表现出对国家总体发展的未来有了一个比较积极的预期。在对个体性事项上，表现出最没有信心的是月收入在4001—6000元的社会群体（98.995），且具有统计学意义上的显著差异。在这里，可能的一种解释是，恰恰是这个群体可能会更多地体会生活的压力。在不同教育水平的社会群体当中，人们对总体性事项的信心与对个体性事项的信心表现出两个完全不同方向的感受：在对总体性事项的信心方面，人们的教育水平愈高，反而表现出信心愈低；在对个体性事项信心方面则完全相反，表现出人们的教育水平愈低，在这方面的信心则愈低。这里可能的解释是，教育程度高的群体，他们对国家在总体性事项的期待会较高，一旦期望与期望的实现有了较大距离，他们就很容易表现出不满的情绪以及对未来发展的失望。教育程度低的群体可能更多要面对日常生活方方面面的压力，当这种压力在不久的将来得不到释放的时候，对未来发展的失望就会变得愈来愈大了。

如果从 2012 年到 2016 年社会信心的内部结构来分析，我们就会发现两个没有变化的现象：从 2012 年到 2016 年，社会公正始终是人们对国家总体性事项最没有信心的方面，五年间没有发生变化。从 2012 年到 2016 年，人们对国家总体性事项最有信心的方面始终表现为就业机会，这在五年间也没有发生变化。这起码说明，上述的两个方面恰恰是人们最在意的两个方面，同时恰恰是党和政府需要着力改进、提高和加紧努力的方向。

另外，在对个体性事项的信心方面，人们在这五年中最没有信心的三项分别是生活压力、住房状况与社会地位；最有信心的三项分别为人际关系、家庭经济与家庭关系。这从一个方面反映出家庭作为社会稳定单位的重要性。

（二）思考与建议

毫无疑问，每个人对其所处时代的社会发展有着自身的直观认识与感受，即使多数民众并不具备专业的分析框架与理论知识，但需要肯定的是，并不能由此忽视这种直观认识的重要性。无论是从个体行为的微观基础还是社会心态的微观构成出发，民众对社会发展过程中有关事项的态度与感受都构成了我们可用以分析一个社会发展状况的事实资料。也正因为如此，有研究者强调，在总结和阐述中国社会发展变迁之时，中国民众的社会心态亦成为这一过程和经验不可或缺的组成部分。①

① 周晓虹：《转型时期的社会心态与中国体验》，《社会学研究》2014 年第 4 期。

“春江水暖鸭先知”，民众总和性的社会情绪与社会态度就如同“温度计”或“晴雨表”，我们多年来所做的关于社会景气状况的调查与分析，就是力图通过民众的主观感受来观测中国社会的发展状况。

对此，如果将社会发展状况看作一头“大象”，不同的人势必有着各自的“摸象”方法。那么接下来的问题便是：选择哪些维度与指标才可以使我们的观测简单（Simple）、灵敏（Sensitive）、易于操作（Easy to Use）？

当我们论及社会指标的构建与测量之时，一般会将其归之为西方社会科学研究的经验与“舶来品”，但事实上，这种思想与做法中国古已有之。2000多年前，管子在其“八观”的论述中，用睿智的眼光告诉人们应该如何从八个方面去观察一个国家的发展状况。① 在理论概括与多年调查实践的基础上，我们认为通过对民众满意度、相对剥夺感、政府信任度和社会信心四

① 他认为，观察一个国家，最重要的是要观察这个国家是否用制度规范人们的行为，使国民“故形势不得力非，则奸邪之人悫愿；禁罚威严，则简慢之人整齐；宪令著明，则蛮夷之人不敢犯；赏庆信必，则有功者劝”，从而使国民“闭其门，塞其涂，弇其迹，使民毋由接于淫非之地，是以民之道正行善也若性然。故罪罚寡而民以治矣”。展开来具体说就是：第一是要“行其田野，视其耕芸，计其农事，而饥饱之国可知也”；第二是要“行其山泽，观其桑麻，计其六畜之产，而贫富之国可知也”；第三是要“入国邑，视宫室，观车马衣服，而侈俭之国可知也”；第四是要“课凶饥，计师役，观台榭，量国费，而实虚之国可知也”；第五是要“入州里，观习俗，听民之所以化其上，而治乱之国可知也”；第六是要“入朝廷，观左右，本求朝之臣，论上下之所贵贱者，而强弱之国可知也”；第七是要“置法出令，临众用民，计其威严宽惠，行于其民与不行于其民可知也”；第八是要“计敌与，量上意，察国本，观民产之所有余不足，而存亡之国可知也”。总之，只要我们能够提高细致的观察，了解一个国家饥饱、贫富、侈俭、虚实以及治乱的状况，那么人们就大概可以知道这个国家繁荣兴旺的程度，也就能够知道国家的前途和命运。（参见管子《八观》，《管子》第十三篇。）

个方面的观测可以在一定程度上实现上述研究目标。①

前文用较多篇幅对2016年中国社会景气状况进行了描述，并在某些关键维度上进行了历时性比较。在整体走势上，民众无论是对当下社会发展状况的判断还是对未来发展的预期都呈下行态势，对此，有必要从以下方面进一步展开讨论。

第一，经济结构失衡与心理结构紧张。

经济与社会的相互影响并非简单的交互关系，现代性的增长及由此导致的一项后果便是经济与社会之间的界限看似明显，但在其内部关联上，二者间的传导机制却更加灵活和多变。这种关系特征的非期然性后果便是，风险社会成为一种常态。在本质上意味着处理经济与社会的关系时，人们常常处于一种两难之中：必须预见经济发展必然带来的不可预见的风险，控制经济发展必然带来的不可控制的危机。也就是说，当我们将经济问题与社会问题联系起来加以考虑之时，就不能将二者断然两分，而是需要一种更加宏观的视角。②

为了有效应对当下的经济问题，2015年底召开的中央经济工作会议提出要着力推进供给侧改革。也就是说，对中国经济发展问题的诊断，从增长速度换挡期、结构调整阵痛期、前期刺激政策消化期“三期叠加”的判断，到经济结构性减速的“新常态”共识形成，再到聚焦推进供给侧结构性改革，实质上表明，当下经济发展的体制机制在结构层面出现了问题。这种

① 理论框架、逻辑路径与指标测量、指标构建的理论和方法可参见张彦等《发展过程中的社会景气与社会信心：概念、量表与指数构建》，《中国社会科学》2015年第2期。

② 参见刘世定《危机传导的社会机制》，《社会学研究》2009年第2期。

结构性的失衡是长期累加的后果，不可能在短期内得到化解。首先，表现在经济增长率的趋势性下滑，且这种变动轨迹并非多数人所一厢情愿的V形或U形，可能会经历一个L形增长阶段；[①] 其次，这种趋势性下滑不仅导致与之内洽的一系列宏观经济指标呈现新性状，而且也带来了新挑战；[②] 最后，经济性状的改变和政府为此所做的制度安排无可避免地会影响到社会结构的状态与属性。也就是说，对经济发展状况的把握需要时刻关注经济与社会之间的内在关系、二者间的协同变化及总体性的经济社会结构特征。另外，经济状况对社会生活的影响既深且远，其既构成了人们价值和行为取向的约束条件，也影响到人们对社会发展的期望和信念。

具体而言，经济结构的失衡所引致的社会结构要素之间的紧张与脱节以及引发的矛盾与冲突在人们的主观层面主要表现为失范感受的凸显与相对剥夺感受的增强。

在国家主导的“渐进市场化”模式下，人们普遍承认市场在促进经济增长方面的作用，但对“市场社会”化的趋势及其后果关注不足。诸如环境污染、食品安全、信任缺失等现象无不与市场，更确切而言，与市场规则在社会层面的扩张和渗透相关。事实上，波兰尼早在其《大转型：我们时代的政治与经济起源》中就对社会市场化的危机进行了“入木三分”的刻画，其反对那些自由主义者的论调，强调自发调

① 参见《七问供给侧结构性改革（权威访谈）——权威人士谈当前经济怎么看怎么干》，《人民日报》2016年1月4日第2版。

② 李扬、张晓晶：《论“新常态”》，中国社会科学院经济学部研究报告，2014年。

节的市场是一个乌托邦，其会在物质上毁灭人类并把人类的环境变成一片荒野，而土地、劳动力和货币的商品化便是市场社会最为明显的标志。正如斯蒂格利茨所认为的那样："波兰尼所提出的问题和视野并没有丧失其优越性……常让人们感觉到，他是在针对当下的问题发言。"① 当一切东西都可以拿金钱来衡量的时候，市场和市场价值观已经以一种前所未有的方式主宰了我们的生活，在这种市场排挤社会、市场规则战胜社会道德的状况下我们更需要重新思考市场在我们的生活实践、人际关系和日常生活中的角色和范围。② 尽管有研究者指出中国在 20 世纪 90 年代经历了短暂的"市场社会"梦魇，③ 但其显然对这种"危机"的严重性估计不足。近年来发生的许多社会问题都在不断昭示市场价值在社会领域的不断扩张。这就使得广大民众的价值目标系统呈现匮乏状态，表现为个体从社会规定的目标和规范中疏离出来，如无所适从、混乱、冷漠、颓废等状态。

前文已述，经济结构的变动在社会层面构成了民众行为与价值取向的外部环境，这种结构性的变动愈是频繁，变动过程中的利益分配愈是有利于某一群体或阶层，那么不仅会导致社会阶层结构的固化和社会刚性的增强，同样也会使得利益受损

① ［美］斯蒂格利茨：《前言》，载［英］波兰尼《大转型：我们时代的政治与经济起源》，冯钢、刘阳译，浙江人民出版社 2007 年版，第 9 页。

② 参见［美］迈克尔·桑德尔《金钱不能买什么》，邓正来译，中信出版社 2012 年版。

③ 王绍光：《大转型：1980 年以来中国社会的双向运动》，《中国社会科学》2008 年第 1 期。

群体的相对剥夺感受更为强烈。[①] 也就是说，与一个稳定的社会相比，在一个变动剧烈的社会中，人们会更加敏感于自身的得失。更进一步而言，相比于一般的主观态度，相对剥夺感的社会属性更强。在一个不平等程度较高、社会包容性较差的社会，一旦人们认为自身的经济社会地位与参照群体直接相比或间接相比没有达到既定预期，且这种预期状态在经济社会的频繁变动中仍不能实现时，就不可避免地会产生强烈的被剥夺的感受。如果这种负面感受成为某一特定群体挥之不去的心理特征，那么由之引发矛盾与冲突的可能性就会大大增加。

第二，贫富差距过大与社会发展乏力。

一个社会的发展取决于多重因素，但要确认哪些因素对社会发展具有决定性作用，则会陷入各种争执之中。对于如何确认这个关乎人类社会的终极首要性或确定性问题，既让人神伤，又难以得到一致答案，因为“社会比我们有关它们的理论更加混杂”。但是在毫无争议的状态下，人类及其行动无疑构成了一个社会发展的基础，其他诸如地理环境、物质资源、科学技术、制度文化等则构成了社会发展的条件。也正是在这个意义上，马克思强调，“人们自己创造自己的历史，但是他们不是随心所欲地创造，并不是在他们自己选定的条件下创造，而是在直接碰到的、既定的、从过去继承下来的条件下创造”[②]。从人类行动出发，对于追求美好事物的享用而不断竞争成为无须加以解

---

① Hirschman, A. O. & M. Rothschild, "The Changing Tolerance for Income Inequality in the Course of Economic Development", *The Quarterly Journal of Economics*, Vol. 87, No. 4, 1973.

② 《马克思恩格斯选集》第1卷，人民出版社1995年版，第585页。

释的常项，更确切而言，人类的行动（不包括纯心理层面的活动，如主观内省）都是以某种目标为出发点的。在承认人类行动是社会发展的基础以及人类是不断追求其目标的主体这一先决认识下，主体行动的原因即人们如何做出行动对于更加深入地理解社会发展具有基础性意义。

回顾改革开放以来的中国社会发展历程，首先是通过引入市场机制，打破“大锅饭”，让一部分人先富起来，经过逐步的调整，扩大公共产品的服务范围，从而达到新的协调，实现发展的均衡与突破。这种“让一部分人先富起来，先富带动后富，最后实现共同富裕”的制度导向大大激发了全社会发展经济、创造财富的积极性，进而在很大程度上引致了几十年来中国经济持续高速发展的辉煌。在这里，人们在收入分配上形成的“差序格局”对改革开放初期的发展起到了至关重要的作用。[①] 但当下的情况是，由于分配和激励机制的不当甚至扭曲，中国社会的收入和财富鸿沟呈逐年拉大的趋势，这种现状也深深地动摇了经济社会发展的动力基础。

根据北京大学发布的《中国民生发展报告 2015》，“近 30 年来，中国居民收入基尼系数从 80 年代初的 0.3 左右上升到 2015 年的 0.45 以上，大大超出 0.4 的警戒线。财产不平等的程度更加严重，中国家庭财产基尼系数从 1995 年的 0.45 扩大到 2012 年的 0.73。顶端 1% 的家庭占有全国约三分之一的财产，底端 25% 的家庭拥有的财产总量仅在 1% 左右”[②]。这种结果不

① 参见魏钦恭等《发展进程中的“双重印象”：中国城市居民的收入不公平感研究》，《社会发展研究》2014 年第 3 期。

② 李建新等：《中国民生发展报告 2015》，北京大学出版社 2015 年版。

得不引起我们的警惕。

首先，贫富差距过大会影响经济的平稳健康发展。我们都知道，当下中国经济运行的一项主要特征就是国民高储蓄与国内需求不足，但实质上这一特征与过大的贫富差距有着过密的关联。巴特拉就曾经指出，财富过度集中是经济萧条的主要内在原因。一方面由于财富过度集中，银行账面上的高储蓄额并非一般民众的储蓄，而恰恰是部分收入和财富顶尖群体的储蓄，这就使得穷人或中等收入阶层的借款需要超过富人的需要，以致对贷款的需求增加，但这也使得银行不可靠贷款的数目增加，进一步加剧了银行的运行风险。另一方面，财富分配不均日益严重的副作用就是投机性投资增加，为了获得像富人一样的高额利润，穷人纷纷效仿，进一步增加了经济系统运行的风险。[①]这种论述并非孤证，有研究在对两次全球经济大危机进行对比研究后发现，收入分配差距过大往往是经济危机出现的前兆，同时，在危机来临前，大众的心理都处于极端的投机状态，许多人都追求一夜暴富。[②] 也就是说，一旦贫富差距超出合意区间，那么这种差距不仅难以起到合理激励经济行为的作用，反而会起到负面影响，进而对总体性的经济系统造成重创。

其次，贫富差距过大会影响社会的和谐稳定发展。改革开放以来，随着贫富差距的不断拉大，不少研究者认为，这一因素成为中国社会矛盾与冲突频发的根源，甚至有观点认为快速拉大的收入差距使得较低收入者对社会分配状况极为不满，中国已经坐落于随时可能喷发的“社会火山”（Social Volcano）之

① ［美］莱维·巴特拉：《1990 年大萧条》，上海三联书店 1988 年版。

② 参见刘鹤主编《两次全球大危机的比较研究》，中国经济出版社 2012 年版。

上。虽然亦有研究认为人们对当前的收入分配颇有微词，但总体上这种收入的不公仍在人们可接纳和忍受的限度之内。[①] 但无可否认的是，过大的贫富差距需要一个社会付出很大的代价去承受，正如斯蒂格利茨所言，减少不平等带来的收益要远远超出可能产生的成本，这些成本不仅会导致经济增长乏力，还包括民众认同感的缺失和政治制度的不稳定。[②] 如果皮克提所言的社会分化机制，即资本收益率大于经济增长率具有一定的合理性，那么可以预见的是，当下中国的贫富差距并未见顶，而是会随着代际黏性和财产继承进一步加剧。由此，收入和财富顶端的10%和1%群体会牢牢占据社会金字塔的顶端，整个社会的流动机制出现分割性的闭循环。这种社会格局就形同《北京折叠》中所描绘的情景，无论是阶层分化的危机感还是挣脱阶层固化的无力感，让人细思极恐，也会让社会发展失去动力。

第三，未来预期不足与焦虑情绪蔓延。

人们的日常行为都是以预期目标为牵引，预期不足会延滞或改变既定的行为轨迹，甚至会使得人们无所适从、焦虑不安。当房价高企、生活成本攀升、社会保障不足、未来经济前景不明的时候，民众对未来的期望会出现程度不一的下降，进而影响其行为方式和价值取向。从个人行为角度来分析，中国的改革开放，极大地释放了人们创造财富和追求财

---

① 参见［美］怀默霆《中国民众如何看待当前的社会不平等》，《社会学研究》2009年第1期。

② 参见［美］斯蒂格利茨《不平等的代价》，张子源译，机械工业出版社2015年版。

富的能力。正是这种个人行为的强大驱动力，一旦摆脱了思想上和体制上的束缚，其巨大的能量就会像火山爆发一样释放出来，极大地推动国家经济增长与发展的速度。同样，人们对财富的追求与渴望，如果没有合理的制度安排，没有明确的预期前景，就会由理性的行为蜕变为狂热或幻觉。[①] 投机盛行，越来越多的人试图通过非制度化手段达到目标；焦虑蔓延，不同的群体都陷入缺乏安全感和方向感的“旋涡”之中。在这种环境下，人们的行为趋向不可避免地发生迷茫，甚至变得焦躁、愤怒和失望。

还需要注意的是，人们大多数的行为都是嵌入在一定的组织之中，并通过组织来完成的。所以，当一些社会成员在自己所隶属的组织中不愉快、不满意，感受不到组织的激励，体会不到其他组织成员的帮助和支持，那么，由此产生的负面情绪和感受就会或多或少地以各种方式宣泄到社会之中，在各种机制的交错影响下形成社会性焦虑。

从理论上说，这种社会性焦虑的蔓延，不可避免地会对一个社会的稳定与景气产生很大的影响。因为在这种情绪的影响下，人们的羡慕与妒忌、攀比与模仿、失落与愤怒等各种情绪就会交织在一起。再加上媒体不适当的炒作与推动，就会使得其他社会群体心理上的那种相对剥夺感与地位的不一致性在相互比较的过程中变得愈来愈强烈，由此引发的不

---

① 这种投机性的效仿行为被金德尔伯格如是描述：“当从事这些活动的公司和家庭数目增加时，人口中那些通常避开这类投机活动的人也被吸引进来。为了获得利润的投机诱使那些正常的、合理的行为蜕变为所谓的‘狂热’或‘幻觉’。‘狂热’这个词强调的是非理性，而‘幻觉’则意味着要破产。”（转引自［美］莱维·巴特拉《1990年大萧条》，上海三联书店1988年版，第97页。）

满意度就会变得愈来愈高。如果在这样的一种情况下，政府的制度安排没有做适当的调整，那么，人们就会对一个社会的诸如共同富裕、社会主义道路等基本目标产生怀疑和动摇，对政府以及政府的行为愈来愈不信任，对未来的发展失去信心。在这样的一种情况下，任何一个偶然的事件都可能引起冲突或者群体性事件，人们的焦虑、愤怒与不满可能会以一种极端的方式发泄出来。

对于上述讨论和调查数据反映的问题，我们提出以下建议。

首先，要考虑如何有效引导和处理不同社会群体的利益表达、利益综合和利益实现，这是实现社会稳定的一个根本问题。发展的过程就是一个不平衡的过程，是一个失调与协调不断互动的过程，是一个矛盾冲突不断出现并不断得以解决的过程。改革的过程总是无可避免会触及不同群体的利益，关键的化解之道就是用一种制度化的方式让人们将利益诉求表达出来，并对这些诉求做出合理的回应与解决。特别是对诸如征地、拆迁、收入分配、住房、社会保障、就业等关乎百姓生活的大事，更要在政策制定和制度安排的过程中以多数民众的基本诉求和日常感受为起点和终点。① 反过来，如果人们的利益诉求无法表达，渠道也不畅通，那么“郁结”就会越积越大，在某一个时点上，任何一个偶然的事件都可能触发人们蓄积的不满，甚至会以难以控制的极端方式爆发出来。

其次，要充分运用现有的制度资源，促进社会稳定与景气。

第一个方面，“支部建在连上”是我们特有的制度文化。在

---

① 《李克强：把老百姓日常感受变成政策的起点与终点》，2016 年 10 月 15 日，中国政府网（http：//www. gov. cn/zhengce/2016 - 10/15/contnet_ 5119507. htm）。

几十年的革命和建设过程中，通过这样的一种制度安排，为坚持党的领导，实现有效社会控制，起到了极其重要的作用。在制度创新和变迁的过程中，发挥基层党组织的作用，就会大大地降低改革引发社会危机、动荡和不景气的风险，大大地减少制度创新与变迁的社会成本，有助于缓解不同利益群体之间的矛盾与焦虑。

第二个方面，工作和社会组织要成为不同社会群体利益综合与表达的制度化载体。也就是说要使各类组织成为人们社会合作及利益分享的基础单元。罗尔斯在论述差异化分配得以实现的社会基础之时，一再强调一个社会的典型标志虽然是利益的不一致，而且经常会出现利益冲突，但与每一个人都靠自己单独生活相比，社会合作能够使每一个人都过上更好的生活，所以在更大的意义上存在的是利益的一致。① 不仅如此，社会中间组织的发育完善对于增强人们的自尊感和社会认同感亦有极其重要的意义。也就是说，如果人们社会行动的参与对象越是广泛，用以比较的参照群体越多元，对某一事项衡量的权重也就越分散。这样，人们在一个组织中产生的诸如相对剥夺感、嫉妒等负面情绪就能在另外一个组织的参与过程中得以化解。相反，一个社会的组织越是单一，人们用以衡量和比较的标准也就越单一，由此差别化的特性也就越显著。②

① 参见［美］罗尔斯《正义论》，何怀宏等译，中国社会科学出版社 2012 年版。

② 参见［美］诺奇克《无政府、国家和乌托邦》，姚大志译，中国社会科学出版社 2014 年版。

第三个方面，要充分发挥意识形态的作用。意识形态是一个社会的上层建筑，也是国家合法性的重要来源和基石。在一般意义上，意识形态也成为引导人们行为取向的价值规范和意义体系。当通过一套合理完善的意识形态使人们相信新的制度安排更加公正合理且可以给自己带来更多利益之时，或者说当人们把这种规范和信仰最终作为一种习惯渗透到自己的行为方式中之时，意识形态就会发挥其内隐的强大作用。恰恰在这个意义上，意识形态同时表现为一种特殊的生产力，一种能够激励人们创造、降低制度创新成本的生产力。从另外一个角度来看，新的制度通过意识形态的过程使其得到合法化，制度规范行为在一定的程度上亦是通过意识形态的作用来实现的。意识形态不仅在制度变迁的过程以及人的社会化过程中起到极其重要的作用，而且也成为变迁过程中社会保持稳定与景气的一个重要前提条件。

最后，从改革与发展的实践出发，要变“消极社会”为“能动社会”(Active Society)，充分激发社会活力。从政府层面出发，要放弃大包大揽的传统管理模式，敏锐捕捉公众需求的变化，积极回应民众的关切与诉求，努力提高公共服务水平与质量。从社会层面出发，要着力培育社会自组织，让民众能够广泛参与到各项社会事务之中，提升民众的主体性地位。在实现政府与民众有效沟通的基础上，才能实现社会的有效治理，实现国家与社会的良性互动，实现“放手让一切劳动、知识、技术、管理和资本的活力竞相迸发，让一切创造社会财富的源泉充分涌流”的社会目标。

附件

附表 1　　社会景气指数年度比较的显著性检验

	社会景气指数—2016	社会景气指数—2015	社会景气指数—2014	社会景气指数—2013
社会景气指数—2012	diff = -0. 257 t = -1. 022	diff = 0. 092 t = 0. 433	diff = 0. 566 * t = 2. 322	diff = -0. 026 t = -0. 108
社会景气指数—2013	diff = -0. 139 t = 0. 558	diff = 0. 118 t = 0. 536	diff = 0. 592 t = 2. 393	
社会景气指数—2014	diff = -0. 731 * * t = -2. 896	diff = -0. 474 t = -2. 140		
社会景气指数—2015	diff = -0. 165 t = -0. 675			

注：＊，P < 0. 05；＊＊，P < 0. 01；＊＊＊，P < 0. 001

附表 2　　满意度指数年度比较的显著性检验

对总体性事项的满意度指数				
	总体满意度指数—2016	总体满意度指数—2015	总体满意度指数—2014	总体满意度指数—2013
总体满意度指数—2012	diff = 0. 137 t = 0. 563	diff = -0. 186 t = -0. 863	diff = -0. 109 t = -0. 444	diff = -0. 073 t = -0. 304

续表

对总体性事项的满意度指数				
	总体满意度指数—2016	总体满意度指数—2015	总体满意度指数—2014	总体满意度指数—2013
总体满意度指数—2013	diff = 0.064 t = 0.258	diff = −0.113 t = −0.505	diff = −0.035 t = −0.143	
总体满意度指数—2014	diff = 0.029 t = 0.114	diff = −0.077 t = −0.343		
总体满意度指数—2015	diff = −0.049 t = −0.192			
个体满意度指数—2012	diff = −0.243 t = −1.035	diff = −0.095 t = −0.447	diff = −1.027*** t = −4.045	diff = −0.491 t = −1.917
个体满意度指数—2013	diff = −0.734** t = −2.876	diff = 0.396 t = −0.505	diff = −0.536 t = −1.948	
个体满意度指数—2014	diff = −1.271*** t = −5.020	diff = 0.932*** t = 4.094		
个体满意度指数—2015	diff = −0.339 t = −1.393			

注：*，P<0.05；**，P<0.01；***，P<0.001

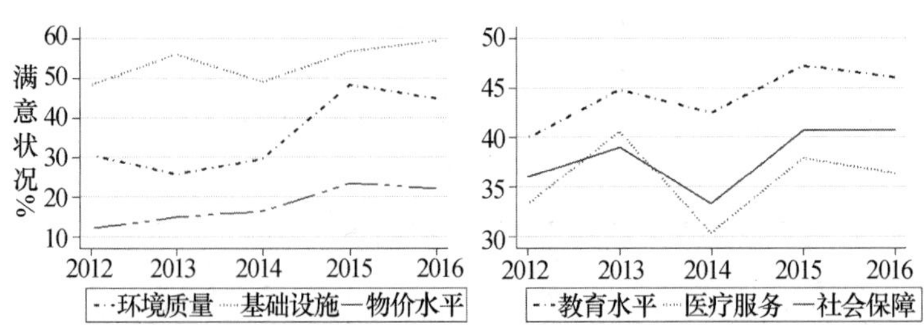

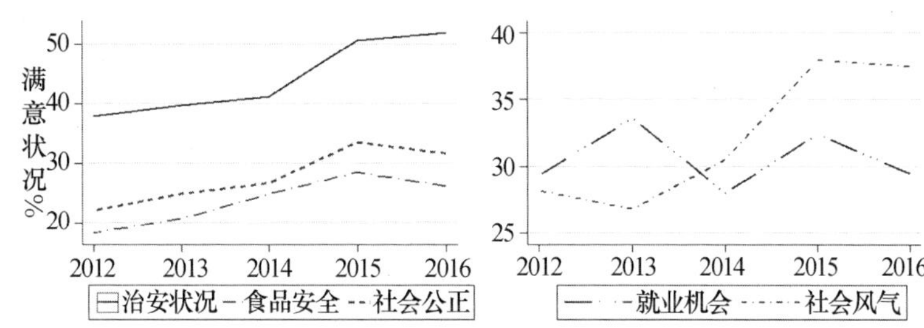

附图1　民众对总体性事项满意状况的变动趋势（2012—2016）（%）

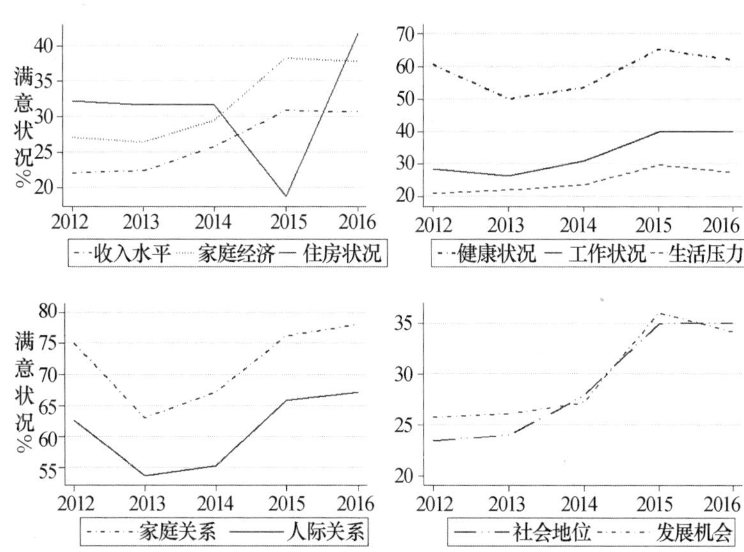

附图2　民众对个体性事项满意状况的变动趋势（2012—2016）（%）

附表3　相对剥夺感指数年度比较的显著性检验

	相对剥夺感指数—2016	相对剥夺感指数—2015	相对剥夺感指数—2014	相对剥夺感指数—2013
相对剥夺感指数—2012	diff = －1. 998*** t = －9. 008	diff = －1. 129*** t = －5. 469	diff = －0. 176 t = －0. 797	diff = －0. 266 t = －1. 135

续表

	相对剥夺感指数—2016	相对剥夺感指数—2015	相对剥夺感指数—2014	相对剥夺感指数—2013
相对剥夺感指数—2013	diff = -1.732*** t = -7.964	diff = -0.863*** t = -4.323	diff = 0.090 t = 0.423	
相对剥夺感指数—2014	diff = -1.823*** t = -9.009	diff = -0.954*** t = -5.202		
相对剥夺感指数—2015	diff = -0.868*** t = -4.589			

注：*，P<0.05；**，P<0.01；***，P<0.001

附表4　　社会信心指数年度比较的显著性检验

对总体性事项的信心指数				
	总体信心指数—2016	总体信心指数—2015	总体信心指数—2014	总体信心指数—2013
总体信心指数—2012	diff = 0.884*** t = 3.670	diff = 1.099*** t = 5.332	diff = 0.785** t = 3.191	diff = 0.287 t = 1.178
总体信心指数—2013	diff = 0.215 t = 0.894	diff = 0.812*** t = 3.781	diff = 0.498* t = 1.968	
总体信心指数—2014	diff = 0.099 t = 0.397	diff = -0.314 t = -1.454		
总体信心指数—2015	diff = 0.597* t = 2.425			
对个体性事项的信心指数				
	个体信心指数—2016	个体信心指数—2015	个体信心指数—2014	个体信心指数—2013
个体信心指数—2012	diff = 0.508* t = 2.151	diff = 0.768*** t = 3.773	diff = 0.830** t = 3.308	diff = 0.440 t = 1.816

续表

对个体性事项的信心指数				
	个体信心指数—2016	个体信心指数—2015	个体信心指数—2014	个体信心指数—2013
个体信心指数—2013	diff = 0. 260 t = －1. 105	diff = 0. 328 t = 1. 551	diff = 0. 390 t = 1. 514	
个体信心指数—2014	diff = 0. 322 t = 1. 285	diff = 0. 062 t = 0. 287		
个体信心指数—2015	diff = 0. 068 t = 0. 280			

注：＊，P < 0. 05；＊＊，P < 0. 01；＊＊＊，P < 0. 001

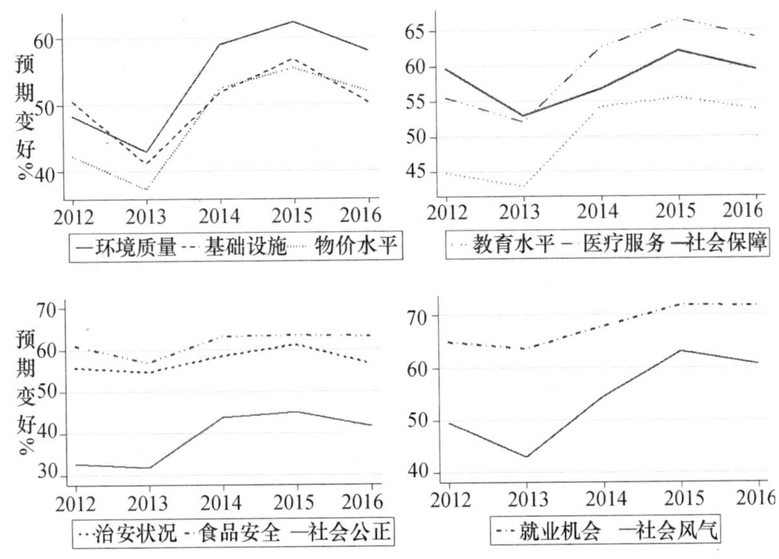

附图3　民众对总体性事项预期状况的变动趋势（2012—2016）（%）

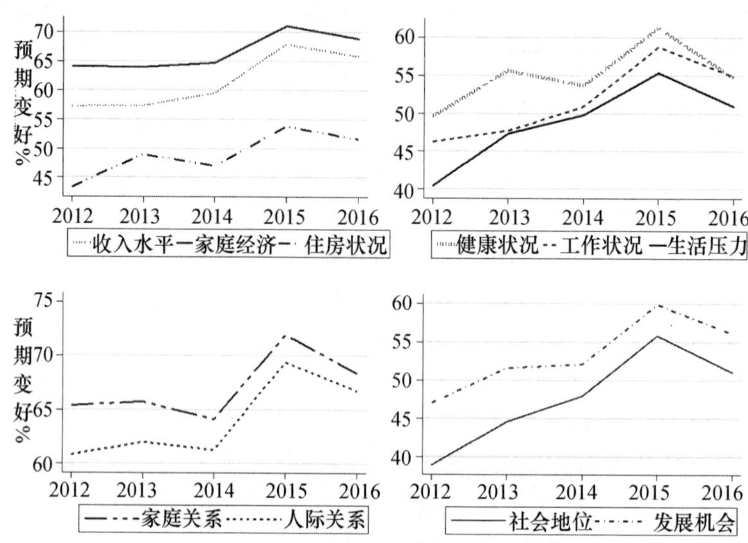

附图4 民众对个体性事项预期状况的变动趋势(2012—2016)(%)

第三章　城市居民生活质量

一　国内外生活质量概况

从人类发展历史看，随着社会经济迅速发展，从20世纪中叶以来，世界各国对人们生活质量的关注进入了一个新阶段。欧洲联盟改革委员会2012年开始在欧洲联盟国家开展大规模的生活质量调查，这一调查每三年展开一次，追踪了解欧洲居民生活质量及社会福利水平的变化，积累了关于欧洲社会发展的宝贵数据资料。而我国自20世纪70年代末开始的整个社会的改革开放，在带来了巨大的社会结构转型和社会变迁的同时，引发人们生活方式、生活内容和思想观念的重大变化，政策制定者和学术研究者都高度关注城乡居民的生活水平、幸福状况等重要主题。

在我国，“生活质量”概念主要有两个理解：一是人们物质生活和精神生活的客观条件方面，将其作为反映人们生活状况、生活条件、生活水平，同时反映社会发展程度的社会指标；二是理解为人们对生活总体水平和各种生活条件的主观评价，看作人们对生活的总体满意度以及对生活各方面的满意度。[①] 具体而言，本报告以人们对生活的总体满意程度、人们对未来的生活的信心程度以及人们的心理信任度为核心测量指标，以各类社会制度安排和社会结构为主要分析视角，以“物质需求”“社会情感需求”“自我成就需求”和“社会环境需求”为主要考察内容，对中国城市居民生活质量进行测度分析。

第一，物质生活。物质生活主要指人们最原始、最基本的生理需要，如空气、水、吃饭、穿衣、住宅、医疗等。若不满足，则有生命危险。这就是说，它是最强烈的不可避免的最底层需要，也是推动人们行动的强大动力，如果不为社会满足，将极大威胁社会稳定和社会发展。本报告以如下五个方面的主观感受作为测量物质生活质量高低的指标：个人收入、家庭经济、住房状况、健康状况、社会地位。

第二，社会情感。社会情感需求指个体归属与爱的需要，是指个人渴望得到家庭、团体、朋友、同事的关怀爱护理解，是对友情、信任、温暖、爱情的需要。本报告主要以如下三个方面作为衡量社会情感需要满足状况的指标：家庭关系、人际关系、社会支持。

第三，自我成就。从个体层次来看，自我成就的需要是人类最高等级的需要；从社会层次来看，自我成就正是社会创新和发展的动力基础，个体在自我实现的过程中才能实现社会创新和推动社会进步。自我成就在个体层次满足这种需要就要求完成与自己能力相称的工作，最充分地发挥自己的潜在能力，

---

① 风笑天：《生活质量研究——近三十年回顾及相关问题探讨》，《社会科学研究》2007 年第 6 期。

成为所期望的人物。这是一种创造的需要。自我实现意味着充分地、活跃地、忘我地、集中全力全神贯注地体验；生活成就需要是指争取成功、追求优越感、希望做到最好的需要。本报告主要以如下与自我实现相关的四个方面来衡量自我成就需求的满足状态：工作价值认同感、工作成就感、工作发展前景、个人未来前途。

第四，社会质量。社会质量的研究所关注的主要不在于人们（个人）的衣食住行以及教育、卫生、环境等方面的生活条件，更在于社会结构的协调、制度协同和社会群体的融合、社会公平状况、社会和谐状况、社会对每个人提供的社会经济保障状况、社会的道德生活和文化生活状况，以及社会参与和社会民主的状况。它主张通过增进社会团结和社会凝聚的力量来促进社会的和谐发展，增进社会质量。

关于生活质量的研究还具有重要的社会政策意义。在国家层面，国家发展规划早已拟定2020年实现全面建成小康社会的发展目标，为了实现这一目标，2015年“十三五”规划进一步指出，要着力保障民生建设资金投入，全力解决好人民群众关心的教育、就业、收入、社保、医疗卫生、食品安全等问题，保障民生链正常运转。在此研究积累宏观政策背景下，中国社会科学院社会发展战略研究院开展了中国城市居民生活质量研究，其主要目标在于描绘中国城市居民的生活质量现状和问题、探索人们对未来生活的期望图景，为社会发展的参与者推进民生建设提供数据和实证资料支持。

2015年中国社会科学院社会发展战略研究院开展了第四次“中国社会态度和社会发展问卷调查”。收集了大量关于物质生活（收入、住房、健康等）、社会情感生活、社会环境等重要生活领域的主观感受的信息，并以该主观感受作为衡量人们生活各方面的水平高低的综合指标。基于此次调研数据资料，并在2012—2015年中国城市居民生活质量研究基础之上，形成了关于2016年度城市居民生活质量的研究报告，跟踪了解中国城市居民生活质量变化、特点及形成因素。

二　指标、测量与抽样

人们生活的客观环境和条件深刻影响着人们对自己需求满足程度的感知，本报告中生活质量指标既包括人们欲望或需求得到满足的客观条件即产生幸福感的利益或客观事物，也包含人们欲望或需求得到满足的心理状态，即幸福感或满意感等主观感受。换言之，生活质量指标包括三个内容：一是人们经济收入、教育程度、职业等客观指标；二是人们对他们目前客观生活条件和所处的社会环境的主观感受；三是人们对客观环境和主观感受所形成的心理特征。

两个角度分析人们的主观感受，一个是人们对生活现状的满意度指数，一个是人们对未来生活的信心度指数。2016年侧重于分析个人微观生活质量状况，并在此基础之上做出评价和政策建议。本报告中生活现状的满意度和对未来生活的信心度均采用李克特五级量表方法进行测量。

（1）满意度指数：本报告在微观个人层次选取了个人收入、住房状况、健康状况、工作状况、生活压力、家庭经济状况、家庭关系、人际关系、社会地位、发展机会十个指标，在宏观社会层次选取了居民收入增长、物价水平（消费品价格）、住房状况、环境质量、基础设施、社会保障、医疗服务、教育水平、治安状况和食品安全十个指标，在两个层次进行综合评判。受访者的主观评价分为“很不满意”“不满意”“一般”“较满意”“很满意”五个层级，通过累加各题项得分，得到满意度指数得分。

需要说明的是，上述量表的每个题项都是 5 分制，累加后的得分则会因题项的不同而有差异，每个题项赋分是 1 分、2 分、3 分、4 分和 5 分。将 5 分制换算为百分制，在累加后，再除以量表的题项数，这样就换算成了最后得分。

（2）信心度指数：本报告在微观个人层次选取了个人收入、住房状况、健康状况、工作状况、生活压力、家庭经济状况、家庭关系、人际关系、社会地位、发展机会十个指标，在宏观社会层次选取了居民收入增长、物价水平（消费品价格）、住房状况、环境质量、基础设施、社会保障、医疗服务、教育水平、治安状况和食品安全十个指标，在两个层次进行综合评判。受访者的主观评价分为“变好”“不变”“变差”三个层级，通过累加各题项得分，得到满意度指数得分。

需要说明的是，上述量表的每个题项都是 3 分制，累加后的得分则会因题项的不同而有差异，每个题项赋分是 1 分、2 分、3 分。我们将 3 分制换算为百分制，在累加后，再除以量表的题项数，这样就换算成了最后得分。

三　2016 年生活质量总体水平

统计结果显示（见图 3—1、图 3—2），2016 年中国城市居民生活总体满意度分值为65.98分，城市居民对总体生活现状基本满意，并且比2015年生活总体满意度分值65.38分略有上升。2016年中国城市居民生活总体信心度分值为83.25分，明显低于2015年城市居民的总体信心度分值84.85分，初显了城市社会居民心态在某些领域发生着变化。

本报告将生活状况划分为宏观社会质量、微观个人生活两个层次。统计结果显示，人们对宏观社会质量状况满意度为62.63分，人们对微观个人生活状况满意度为69.13分。对宏观社会质量的信心度为82.56分，人们对微观个人层次生活状况的信心度为84.99分。总体上，人们对个人生活状况的满意度和信心度都显著高于对社会质量的满意度和信心度，这一结果对国家、政府和社会团体等力量开展社会建设提出了更高的要求。特别是与2015年相比，人们对生活现状的满意度有所提高，但人们对未来生活的信心度有所降低，这提出了关注社会激励制度安排和动力系统的民生要求。

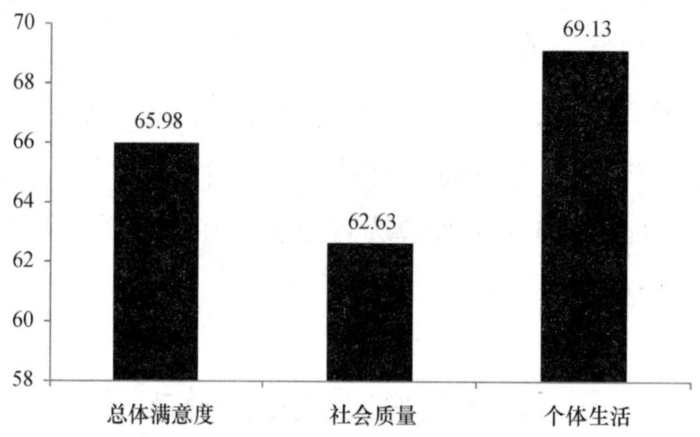

图3—1　2016年城市居民生活质量满意度指标分布（分）

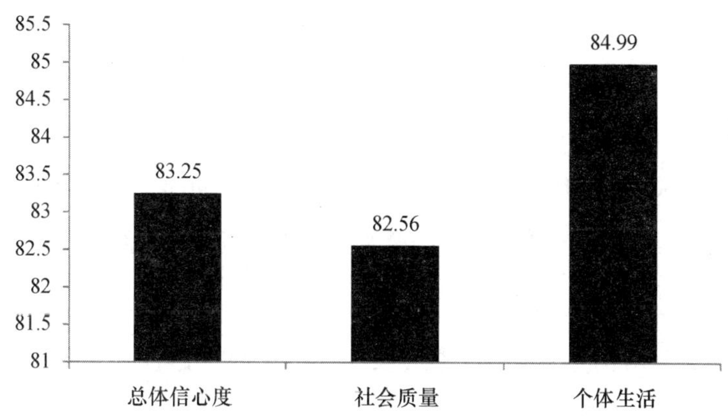

图3—2　2016年城市居民生活质量信心度指标分布（分）

（一）人们对宏观社会质量的评价

2016年中国城市居民对宏观层次社会质量的满意度低于对个人微观生活的满意度，其满意度分值为62.63分，这一状况与2015年相同，仍提出了在国家发展战略层次上开展社会建设和社会发展的要求。在宏观层次各生活领域，受访者生活满意度从低到高依序为住房状况、物价水平、食品安全、医疗服务、收入增长、环境质量、社会保障、教育水平、治安状况、基础设施（见图3—3）。与2015年调查结果相比，受访者的偏好中环境质量的位置有所提前，对其他领域的满意度排序没有变化。

统计结果显示，受访者的“住房状况”是阻碍受访者生活质量水平提高的首要问题。在“疯狂楼市”中，全民为房疯狂。不断攀升的房价不停牵动着每位购房者的神经。2016年城市房价迅速上涨，引发了城市居民极大不安。统计结果显示，接近半数的受访者表示对住房状况“不满意”，其中，19.8%的受访者表示“很不满意”，25.5%的受访者对住房状况表示“不满意”，32.8%的受访者表示对住房状况“一般”，17.2%受访者表示“较满意”，4.6%的受访者表示“很满意”。这一统计结果表示人们对住房状况存在较大的不满意，如何改善城市居民的居住条件，让人们有住房安全感是居民安心生活和工作的基本内容。

其次，“物价水平”是阻碍受访者对当前生活满意的重大问题。具体而言，15.3%的受访者对物价水平表示“很不满意”，30.6%的受访者对物价水平表示“不满意”，32.0%的受访者对物价水平表示比较“一般”，仅有17.3%的受访者对物价水平表示“较满意”，仅4.8%的受访者对物价水平表示“很满意”。总之，高达45.9%的受访者对物价水平表示不满意。如何合理调控物价，让居民收入和支出有所平衡，是国家宏观经济运行调控的重要经济任务。

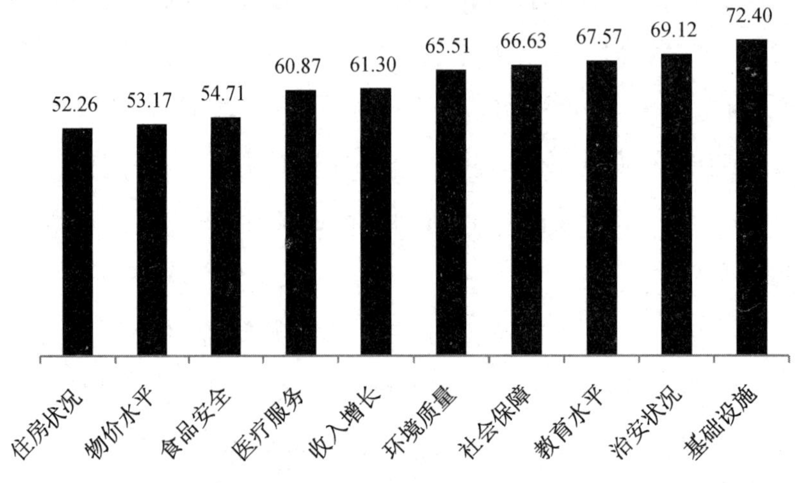

图3—3　2016年度宏观层次生活质量的满意度分布（分）

2016 年中国城市居民对宏观层次社会质量的信心度较高，其信心度分值为 82. 56 分。在宏观层次各生活领域，受访者对社会质量的信心度分值从低到高依序为物价水平、住房状况、食品安全、医疗服务、收入增长、环境质量、社会保障、教育水平、治安状况、基础设施（见图 3—4）。与 2015 年度相比，2016 年人们对上述生活领域的信心度排序并未发生明显变化。

统计结果显示，受访者对“物价水平”在未来三年变好的较有信心，20. 1% 的受访者认为“变差”，38. 1% 的受访者认为“不变”，41. 8% 的受访者认为“变好”。其次，受访者对未来三年“住房状况”变化的信心也明显不足，其中 19. 2% 的受访者认为“变差”，39. 6% 的受访者认为“不变”，41. 2% 的受访者认为“变好”。

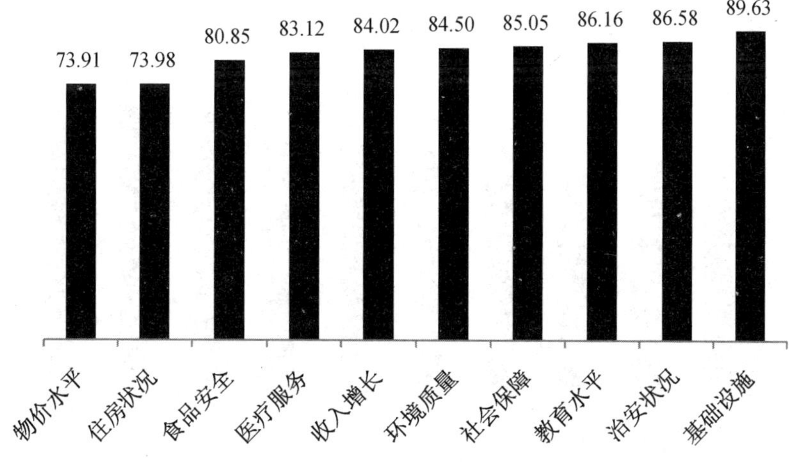

图 3—4　2016 年宏观社会质量层次的信心度分布（分）

（二）人们对个人微观生活质量的评价

2016年中国城市居民对个人生活基本满意，满意度分值为69.13分。在微观层次各生活领域，受访者生活满意度从低到高依序为生活压力、个人收入、发展机会、家庭经济状况、社会地位、住房状况、工作状况、健康状况、人际关系、家庭关系（见图3—5）。在各个人生活状况指标中，“生活压力”按照从低分到高分的秩序排第一位，该题器的分值显著低于其他题器。然而，2014年统计结果显示，“生活压力”的得分在各项得分中排列最末位，2015年“生活压力”的得分在各项得分排列在第二位，2016年城市居民的“生活压力”问题排列在第一位。这说明，生活压力问题逐渐成为阻碍人们对个人生活现状满意度的格外重要问题，并可能发展为普遍的社会问题，亟须引起高度重视。

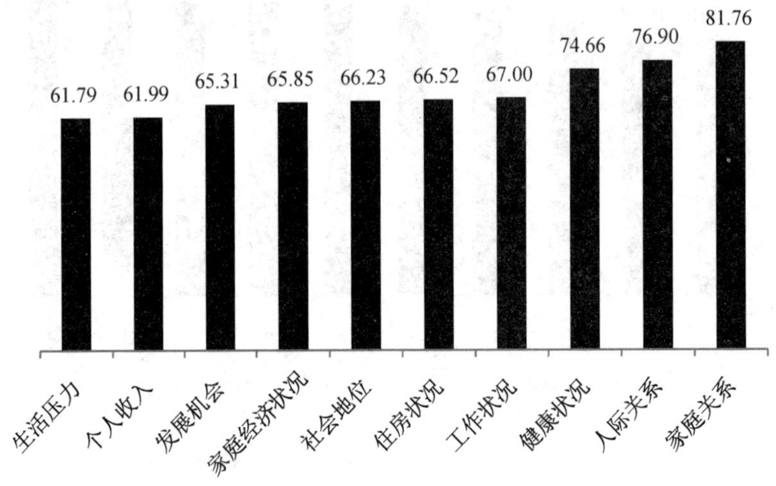

图3—5　微观个人生活层次的满意度分值（分）

2016年中国城市居民受访者对未来生活状况充满信心，信心度分值为84.99分，比2015年度略有下降。在微观层次各生活领域，受访者生活信心度从低到高依序为生活压力、住房状况、健康状况、社会地位、工作状况、发展机会、个人收入、人际关系、家庭经济状况、家庭关系（见图3—6）。这一情况与2014年和2015年调查结果完全一致。[①] 其中，人们对“生活压力”未来变好最不乐观。从微观层次的满意度和信心度看，这一统计结果提出了改进人们心理层次的健康问题的新要求，也指出了心理层次健康改善的困难，更需要长时间的资源投入。其次，受访者对“住房状况”在未来得到改善的前景较为不乐观。统计显示，19.2%的受访者认为“住房状况”在未来三年会变得更差，39.6%的受访者认为“住房状况”不会改变，仅有41.2%的受访者认为未来三年“住房状况”会变好。诺贝尔经济学奖获得者席勒和阿克洛夫指出了凯恩斯理论中为后人所忽视的分析思路，“大多数经济行为源于理性的经济动机，但也有许多经济行为受动物精神的支配”，在房地产市场上，人们的信心和预期不仅是影响人们生活质量的重要因素，也是影响宏观经济运行的关键因素。统计调查结果显示，人们总体上对“住房状况”预期不容乐观。

四　分社会自然特征生活质量水平差异

（一）分省份比较

人们生活满意度和信心度均存在显著的省际差异。省际差

① 参见李汉林《社会发展报告（2014）》，中国社会科学出版社2014年版；李汉林《社会发展报告（2015）》，中国社会科学出版社2015年版。

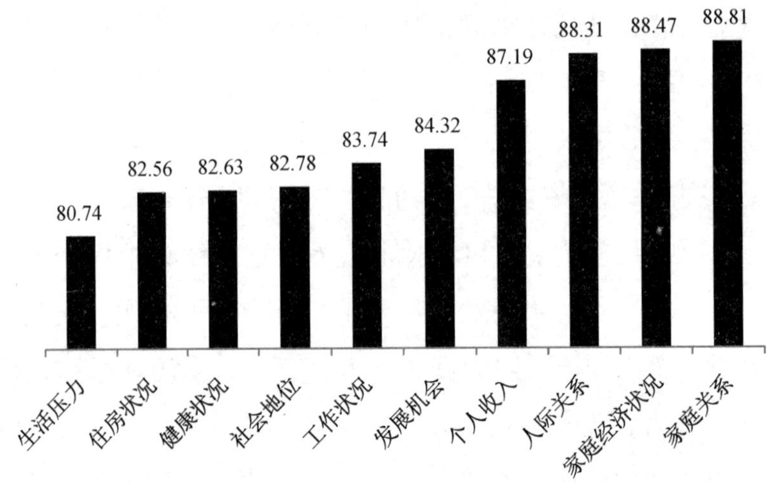

图3—6　微观个人生活层次的信心度分值

异性超过区域性差异，使得以“省”作为重要的空间单位成为相对独立的生活质量空间。统计结果显示（见图3—7）在满意度子量表上，山西、湖北、吉林三省的满意度较低，其中山西省人们的生活满意度最低（分值为59.22分）；海南、天津、浙江三省的生活满意度较高，其中海南省人们生活满意度最高(分值为75.79分)。总分值最低为山西省，其中人们在宏观层次的满意度分值为54.39分，在微观层次的满意度分值为64.59分。总分值最高是海南省，其中人们在宏观层次的生活满意度分值为75.43分，在微观层次的生活满意度最高76.24分。

人们对微观层次的满意度远远高于宏观层次的满意度，图3—8是微观满意度分值减去宏观满意度分值的分布图。总体上，两者满意度不一致，存在着显著的省份差异，湖北省城市居民对宏微观满意度差别最明显，差值为11.07分；浙江省人们对宏微观生活质量的感受差异度最小，差值为-0.10分。

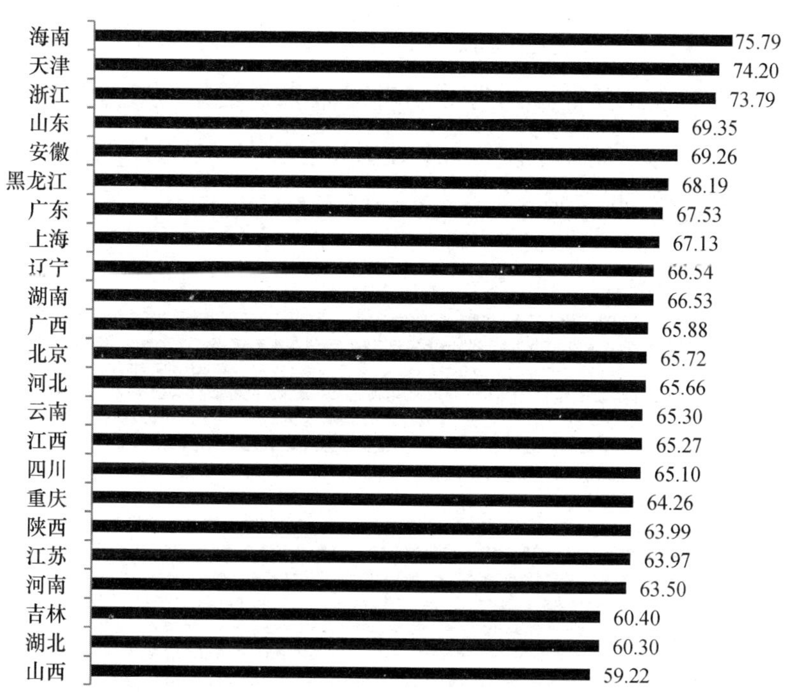

图 3—7　分省份生活质量满意度分布（分）

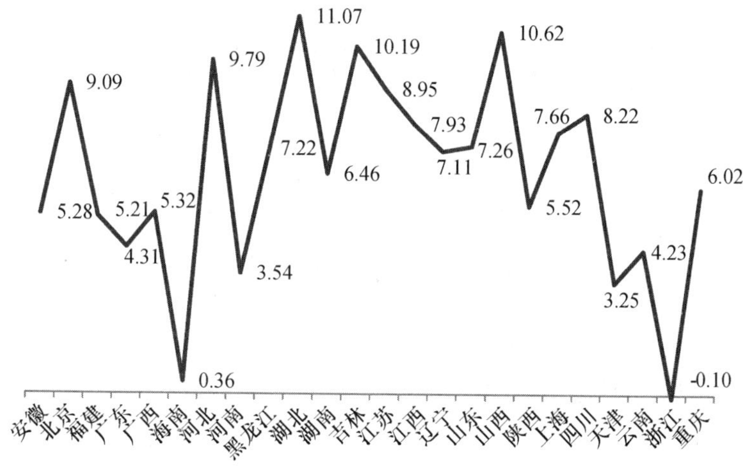

图 3—8　分省份宏观微观生活质量的满意度差值（分）

统计结果显示（见图3—9），在信心度子量表上，江西、陕西、云南三省的信心度较低，信心度分别为76.07分、77.94分、81.38分，其中江西省受访者对未来生活发展变化的信心度最低；山东、天津、河南三省对未来生活发展变化的信心度较高，信心度分别为92.30分、91.92分、90.08分。

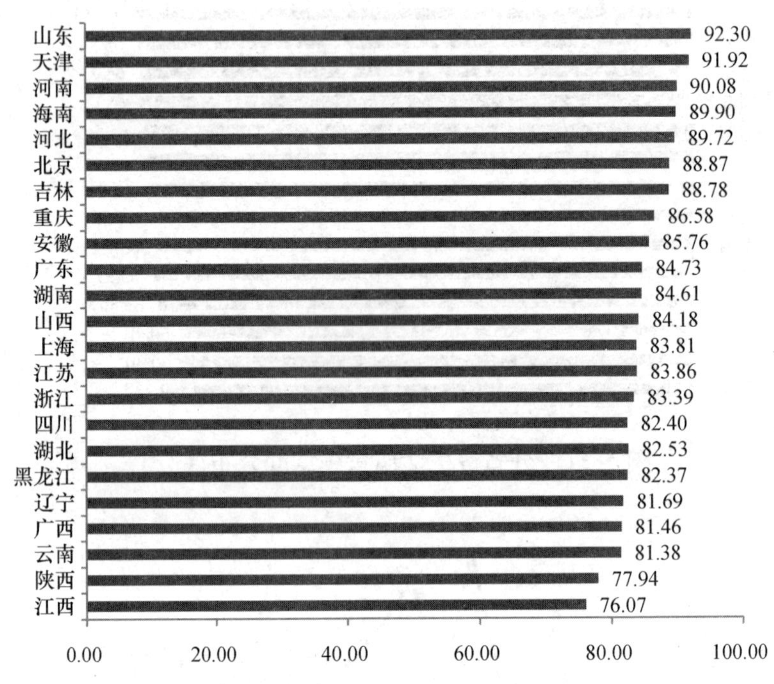

图3—9 分省份人们对未来生活信心度分布（分）

在大多数省份，人们对生活质量的宏观层次改善的信心度明显低于个体微观层次改善的信心度，各省份宏微观信心度不一致的程度存在着显著差异（见图3—10）。宏微观层次信心度的差距说明人们对个人未来综合发展的信心和动力大小，在微观层次上反映了城市的发展活力状态。人们对宏观层次的信心度普遍超过了对微观层次的信心度，也显示了人们对国家发展和社会整体发展的信心。其中广东省人们对宏微观生活质量的感受差异度最大（差值为 7.73 分），辽宁省人们对宏微观生活质量的感受差异度最小（差值为 -0.04 分）。

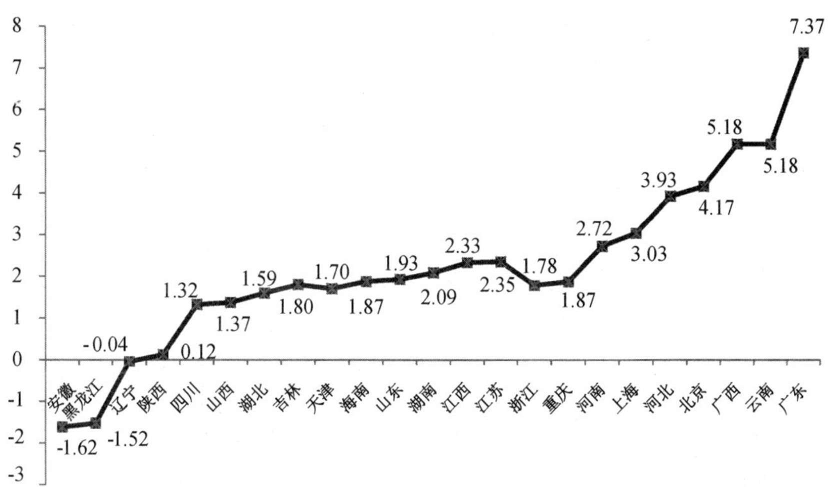

图 3—10　分省份对未来生活信心度宏微观层次差异分布（分）

（二）分年龄与性别

人们生活满意度和信心度呈现出明显的年龄组差异。生活满意度有 U 形曲线的趋势，也就是“中间低、两头高”的状态。46—55 岁年龄组人们的生活现状满意度最低（均值为 65.19 分），其次为 25 岁以下年龄组，满意度最高的是 65 岁以上的老年人群体（见图 3—11）。

分性别看，男性和女性对生活现状的满意度无显著差别，但女性对宏观层次生活质量即社会改善和国家发展的信心度显著高于男性。

统计结果显示（见表 3—1），虽然女性受访者对生活质量的

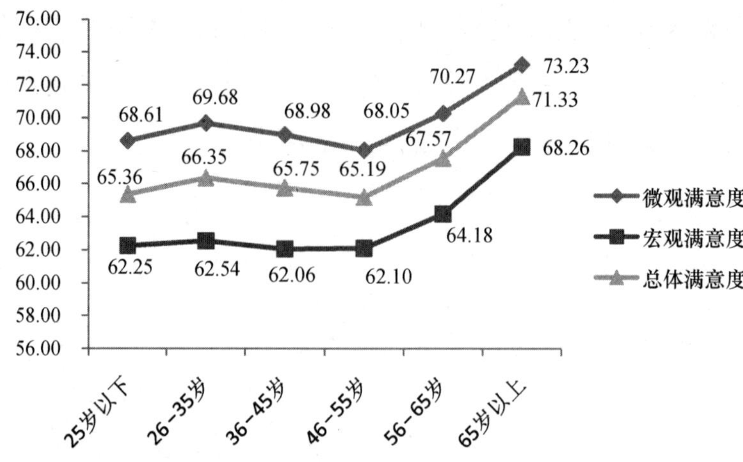

图3—11　2016年分年龄组满意度分布（分）

满意度分值（69.13分）低于男性受访者（69.14分），据卡方检验两者区别不显著（F=1.116；Sig. =0.291），换言之，人们对生活质量的满意度无明显区别。据卡方检验结果（F=5.4；Sig. =0.020），女性和男性对个人生活改善的信心度有明显区别。

表3—1　　分性别生活质量满意度和信心度均值分布　　单位：分

	微观满意度	宏观满意度	总体满意度	微观信心度	宏观信心度	总体信心度
男性	69.14	63.08	66.17	84.92	82.11	83.02
女性	69.13	62.25	65.78	85.07	82.95	83.47

（三）分宗教信仰、婚姻状态

分宗教信仰来看，宗教信仰显著提高了人们的生活信心度。有宗教信仰的受访者对生活满意度低于无宗教信仰的受访者；有宗教信仰的受访者对生活的信心度明显高于无宗教信仰者。

特别是有宗教信仰的人们虽然对社会质量的满意度低于无宗教信仰者，但是他们对社会发展的信心度均值高于无宗教信仰的人们，而且有宗教信仰的人们对个人发展变化的信心度显著高于无宗教信仰者。在某种程度上，宗教成为化解社会不满和社会冲突的制度渠道。

统计结果显示（见表 3—2），有宗教信仰者对生活现状满意度（分值为 65.92 分）低于无宗教信仰者对生活现状的满意度（分值为 65.97 分），据卡方检验结果两者有显著区别（F = 8.137，Sig. =0.004），换言之，有宗教信仰者对生活现状的满意度显著低于无宗教信仰者。根据宏微观各项指标比较，有宗教信仰者对空气质量、环境质量、垃圾处理、住房状况、治安状况、社会公平公正等的满意度显著低于无宗教信仰者。有宗教信仰者对未来生活的信心度（分值为 84.02 分）高于无宗教信仰者对未来生活的信心度（分值为 83.21 分），据卡方检验结果两者有着显著性区别（F = 10.603，Sig. =0.001），换言之，有宗教信仰者对未来发展更加积极、乐观和充满信心。

表 3—2　分宗教信仰生活质量满意度和信心度均值分布　单位：分

	微观满意度	宏观满意度	总体满意度	微观信心度	宏观信心度	总体信心度
有宗教信仰	69.74	62.24	65.92	86.17	83.22	84.02
无宗教信仰	69.08	62.66	65.97	84.92	82.53	83.21

分婚姻状态来看，离婚状态人们对未来生活的信心度最差，而同居状态人们对生活现状的信心度最好。从宏微观各项指标看，离婚状态人们对生活质量的多数指标的满意度均低于其他

状态。

统计结果显示（见表3—3），离婚状态人们对个人生活现状的满意度和信心度均远低于其他群体和总体平均值，特别表现在个人收入、工作压力、家庭关系、人际关系等，可能原因是离婚给人们带来了不良的情绪和心理压力，进而影响其生活态度和质量。

表3—3　分婚姻状态生活质量满意度和信心度均值分布 单位：分

	微观满意度	宏观满意度	总体满意度	微观信心度	宏观信心度	总体信心度
已婚	69.39	62.65	66.19	84.47	82.34	82.94
未婚单身	68.49	62.33	65.35	87.40	83.20	84.63
同居	68.13	61.80	64.30	88.74	83.76	85.60
离婚	65.29	61.91	63.81	82.04	81.82	81.23
丧偶	67.95	67.52	66.18	84.81	85.18	84.17

（四）分参照群体

社会公平、平等是社会进步发展的目标，主观地位是衡量社会平等程度的重要指标。社会学研究中有一个重要概念即“参照群体”，就是人们通过与其进行某种比照以便选取某种立场、态度或行为的群体。它不仅包括了这些具有互动基础的群体，也涵盖了与个体没有直接面对面接触但对个体行为产生影响的个人和群体。许多研究认为，人们的思维和行为决策往往以其他群体的行为模式作为参照。

通过问卷采集人们对自己在社会上的经济与社会地位的自我评价信息。调查显示（见图3—12），35.97%的人们以经济收入作为与他人相比的标准，27.93%的人们以个人能力作为与他人相比的标准，11.04%的人们以职业作为与他人相比的标准，7.04%的人们选择家庭背景作为与他人相比的标准。自致性的角色能力远大于先赋性的角色的重要性。2016年，财富成为人们衡量自己社会地位的更重要的标准。

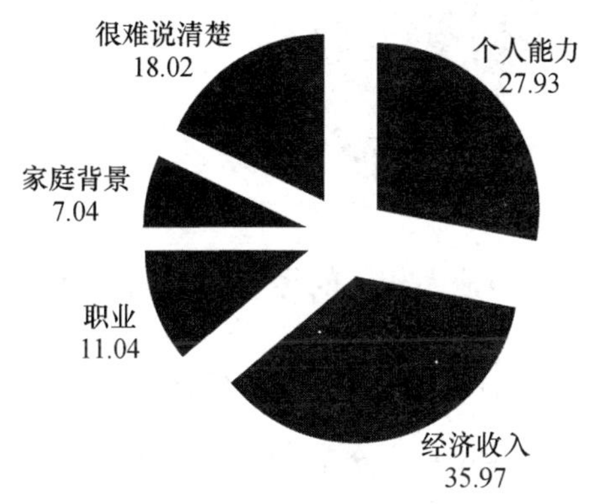

图3—12　与社会上其他人相比的标准（%）

在经济收入方面，与他人相比，49.24%的人认为自己与他人差不多，28.97%的人认为自己的经济收入较低，6.21%的人认为很低，1.73%的人认为很高，13.85%的人认为较高（见图3—13）。

在社会地位方面，人们的主观评价表现出更高的一致性。统计结果显示（见图3—14），与他人相比时，19.59%的人们认为自己的社会地位较低，63.36%的人们认为自己的社会地位与他人差不多。

2016年人们对经济收入的社会不公平感较为强烈。统计结果显示，34.04%的人们认为“较不公平”，财富收入不公平感较为明显，半数以上的人们认为财富和收入分配是不公平的。

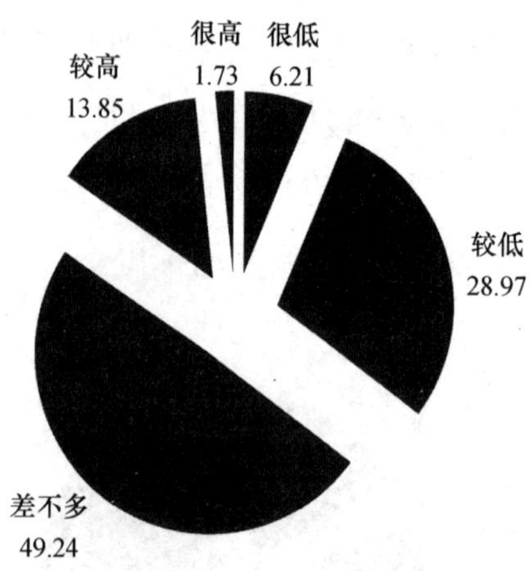

图3—13　与他人相比的经济收入高低分布（%）

16.42%的人们认为当前财富和收入分配“很不公平”，38.38%的人们认为当前财富和收入分配是公平的（见图3—15）。

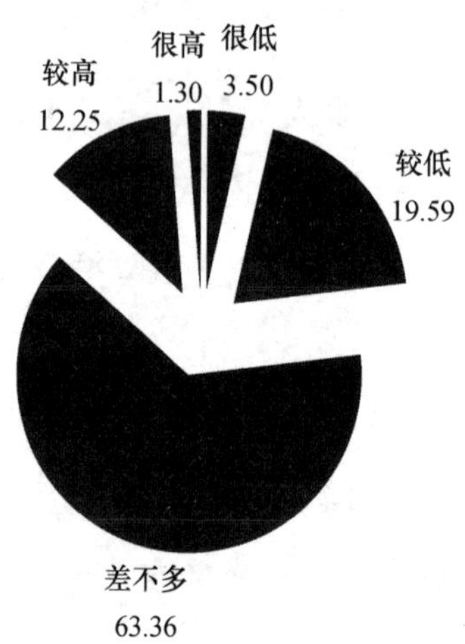

图3—14　与他人相比的社会地位高低分布（%）

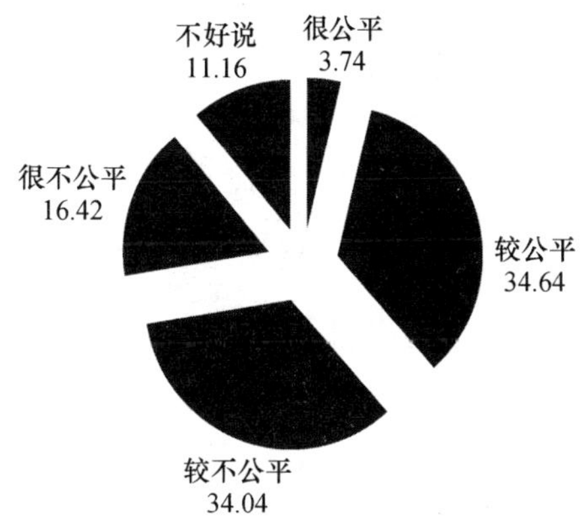

图3—15　人们对经济收入的社会公平感状况（%）

五　分社会制度安排生活质量水平差异

（一）分城市与农村

分城乡户籍看，农业户籍人口生活满意度显著低于非农业户籍人口，农业户籍人口对未来生活的信心度显著高于非农业户籍人口。

一方面，在客观层次上人们的收入水平和受教育程度仍存在城乡户籍性差异，与收入水平的相关系数显著（r=0.071，Sig. =0.000），与受教育水平的相关系数显著（r=0.189，Sig. =0.000）；另一方面，在主观层次上人们对生活现状的满意度也存在显著的户籍性差异（r=0.071，Sig. =0.000）。最近数年，国家加大了对农村、农业和农民反哺的力度，医疗保障、社会保障、土地产权等制度性改革推动城乡一体化和加快农村经济发展，农民对未来生活的信心度显著高于非农业户口。

表3—4　　分户籍生活满意度、信心度均值分布　　单位：分

	微观满意度	宏观满意度	总体满意度	微观信心度	宏观信心度	总体信心度	满意度差	信心度差
农业户口	68.25	62.32	65.42	86.70	83.74	84.65	5.78	-3.01
非农业户口	69.46	62.75	66.18	84.35	82.10	82.72	6.69	-2.33

（二）分本地与外地

分本地、外地户口类型看，外地户籍人口生活满意度显著低于本地户籍人口，本地和外地户籍人口对未来生活的信心度无显著差异（见表3—5）。

一方面，在客观层次上人们的收入水平和受教育程度仍存在本地、外地户籍性差异，与收入水平的相关系数显著（r = 0.096，Sig. = 0.000），与受教育水平的相关系数显著（r = 0.056，Sig. =0.000）。换言之，外地人受教育程度和收入水平均高于本地人。另一方面，在主观层次上人们对生活现状的满意度也存在显著的本地、外地户籍性差异（r = -0.083，Sig. = 0.000），外地人生活质量满意度显著低于本地人。外地人对未来生活的信心度均值与本地人的信心度均值无差异，具体表现为对宏观制度安排的信心度显著低于本地人，而对微观个人层次依赖个人努力而获得改变的信心度显著高于本地人。换言之，外地人对所在城市的社会制度等的信心不足，而对个人努力奋斗以改善生活质量充满活力和信心。

表 3—5　分本、外地户口类型人们生活满意度、信心度均值分布　单位：分

	微观满意度	宏观满意度	总体满意度	微观信心度	宏观信心度	总体信心度	满意度差	信心度差
本地	69.30	62.67	66.08	84.79	82.61	83.24	6.62	-2.22
外地	67.93	62.25	65.07	86.39	82.21	83.24	5.36	-4.60

（三）分居住类型

分居住类型看（表 3—6），购买商品房者在生活满意度、信心度和安全感均显著高于其他群体。租房者的生活满意度最低，满意度为 64.74 分，购买原公用住房者的信心度最差，信心度为 82.15 分。

表 3—6　分住房类型人们生活满意度、信心度均值分布　单位：分

	微观满意度	宏观满意度	总体满意度	微观信心度	宏观信心度	总体信心度	满意度差	信心度差
租赁	67.18	61.61	64.74	86.42	82.99	84.14	5.11	-3.13
商品房或二手房	70.19	63.32	66.87	84.68	82.06	83.08	6.90	-2.62
经济适用房或公有住房	68.66	61.68	65.08	83.99	81.78	82.15	6.93	-2.65

六　社会隔离、社会救助与社会公平

过去几十年经济迅速发展和社会人口快速流动，现代人的社会隔离状况愈加明显。这并非中国社会的特殊现象，美国社会学家艾岑（D. Stanley Eitzen）撰写了《社会生活的退化——社会隔离如何影响社会文化》，展现了美国社会生活中，人际交往的隔离现象与之前相比的快速加剧趋势。随着现代社会日益原子化，各类社会组织成为人们社会生活与社会交往的组织渠道，社会组织是未来中国社会发展的基本内容。

（一）社会群体关系

调查显示，13.11%的受访者认为“老板与员工”的关系“很不好”或“比较不好”，38.35%的受访者认为“穷人与富人”的关系“很不好”或“比较不好”；20.52%的受访者认为“城市人与农村人”的关系“很不好”或“比较不好”；7.93%的受访者认为“汉族与少数民族”的关系“很不好”或“比较不好”；11.34%的受访者认为“信教与不信教”的关系“很不好”或“比较不好”；19.82%的受访者认为“干部与群众”的关系“很不好”或“比较不好”；13.25%的受访者认为“本地人与外地人”的关系“很不好”或“比较不好”。不难发现，2016年度各类群体关系中，“穷人与富人”的关系矛盾格外凸显（见表3—7）。2016年，总体上群体关系矛盾比2015年有所改善。2015年，18.49%的受访者认为“老板与员工”的关系“很不好”或“比较不好”；41.51%的受访者认为“穷人与富人”的关系“很不好”或“比较不好”；22.33%的受访者认为“城市人与农村人”的关系“很不好”或“比较不好”；10.67%的受访者认为“汉族与少数民族”的关系“很不好”或“比较不好”；13.1%的受访者认为“信教与不信教”的关系“很不好”或“比较不好”；26.76%的受访者认为“干部与群众”的关系“很不好”或“比较不好”；15.94%的受访者认为“本地人与外地人”的关系“很不好”或“比较不好”。

表3—7　　2016年社会群体关系状况　　单位:%

	老板与员工	穷人与富人	城市人与农村人	汉族与少数民族	信教与不信教	干部与群众	本地人与外地人
很不好	2.31	9.50	4.56	1.68	2.84	3.99	2.83
比较不好	10.80	28.85	15.96	6.25	8.50	15.83	10.42
一般	57.75	47.84	50.08	39.70	51.18	51.50	48.91
较好	24.75	11.86	24.87	39.87	29.87	22.89	30.49
很好	4.39	1.94	4.53	12.49	7.60	5.78	7.36

（二）社会福利设施

总体上，大多数福利设施的知晓率比较高，但仍有不少居民不知道。数据显示（见表3—8），56.6%的受访者认为其所居住的城市有残疾人、孤儿、流浪乞讨人员的救助或托养机构，73%的受访者认为有“农民工子女的中小学”，59.9%的受访者认为有“公益性养老机构”，80.4%的受访者认为有“社区公共卫生服务”，47.9%的受访者认为有“就业信息与指导”。其中，26.3%的受访者不知道“救助站”，20.34%的受访者不知道

“农民工子女的中小学”，28%的受访者不知道“就业信息与指导”。

表3—8 2016年居民对各项社会福利设施的知晓状况 单位:%

	救助站	农民工子女的中小学	公益性养老机构	社区公共卫生服务	就业信息与指导
有	56.6	73	59.9	80.4	47.9
没有	17.1	14.59	14.9	9.3	24.1
不知道	26.3	20.34	12.1	10.2	28

与2015年相比，居民对各项福利设施的知晓度有所提高，社会福利设施普及度也得到改善。2015年统计结果显示，57.37%的受访者认为其所居住的城市有“救助站”，65.07%的受访者认为有“农民工子女的中小学”，62.87%的受访者认为有“公益性养老机构”，79.85%的受访者认为有“社区公共卫生服务”，52.01%的受访者认为有“就业信息与指导”。其中，25.61%的受访者不知道“救助站”，20.34%的受访者不知道“农民工子女的中小学”，25.14%的受访者不知道“就业信息与指导”。

（三）社会公平与法制保障

2016年调查统计结果显示（见表3—9），人们对法律保护的满意度偏低，“很满意”或“较满意”的受访者比例不到半数。对法律对公民人身权益保护的满意度中，8.82%的受访者表示不满意；对法律对公民财产权益保护的满意度中，8.8%的受访者表示不满意；12.12%的受访者对法律对劳动权益保护表示不满意。总体上，人们对法律保护的预期是积极的，大多数人认为法律保护的效果会变好，53.21%的受访者认为法律对人身权益的保护会变好，55.47%的受访者认为对财产权益的保护会变好，54.93%的受访者认为法律对劳动权益的保护会变好（见表3—10）。

表3—9　公民对法律对公民人身、财产和劳动权益保护的满意度　单位:%

	人身权益	财产权益	劳动权益
很满意	9.27	10.93	10.93
较满意	38.72	37.33	37.40
一般	38.84	38.38	35.42
较不满意	6.20	6.39	8.95
很不满意	2.62	2.41	3.17
不知道	4.35	4.55	4.12

表3—10　公民对法律对公民人身、财产和劳动权益保护的预期　单位:%

	人身权益	财产权益	劳动权益
变好	53.21	55.47	54.93
没变化	35.30	31.75	32.64
变差	2.31	3.15	3.64
说不清	9.18	9.64	8.79

党的十八大以来，党中央和中央政府加强政府职能改革和执政能力建设，根据2016年统计调查结果（见表3—11），城市居民对“预防和惩治腐败”的行政内容表示满意的比例最高，

达45%。城市居民对“依法行政”的政府行为也表示了比较高的满意度，44.1%的受访者认为“较满意”或“很满意”。并且人们对政府的“依法行政”和“预防和惩治腐败”的未来行动表示较高的预期（见表3—12）。

表3—11　　公民对政府行政的满意度　　单位:%

	依法行政	公务员廉洁自律	预防和惩治腐败	办事效率	信息公开透明
很满意	10.2	7.1	11.7	8.6	8.2
较满意	33.9	23.7	33.3	28.6	23.9
一般	38.1	38.7	33.6	39.5	40.4
较不满意	9.2	15.0	9.9	13.1	12.5
很不满意	3.8	6.6	5.4	6.7	7.7
不知道	4.7	8.9	6.0	3.5	7.3

表3—12　　公民对政府行政的预期　　单位:%

	依法行政	公务员廉洁自律	预防和惩治腐败	办事效率	信息公开透明
变好	54.2	48.1	58.8	54.0	48.9
没变化	31.2	31.9	25.3	31.9	33.2
变差	4.6	5.6	4.2	4.2	4.3
说不清	10.0	14.4	11.7	10.0	13.6

七　生活与消费未来预期

居民消费水平不仅取决于当前收入，而且受收入预期的影响。我们调查了城市居民过去五年经济收入和社会地位状况的变化。结果显示（见图3—16），城市居民经济收入普遍提高，

38.64%的受访者认为其经济收入“提高较多”，6.90%的受访者认为其经济收入“提高很多”，46.72%的受访者认为其经济收入“差不多”。虽然近半数受访者认为经济收入普遍提升，但是人们对“物价水平”的不满意程度较高，物价水平过高也约束了人们的消费。

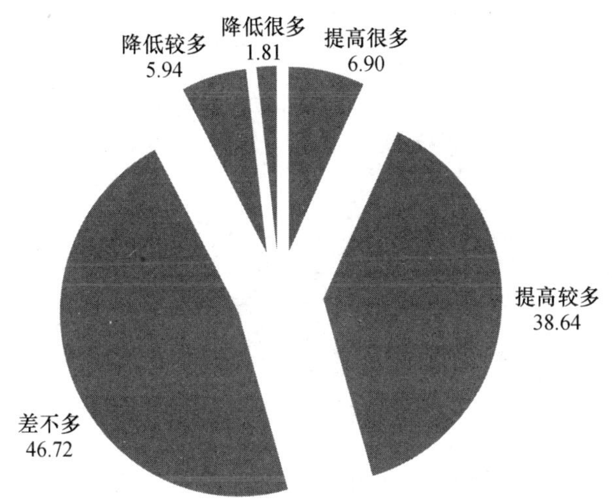

图3—16 比较过去五年“经济收入”变化分布（%）

社会地位是人们在各种社会关系中所处的位置，也影响着人们的身份、自我感和自尊感。社会地位的稳定程度反映了社会结构和稳定状况，据此，我们调查了人们与五年前相比社会地位变化状况。统计结果显示，人们的社会地位比较稳定，72.94%的受访者认为人们的社会地位“差不多”，有19.31%的受访者认为“提高较多”，仅有4.25%的受访者认为有所降低（见图3—17）。

我国经济结构不断调整，近几年消费超过投资，成为拉动经济增长的第一动力。但是，居民对更换大宗电器的需求偏低。

50. 88% 的受访者表示“没有打算”，24. 74% 的受访者表示“有模糊的打算”，有 17. 98% 的受访者表示“有清晰的打算”。2. 56% 的受访者表示“不敢想”（见图 3—18）。

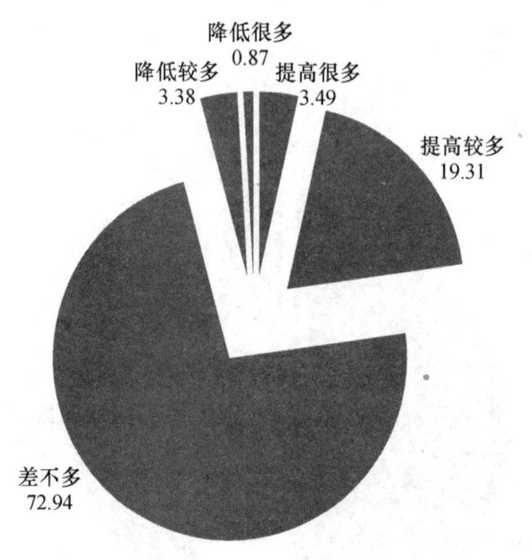

图 3—17　比较过去五年“社会地位”变化分布（%）

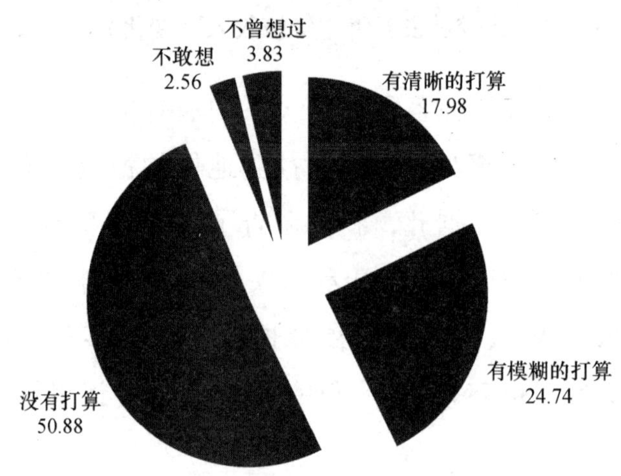

图 3—18　“更换大宗电器”的消费预期（%）

人们对住房价格和住房状况满意度较低，仍有较大的购房需求。统计结果显示（见图3—19），15.61%的人们对购买住房“有模糊的打算”，10.21%的人们对购买住房“有清晰的打算”，62.11%的人们对购买住房“没有打算”。如何协调住房价格高和住房需求大的矛盾是改善人们生活水平的关键点。

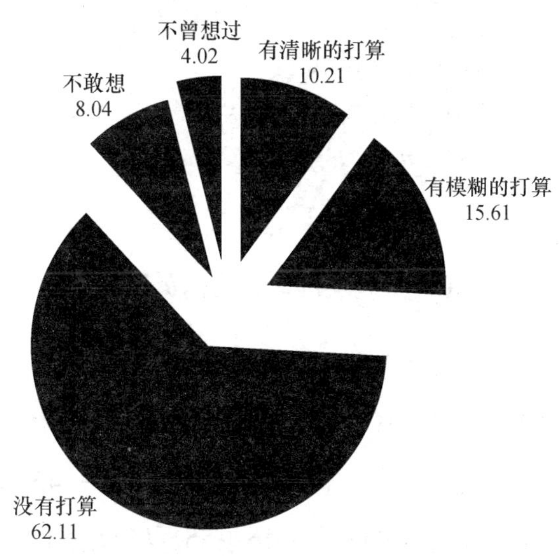

图3—19　“购买住房”的消费预期（%）

随着经济增长和生活方式变化，人们对汽车的消费需求量仍然较大。17.50%的人们对购买汽车“有模糊的打算”，12.67%的受访者对购买汽车“有清晰的打算”（见图3—20）。

国家政策指出推动大众创业、万众创新，以扩大就业、增加居民收入，进而促进社会纵向流动和公平正义。对于“投资创业”，统计结果显示，8.85%的受访者表示“有清晰的打算”，19.59%的受访者表示“有模糊的打算”（见图3—21）。

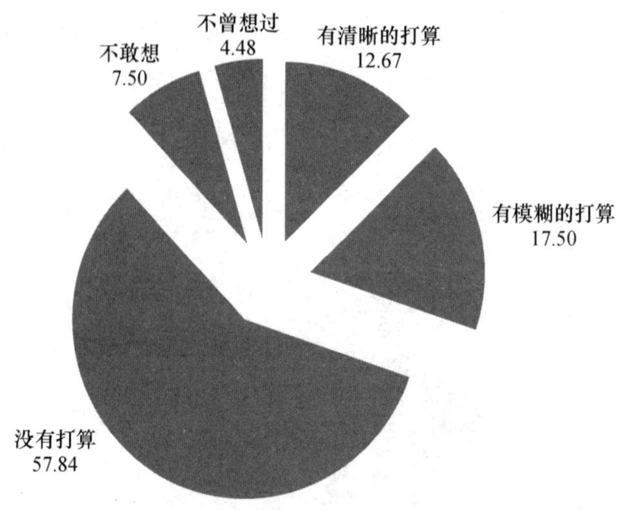

图 3—20　“购买汽车”的消费预期（%）

中国城市居民创新有着明显的年龄差异。统计结果显示，16—25 岁年龄组中 42.3% 的受访者有创业的打算，26—35 岁年龄组中 38.2% 的受访者有创业的打算，36—45 岁年龄组中 29.9% 的受访者有创业的打算，46—55 岁年龄组中 18% 的受访者有创业的打算，56—65 岁年龄组中 6.9% 的受访者有创业的打算，66 岁以上年龄组中 3.6% 受访者有创业打算。总体上，低年龄的青年群体的创业热情最高。

虽然有研究指出中国女性创业占比与美国相当，相较于法国、德国、俄罗斯等欧洲国家女性，更具创业精神。调查结果显示，中国城市居民女性创业意愿显著低于男性，33% 的男性受访者表示有创业的计划，24.8% 的女性受访者表示有投资创业的计划。

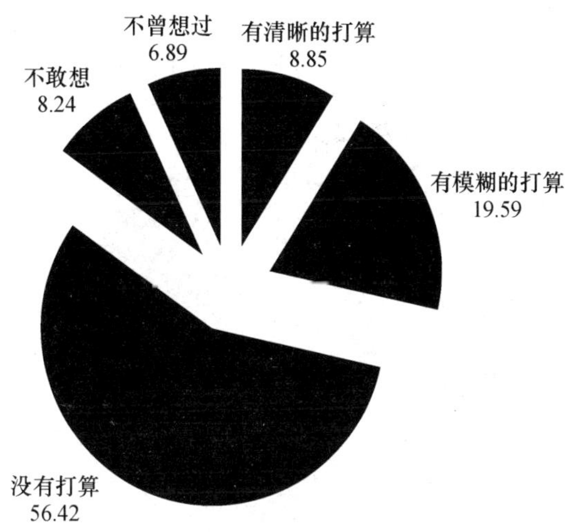

图3—21　“投资创业”的行为预期（%）

移民也成为中国城市居民的选择，0.88%的人们表示“有清晰的打算”，2.91%的受访者表示“有模糊的打算”，19.67%的人们表示“不曾想过”，15.46%的人们表示“不敢想”，61.07%的人们表示“没有打算”（见图3—22）。

人们职业流动的意愿较高。询问受访者是否有“换工作”的打算，10.42%的人们表示“有清晰的打算”，22.81%的受访者表示“有模糊的打算”，51.74%的人们表示“没有打算”（见图3—23）。

人们自由式流动的意愿较低，大多数人表示没有搬迁的打算。询问被访者是否有“搬迁至外省市”的打算。统计结果显示（见图3—24），68.66%的受访者表示“没有打算”，5.46%的受访者表示“有模糊的打算”，仅有1.87%的受访者表示“有清晰的打算”，17.11%的人们表示“不曾想过”，6.90%的人们表示“不敢想”。

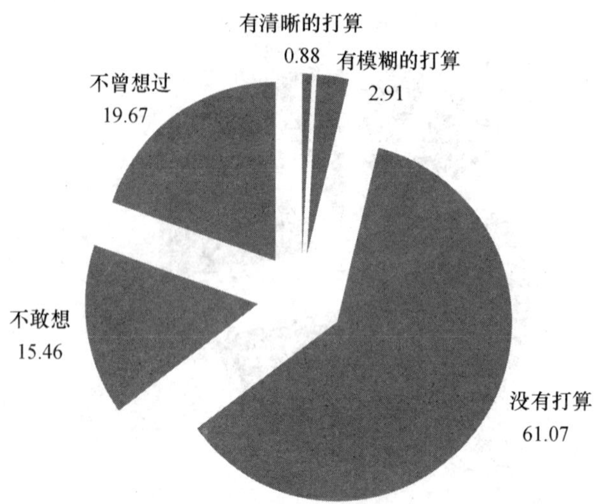

图3—22 "移民或出国定居"的行为预期(%)

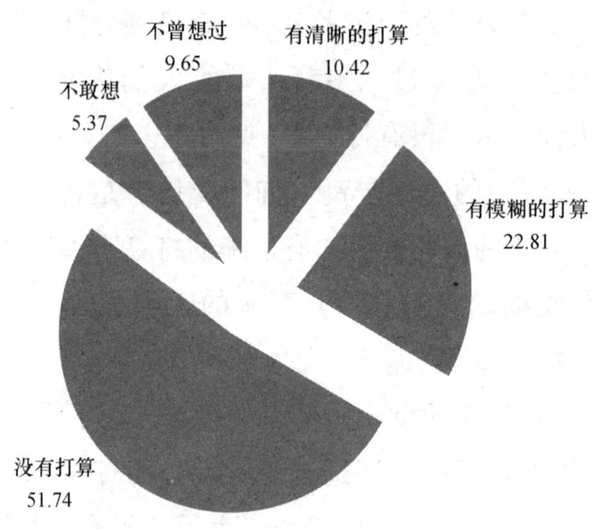

图3—23 "换工作"的行为预期(%)

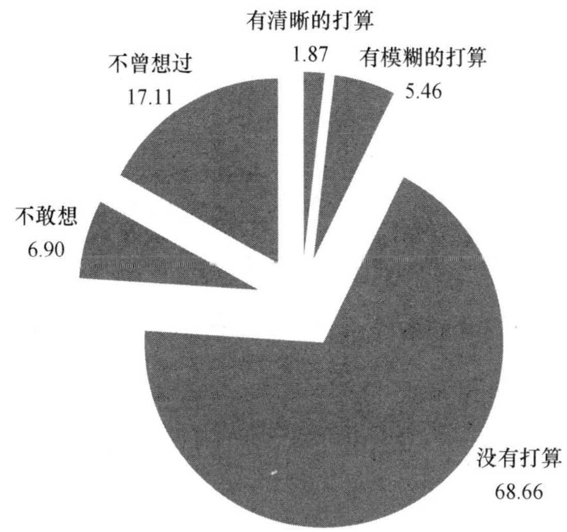

图 3—24　"搬迁至外省市"的行为预期（%）

八　欧洲生活质量

欧盟生活质量调查（EQLS）是欧洲社会最有影响力、涉及欧盟绝大多数国家的调查。2003 年至今，已经开展了三次大规模的调查，覆盖了欧洲 27 个国家。这里主要报告欧盟最近一次调查的主要结论，作为比较分析中国城市居民生活质量水平的重要参照。① 总体上，欧盟生活质量调查通过八个维度评估欧盟居民的生活质量，包括预期寿命、物质生活条件、健康、教育、休闲和社会交往、经济和人身安全、政府治理和基本权利，以

① 欧洲生活质量调查（European Quality of Life Survey，EQLS）是由欧洲生活和工作条件改善基金会（European Foundation for the Improvement of Living and Working Conditions）实施，2003 年、2007 年、2011 年共实施了三次大规模的样本调查。

及自然和生活条件等。

欧洲生活质量以生活满意度为指标，测量以 10 分为满分。2011 年的调查结果显示，生活满意度最高的国家是芬兰，得分为 8.4 分；生活满意度最低的国家是保加利亚，得分为 5.5 分。而且，生活质量与国家经济发展水平有密切的正向关系，最富有的国家即 GDP 增长最快的国家如荷兰、芬兰等人们的生活满意度最高，最贫穷的国家如保加利亚人们的生活满意度最低。社会民主国家显示出最高的生活满意度。大多数南欧国家的主观幸福感相对较低，如保加利亚、斯洛文尼亚和捷克。

从孤独感、压力感和自我实现三个方面来分析。在孤独感方面，希腊、意大利、匈牙利、罗马尼亚和保加利亚等国人们的孤独感最为强烈。在社会民主主义国家人们的压力感最低，有些国家如爱尔兰、西班牙和奥地利等国的人们的压力感较低，而希腊、保加利亚和塞浦路斯等几个国家人们的压力感非常大。在自我实现方面，民主国家的人们有更高的自我实现感，奥地利、卢森堡的人们的自我实现感较为强烈。在马耳他和西班牙人们的自我实现感也较为强烈。自我实现感最低的是希腊、斯洛文尼亚、匈牙利、意大利和法国。

在欧洲如斯洛文尼亚等社会民主类型的国家的生活质量水平更高。显然，欧洲生活质量水平高低受到经济发展水平如 GDP 的影响，强调了对中等收入水平家庭的关注。35—64 岁群体、贫穷群体、未普及初等教育的群体、失业群体、非欧洲本土居民对生活的满意度更低。与男性相比，女性的生活满意度更低。

数据还显示，42.2% 的受访者对工作的满意度分值为 10

分，仅有 32. 4% 的受访者对工作的满意度分值为 1—4 分。从失业者看，13% 的失业者对生活满意度较高，12. 5% 的失业受访者对生活的满意度较低。此外，约有 1/3 的人退休后有较高的满意度。

从婚姻状况看，是否有伴侣显著影响人们的生活满意度。在生活满意度评分为 10 分的群体中，58. 8% 的受访者为已婚或有伴侣。在生活满意度评分为 1—4 分的群体中，17. 7% 的受访者的婚姻状态为分居或者离异。在生活满意度评分达 10 分的受访者中，20. 6% 的受访者受过高等教育；在生活满意度评分达 10 分的受访者中，仅有 11. 8% 的受访者达到生活的满意度。

有较高生活满意度的受访者更有可能拥有自己的房屋（包括贷款房屋）。调查显示，对生活满意度较高的群体中，21. 6% 的受访者拥有自己的房产；而对生活满意度较低的群体中，仅有 13. 2% 的受访者拥有自己的房产。总之，人们的经济社会地位高低极大影响着人们的幸福感。这一点有着重要的政策意义，政策制定者理应关注生活满意度较低的群体。

此外，人们的婚姻状态也极大影响着人们的生活压力感。已婚或有伴侣的受访者承受压力更大，压力感较轻的受访者更可能是单身状态。在压力感最大的群体中，55. 6% 的受访者处于已婚状态，24. 6% 的受访者是单身状态；在中等压力感群体中，48. 2% 的受访者处于已婚状态，18. 8% 的受访者处于单身状态。工作状态极大影响人们的压力感，在有较大压力群组中，48. 2% 的受访者处于工作状态；在较低压力群组中，37. 8% 的受访者处于工作状态。

2016 年 2 月 23 日，根据全球知名咨询公司美世咨询（Mercer）的第18次年度全球生活质量调查，尽管欧洲最近存在安全问题、社会动荡以及对于该地区经济前景的担忧，仍然有多个欧洲城市在全球生活质量排名中名列前茅。① 其中奥地利首都、位于多瑙河畔的维也纳再度蝉联第一，中国上海和北京分列第101位和第118位。比较而言，欧洲生活质量的水平高于作为发展中国家的中国，并且随着欧洲国家经济水平的不断提高，欧盟一体化进程加快，欧洲认同以及融合背景下的社会质量成为欧洲社会福祉的重要内容。这个角度下，欧洲社会的社会包容和社会排斥问题成为社会政策的重要议题。

九 结论与政策建议

2016年中国城市居民生活质量研究结果认为，人们对社会发展现状比较满意，对社会发展的未来前景充满信心。2016年人们生活满意度高于2015年度人们的满意度。一方面，这显示了人们生活质量不断提高和改善的发展趋势；另一方面，也是国家发展战略上重视推进民生建设，建设廉洁、高效的政府等所取得的良好效果。但一个明显的社会心态结构变化是，随着人们物质生活不断丰富和经济社会转型，人们生活的需求结构正发生转型，精神文化落后和心理健康支持不足问题凸显。

2016年中国城市居民生活总体满意度分值为65.98分，城市居民对总体生活现状基本满意，并且比2015年生活总体满意度分值65.38分略有上升。2016年中国城市居民生活总体信心

① 参见《美世咨询2016年全球城市生活质量排名发布》（http：//mt. sohu. com/20160224/n438356416. shtml）。

度分值为83.25分，明显低于2015年城市居民的总体信心度分值84.85分，初显了城市社会居民心态在某些领域发生着变化，对社会和个人未来发展的乐观度有所降低。

与前四年相比，住房价格首次成为人们在宏观生活层次最不满意的领域，过去四年物价水平一直是人们首要诟病的话题。住房价格不仅是经济发展问题，更是关系民生健康发展的重大社会问题，城市居民对住房价格和住房状况的满意度显著偏低。调查结果显示，人们特别是26—35岁年龄组中56%的受访者表示“很不满意”或者“较不满意”，36—45岁年龄组有53.3%的受访者表示“很不满意”或“较不满意”。总体上，14.3%的受访者对住房状况表示“很不满意”或“较不满意”。

在城市化背景下，人们有着较大的购房需求。但是，统计结果显示，15.61%的人们对购买住房“有模糊的打算”，10.21%的人们对购买住房“有清晰的打算”，62.11%的人们对购买住房“没有打算”。如何协调住房价格高和住房需求大的矛盾是改善人们生活水平的关键点。

过去四年调查显示，人们对“物价水平”的不满意程度最高。虽然2016年人们对“物价水平”的满意度高于对“住房价格”的满意度，但显然这仍然是关系民生和居民感受的重要问题。15.3%的受访者对物价水平表示“非常不满意”，30.6%的受访者对物价水平表示“比较不满意”，31.9%的受访者对物价水平表示“一般满意”，仅有17.3%的受访者对物价水平表示“比较满意”，仅4.8%的受访者对物价水平表示“非常满意”。因此，2016年国家仍亟须加强宏观调控和市场监管，理顺价格体系和管理体系。

人们生活满意度和信心度呈现出明显的年龄组差异生活满意度有 U 形曲线的趋势，也就是“中间低、两头高”的状态。46—55 岁年龄组人们的生活现状满意度最低（均值为 65.19 分），其次为 25 岁以下年龄组，满意度最高的是 65 岁以上的老年人群体。中青年群体是推动社会发展的核心力量，而调查显示中青年群体对生活不满意程度最严重，对未来生活的信心度明显不足，这是亟须引起关注的生活质量问题。

人们的生活压力问题格外突出，心理的不安全感和焦虑问题表现明显。中国城市居民的心态结构中人们深度的信任感和联结较为缺失，内心的孤独感和与社会失去联系的焦虑感问题格外突出。在个人生活领域，人们对“生活压力”未来变好最不乐观。从微观层次的满意度和信心度看，这一统计结果提出了改进人们心理层次的健康问题的新要求，也指出了心理层次健康改善的困难，更需要长时间的资源投入。

分宗教信仰来看，宗教信仰显著提高了人们的生活信心度。有宗教信仰的受访者对生活满意度显著高于无宗教信仰的受访者；有宗教信仰的受访者对生活的信心度明显低于无宗教信仰者。特别是有宗教信仰的人们虽然对社会质量的满意度显著低于无宗教信仰者，但是他们对社会发展的信心度均值高于无宗教信仰的人们，而且有宗教信仰的人们对个人发展变化的信心度显著高于无宗教信仰者。在某种程度上，宗教成为化解社会不满和社会冲突的制度渠道。

人们对经济收入的社会不公平感较为强烈，而财富（经济收入）成为人们判断自己的社会地位的主要参照标准。2016 年人们对经济收入的社会不平感较为强烈。统计结果显示，

34.04%的人们认为“较不公平”，财富收入不公平感较为明显，半数以上的人们认为财富和收入分配是不公平的。16.42%的人们认为当前财富和收入分配“很不公平”，38.38%的人们认为当前财富和收入分配是公平的。

中国城市居民中城乡一体化水平不断提高，虽然城乡分割的结构性差异仍然存在，但人们对未来均等化的发展充满信心。分城乡户籍看，农业户籍人口生活满意度显著低于非农业户籍人口。农业户籍人口对未来生活的信心度显著高于非农业户籍人口。

随着城市化进程不断加快，流动人口的社会融入和社会福利问题日益凸显。本地人和外地人对生活现状的满意度存在显著差异，而对未来生活变化的信心度没有显著差异。分本地、外地户口类型看，外地户籍人口生活满意度显著低于本地户籍人口，本地和外地户籍人口对未来生活的信心度无显著差异。

男性群体比女性群体有着更高的创业热情。国家政策指出推动大众创业、万众创新，以扩大就业、增加居民收入，进而促进社会纵向流动和公平正义。相比而言，男性群体中有创业意向的受访者数量远远大于女性群体中有创业意向的受访者数量。

法制建设取得了较好成效，仍有待于进一步提高。总体上，人们对法律的保护作用的满意度偏低，“很满意”或“较满意”的受访者比例不到半数，在法律对公民人身保护满意度中，8.82%的受访者表示不满意；在法律对公民财产权益保护的满意度中，8.8%的受访者表示不满意；12.12%的受访者表示对法律对公民劳动权益的保护不满意。总体上，人们对法律保护的预期是积极的，大多数人认为法律保护的效果会变好。

从本次调查来看，我国城市居民生活质量总体上不断地改善和提高，随着经济发展水平提高和物质财富积累，人们的生活需求结构正在发生转型。人们对个人价值、精神文化的需求日益强烈，个体价值观和个人选择日渐多样化，社会治理进入更为复杂、更需要求同存异协调发展的新阶段。

随着经济发展进入新常态阶段，过去几十年经济快速发展所引发的社会矛盾和后果仍是未来社会治理的重点。快速经济发展留下了社会价值规范失调等问题，这提出了宏观制度安排上提供服务以满足人们的心理精神健康和精神文化的需要。快速经济增长留下环境破坏等生态问题，这提出了在宏观制度安排上调整经济增长方式，激活社会组织，加快生态、环境的修复和治理的要求。在未来改革发展中，一是需要国家在物价、房价等宏观经济领域进行深入改革；二是在环境保护、文化建设等方面进行战略性的改革；三是重视并以制度建设推动人民群众参与到日益多元化的社会建设中，让每个企业、社会组织、个体等以真善美为行动标准来推动国家和社会发展。

第四章　城市居民的工作环境

一　引言

2013年12月10日，习近平总书记在中央经济工作会议上的讲话上首次提出“新常态”，以此概括近年来我国经济开始从高速增长转为中高速增长，经济结构不断优化升级，第三产业逐步占据国民经济的主体地位这一发展趋势。在经济新常态背景下，服务业从业人员也相应地攀升成为我国主力劳动力大军，这使得我国劳动力呈现出了“白领化”趋势。对此，社会学学者张翼便指出，劳动力的“白领化”意味着中国社会的中产化，也意味着中产阶层的崛起——主要是新中产阶层的崛起。[1] 从发达国家的历史看，劳动力的服务业化、服务业从业人员的白领化、白领工作人员的新中产化，会表现为一个前后相继的过程。所以，在处于后工业社会发展阶段的中国，中产阶层将逐渐成为这个社会的主要阶层。

“中产”是一个很具有迷惑性的词。对个人而言，“中产”

---

① 张翼：《社会新常态：后工业化社会与中产化社会的来临》，《江苏社会科学》2016年第1期，第1—14页。

意味着生活已经衣食无忧，心态平和，跻身于社会的主流阶层；对一个社会而言，中产阶层占到整个社会的60%以上，即是和谐的“橄榄形”社会，进入相对成熟的现代国家状态。[①] 我们所处的社会无疑正向这个“橄榄形”目标接近。根据中国社会科学院社会学研究所2013年的GSS调查，在所有劳动力人口中，农民阶层所占比重已经降低到34.8%左右，工人阶层所占比重上升到33.6%左右，中产阶层（包括了新中产阶层和老中产阶层）所占比重上升到了31.6%左右。[②] 据全球领先的市场信息公司欧睿信息咨询公司的研究显示，到2020年，中国的中产阶层将达到7亿人。而根据国家人口发展战略研究称，2020年中国人口将达到14.5亿。[③] 那么即是说，再过十年我国的中产阶层人数将占到总人口的48%以上，到时候中国人近半成为中产阶层。这一切似乎意味着大多数中国人正走在通往上行社会之路上。

然而，据北京工业大学和中国社会科学院社会科学文献出版社联合发布的《2010年北京社会建设分析报告》公布的数据，以北京市为例，中产阶层在社会阶层结构中所占的比例已经超过40%，约540万人，其中68.5%中下层中产阶级已经沦为“房奴”“车奴”。[④] 据此，很多经济学家和社会学家表示担

---

① 本文段节选自《经济观察报》2010年7月26日社论《还未上行　谈何下流》。

② 张翼：《社会新常态：后工业化社会与中产化社会的来临》，《江苏社会科学》2016年第1期，第1—14页。

③ 该数据节选自《法制晚报》2010年7月18日报道《2020年中国中产阶级将达7亿多人》。

④ 张凌：《中产阶层对服装的影响研究》，硕士学位论文，北京服装学院，2010年。

忧：中国社会正在走向“下流社会”。“下流社会”是日本社会学家三浦展提出的，它是指中产阶级的居下游者，他们的物质生活已经足够温饱甚至小康，但由于各方面的竞争和压力，这个群体在物质、精神等各方面失去了向上发展的动力，而甘于平庸，从而形成对整个社会的一种向下的拉力。①

对中产阶层向下流动的担忧是全世界共同关注的话题。最典型的莫过于英国出现的“Ipod 一代”，这自然不是苹果 iPod 播放器，而是指“不安全的（insecure）、压抑的（pressured）、税负过重的（over-taxed）、债务缠身的（debt-ridden）一代”，他们一般是 35 岁以下的年轻人。提出该词的学者之一英国中右翼智囊机构改革研究所尼克·博赞基特教授指出：“我们总是习惯假设一代更比一代强。但是，如今的年轻人要承担更多的义务，他们增加收入和创造财富的难度也更大了。这的确是这个国家面临的严峻问题。”② 而在当今中国，在突然涌现发展机遇的上行社会里，我们面临的问题与“Ipod 一代”如出一辙：人人力争上游，工作透支、竞争透支、情感透支，工作家庭难两全；我们正在为上不起学、看不起病、买不起房担忧，即使有车有房，我们为此支付的代价是绝对“贫困化”，还完月供，我们不得不量入而出。欲望最大化牵动中产阶级的工作压力也最大化，身心俱疲。然而，现代化的进程并没有现代化的心理排泄渠道相匹配，造成全社会性的精神性疾病和心理失衡。

---

① ［日］三浦展：《下流社会——一个新社会阶层的出现》，陆求实、戴铮译，上海文汇出版社 2007 年版。

② “Political Parties Start Talking to an Elusive Constituency”, *The Economist*, 2016 - 09 - 21.

新闻一：日前，一位阿里深圳员工发帖晒出病历称自己患有抑郁症，并称“要趁自己没疯好好走了”。其贴出的病历显示，当地医院曾诊断其“中度抑郁发作”，“建议药物治疗联合心理治疗”，但本人“拒绝用药”。

——《深圳晚报》2016 年 11 月 5 日

新闻二：香港一名 30 岁女子昨天（25 日）被家人发现在将军澳维景湾畔寓所坠楼昏迷，救护员到场证实明显死亡，无须送院。警员在其寓所检获遗书，相信事主不堪工作问题困扰而结束生命。

——《文汇报》2015 年 4 月 26 日

新闻三：近日，沈阳市燃气集团下属的部分站点正在处理燃气欠费的事情。一名工作人员负责的范围有 700 多户，工作量很大，因此压力很大。当时，这名工作人员希望张先生用手机拍下表上数字并发给他，以减轻些工作量，但是张先生不同意。这名工作人员请求说“自己很不容易，需要养家，生活压力很大，请行个方便”，但是张先生拒绝了，并说了一句话，这句话刺激到了这名工作人员，随后他陆续发了 108 条短信辱骂该用户。

——《沈阳晚报》2016 年 11 月 23 日

最近几年，诸如上述因工作压力产生的极端事件在我国频发，这不仅引发了一波波社会讨论，也引起了学者们对工作压力源和压力应对的一系列研究。纵观学者们对工作压力源的研究，我们发现，个体所感知到的工作压力主要来源于组织外部环境和组织内部环境。在组织外部环境中，个体的性格特征①、认知方式②、生活家庭平衡③、社会支持④等是其感知到压力的主要原因；而在组织内部环境中，工作时间⑤、工作强度⑥、工

---

① Abraham, R., "The Impact of Emotional Dissonance on Organizational Commitment and Intention to Turnover", *The Journal of Psychology*, Vol. 133, No. 4, 1999, pp. 441 - 445; Samaneh Aghdasi, Ali Reza Kiamanesh, Abdolrahim Naveh Ebrahim, "Emotional Intelligence and Organizational Commitment: Testing the Mediatory Role of Occupational Stress and Job Satisfaction", *Social and Behavioral Sciences*, Vol. 29, 2011, pp. 1965 - 1976.

② Punnett, B. J., Greenidge, D. & Ramsey, J., "Job Attitudes and Absenteeism: A Study in the English Speaking Caribbean", *Journal of World Business*, Vol. 42, 2007, pp. 214 - 227; Nair, P. & Kamalanabhan, T. J., "Predicting Unwillingness to Report Ethical Infractions of Peers: A Moderated Mediation Approach", *IIMB Management Review*, Vol. 23, 2001, pp. 81 - 90.

③ Valk, R. & Srinivasan, V., "Work-Family Balance of Indian Women Software Professionals: A Qualitative Study", *IIMB Management Review*, Vol. 23, 2011, pp. 39 - 50.

④ Kaufmann, G. M. & Beehr, T. A., "Occupational Stressors, Individual Strains, and Social Supports Among Police Officers", *Human Relations*, Vol. 42, No. 2, 1989, pp. 185 - 197; Munro, L., Rodwell, L. & Harding, L., "Assessing Occupational Stress in Psychiatric Nurses Using the Full Job Strain Model: The Value of Social Support to Nurses", *International Journal of Nursing Studies*, Vol. 35, 1998, pp. 339 - 345; Askari Bigdeli, M., *A Study of Relationship Between Some Kinds of Social Supports and Administration Occupational Stress in Public Schools at Different Educational Levels in Mamasani City*, 2002 - 3, Unpublished M. A. Thesis, Tarbiat Moallem University, Tehran, 2003; Boyas, J. & Wind, L. H., "Employment-Based Social Capital, Job Stress, and Employee Burnout: A Public Child Welfare Employee Structural Model", *Children and Youth Services Review*, Vol. 32, 2010, pp. 380 - 388.

⑤ National Institute for Occupational Safety and Health. Stress... at Work. Centre for Disease Control and Prevention, DHHS (NIOSH) Publication Number 99 - 101, http://www.cdc.gov/niosh/docs/99 - 101/, Accessed 21. 12. 11.

⑥ Savery, L., Hall, K. & Collier, E., "Management Stress—Exploring the Job Expectation and Job Reality Match", *Management Research News*, Vol. 6, No. 4, 1983, pp. 20 - 24; Zeffane, R. & McLoughlin, D., "Cooperation and Stress: Exploring the Differential Impact of Job Satisfaction, Communication and Culture", *Management Research News*, Vol. 29, No. 10, 2006, pp. 618 - 631.

作控制[①]、同事关系[②]、领导和同事支持[③]、角色模糊和角色冲突[④]、领导风格[⑤]、员工参与[⑥]、员工职业生涯发展[⑦]等因素通过低效的制度安排从而给个体带来工作压力。正因如此，本年度的工作环境调查试图通过了解我国城镇居民所感知到的组织工作环境现状，从而探寻引发工作压力的源头，并从组织工作环境营造的角度探讨缓解我国城镇居民工作压力的可行渠道。

---

① Tummers, G. E. R. , Landeweerd, J. A. & van Merode, G. G. , "Work Organization, Work Characteristics, and Their Psychological Effects on Nurses in the Netherlands", *International Journal of Stress Management*, Vol. 9, No. 3, 2002, pp. 183 – 206.

② Kang, L. S. , "Stressors Among Medical Representatives: An Empirical Investigation", *Indian Journal of Industrial Relations*, Vol. 40, No. 3, 2005, pp. 339 – 356; Chang, K. & Lu, L. , "Characteristics of Organizational Culture, Stressors and Wellbeing: The Case of Taiwanese Organizations", *Journal of Managerial Psychology*, Vol. 22, No. 6, 2007, pp. 549 – 568.

③ Hemingway, M. A. & Smith, C. S. , "Organizational Climate and Occupational Stressors as Predictors of Withdrawal Behaviours and Injuries in Nurses", *Journal of Occupational and Organizational Psychology*, Vol. 72, 1999, pp. 285 – 299.

④ Gignac, A. & Appelbaum, S. H. , "The Impact of Stress on Customer Service Representatives: A Comparative Study", *Journal of Workplace Learning*, Vol. 9, No. 1, 1997, pp. 20 – 33; Wu, L. & Norman, I. J. , "An Investigation of Job Satisfaction, Organizational Commitment and Role Conflict and Ambiguity in a Sample of Chinese Undergraduate Nursing Students", *Nurse Education Today*, Vol. 26, 2006, pp. 304 – 314.

⑤ National Institute for Occupational Safety and Health. Stress... at Work. Centre for Disease Control and Prevention, DHHS (NIOSH) Publication Number 99 – 101, http://www.cdc.gov/niosh/docs/99 – 101/, Accessed 21. 12. 11.

⑥ Liu, C. , Spector, P. E. & Jex, S. M. , "The Relation of Job Control with Job Strains: A Comparison of Multiple Data Sources", *Journal of Occupational and Organizational Psychology*, Vol. 78, 2005, pp. 325 – 336.

⑦ Antoniou, A. – S. G. , Davidson, M. J. & Cooper, C. L. , "Occupational Stress, Job Satisfaction and Health State in Male and Female Junior Hospital Doctors in Greece", *Journal of Managerial Psychology*, Vol. 18, No. 6, 2003, pp. 592 – 621.

二　概念操作化：客观工作环境、组织工作环境、主观心理环境

在上述工作环境问题缘起和前两年调查结果分析的基础上，本年度我们将从客观工作环境、组织工作环境和主观心理环境三个方面考察目前我国城镇居民工作所处环境的客观情况及其主观感受。

本次工作环境的调研以个体工作界限来划分，我们将视野聚焦于个体工作行为所发生的客观工作环境、组织工作环境和主观心理环境。进一步细化，本次调研选取当前劳资冲突极易发生的源头——工作时间和工作报偿来衡量我国城镇居民所处客观工作环境的现状。其次，与具体工作流程和工作中人际关系密切相关的中观环境，即组织工作环境，这也是决定员工是否能够高效工作的关键因素，包括组织制度这一硬环境和组织氛围这一软环境。除此之外，我们认为员工对工作感受真正的内在影响因素源于其对工作的主观体验，即主观心理环境，它是员工一切工作行为和工作体验的内在驱动力，本次调研既从工作压力和工作满意度两个方面考察城镇居民对其工作的情感体验，又从组织满意度的角度考察其对所在单位组织的态度（见图4—1）。

（一）客观工作环境

客观工作环境，是企业组织为保障正常开展工作而给员工提供的最基础的硬件条件。从前两年工作环境调研结果和相关

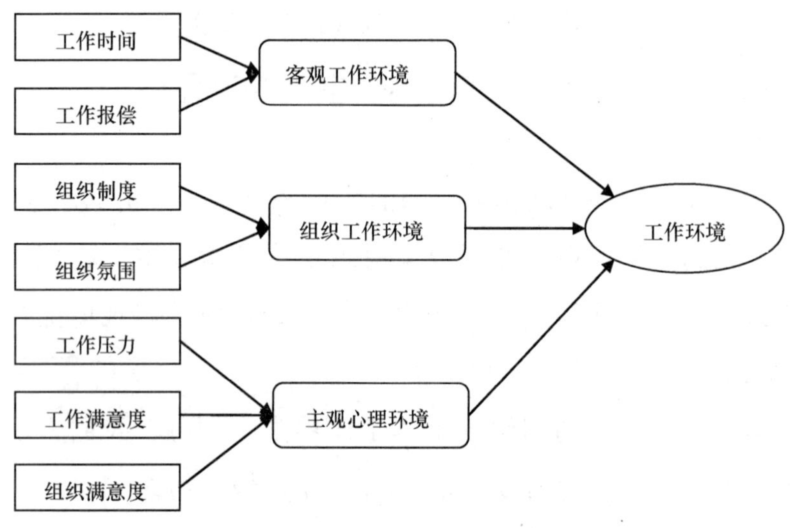

图4—1　工作环境的指标体系

研究可知，衡量一个组织客观工作环境优劣的指标较多，如物理工作条件（如温度、湿度、粉尘、噪声等）、工作设备、工作时间、工作报酬、工作福利等。2015 年中国社会科学院周晓光等学者基于 279 个群体性事件的分析显示，在 279 个群体性事件中，30.5% 是工资或福利待遇引起的，另有 21.9% 是拖欠工资引起的，这两类事件合起来占了总量的一半以上。[①] 此外，近几年“过劳死”“过劳自杀”现象也日益凸显，这也反映出在当前中国经济快速发展的过程中，人们的工作日益繁忙，背负的各种压力也越来越大，加班时间过长、劳动强度过大、心理压力过大，轻则造成劳动者健康受损，重则导致劳动者死亡。因此，本次调研从劳资冲突的根源出发，针对性地从工作时间

① 周晓光、王美艳：《中国劳资冲突的现状、特征与解决措施——基于 279 个群体性事件的分析》，《学术研究》2015 年第 4 期。

和工作报偿两个方面考察我国城镇居民目前的客观工作环境现状。

工作时间，又称劳动时间，是指劳动者为履行工作义务，在法定限度内，在用人单位从事工作或者生产的时间。鉴于本次调研是为了了解我国城镇居民实际的工作时长，因此，在本次调研中，工作时间实质上既是指实际工作时间，还包括必要的准备时间、午休时间和结束工作时间，这些在我国劳动法中均未作明确规定，但仍然影响着城镇居民的工作体验。

工作报偿，是指劳动者付出体力或脑力劳动所得的对价，体现的是劳动者创造的社会价值。本次调研的工作报偿包含经济报酬和工作福利两个方面：经济报酬，是指用人单位以货币形式直接支付给劳动者的各种工资、奖金、津贴、补贴等；工作福利，是指用人单位为劳动者直接向政府和保险部门支付的基本养老、医疗、失业保险和住房公积金。

在其他物理工作条件恒定不变的情况下，如果员工劳动时间适度，且所得的经济报酬和工作福利保障与其投入的能力、精力相匹配，那么，我们就认为这是一个好的客观工作环境。

具体在调查题器方面，我们在工作时间和工作报偿方面设置了以下题器（见表4—1）。由表4—1 可见，本次对城镇居民在工作时间和工作报偿方面的调研主要采用客观描述的方式进行数据收集，各个题器所得结果均是城镇居民在工作的时间和报偿上目前的客观现状。所得结果没有高低、好坏之分。

表 4—1　客观工作环境维度的因子构成和题器设置

维度	因子	题器
客观工作环境	工作时间	b3. 请问您每周一般工作多少个小时?
		b4. 请问您每天上班路途花费多少分钟?
		b8. 上个月，您加班了多少次?
	工作报偿	b5. 您的月收入大概在以下哪个范围内?
		b6. 您的月收入具体是多少?
		b7. 在过去三年中，您总共加薪几次?
		c7. 您有没有以下三项社会保险和住房公积金? ——基本养老保险、基本医疗保险、失业保险、住房公积金

（二）组织工作环境

除了获得我国城镇居民在工作时间和工作报偿这类客观工作环境指标上的客观事实之外，本次调研还从中观组织层面，了解工作单位组织为城镇居民工作所营造的组织工作环境状况。不同于组织行为学中的组织环境，本次调查中的组织工作环境主要聚焦于影响城镇居民工作体验的组织文化环境。对此，我们认为组织文化环境是组织在长期的生存和发展中所形成的为组织所特有的且为组织多数成员共同遵循的最高目标价值标准、基本信念和行为规范等的总和及其在组织中的反映。组织文化环境主要有两个层次的内容：一是组织制度；二是组织精神文化，又称为组织氛围。

组织制度，是单位组织中全体成员必须遵守的行为准则，它包括组织的工艺操作规程和工作流程、规章制度、考核奖励制度以及健全的组织结构等。一方面，组织制度是单位组织的基本规范，明确单位中人与人之间的分工和协调关系；另一方面，组织制度也是对员工工作内容和工作形式的约束，影响员工在工作中的情绪体验。

如果说组织制度是影响员工工作体验的显性因素，那么组织氛围就是影响员工工作体验的隐性因素。早在1990年，学者施耐德（Schneider）就将组织氛围定义为“在某种环境中员工对一些事件、活动和程序以及那些可能会受到奖励、支持和期望的行为的认识”①，即可描述为同一组织中各成员共享的认知。也即是说，组织氛围是一种看不见、摸不着的东西，它是在员工之间不断交流和互动过程中逐渐形成的。良好的组织氛围能够激发成员的工作积极性和创造力，相反，一个沉闷的组织氛围不仅会让成员觉得非常压抑，而且不利于成员的能动性发挥。

由此可见，如果一个单位组织有较为规范的组织制度体系，且通过组织中的人际互动形成了一种良好的组织氛围，我们就认为这是一个好的组织工作环境。

组织工作环境维度由组织制度和组织氛围两方面构成（见表4—2），计分方式与上述客观工作环境题器不同。在本部分，我们采用李克特的五度量表，由一组陈述组成，每一陈述有“非常同意”“同意”“不一定”“不同意”“非常不同意”五种回答，分别记为5分、4分、3分、2分、1分，每个被调查者的态度总分就是他对各道题的回答所得分数的加总，这一总分可说明他的态度强弱。然后累积所得分值，记为组织工作环境

① Schneider B.，“The Climate for Service：An Application of the Climate Construct”，in B. Schneider，*Organizational Climate and Culture*，San Francisco：Jossey-Bass，1990，pp. 383－412.

得分。分值越高，即表明城镇居民对其目前所处的组织工作环境越满意。

表 4—2　　组织工作环境的因子构成和题器设置

维度	因子	题器
组织工作环境	组织制度	b1801. 通常情况下，我必须在规定的时间内完成工作任务
		b1802. 我很清楚单位给我安排的具体工作任务
		b1806. 我认同单位的规章制度
	组织氛围	b1001. 我的工作能力经常得到同事的肯定和赞扬
		b1004. 我的工资和报酬与我的付出和能力相适应
		b1009. 我可以按照自己的时间灵活安排工作任务
		b1015. 我的工作有良好的发展前景
		b1804. 我工作得好，单位就给奖励
		b1807. 我对现在的单位有一种家的感觉
		b1808. 我常常有机会表达对工作的改进意见

（三）主观心理环境

如果以员工个体为边界来划分，那么我们可以把上述客观工作环境和组织工作环境划为外部环境，而对个体工作行为起决定性作用的则是其内部环境——主观心理环境。我们认为主观心理环境是指个体在工作的动态变化过程中所表现出来的心理现象。在本次调查中，我们在前两年调研的基础上，将主观心理环境的考察因子聚合为三个方面：工作压力、工作满意度和组织满意度。

工作压力，是指因工作负担过重、工作责任过大、工作时间过长等由工作或与工作直接有关的因素所造成的紧张状态。如果个体长期、反复处于较高的工作压力中，除了会引起失眠、疲劳、忧郁等一系列不良的生理反应，还会增加对工作的不满，产生工作倦怠。

洛克（Locke，1976）认为工作满意度是源于员工对工作或工作经历的评价的一种愉快的或者积极的情感状态，是一个员工对他所从事的工作的总体态度。[①] 它包括对工作本身及其有关方面（包括工作环境、工作状态、工作方式、工作压力、挑战性、工作中的人际关系等）有良性感受的心理状态。

组织满意度，是组织成员对某个特定组织的一种积极的总体体验。一方面，它包括组织成员所感受到的与其所在组织在心理和行为上的一致性，包括情感、认知、评价等，即组织认同感；另一方面，它还包括与某一特定组织的目标与价值观认同，有把实现和捍卫组织的利益与目标置于本人或所在小群体直接利益之上行事的意愿，并希望能维持其成员身份以促进组织目标的实现，即组织归属感。

之所以设置主观心理环境这一维度，是源于无论客观物理工作环境、组织工作环境之优劣，影响员工工作积极性、产生亲组织行为之根本原因在于员工个体对自身所处工作环境的主观感受。据此，我们认为，如果一个人对目前自己所从事的工作有积极正向的期望，工作任务和工作压力能够自如应付，在工作过程中体验到安全感、自我价值感、认同感、归属感和满

① Locke，E. A.，“The Nature and Causes of Job Satisfaction”，In M. D. Dunnette (Ed.)，*Handbook of industrial and organizational psychology*，Chicago：Rand MeNally，1976.

意感，那么，我们就认为这是一个好的主观心理环境。

因此，本次调研的主观心理环境由以上三个方面构成（见表4—3），计分方式与组织工作环境相同。累积分值得到主观心理环境得分，分值越高，主观心理环境越理想。

表4—3　　主观心理环境的因子构成和题器设置

维度	因子	题器
主观心理环境	工作压力	b1012. 我时常因为工作压力大而感到很累
		b1013. 我经常加班
		b1014. 在工作中有时会遇到性别和年龄歧视
	工作满意度	b1005. 我的工作让我有成就感
		b1006. 我对现阶段的工作感到满意
		b1008. 我不担心会失业
		b1010. 我的工作能够体现个人价值
	组织满意度	b1007. 我愿意通过个人努力维护组织形象
		b1011. 我对我的工作场所感到满意
		b1016. 我对现在的单位有一种归属感
		b1805. 我的工作环境对我的健康没有影响
		b1810. 我愿意参加单位的决策
		b1811. 我愿意在现在的单位一直工作下去

（四）组织工作环境与主观心理环境各因子的相互关系

由上述概念框架和阐述可知，本次工作环境调研从城镇居民所处的客观工作环境入手，分组织工作环境和主观心理环境去考察我国城镇居民对其所处工作环境的态度。因此，我们通过相关矩阵，具体考察组织工作环境和主观心理环境两个因子之间的关系。表4—4 显示，“组织工作环境”与“主观心理环境”两者之间有着较高的相关关系，相关系数达到了0.7187［且在0.01水平（双侧）上显著相关］，说明那些身处较为规范组织制度和良好组织氛围的中观组织工作环境中的员工，对工作的主观满意度高。此外，“主观心理环境”还与“组织工作环境”各因子有着较高的相关，相关系数在－0.1090至0.7289之间。由此可见，本次调研构建的概念模型较为合理。

表4—4　组织工作环境与主观心理环境各因子的相关分析

	组织工作环境	主观心理环境	组织制度	组织氛围	工作满意度	组织满意度	工作压力
组织工作环境	1.0000						
主观心理环境	0.7187**	1.0000					
组织制度	0.5227**	0.3801**	1.0000				
组织氛围	0.9672**	0.6950**	0.2890**	1.0000			
工作满意度	0.6914**	0.8147**	0.2601**	0.6997**	1.0000		
组织满意度	0.7472**	0.8762**	0.3745**	0.7289**	0.6782**	1.0000	
工作压力	－0.0589**	－0.3338**	－0.1090**	0.0997**	－0.0527**	－0.0242	1.0000

注：**在0.01水平（双侧）上显著相关。

三　2016年城镇居民工作环境调查的结果分析与讨论

根据上述理论假设和验证性因素分析的结果，本年度城镇居民工作环境研究将从客观工作环境（包括工作时间、工作报偿）、组织工作环境（包括组织制度、组织氛围）、主观心理环境（包括工作压力、工作满意度、组织满意度）三个维度展开，由此一方面探讨我国城镇居民的客观工作时长和实际所得到的工资和福利待遇，另一方面了解他们对其单位的组织制度和组织氛围的评价，以及对工作和单位组织的整体感受。

（一）2016 年城镇居民的客观工作环境的统计分析

根据目前劳资关系矛盾的热点问题，本年度我们聚焦于城镇居民的工作时间和工作报偿两个重要客观工作环境。

1. 工作时间维度的统计分析

本次调查试图通过工作时长、通勤时长、加班频率和工作强度四个因子了解本年度我国城镇居民客观工作环境中工作时间的具体现状。

在工作时长上，我国城镇居民平均每周工作 49.30 小时（见表 4—5）。根据我国《劳动法》规定，国家实行劳动者每日工作时间不超过 8 小时、平均每周工作时间不超过 44 小时的工时制度。然而，在本年度调查中，对每周工作时长进行频次分析发现，高达 59.8% 的城镇居民每周工作时间超过法定的 44 小时。其中，每周工作 60 个小时以上的城镇居民比例高达 13.8%。由此可见，目前我国超时工作的现象仍然十分严重。与此相对应的是，在加班频率上，本年度调查表明加班工作的现象在高达 63.5% 的城镇居民中有不同程度的体现。将本次抽样调查的各个省份中城镇居民每周工作时长进行高低排序发现，黑龙江、福建和湖南三个省排前三位，每周工作时间分别为 60.63 小时、60.13 小时和 54.56 小时（$F = 17.659$，$Sig. = 0.000$）（见图 4—2）。

表4—5　　　　工作时间的描述性统计分析结果

		请问您每周一般工作多少小时	请问您每天上班路途花费多少分钟
N	有效	5005	5005
	缺失	2931	2931
均值		49.30	29.61
标准差		13.337	24.195
极小值		0	0
极大值		140	420

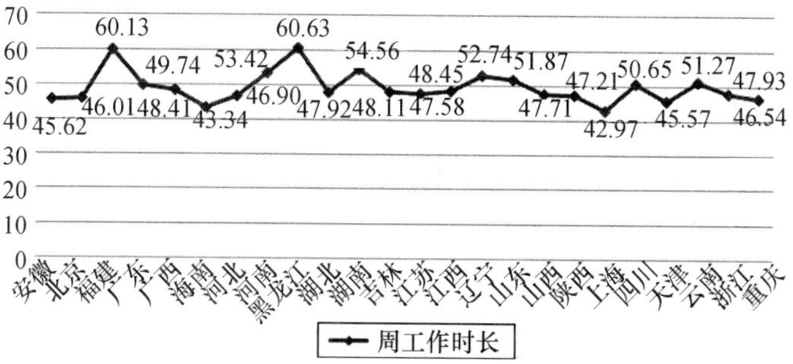

图4—2　城镇居民每周工作时长在省份上的差异分析（小时）

值得注意的是，ANOVA分析结果表明，超时工作这一现象在某些城镇居民群体中尤为突出。男性群体工作时间显著高于女性群体，平均每周工作50.32小时（F = 31.713，Sig. = 0.000）；持农业户口的城镇居民平均每周工作53.17小时，显著高于持非农户口的群体（F = 150.877，Sig. = 0.000），且户口类型与户口所在地两者的交互效应也显著影响城镇居民的工作时长，持农业户口在城市工作的农民工平均每周工作时间超过50小时，显著高于其他群体（F = 53.144，Sig. = 0.000）；受教育水平越高的城镇居民，每周工作时间越短（F = 61.278，

Sig. =0.000)；供职于国有企业中的城镇居民工作时间显著最低，为42.97小时，而在私有/民营企业中工作的城镇居民每周工作时间显著高于其他单位员工，为51.03小时[①]（F =64.119，Sig. =0.000）（见表4—6）。

表4—6　　工作时长在人口学变量上的ANOVA分析

		均值（Mean）	样本数（N）	差异显著性
性别	男	50.32	2601	F =31.713，df =1，Sig. =0.000
	女	48.20	2404	
户口类型	农业户口	53.17	1295	F =150.877，df =1，Sig. =0.000
	非农业户口	47.97	3707	
户口类型&所在地	本市农业户口	53.57	931	F =53.144，df =3，Sig. =0.000
	外市农业户口	52.38	355	
	本市非农业户口	47.83	3387	
	外市非农业户口	49.19	307	
受教育水平	没有受过任何教育	65.33	3	F =61.278，df =8，Sig. =0.000
	小学	58.88	110	
	初中	55.28	869	
	高中	50.58	1184	
	中专/技校	50.31	564	
	大学专科	46.79	1224	
	大学本科	44.59	960	
	研究生及以上	41.10	84	
	其他	37.33	3	

① 因工作时长调查仅有13人来自港澳台资企业，因此所得分数的信度较低，不具有解释意义。

续表

		均值（Mean）	样本数（N）	差异显著性
单位性质	国有	42.97	922	F = 64.119，df = 7，Sig. = 0.000
	集体所有	45.65	338	
	私有/民营	51.03	3221	
	港澳台资	51.08	13	
	外资所有	45.38	82	
	中外合资/中外合作	47.02	142	
	其他	56.71	19	

此外，通过比较2014—2016年我国城镇居民每周工作时长发现，我国城镇居民每周工作时长在2015年有所回落，但2016年又出现上扬的趋势。相较而言，2016年我国城镇居民每周工作时间同比上升了5.88%（见图4—3）。

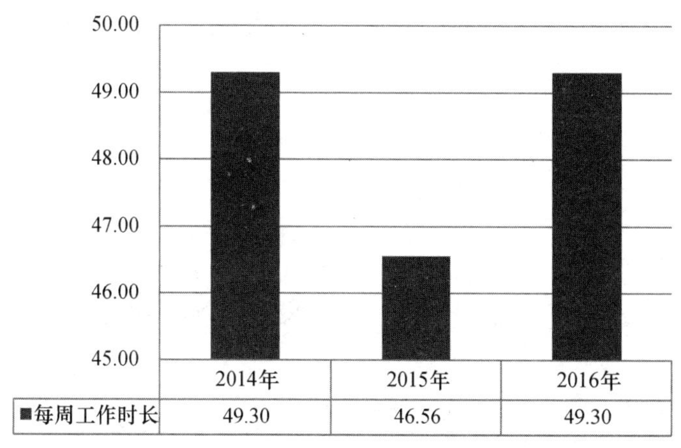

图4—3　2014—2016年城镇居民每周工作时长比较（小时）

在通勤时长上，我国城镇居民平均每天上班路途花费29.61分钟（见表4—5），也就是说，平均通勤时间（每天上下班往返时间）接近60分钟。频次分析表明，75.3%的城镇居民每天上班路途耗时不超过60分钟，但值得关注的是，仍有15.1%的城镇居民每天上班路途上需要耗费1小时以上，如此算来，通勤时间就高达2小时以上。将本次调查的24个省市城镇居民平均通勤时间进行高低排序发现，上海、北京和重庆的城镇居民平均每天通勤时间排前三位，分别为123.33分钟、115.49分钟和109.63分钟（F = 50.873，Sig. =0.000）（见图4—4）。由此可见，随着城市化进程的加快、交通拥挤、房价攀升等多种因素的叠加效应，“舟车劳顿”已逐渐成为城镇居民共同面临的生活和工作的负担。同时，对比2014—2016年我国城镇居民通勤时间发现，近三年我国城镇居民每天耗费在上班路途中的时间显示出逐年递增的趋势。我国城镇居民2015年通勤时间同比增加10.38%，2016年通勤时间同比增加1.96%（见图4—5）。

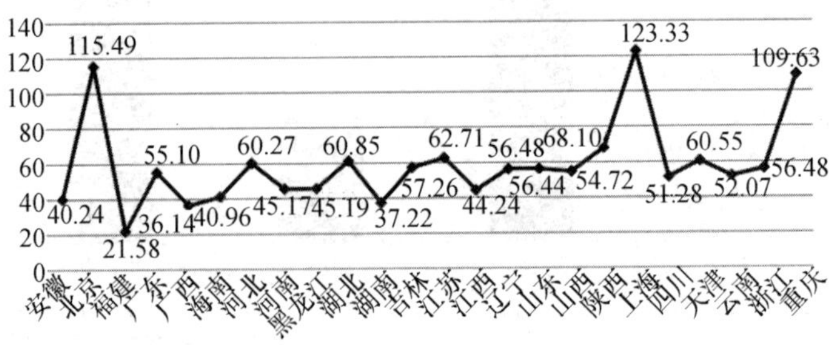

图4—4　城镇居民每天通勤时长在省份上的差异分析（分钟）

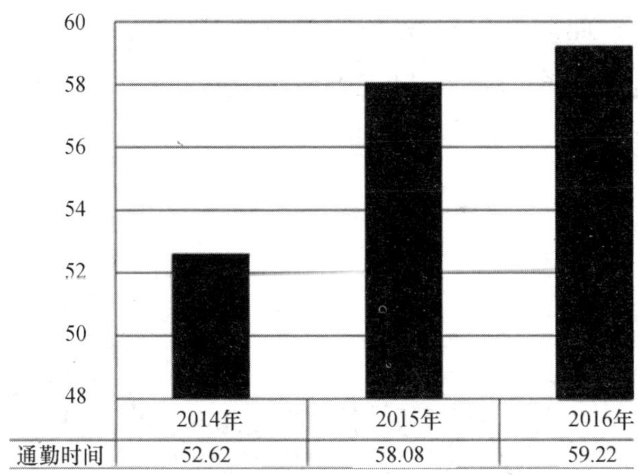

图 4—5　2014—2016 年城镇居民通勤时间的比较（分钟）

在工作强度上，我们通过“通常情况下我必须在规定的时间内完成工作任务”调查发现，74.9%的城镇居民明确表示工作时受到不同程度的时间压力，仅 2.3%的城镇居民表示工作时不存在时间压力。

2. 工作报偿维度的统计分析

本次调查试图通过月收入、加薪次数和加班费的发放情况了解本年度我国城镇居民在工作报酬方面的具体情况。同时，通过他们是否拥有养老保险、医疗保险、失业保险和住房公积金的调查，了解我国城镇居民除工作报酬外还获得了哪些福利保障。

首先，在工作报酬方面，高达 49.0%的城镇居民月收入处于 2001—4000 元，月收入在 4001—6000 元的城镇居民占 24.5%，月收入 6000 元以上的占 14.1%，然而仍有 12.3%的城镇居民经济收入低下，月收入仅在 2000 元以下。具体考察本次所调查的各个省市发现，广东、上海、浙江三个省市的城镇居民平均月收入列居前三位，分别为7762.98元、7637.95元和5733.33元；而海南、河南和山西三省则排名末三位，分别为1732.71元、2961.88元和2985.96元（F = 36.161，Sig. = 0.000）（见图4—6）。

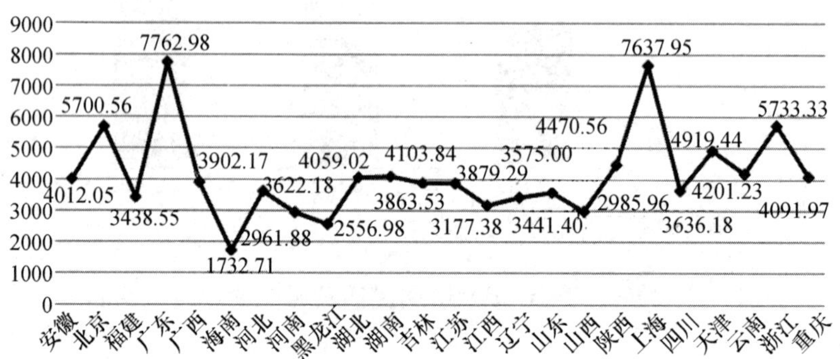

图4—6　城镇居民月收入在省份上的差异分析（元）

具体考察不同群体的月收入差异发现，持有外市非农户口的城镇居民平均月收入5942.48元，显著高于其他群体；而持本市农业户口的城镇居民的月收入显著最低，平均为3854.73元（F = 37.062，Sig. = 0.000）。另外，不同单位的工资待遇也存在显著差异。供职于中外合资/中外合作企业的城镇居民月收入最高，为5821.21元①；而国有企业员工的月收入最低，为3850.17元（F = 13.825，Sig. = 0.000）（见表4—7）。

① 因月收入调查仅有12人来自港澳台资企业，因此所得分数的信度较低，不具有解释意义。

表 4—7　　月收入在人口学变量上的 ANOVA 分析

		均值（Mean）	样本数（N）	差异显著性
户口类型 & 所在地	本市农业户口	3854.73	831	F = 37.062，df = 3，Sig. = 0.000
	外市农业户口	4627.07	283	
	本市非农业户口	4198.78	3146	
	外市非农业户口	5942.48	266	
单位性质	国有	3850.17	815	F = 13.825，df = 6，Sig. = 0.000
	集体所有	3916.61	310	
	私有/民营	4327.86	2951	
	港澳台资	6333.33	12	
	外资所有	5504.67	75	
	中外合资/中外合作	5821.21	132	
	其他	3923.45	226	

另外，对比 2014—2016 年我国城镇居民的月收入情况发现，近三年里，我国城镇居民的平均月收入水平逐年递增，2014 年我国城镇居民平均每月收入为 3559.76 元，到了 2016 年已递增到了 4264.57 元，与 2015 年相比，同比提高了 8.97%（见图 4—7）。

在加薪次数方面，我们发现高达 41.9% 的城镇居民表示在过去三年未出现加薪的情况。另外，有过 1—3 次加薪经历的城镇居民人数比例分别为 17.9%、16.1% 和 8.2%。具体考察各单位的加薪情况发现，在外资所有企业工作的城镇居民加薪的可能性更大，三年内平均加薪 1.62 次；而在私有或民营企业工作的城镇居民加薪的机会最小，三年内平均加薪仅 0.90 次（F = 22.880，Sig. = 0.000）。此外，为了了解除了规定的工资收入之外城镇居民是否获得加班补贴，我们通过“如果上个月您有过加班，有没有领到加班费”题器

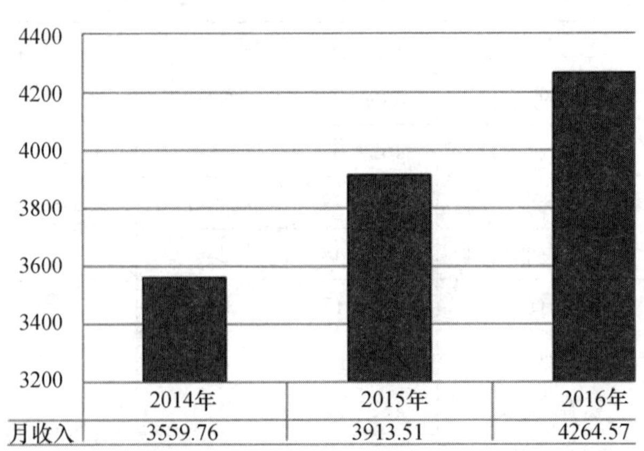

图4—7 2014—2016年城镇居民月收入比较（元）

发现，63.1%的城镇居民领到了相应的加班补贴，但仍有36.9%的城镇居民并没有获得相应的经济补偿。

其次，根据我国《劳动法》规定，用人单位应当向劳动者提供养老、医疗、工伤、失业、生育五项社会保险以及住房公积金，以此帮助劳动者及其亲属在遭遇年老、疾病、工伤、生育、失业等风险时，防止收入的中断、减少和丧失，从而保障其基本生活需求。本次调查发现城镇居民在基本养老保险和基本医疗保险这两项福利保障较好，分别高达64.4%和82.5%的城镇居民表示正享有此种福利；然而，仅有30.7%的城镇居民享有失业保险、27.8%享有住房公积金（见图4—8）。

此外，对比2014—2016年我国城镇居民享有各种社会福利保险的情况发现，2015年我国城镇居民享有养老保险、医疗保险、失业保险和住房公积金的比例最高，而2016年我国城镇居民在这三项社会福利保险和住房公积金方面的享有情况都有所衰退，特别是失业保险的享有情况跌了近30%（见图4—9）。

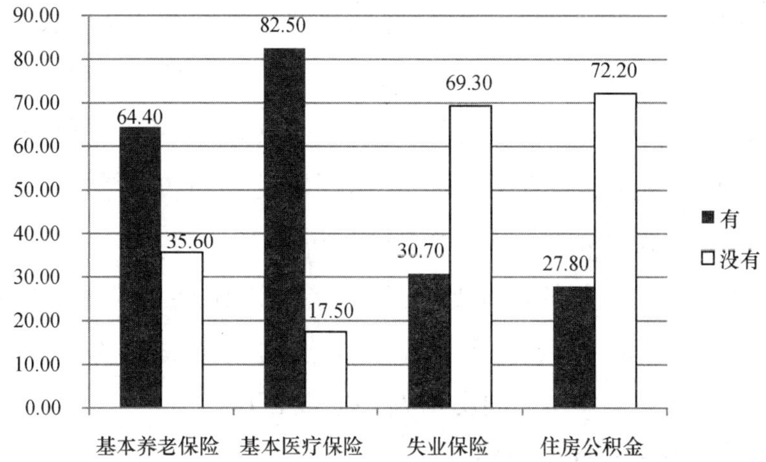

图 4—8　城镇居民社会保险享有情况的比例分析结果（%）

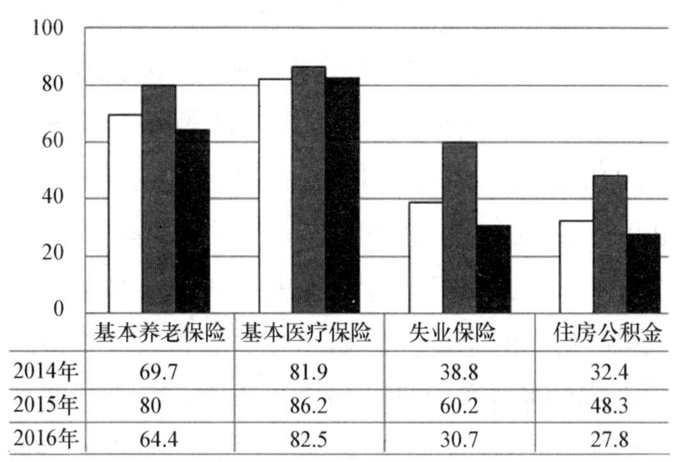

	基本养老保险	基本医疗保险	失业保险	住房公积金
2014年	69.7	81.9	38.8	32.4
2015年	80	86.2	60.2	48.3
2016年	64.4	82.5	30.7	27.8

图 4—9　2014—2016 年城镇居民社会福利保障比较（%）

（二）2016 年城镇居民的组织工作环境的统计分析

为了深入了解我国城镇居民工作过程中所在的组织内部环

境，2016 年度分别从组织制度和组织氛围两个方面探讨组织工作环境现状。根据描述性统计分析发现，本年度我国城镇居民对其目前所处的组织工作环境满意度一般，均值为 68.77 分(按百分制计分)。其中值得注意的是，随着城镇化进程的逐渐加快，我国城镇居民对其组织工作环境的满意度已在户口类型和所在地无显著差异（F = 0.234，Sig. = 0.873)。另外，供职于外资所有制企业的城镇居民对其组织工作环境满意度最高，为 73.97 分；而在私有/民营企业工作的城镇居民的满意度最低，仅有 68.33 分（F = 10.677，Sig. = 0.000)。

1. 组织制度维度的统计分析

组织制度，即员工工作所处的硬环境，是单位组织中全体员工必须遵守的一系列行为准则。根据描述性统计分析发现，2016 年度我国城镇居民对其工作单位的组织制度满意度一般，仅为 66.56 分。进一步 ANOVA 分析表明，城镇居民对其组织制度的态度不因单位性质的不同而有显著差异（F = 1.429，Sig. = 0.199)；此外，对组织制度的态度也不会因为城镇居民的受教育程度的高低而呈现出显著不同（F = 1.772，Sig. = 0.078)。即便如此，但仍然有个别人口学变量显著影响着城镇居民对其组织制度的态度。例如，持本市非农业户口的城镇居民对其组织制度的满意度显著最高，为 66.80 分，而持外市非农业户口的外来农民工对其所处的组织制度满意度最低，仅为 65.67 分（F = 3.033，Sig. = 0.028)。此外，尽管身处不同单位的城镇居民对其组织制度的态度无显著差异，但是职位高低却对其有显著影响，职位越高的城镇居民对其组织制度的满意度越高（F = 4.044，Sig. = 0.007)（见表 4—8)。

表4—8　　组织制度在人口学变量上的ANOVA分析

		均值（Mean）	样本数（N）	差异显著性
户口类型&所在地	本市农业户口	66.08	817	F=3.033，df=3，Sig.=0.028
	外市农业户口	66.13	310	
	本市非农业户口	66.80	3200	
	外市非农业户口	65.67	288	
单位性质	国有	67.01	913	F=1.429，df=6，Sig.=0.199
	集体所有	66.91	331	
	私有/民营	66.39	2968	
	港澳台资	65.64	13	
	外资所有	67.25	80	
	中外合资/中外合作	67.52	140	
	其他	65.70	180	
受教育程度	没有受过任何教育	77.78	3	F=1.772，df=8，Sig.=0.078
	小学	66.09	93	
	初中	66.35	766	
	高中	66.16	1064	
	中专/技校	66.40	517	
	大学专科	67.09	1171	
	大学本科	66.71	931	
	研究生及以上	65.71	84	
	其他	64.44	3	
职位	领导	67.97	256	F=4.044，df=3，Sig.=0.007
	中层管理人员	67.17	677	
	普通职工	66.37	3375	
	其他	66.48	284	

此外，我们进一步通过“我认同单位的规章制度”题器考

察城镇居民对其单位规章制度的认同度。结果发现，高达69.00%的城镇居民对其单位的规章制度持不同程度的不认同态度，仅有6.20%的城镇居民明确表达了对其单位规章制度的认同。有意思的是，通过ANOVA分析发现，持不同类型户口的城镇居民对其单位规章制度的认同情况各不相同。其中，在本市工作的持非农业户口的城镇居民对其单位规章制度的认同程度相对最高，而从外地来城市打工的农民工对其单位规章制度的认同程度相对最低（F=4.980，Sig. =0.002）。除此之外，身处不同单位、不同职位的城镇居民对其单位规章制度的认同情况也各不相同。供职于外资企业、中外合资/中外合作企业的城镇居民对其单位规章制度的认同程度相对较高，而在私有/民营企业中工作的城镇居民的认同程度相对较低[①]（F=3.331，Sig. =0.003）；同时，在单位中职位越高的城镇居民对其单位规章制度的认同程度越高（F=10.417，Sig. =0.000）（见表4—9）。

表4—9 “我认同单位的规章制度”题器在人口学变量上的ANOVA分析

		均值（Mean）	样本数（N）	差异显著性
户口类型&所在地	本市农业户口	3.80	829	F=4.980，df=3，Sig. =0.002
	外市农业户口	3.78	314	
	本市非农业户口	3.89	3257	
	外市非农业户口	3.74	294	

① 因本次调查仅有13人来自港澳台资企业，因此所得分数的信度较低，不具有解释意义。

续表

		均值（Mean）	样本数（N）	差异显著性
单位性质	国有	3.92	915	F=3.331，df=6，Sig. =0.003
	集体所有	3.89	335	
	私有/民营	3.83	3029	
	港澳台资	3.77	13	
	外资所有	4.04	81	
	中外合资/中外合作	4.03	140	
	其他	3.78	190	
职位	领导	4.08	271	F=10.417，df=3，Sig. =0.000
	中层管理人员	3.94	685	
	普通职工	3.83	3391	
	其他	3.75	321	

2. 组织氛围维度的统计分析

除了考察组织制度的认同情况之外，2016 年度工作环境调查根据美国学者彼得·圣吉所提出的学习型组织应具有的特点，试图从组织的人际关系、员工参与、工作自主性、工作期望等方面考察城镇居民对其所处组织氛围的态度。

总体来说，2016 年度我国城镇居民对其工作所处的组织氛围满意度一般，均值为 69.64 分（按百分制计分）。其中，在“我的工作能力经常得到同事的肯定和赞扬”这一题器上评分最高，均值为 75.60 分，即我国城镇居民对目前所在组织的人际关系最为满意；在“我可以按照自己的时间灵活安排工作任务”这一题器上评分最低，均值为 64.88 分，即我国城镇居民在目前工作单位中的工作自主性不高，满意度最低。

进一步通过 ANOVA 分析发现，持不同户口的城镇居民对组织氛围的态度并不存在显著差异（F = 0.612，Sig. = 0.607）。尽管如此，但男性群体对组织氛围的评价却显著高于女性群体（F =6.155，Sig. =0.013）；其次，随着个人受教育程度的提高，我国城镇居民对其单位的组织氛围的主观感受也随之变得更加积极（F = 14.055，Sig. =0.000）。除此之外，身处不同组织、不同职位的城镇居民对其所处的组织氛围也呈现出不同程度的显著差异。供职于外资企业的城镇居民对其组织氛围最为满意，而身处国有企业的城镇居民却最不满意其单位的组织氛围（F =12.137，Sig. =0.000）；同时，在单位中职位越高的城镇居民对其组织氛围越满意（F = 83.943，Sig. =0.000）（见表4—10）。

表4—10　组织氛围在人口学变量上的ANOVA分析

		均值（Mean）	样本数（N）	差异显著性
性别	男性	70.08	2262	F =6.155，df =1，Sig. =0.013
	女性	69.16	2057	
受教育程度	没有受过任何教育	71.43	1	F = 14.055，df =8，Sig. =0.000
	小学	66.37	83	
	初中	67.46	710	
	高中	67.76	988	
	中专/技校	69.10	481	
	大学专科	71.18	1092	
	大学本科	71.80	882	
	研究生及以上	74.40	75	
	其他	70.48	3	

续表

		均值（Mean）	样本数（N）	差异显著性
户口类型&所在地	本市农业户口	69.94	754	F=0.612，df=3，Sig.=0.607
	外市农业户口	70.33	280	
	本市非农业户口	69.48	3003	
	外市非农业户口	69.55	262	
单位性质	国有	68.95	852	F=12.137，df=6，Sig.=0.000
	集体所有	71.19	306	
	私有/民营	69.10	2774	
	港澳台资	70.39	11	
	外资所有	76.69	76	
	中外合资/中外合作	75.37	134	
	其他	71.43	157	
职位	领导	76.39	225	F=83.943，df=3，Sig.=0.000
	中层管理人员	73.87	647	
	普通职工	67.94	3161	
	其他	73.77	251	

（三）2016年我国城镇居民的主观心理环境的统计分析

为了更具体地探讨我国城镇居民对其目前工作所处的客观工作环境和组织工作环境的感受，2016年度我们将主观心理环境区分为三个方面——工作压力、工作满意度和组织满意度，试图了解工作各要素对个体产生的压力和对工作本身的总体评价，进而探索个体对所在组织的态度。

总体来看，2016年度我国城镇居民的主观心理环境一般，均值为69.76分（按百分制计分）。其中，我国城镇居民对其组织的满意度略高于对其工作本身的满意度，均值分别为 72. 60 分和 71. 12 分。而工作压力颇大成为拉低我国城镇居民主观心理环境得分的主要原因。统计显示，2016 年度我国城镇居民的工作压力得分均值为 62. 40 分（得分越低，工作压力越大；得分越高，工作压力越小）。

1. 工作压力维度的统计分析

本次调查我们主要从工作歧视、超时工作和工作情绪三个方面了解我国城镇居民的工作压力现状。描述性分析结果表明，2016 年度我国城镇居民面临的工作压力仍然较大，均值为 57. 60 分（得分越高，工作压力越大；得分越低，工作压力越小）。具体比较本次调查的各个省市发现，按照工作压力由大到小排序，浙江、云南和广东三个省份的城镇居民的工作压力列居前三位，分别为 67. 53 分、66. 14 分和 65. 22 分；而山西、河北和重庆的城镇居民工作压力较小，排名末三位，分别为 51. 11 分、51. 70 分和 52. 35 分（F = 22. 880，Sig. = 0. 000）（见图 4—10）。

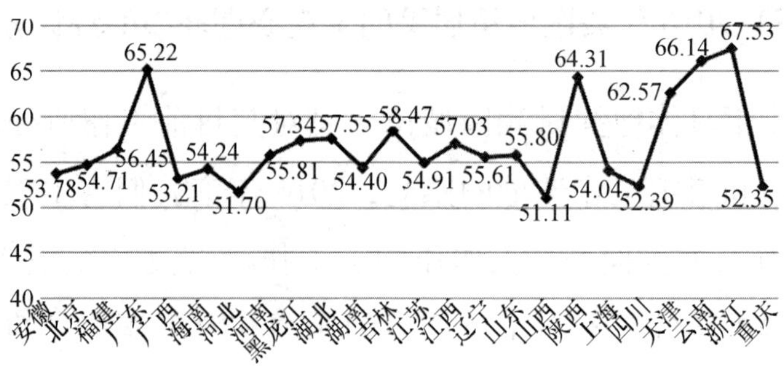

图 4—10　城镇居民的工作压力在省份上的差异分析（分）

进一步通过 ANOVA 分析发现，我国城镇居民的工作压力并不因其所持户口类型（F = 1.772，Sig. = 0.150）、婚姻状况（F = 2.136，Sig. = 0.058）、所受教育程度（F = 0.739，Sig. = 0.657）等社会特征变量的不同而存在显著差异。但是值得注意的是，男性群体的工作压力显著高于女性群体（F = 4.756，Sig. = 0.029）。其次，相对而言，供职于中外合资/中外合作企业的城镇居民的工作压力显著大于其他单位员工①，而在国有企业工作的城镇居民工作压力最小（F = 4.857，Sig. = 0.000）。同时，在单位中职位越高的城镇居民所面临的工作压力越大（F = 5.963，Sig. = 0.000）（见表4—11）。

表4—11　工作压力在人口学变量上的ANOVA分析

		均值（Mean）	样本数（N）	差异显著性
性别	男性	58.08	2445	F = 4.756，df = 1，Sig. = 0.029
	女性	57.07	2243	
单位性质	国有	55.38	871	F = 4.857，df = 6，Sig. = 0.000
	集体所有	58.06	316	
	私有/民营	57.93	3028	
	港澳台资	66.67	12	
	外资所有	56.10	77	
	中外合资/中外合作	60.40	134	
	其他	58.81	225	
职位	领导	60.41	277	F = 5.963，df = 3，Sig. = 0.000
	中层管理人员	58.51	650	
	普通职工	57.01	3254	
	其他	58.88	370	

① 因工作压力调查仅有12人来自港澳台资企业，因此所得分数的信度较低，不具有解释意义。

2. 工作满意度维度的统计分析

在对工作的总体评价方面，2016 年度我国城镇居民对其目前的工作现状较为满意，均值为 71. 12 分。

ANOVA 分析表明，城镇居民的工作满意度并不因其性别（F = 0. 001，Sig. = 0. 978）、年龄（F = 1. 255，Sig. = 0. 099）、婚姻状况（F = 1. 265，Sig. = 0. 276）、户口类型（F = 0. 726，Sig. = 0. 536）等社会特征变量的不同而存在显著差异。但是，我们也发现，随着受教育程度的提高，我国城镇居民对其工作的满意程度有显著提升（F = 11. 789，Sig. = 0. 000）；供职于外资企业、中外合资/中外合作企业的城镇居民工作满意度最高，而在私有/民营企业里工作的城镇居民对其目前工作的满意程度最低①（F = 12. 719，Sig. = 0. 000）；同时，随着在单位中职位的提升，城镇居民的工作满意度也有显著提高（F = 64. 373，Sig. = 0. 000）（见表 4—12）。

表 4—12　工作满意度在人口学变量上的 ANOVA 分析

		均值（Mean）	样本数（N）	差异显著性
受教育程度	没有受过任何教育	73. 33	3	F = 11. 789，df = 8，Sig. = 0. 000
	小学	69. 22	103	
	初中	68. 82	808	
	高中	69. 68	1107	
	中专/技校	70. 49	525	

① 因工作满意度调查仅有 12 人来自港澳台资企业，因此所得分数的信度较低，不具有解释意义。

续表

		均值（Mean）	样本数（N）	差异显著性
受教育程度	大学专科	72.11	1171	F＝11.789，df＝8，Sig. ＝0.00
	大学本科	73.57	929	
	研究生及以上	78.13	80	
	其他	76.67	3	
单位性质	国有	72.01	882	F＝12.719，df＝6，Sig. ＝0.000
	集体所有	73.40	319	
	私有/民营	70.01	3048	
	港澳台资	65.83	12	
	外资所有	76.46	79	
	中外合资/中外合作	76.12	138	
	其他	74.35	230	
职位	领导	77.52	286	F＝64.373，df＝3，Sig. ＝0.000
	中层管理人员	74.80	661	
	普通职工	69.26	3258	
	其他	74.32	385	

3. 组织满意度维度的统计分析

在组织满意度方面，2016 年度调查显示我国城镇居民对其所在单位的满意度颇高，均值为 72.60 分。

ANOVA 分析所得结果与工作满意度相似，城镇居民对其所在单位的满意度不因其性别（F＝0.094，Sig. ＝0.760）、年龄（F＝1.227，Sig. ＝0.125）、户口类型（F＝0.862，Sig. ＝0.460）而存在显著差异。同时，随着受教育程度的提高，我国城镇居民对其所在单位的满意度呈显著上升趋势（F＝14.729，Sig. ＝0.000）；外资企业、中外合资/中外合作企业中工作的城镇居民对其单位的满意度显著高于其他群体，而在私有/民营企业工作的城镇居民的组织满意度显著最低[①]（F = 17.098，Sig. =0.000）；另外，城镇居民的组织满意度随着其在单位中职位的上升而呈现出显著的上升趋势（F =61.723，Sig. =0.000）（见表4—13）。

表4—13　组织满意度在人口学变量上的ANOVA分析

		均值（Mean）	样本数（N）	差异显著性
受教育程度	没有受过任何教育	66.67	2	F =14.729，df =8，Sig. =0.000
	小学	69.42	81	
	初中	70.41	679	
	高中	70.67	1005	
	中专/技校	71.67	485	
	大学专科	74.17	1118	
	大学本科	74.87	882	
	研究生及以上	77.32	77	
	其他	80.00	3	
单位性质	国有	74.25	862	F =17.098，df =6，Sig. =0.000
	集体所有	74.27	304	
	私有/民营	71.37	2774	
	港澳台资	69.44	12	
	外资所有	79.04	76	
	中外合资/中外合作	78.11	134	
	其他	74.34	165	

① 因组织满意度调查仅有12人来自港澳台资企业，因此所得分数的信度较低，不具有解释意义。

续表

		均值（Mean）	样本数（N）	差异显著性
职位	领导	79.12	251	F＝61.723，df＝3，Sig. ＝0.000
	中层管理人员	76.02	655	
	普通职工	71.12	3108	
	其他	75.14	281	

4. 工作压力、工作满意度和组织满意度的相关分析

在深入挖掘城镇居民主观心理环境中三维度的关系时，我们有如下发现：首先，工作压力与工作满意度呈显著负相关，即工作压力越大、工作满意度越小。其次，工作压力与组织满意度无显著相关，即是说，即便城镇居民的工作压力较小，也不会影响其对所处单位的满意程度。最后，城镇居民对工作本身的态度会产生溢出效应，影响其对单位的态度，二者呈显著正相关关系，相关系数为0.678（见表4—14）。

表4—14 工作压力、工作满意度和组织满意度的相关矩阵

	工作压力	工作满意度	组织满意度
工作压力	1	－0.053**	－0.024
工作满意度	－0.053**	1	0.678**
组织满意度	－0.024	0.678**	1

注：**在0.01水平（双侧）上显著相关。

为了进一步探讨工作压力对工作满意度、工作满意度对组织满意度的影响，我们通过回归分析发现，工作压力与工作满意度呈现出如下线性关系：

工作满意度＝73.9387－0.0460×工作压力　　(4—1)

即是说，在其他条件保持不变的情况下，工作压力每增加 1 个单位，城镇居民对其工作的满意度下降 0. 0460 个单位（F = 12. 58，Sig. =0. 0004）（见表 4—15）。

表 4—15　　工作压力与工作满意度的回归分析

Source	SS	df	MS	Number of obs = 4514 F（1，4512） = 12. 58 Prob > F = 0. 0004 R-squared = 0. 0028 Adj R-squared = 0. 0026 Root MSE = 13. 751	
Model	2378. 26888	1	2378. 26888		
Residual	853217. 904	4512	189. 099713		
Total	855596. 173	4513	189. 584793		
工作满意度	Coef.	Std. Err.	t	P > | t |	[95% Conf. Interval]	
工作压力	-0. 0459958	0. 0129698	-3. 55	0. 000	-0. 071423	-0. 0205687
_ cons	73. 93874	0. 834108	88. 64	0. 000	72. 30348	75. 574

同时，工作满意度与组织满意度也有如下线性关系：

组织满意度 = 29. 5079 + 0. 6063 × 工作满意度　　　(4—2)

即在其他条件保持不变的情况下，城镇居民对其工作的满意度每上升 1 个单位，其对单位组织的满意度也随之上升 0. 6063 个单位（F = 3590. 30，Sig. =0. 000）（见表 4—16）。

表 4—16　　工作满意度与组织满意度的回归分析

Source	SS	df	MS	Number of obs = 4217 F（1，4215） = 3590. 30 Prob > F = 0. 0000 R-squared = 0. 4600 Adj R-squared = 0. 4599 Root MSE = 9. 0582
Model	294591. 007	1	294591. 007	
Residual	345848. 652	4215	82. 0518748	
Total	64. 0439. 66	4216	151. 90694	

续表

组织满意度	Coef.	Std. Err.	t	P > |t|	[95% Conf. Interval]	
工作满意度	0. 6062664	0. 0101181	59. 92	0. 000	0. 5864296	0. 6261032
_ cons	29. 50792	0. 733386	40. 24	0. 000	28. 0701	30. 94575

（四）讨论

1. 我国城镇居民超时工作现象普遍，工作报偿逐年递增

通过数据分析可以看出，2016 年我国城镇居民每周工作的平均时长高达 49. 30 小时，超过我国《劳动法》的周工作时间不得超过 44 小时的规定，超过法定时间 12. 05%。同比 2014—2016 年的数据发现，我国城镇居民的周平均工作时长分别为 49. 30 小时、46. 56 小时、49. 30 小时。同时，2016 年我国城镇居民每月平均收入为 4264. 57 元，同比增加 8. 97%（2014 年和 2015 年平均月收入分别为 3559. 76 元、3913. 51 元）。由此可见，随着我国近年来经济的发展，我国城镇居民个体的收入不断增加，但与此同时，工作时长却呈现出先减少后增加的趋势。这恰好与孟续铎、杨河清利用英国相关数据所得的工作时间演变的“Z”形假说相吻合。[①] 据此，我们可以如此理解近三年工作时长的这一变动。进入 21 世纪以来，随着我国经济不断增长和社会财富不断增加，从 2010 年开始出现的“过度劳动”“过劳死”等现象开始凸显，全社会也开始日益关注劳动者的工作状况，同时由于劳动法制发展、工会的健全以及劳动者本身维权意识的增强，我国城镇居民实际工作时间开始缩短，工作状

① 孟续铎、杨河清：《工作时间的演变模型及当代特征》，《经济与管理研究》2012 年第 12 期，第 85—90 页。

况得到一定的改善（此过程显示为2014—2015年工作时长的缩短现象）。随后，我国进入城市化发展的高速时期，大量农村劳动力开始离开农村，进入城市打工。从个人劳动力供给意愿看，此时期待效应大于收入效应，随着工资率的提高，劳动者愿意延长工作时间。除了农村转移出来的劳动力以外的其他劳动者，此时也希望不断提高自身收入，甚至为了保留工作岗位，“被接受”加班加点、超强度工作和超时工作等（此过程显示为2015—2016年工作时长再次上升的现象）。值得警惕的是，在这一过程中，如果对劳动力市场的超时工作等问题放任不管，极有可能会引发一系列社会问题，使我国陷入“中等收入陷阱”。

此外，我们通过ANOVA分析，试图挖掘影响我国城镇居民工作时长和工作收入的影响因素。首先，尽管男性群体与女性群体在工作收入方面已不存在显著差异了，但男性群体作为劳动力市场中的主力军，其工作时长显著高于女性，平均每周工作时间高达50.32小时。其次，户口类型也是影响我国城镇居民工作时长和工作收入的显著因素。持农业户口的城镇居民每周工作时间显著长于持非农业户口的城镇居民，每周工作时长高达53.17小时，然而如此长的工作时间并未换来更高的经济收入。统计数据表明，持本市农业户口的城镇居民月收入显著低于其他群体，为3854.73元。由此可见，我国进城务工的农村劳动者的工作处境仍不容乐观。最后，我国城镇居民的工作时间和工作收入还因其所在单位的性质而呈现出显著差异。其中，供职于港澳台资企业的城镇居民所得月收入显著高于其他单位，均值为6333.33元，但他们也是工作时间相对最长的，每周工作高达51.08小时；而在国有企业工作的城镇居民每月平均收入为 3850.17 元，显著低于其他单位员工，相应地，其工作时间也是最短的，每周工作仅为 42.97 小时，是唯一符合我国法定工作时间的群体。由此可见，我国城镇居民的工资收入更多的还是通过超时工作所得。

2. 我国城镇居民对其组织工作环境满意度一般

2016 年度，我们在 2014　2015 年调查结果分析的基础上，从组织制度和组织氛围两个方面考察我国城镇居民对其组织工作环境的态度。通过描述性统计分析和 ANOVA 分析发现，供职于外资企业的城镇居民对其组织工作环境满意度相对最高，均值可达 73.97 分（百分制）；而在私有/民营企业工作的城镇居民对其组织工作环境的满意度相对最低，仅有 68.33 分。由此可见，工作单位的所有制性质是影响我国城镇居民组织工作环境满意度的主要因素。

其中，外资企业，尤其是世界 500 强的大型外企，其已具有相对稳定、规范的规章制度，企业内部运作模式稳定，员工个人和部门的责权明确，各岗位的晋升途径清晰，人际关系方面相对简单。因而，我们在具体考察组织工作环境的两个维度时发现，外资企业员工对其单位的组织制度认同度以及对其单位所营造的组织氛围的满意度均显著高于其他单位员工。私营企业却与此大有不同。现阶段，我国私营企业是财产属于私人所有，雇工 8 人以上，以追求利润为目标的营利性经济组织。然而，伴随着国内市场竞争的不断加剧以及中国市场与国际市场的日益接轨，私营企业组织制度的诟病在其成长的过程中渐渐凸显，具体表现为：企业组织机构权责划分不科学，权力与责任条件性缺失、权责不对等的现象时有发生；企业监督机构傀儡化，没有体现出监督价值；权力过于集中，基本归于上层所有，下属参与决策的程度低，几乎丧失自主性，不利于释放创造潜能，领导层和非家族员工的天然屏障导致其交流、沟通不畅；企业没有搭建科学的组织结构，导致信息在传递过程中难以保真。正因如此，2016 年度调查数据显示，在私营企业中工作的城镇居民对其单位的组织制度的认同度和组织氛围的满意度均显著较低。

3. 我国城镇居民主观心理环境较为积极，但工作压力仍然颇大

在组织行为学和应用心理学领域的相关研究中，学者们已经证实工作环境中的工作压力会显著影响个人的心理健康和绩效表现，从而影响组织的稳定和效率。[①] 正因如此，2016 年度特别在城镇居民的主观心理环境中关注其工作压力的现状，以此作为评估城镇居民主观心理状态的参考。首先，本次调查数据统计结果显示，男性工作者在工作环境中感受到的压力显著高于女性工作者（F = 4.756，Sig. = 0.029）。具体探寻男性工作者的工作压力源发现，男性与女性城镇居民在工作中所遭受的性别或年龄歧视已不存在显著差异了，而男性的加班频率显著高于女性。由此，我们可以推测，超时工作可能是男性城镇居民工作压力源之一。其次，影响工作压力的另外一个因素是

---

① Brown, S., Westbrook, R. & Challagalla, G., "Good Cope, Bad Cope: Adaptive and Maladaptive Coping Strategies Following a Critical Negative Work Event", *Journal of Applied Psychology*, Vol. 90, 2005, pp. 792 - 798; Jennings, J. E. & McDougald, M. S., "Work-Family Interface Experiences and Coping Strategies: Implications for Entrepreneurship Research and Practice", *Academy of Management Review*, Vol. 32, 2007, pp. 747 - 760.

所在单位的性质。本次调查就发现，供职于外资企业的城镇居民工作压力显著大于其他单位员工。外资企业，作为多种文化、习惯相关交融的组织机构，其组织文化、工作方式的差异都会给员工带来诸多工作压力，如来自国家文化、价值观等社会层面，以企业文化为中心的组织层面一级个人认识水平、思维方式和行为惯习等个人层面。

除了从工作压力负向了解我国城镇居民目前的主观心理环境之外，本次调查还分别从个体和组织的角度分析了工作满意度和组织满意度情况。第一，本次调查首先考察常被作为预测员工行为和工作绩效指标的工作满意度，发现 2016 年度我国城镇居民对其工作的满意度颇高。通过 ANOVA 分析可见，从个体层面来看，个人受教育程度的高低对其工作满意度有显著影响，随着受教育水平的提高，我国城镇居民的工作满意度也随之提高。进一步的 ANOVA 分析显示，受教育程度越高的城镇居民，从物质层面来看，其每周工作的时间相对越短（F = 61.278，Sig. = 0.000）、所获月收入也相对较高（F = 33.474，Sig. = 0.000）；从行为层面来看，其工作自主性相对更高（F = 4.662，Sig. = 0.000）；从精神层面来看，其从工作过程中所体验到的工作安全感（F = 6.055，Sig. = 0.000）、自我效能感（F = 10.505，Sig. = 0.000）和工作自尊（F = 6.488，Sig. = 0.000）也都相对较高。由此可见，无论从物质层面、行为层面甚或是精神层面，随着受教育程度的提高而增加的教育回报是带动城镇居民工作满意度提高的直接原因。第二，在组织满意度方面，本次调查发现，供职于外资企业、中外合资/中外合作企业中的城镇居民对其单位的满意度最高，而在私有/民营企业中工作的城镇居民的组织满意度相对最低。通过进一步 ANOVA 分析探寻原因发现，外资企业/中外合资企业所提供的物理工作条件相对而言较为优越（F = 9.029，Sig. = 0.000）、工作相对更安全更健康（F =3.692，Sig. =0.001），在工作过程中员工的自主性相对较高（F =12.791，Sig. =0.000）、参与组织决策的机会相对较多（F =5.851，Sig. =0.000），这就使其员工产生更为积极的组织认同感和组织归属感，从而促使其对单位整体的满意度提高。

最后通过回归分析，我们还得到工作压力分别与工作满意度、组织满意度的两组拟合方程。通过拟合方程（4—1）可知，城镇居民的工作满意度主要与其在工作中所体验到的压力有关。在保持其他条件恒定的情况下，工作压力每增加 1 个单位，城镇居民对其工作的满意度下降 0.0460 个单位。这与以往有关工作压力与工作满意度问题的组织行为学研究的一般性结果相同，工作压力是影响员工工作满意度的重要变量，工作压力的增加将导致工作满意度的下降，两者之间的关系表现为负相关关系。在本次调查中，我们着重考察了城镇居民在任务超载和工作公平两方面所承受的压力。结果发现，高达 63.5% 的城镇居民身上存在不同程度的超时工作现象，45.7% 的城镇居民在工作中还不同程度地遭遇过性别或年龄歧视。即是说，当潜在的压力来自工作本身时，如过度的超时工作、工作中的不公平待遇等，均会造成城镇居民的力不从心、工作倦怠甚至是离职倾向。另外，通过拟合方程（4—2）可知，城镇居民的组织满意度与其工作压力并无显著关系，而主要与其工作满意度有显著正相关。在保持其他条件恒定的情况下，工作满意度每增加 1 个单位，城镇居民对其整个单位的组织满意度也随之上升 0.6063 个单位。为了进一步探究城镇居民对工作的感受如何跃迁到其对组织单位的感受，我们将用以考察工作满意度的所有题器与组织满意度进行相关分析发现，工作满意度的所有题器与组织满意度在0.05水平上呈显著正相关；再通过回归分析发现，反映工作自尊的题器“我的工作能够体现个人价值”，以及反映自我效能感的“我的工作让我有成就感”是引起组织满意度提高最主要的两个因素。由此可见，城镇居民通过在自己的工作岗位上的努力工作从而获得自尊和自我效能感等心理层面的充分满足，进而产生溢出效应，并将这种在工作上得到的积极情绪体验跃迁至其对整个组织单位的感受。

四　2016年城镇居民的客观工作环境与组织工作环境、主观心理环境的回归分析与讨论

（一）客观工作环境与组织工作环境的回归分析与讨论

1. 客观工作环境与组织工作环境的回归分析

为了探讨我国城镇居民对其组织工作环境的态度是否因其所处的客观工作环境的不同而有所不同，我们试图从引起劳资关系问题的两个因素——工作时间和工作报偿入手，确定客观工作环境与组织工作环境的因果关系。

第一，以工作时间做自变量、组织工作环境做因变量。

在进行总体回归分析时，我们将工作时间几个因子作为因变量、组织工作环境作为自变量，进行相关分析发现，在0.05水平上组织工作环境与通勤时长、加班次数存在不同程度的显著关联；接着，通过回归分析和多重共线性检验、内生性检验，

剔除加班次数这一不显著因子，最终得到如下拟合方程：

组织工作环境 =34.8069 -0.0140 × 通勤时长　　　　(4—3)

即是说，通勤时长对城镇居民的组织工作环境评价有显著负面影响。在其他条件保持不变的情况下，城镇居民的通勤时间每增加 1 个单位，其对组织工作环境的满意度随之降低 0.0140 个单位（F =21.59，Sig. =0.000）（见表 4—17）。

表 4—17　　通勤时长与组织工作环境的回归分析

Source	SS	df	MS	Number of obs =4260 F (1, 4258) =21.59 Prob > F =0.0000 R-squared =0.0050 Adj R-squared =0.0048 Root MSE =4.7517	
Model	487.359486	1	487.359486		
Residual	96138.7201	4258	22.5783748		
Total	96626.0796	4259	22.687504		
组织工作环境	Coef.	Std. Err.	t	P > |t|	[95% Conf. Interval]	
通勤时长	-0.0139964	0.0030126	-4.65	0.000	-0.0199027	-0.0080902
_ cons	34.8069	0.1168279	297.93	0.000	34.57786	35.03595

具体探讨工作时间各因子与组织氛围、组织制度的因果关系，发现如下两个拟合方程：

组织氛围 =24.6588 +0.0070 × 加班次数 -0.0120 × 通勤时长　　(4—4)

组织制度 =10.0782 -0.0016 × 加班次数 -0.0024 × 通勤时长　　(4—5)

由此可见，相较而言，我国城镇居民对其单位组织氛围的评价更多与其通勤时间的长短有关，即在其他条件保持不变的情况下，城镇居民的通勤时间每增加 1 个单位，其对单位组织氛围的满意度就降低0.0120个单位（F＝15.04，Sig.＝0.000）。同理，通勤时长对组织制度的评价的影响也相对较大，即在其他条件保持不变的情况下，城镇居民的通勤时间每提高1个单位，其对单位组织制度的满意度也随之降低0.0024个单位（F＝7.84，Sig.＝0.000）（见图4—11）。

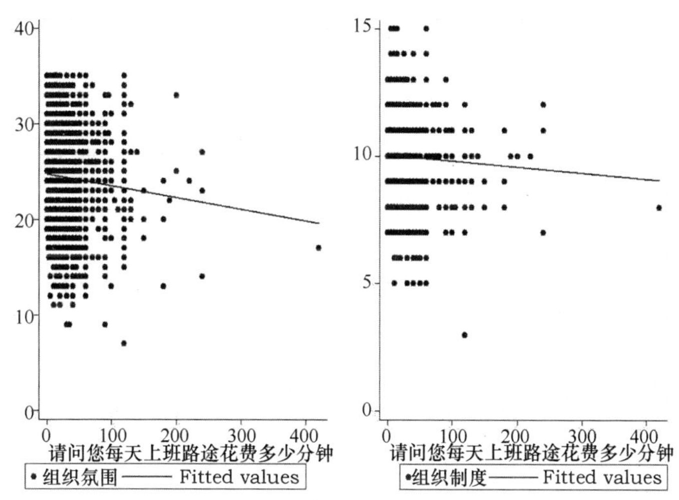

图4—11　通勤时长与组织氛围、组织制度的拟合曲线

第二，以工作报偿作自变量、组织工作环境作因变量。

首先，我们用月收入、加薪次数两项作自变量，组织工作环境做因变量，进行相关分析发现，在0.05水平上组织工作环境与该两项经济报酬均存在不同程度的显著关联；接着，通过回归分析和多重共线性检验、内生性检验，最终得到如下拟合方程：

组织工作环境＝32.4572＋0.0003×月收入＋0.3981×加薪次数　（4—6）

即是说，我国城镇居民对其组织工作环境的满意程度更多地与其过去三年间的加薪次数有显著关联。在其他条件保持不变的情况下，城镇居民在过去三年里加薪次数每增加 1 个单位，其对组织工作环境的满意度随之提高 0. 3981 个单位（F = 106. 64，Sig. =0. 000）（见表 4—18）。

表 4—18　　经济报偿与组织工作环境的回归分析

Source	SS	df	MS	Number of obs = 3666 F（2，3663）= 106. 64		
Model	4371. 47474	2	2185. 73737	Prob > F = 0. 0000		
Residual	75077. 0667	3663	20. 4960597	R-squared = 0. 0550		
Total	79448. 5415	3665	21. 6776375	Adj R-squared = 0. 0545 Root MSE = 4. 5273		
组织工作环境	Coef.	Std. Err.	t	P > | t |	[95% Conf. Interval]	
月收入	0. 0003262	0. 0000266	12. 27	0. 000	0. 0002741	0. 0003783
加班费	0. 3981363	0. 0596228	6. 68	0. 000	0. 2812392	0. 5150334
_ cons	32. 45719	0. 1435154	226. 16	0. 000	32. 17582	32. 73857

其次，我们用基本养老保险、医疗保险、失业保险和住房公积金四项工作福利做自变量，组织工作环境做因变量，进行相关分析发现，上述三项保险、住房公积金与组织工作环境在 0. 05 水平上均呈不同程度的相关关系。接着进行回归分析，以及多重共线性检验和内生性检验，从最不显著的项目进行移除，依次剔除基本养老保险和失业保险，最终得到以下拟合方程：

组织工作环境 = 33. 3757 + 0. 8175 × 医疗保险 + 0. 8430 × 住房公积金　　（4—7）

上述拟合方程表明，我国城镇居民对其单位组织工作环境的满意程度更多与其是否享有医疗保险和住房公积金有关。具体来说，在其他条件保持恒定的情况下，城镇居民对医疗保险的享有情况每提升1个单位，其对组织工作环境的满意度就上升0.8175个单位；同时，城镇居民对住房公积金的享有情况每提升1个单位，其对组织工作环境的满意度就上升0.8430个单位（F＝29.59，Sig.＝0.000）（见表4—19）。

表4—19　工作福利与组织工作环境的回归分析

Source	SS	df	MS	Number of obs＝4141	
Model	1305.23832	2	652.619162	F（2，4138）＝29.59 Prob＞F＝0.0000	
Residual	91280.044	4138	22.0589763	R-squared＝0.0141 Adj R-squared＝0.0136	
Total	92585.2823	4140	22.3635948	Root MSE＝4.6967	
组织工作环境	Coef.	Std. Err.	t	P＞|t|	[95% Conf. Interval]	
住房公积金	0.842956	0.154704	5.45	0.000	0.5396531	1.146259
医疗保险	0.8174589	0.2278392	3.59	0.000	0.3707716	1.264146
_cons	33.37568	0.2033552	164.13	0.000	32.97699	33.77436

最后，我们以工作报偿做自变量，分别以组织氛围和组织制度做因变量，探寻各项工作报偿如何具体影响我国城镇居民对组织氛围和组织制度的评价。

对此，我们分别用工作所得的经济报偿或工作福利作为自变量，用组织氛围或组织制度作为因变量，进行相关分析和回归分析，接着通过多重共线性检验和内生性检验，最终得到以下三组拟合方程：

组织制度＝9.7947＋0.2196×医疗保险　　（4—8）

组织氛围 = 22.4999 + 0.0003 × 月收入 + 0.3887 × 加薪次数 (4—9)

组织氛围 = 23.5202 + 0.6048 × 医疗保险 + 0.8944 × 住房公积金 (4—10)

由此可见，城镇居民对其单位组织制度的满意程度仅与其是否享有医疗保险有显著关联，即在其他因素保持不变的情况下，城镇居民享有医疗保险的情况每提升 1 个单位，其对组织制度的满意度也随之提升 0.2196 个单位（F = 15.26，Sig. = 0.000）。此外，城镇居民对其单位所营造的组织氛围的评价却同时与其工作所得的经济报酬和福利待遇有显著关联。一方面，城镇居民对其单位组织氛围的满意度更多与其近三年内的加薪次数有关，在其他因素保持不变的情况下，近三年内加薪次数每提升 1 个单位，城镇居民对其单位组织氛围的满意度也增加 0.3887 个单位（F = 46.69，Sig. = 0.000）；另一方面，城镇居民是否享有各项社会福利也影响着其对组织氛围的评价，其中，最为突出的影响因素是住房公积金。在其他因素保持不变的情况下，享有住房公积金的情况每提升 1 个单位，城镇居民对其单位组织氛围的满意度随即提升 0.8944 个单位（F = 34.10，Sig. = 0.000）。

2. 讨论

通过上述数据统计分析，我们发现有以下两点值得注意的地方。

第一，从工作时间的角度来看，通勤时长会显著影响城镇居民对其组织工作环境的评价。由拟合方程（4—3）可知，通勤时间越长，城镇居民对其组织工作环境的满意度越低。具体考察工作时间是如何影响城镇居民对其组织工作环境中组织制度和组织制度的评价时，我们得到拟合方程（4—4）和（4—5），这两个方程也告诉我们，城镇居民在其上下班路途中耗费的时间越多，其对单位的组织制度和组织氛围满意度就会越低。目前大多数城镇居民正在受通勤交通的困扰，本次2016年“社会景气与社会发展状况调查”结果就显示，75.3%的城镇居民通勤时间平均不超过30分钟，但仍有15.1%的城镇居民每天上班单程耗时60分钟以上。如此算来，通勤时间就高达120分钟以上。对本次全国抽样调查的24个省市进行分析发现，上海平均通勤时间最长，高达123.33分钟；其次是北京和重庆，分别为115.49分钟和109.63分钟。根据社保部门最近公布的上年度平均工资，将时间换算成金钱的话，上海通勤族每月因拥堵造成的时间成本就达808元（按每月22个工作日，每天通勤2小时计算）。在这样的背景下，收入与住房等其他方面的福利也很难弥补通勤交通所带来的成本，这就使得城镇居民对其组织的主观感受降低，甚至对其生活幸福感产生强烈冲击。

第二，从工作报偿的角度来看，近期工资的变动对城镇居民组织工作环境的满意程度影响更大。具体通过拟合方程（4—9）可知，这种影响主要针对城镇居民对其单位组织氛围的评价方面，即近三年内加薪次数越多，城镇居民对其单位组织氛围的满意度越高。从人力资源管理的视角来看，加薪与组织工作环境满意度的这一线性关系恰好也反映出经济契约与心理契约的平衡点。对于组织成员而言，加薪不仅反映了组织对其工作行为与态度的肯定，提高了其工作自尊，同时也是企业履行“组织将针对个人的合理期望收获而提供相应的配合”这一心理契约的一种方式。对于组织而言，加薪作为组织激励其下成员的重要经济杠杆，需要掌握适度、适时、适量的原则，依据规范的加薪制度加以实施，这意味着公平公正的经济契约。

除了经济报酬的影响之外，工作单位给城镇居民所提供的社会福利保障项目也会影响其对组织工作环境的评价。由拟合方程（4—7）可知，从整体上说，影响城镇居民组织工作环境满意度的主要是其享有住房公积金和基本医疗保险的情况。通过拟合方程（4—8）和（4—10）可知，基本医疗保险的享有情况主要影响城镇居民对其单位组织制度的评价，而住房公积金的享有情况则主要影响城镇居民对其单位组织氛围的评价。这一结果反映出目前我国城镇居民生活中的两大痛点——医疗和住房问题，恰好与中国社会科学院马克思主义研究院2015年所公布的《公共服务蓝皮书》相吻合。该蓝皮书调查数据显示，医疗卫生和公共住房在2011—2015年里连续五年排名全国公众关注度前三位。[①] 在此背景下，单位组织如果能够为员工提供基本的医疗保险和住房公积金，既履行了单位的社会责任，为员工的生活提供了便利，又反映了单位组织内部较为优越的工作条件。因而，作为个体谋生的重要场所，组织单位是否能够在医疗和住房方面给予支持就成为影响城镇居民对其组织工作环境评价的重要因素。

（二）客观工作环境与主观心理环境的回归分析与讨论

1. 客观工作环境与主观心理环境的回归分析

为了探讨我国城镇居民的主观心理环境是否因其所处的客

① 钟君、吴正杲、刘志昌编：《公共服务蓝皮书——中国城市基本公共服务力评价（2015）》，社会科学文献出版社2015年版。

观工作环境的不同而有所不同，我们同样以工作时间和工作报偿作为影响因子，分析客观工作环境与主观心理环境的因果关系。

第一，以工作时间做自变量、主观心理环境做因变量。

首先，我们用工作时间各因子与主观心理环境做相关分析发现，城镇居民的主观心理环境与其每周工作时长和通勤时长在0.05 水平上均呈现不同程度的显著负相关。通过回归分析，多重共线性检验和内生性检验，最终得到主观心理环境的拟合方程：

主观心理环境 = 48.1074 − 0.0459 × 每周工作时长 − 0.0180 × 通勤时长　　（4—11）

该拟合方程表明，影响我国城镇居民主观心理环境最主要的因素是其每周工作的时间长短。在其他因素恒定不变的情况下，每周工作时长每增加 1 个单位，城镇居民主观心理环境的满意度就会降低 0.0459 个单位（F = 24.72，Sig. = 0.000）（见表 4—20）。

表 4—20　　工作时间与主观心理环境的回归分析

<table>
<tr><td>Source</td><td>SS</td><td>df</td><td>MS</td><td colspan="3" rowspan="4">Number of obs = 4077
F（2，4074） = 24.72
Prob > F = 0.0000
R-squared = 0.0120
Adj R-squared = 0.0115
Root MSE = 6.1994</td></tr>
<tr><td>Model</td><td>1900.03856</td><td>2</td><td>950.019282</td></tr>
<tr><td>Residual</td><td>156574.902</td><td>4074</td><td>38.4327203</td></tr>
<tr><td>Total</td><td>158474.941</td><td>4076</td><td>38.8800149</td></tr>
<tr><td>主观心理环境</td><td>Coef.</td><td>Std. Err.</td><td>t</td><td>P > | t |</td><td colspan="2">[95% Conf. Interval]</td></tr>
<tr><td>每周工作时长</td><td>−0.0458857</td><td>0.0079139</td><td>−5.80</td><td>0.000</td><td>−0.0614013</td><td>−0.0303701</td></tr>
<tr><td>通勤时长</td><td>−0.0180101</td><td>0.004025</td><td>−4.47</td><td>0.000</td><td>−0.0259013</td><td>−0.0101189</td></tr>
<tr><td>_ cons</td><td>48.10743</td><td>0.4233627</td><td>113.63</td><td>0.000</td><td>47.27741</td><td>48.93746</td></tr>
</table>

接着，我们通过逐步回归分析，继续深入探寻工作时间各因子与工作压力、工作满意度、组织满意度的关系，最终得到以下三组拟合方程：

工作压力 = 48. 9502 + 0. 1658 × 每周工作时长 + 0. 0367 × 加班次数 (4—12)

工作满意度 = 14. 3217 - 0. 0055 × 通勤时长 + 0. 0046 × 加班次数 (4—13)

组织满意度 = 22. 9196 - 0. 0170 × 每周工作时长 - 0. 0122 × 通勤时长 + 0. 0044 × 加班次数 (4—14)

由拟合方程（4—12）可见，在工作时间方面，对城镇居民产生较大心理压力的因素是每周较长的工作时间。在保证其他因素不变的情况下，城镇居民每周的工作时间每增加 1 个单位，其所体验到的工作压力就增大 0. 1658 个单位（F = 65. 20，Sig. = 0. 000）。拟合方程（4—13）则表明，城镇居民的工作满意度更多与其通勤时长有显著关系，我们可以说在其他因素恒定不变的情况下，城镇居民的通勤时间每增加 1 个单位，其工作满意度就降低 0. 0055 个单位（F = 12. 51，Sig. = 0. 000）。同样地，拟合方程（4—14）也表明，在其他因素恒定不变的情况下，城镇居民每周工作时间每增加 1 个单位，其对组织的满意程度就会随之降低 0. 0170 个单位（F = 14. 22，Sig. = 0. 000）。

第二，以工作报偿做自变量、主观心理环境做因变量。

首先，我们用月收入和加薪次数两项工作所得的经济报酬做自变量，主观心理环境做因变量，通过相关分析发现主观心理环境与月收入和加薪次数在 0. 05 水平上均有不同程度的显著相关。再通过回归分析、多重共线性检验和内生性检验，最终得到以下拟合方程：

主观心理环境 = 43.5541 + 0.0003 × 月收入 + 0.4321 × 加薪次数　　（4—15）

由此可见，我国城镇居民的主观心理环境主要受到其月收入水平和加薪次数的显著影响。其中，加薪次数的影响最为突出。在其他因素保持不变的情况下，城镇居民在过去一年里加薪次数每增加 1 个单位，其主观心理环境就越积极，提高 0.4321 个单位（F = 41.99，Sig. = 0.000）（见表 4—21）。

表 4—21　　经济报偿与主观心理环境的回归分析

<table>
<tr><td>Source</td><td>SS</td><td>df</td><td>MS</td><td colspan="3" rowspan="4">Number of obs = 3491
F（2，1730） = 41.99
Prob > F = 0.0000
R-squared = 0.0235
Adj R-squared = 0.0229
Root MSE = 6.0161</td></tr>
<tr><td>Model</td><td>3039.20911</td><td>2</td><td>1519.60455</td></tr>
<tr><td>Residual</td><td>12642.7</td><td>3488</td><td>36.1934347</td></tr>
<tr><td>Total</td><td>129281.909</td><td>3490</td><td>37.0435271</td></tr>
<tr><td>主观心理环境</td><td>Coef.</td><td>Std. Err.</td><td>t</td><td>P > | t |</td><td colspan="2">[95% Conf. Interval]</td></tr>
<tr><td>月收入</td><td>0.0002525</td><td>0.0000362</td><td>6.97</td><td>0.000</td><td>0.0001815</td><td>0.0003235</td></tr>
<tr><td>加薪次数</td><td>0.4321181</td><td>0.0820723</td><td>5.27</td><td>0.000</td><td>0.2712035</td><td>0.5930328</td></tr>
<tr><td>_ cons</td><td>43.55405</td><td>0.1975356</td><td>220.49</td><td>0.000</td><td>43.16676</td><td>43.94135</td></tr>
</table>

具体考察城镇居民所获得的经济报偿与其工作压力、工作满意度、组织满意度的关系，我们利用回归分析、多重共线性检验和内生性检验，最终得到以下三组拟合方程：

工作压力 = 9.6431 − 0.0001 × 月收入　　（4—16）

工作满意度 = 13.2181 + 0.0002 × 月收入 + 0.1693 × 加薪次数　　（4—17）

组织满意度 = 20.6366 + 0.0002 × 月收入 + 0.3025 × 加薪次数 （4—18）

通过拟合方程（4—16），我们发现，在经济报酬方面，引起城镇居民工作压力最主要的因素是其月收入水平的高低。具体来看，城镇居民的月收入每提高 1 个单位，其工作压力就会降低 0.0001 个单位（F = 24.96，Sig. = 0.000）。其次，拟合方程（4—17）和（4—18）表明，工作满意度和组织满意度均与城镇居民在过去三年的加薪次数有显著正相关。具体来看，在保证其他因素恒定的情况下，城镇居民过去三年内的加薪次数每提高 1 个单位，其工作满意度随之增加 0.1693 个单位（F = 78.78，Sig. = 0.000）；同时，其组织满意度也随之增加 0.3025 个单位（F = 55.78，Sig. = 0.000）。

其次，我们用基本养老保险、医疗保险、失业保险和住房公积金四项单位所提供的社会福利做自变量，主观心理环境做因变量，通过相关分析发现主观心理环境与社会福利的四项因子在 0.05 水平上均有不同程度的显著相关，再通过回归分析、多重共线性检验和内生性检验，剔除养老保险这一不显著因子，最终得到以下拟合方程：

主观心理环境 = 43.9010 + 0.8953 × 医疗保险 + 0.7143 × 失业保险 + 0.9389 × 住房公积金 （4—19）

由此可见，城镇居民是否享有住房公积金对其主观心理环境影响相对最大。具体来说，在其他条件保持不变的情况下，城镇居民享有住房公积金的情况每提升 1 个单位，其主观心理环境也随之提升 0.9389 个单位（F = 26.46，Sig. = 0.000）（见表 4—22）。

表4—22　　工作福利与主观心理环境的回归分析

Source	SS	df	MS	Number of obs = 3951 F (3, 3947) = 26.46 Prob > F = 0.0000 R-squared = 0.0197 Adj R-squared = 0.0190 Root MSE = 6.1661	
Model	3017.80356	3	1005.93452		
Residual	150069.949	3947	38.0212692		
Total	153087.753	3950	38.7563932		
主观心理环境	Coef.	Std. Err.	t	P > | t |	[95% Conf. Interval]	
住房公积金	0.9389305	0.2409824	3.90	0.000	0.4664687	1.411392
医疗保险	0.8952641	0.3143245	2.85	0.004	0.2790104	1.511518
失业保险	0.7142514	0.2421253	2.95	0.003	0.239549	1.188954
_ cons	43.90099	0.2748591	159.72	0.000	43.36211	44.43987

具体考察单位给城镇居民所提供的社会福利保障的各个项目与其工作压力、工作满意度、组织满意度的关系，我们利用回归分析、多重共线性检验和内生性检验，最终得到以下三组拟合方程：

工作压力 = 57.8277 + 0.4587 × 失业保险 − 0.4254 × 住房公积金　　(4—20)

工作满意度 = 14.0222 + 0.5610 × 住房公积金　　(4—21)

组织满意度 = 20.9521 + 0.5785 × 医疗保险 + 0.8653 × 住房公积金　　(4—22)

上述三组拟合方程表明，是否享有住房公积金对城镇居民的工作压力、工作满意度和组织满意度均有较大的影响。其中，拟合方程（4—20）表明，在其他条件保持不变的情况下，城镇居民享有住房公积金的情况每增加1个单位，其工作压力就减小0.4254个单位（F = 16.65，Sig. = 0.000）；拟合方程(4—21)显示，在其他条件保持不变的情况下，城镇居民享有住房公积金的情况每提升 1 个单位，其工作满意度就提高 0. 5610 个单位（F = 45. 47，Sig. = 0. 000）；拟合方程（4—22）也显示，在其他条件保持不变的情况下，城镇居民享有住房公积金的情况每提升 1 个单位，其对单位组织的满意程度就提高 0. 8653 个单位（F = 42. 21，Sig. = 0. 000）。

2. 讨论

通过上述回归分析发现，我国城镇居民在工作中的主观心理体验与其工作时间、工作报偿均有显著相关。值得我们注意的是：

第一，在其他条件恒定不变的情况下，城镇居民每周工作的时间增加 1 个单位，其主观心理环境就会随之降低 0. 0459 个单位。其中，值得关注的是，拟合方程（4—12）显示，城镇居民的工作压力也主要因其每周工作时间的延长而增大。进一步通过分类分析发现，女性群体更容易因超时工作而感受到工作压力。这是因为，社会对女性持有双重期望：一方面期望女性积极地参与社会工作，另一方面又期望她们扮演好家庭角色。而在因工作时间过长和因工作过多耗散精力的情况下，职业女性就很难兼顾家庭和工作，从而更容易体验到工作与家庭的冲突，导致个人身体健康受到威胁，情绪低落。

第二，在其他条件恒定不变的情况下，近三年内城镇居民加薪次数每增加 1 个单位，其主观心理环境就会随之提升 0. 4321 个单位。从马斯洛的需要层次理论的角度来看，加薪不仅仅意味着城镇居民工作所得经济收入的提升，满足其生理需要；更重要的是，加薪意味着单位组织对个体工作价值的一种认可，还可以满足其自尊的需要甚至是自我实现的需要。正因为如此，加薪次数才会如此直接地影响城镇居民对其工作本身和单位组织的评价。除了工作所得的经济报酬影响城镇居民的主观心理环境之外，特别值得注意的还有，城镇居民在工作时的主观心理环境与其是否享有基本养老保险无显著关联，而与是否享有住房公积金呈显著高度正相关。这不仅反映出我国城镇居民在养老问题上观念的变化，也凸显出目前我国养老制度中的一些棘手问题。我国有着悠久的传统养老文化，以血缘为基础的家庭经济形态在先秦时期就已基本完成，从而使得“家庭养老”“养儿防老”成为中国最传统和最主要的养老方式。新中国成立之后，我国开始探索社会养老保障制度，力求将养老这一重任从核心家庭扩大到社会这个大家庭。但是，当时我国整个社会保障制度处于刚起步的阶段，故在制度保障上存在一定的城乡差异和群体差异。为此，在农村，则形成了对五保户提供保吃、保穿、保医、保住、保葬的五保制度；在城市，国家通过单位努力实现对养老的各种帮扶。在此阶段，单位组织为其员工所提供的社会基本养老保险日益成为城镇居民老有所养的重要依靠，“单位养老”的观念也开始强烈冲击传统“养儿防老”的家庭养老观念。随着改革开放的发展，家庭养老虽仍然是基本养老方式，其趋势却不断弱化，多元化的养老模式开始不断出现并被大力提倡，国家从内在的社会意识系统到外在的社会保障制度都开始有了新的变化。这一时期，单一的“国家—单位（集体）保障”瓦解，新的多元化的社会养老正在形成中。通过一系列的“摸着石头过河”的不断试验性的文件及其改革，逐步确立了由国家、企业和个人共同负担的多元养老筹集模式。一方面，随着我国老龄化趋势的加快，市场经济环境下由社会力量兴办的各类养老机构不断涌现，打破了人们对“单位养老”的依赖，逐渐形成“社会养老”的发展态势；另一方面，中国社会科学院《中国养老金发展报告2015》公布的数据显示，截至2014年底，城镇职工基本养老保险的个人账户累计记账额达到40974亿元，而城镇职工基本养老保险基金累计结余额为31800亿元。也就是说，即使把城镇职工基本养老保险基金的所有结余资金都用于填补个人账户，也仍然会有接近1万亿元的空账。这意味着2015年工作者当期缴纳的养老保险费还不够支付退休者当期领取的养老金。[①] 日益凸显的养老金缺口问题使得养老金支付风险被留给了下一代，影响了养老保险基金的可持续发展，也影响了养老保险制度的公信力。在此背景下，很多年轻的城镇居民已经开始逐渐淡化单位是否为其员工提供基本养老保险这一问题，甚至出现反对的态度。

（三）组织工作环境与主观心理环境的回归分析与讨论

1. 组织工作环境与主观心理环境的回归分析

第一，我们以主观心理环境做因变量、组织工作环境做自变量，探寻城镇居民对其所在单位的评价如何影响其主观心理环境。首先，相关分析结果表明，主观心理环境与组织制度环境在0.01水平上具有显著相关，且相关系数高达0.7187。接着，回归分析结果发现二者的拟合方程为：

$$主观心理环境 = 12.7429 + 0.9466 \times 组织工作环境 \quad (4—23)$$

即是说，在其他条件保持不变的情况下，城镇居民对组织

① 郑秉文编：《中国养老金发展报告2015："第三支柱"商业养老保险顶层设计》，经济管理出版社2016年版。

工作环境的评价每提升 1 个单位，其主观心理环境也随之提高 0. 9466 个单位（F = 4139. 84，Sig. = 0. 000）。

进一步挖掘组织工作环境的两个因子对主观心理环境的影响，我们发现，城镇居民对其单位的组织制度和组织氛围的评价均对其主观心理环境有显著影响。其中，对组织制度的评价水平对其主观心理环境的影响相对较大（F = 2070. 01，Sig. = 0. 000）。城镇居民对其单位组织制度的满意度每上升 1 个单位，其主观心理环境就提升 0. 9907 个单位（见表 4—23）。其拟合方程为：

主观心理环境 = 12. 4779 + 0. 9395 × 组织氛围 + 0. 9907 × 组织制度 （4—24）

表 4—23 组织氛围、组织制度和主观心理环境的回归分析

Source	SS	df	MS	Number of obs = 3876 F（2，3873） = 2070. 01 Prob > F = 0. 0000 R-squared = 0. 5167 Adj R-squared = 0. 5164 Root MSE = 4. 3279		
Model	77545. 9467	2	38772. 9733			
Residual	72544. 4022	3873	18. 7308036			
Total	150090. 349	3875	38. 7329932			
主观心理环境	Coef.	Std. Err.	t	P > | t |	[95% Conf. Interval]	
组织氛围	0. 9394837	0. 0173345	54. 20	0. 000	0. 905498	0. 9734694
组织制度	0. 9906505	0. 0584234	16. 96	0. 000	0. 8761069	1. 105194
_ cons	12. 47787	0. 6144937	20. 31	0. 000	11. 2731	13. 68263

同理，具体考察组织制度、组织氛围对城镇居民主观心理环境各因子的影响，我们得到以下三组拟合方程：

工作压力 = 63. 7706 + 0. 5365 × 组织氛围 - 1. 9104 × 组织制度 （4—25）

工作满意度 = 2.0120 + 0.4376 × 组织氛围 + 0.1528 × 组织制度 (4—26)

组织满意度 = 2.0767 + 0.5912 × 组织氛围 + 0.5266 × 组织制度 (4—27)

由此可见，在其他因素不变的情况下，我国城镇居民对组织制度满意程度每提升 1 个单位，其工作压力就降低 1.9104 个单位；同时，他们对其单位的组织氛围满意度每提升 1 个单位，其工作压力就增大 0.5365 个单位（F = 66.80，Sig. = 0.000）。同理，在其他因素不变的情况下，我国城镇居民的工作满意度更多受其对组织氛围评价的影响，即组织氛围的满意程度每提升 1 个单位，城镇居民的工作满意度也随之提高 0.4376 个单位（F = 2004.64，Sig. = 0.000）。最后，在其他因素不变的情况下，我国城镇居民对其单位组织氛围的评价也相对较高地影响着其对整个单位组织的评价，即组织氛围的满意度每提升 1 个单位，其组织满意度也随着提高 0.5912 个单位（F = 2564.53，Sig. = 0.000）。

2. 讨论

从上述回归分析发现，我国城镇居民在主观心理环境上的满意程度与其对组织工作环境的态度呈显著正相关，且在其他条件恒定不变的情况下，组织工作环境的满意度每提高 1 个单位，城镇居民在主观心理环境上的满意度也随之提高 0.9466 个单位，几乎接近 1∶1 同步提升。由此可见，如果单位组织能够通过制定科学合理的工作制度规范、营造人性化的组织氛围，那么，组织成员便可能在这种组织工作环境中获得更多的积极体验，进而在工作过程中表现出一种积极的心理状态，产生更多的幸福感。从经济学的角度来说，即通过提高员工在组织工作环境中的体验从而实现心理资本的投资与开发的过程。

具体而言，拟合方程（4—25）显示，在组织工作环境层面，城镇居民的工作压力主要因其对组织制度的认同而增大。对此，我们通过追踪组织制度的各个题器发现，如果城镇居民非常明确自己的工作职责且被要求在规定的时间内完成工作任务，这一方面意味着该单位具有较为规范、标准化的组织规章制度，但另一方面也意味着该单位的员工在其工作过程中具有较大的时间压力，缺乏自主性、灵活性，导致工作压力的提高。此外，拟合方程（4—26）和（4—27）则显示，城镇居民的工作满意度、组织满意度则会因其对组织氛围满意度的提高而提高。在早期组织氛围的研究中，勒温的场理论和托尔曼的认知地图理论认为，人只不过是在人与环境的交互作用中的一个存在。在与环境的交互作用过程中，人会对环境形成一定的认知地图或知觉意识，这个环境主要是与人自身体验的社会关系、组织团体以及自然情景相关。这种知觉意识支配人的行为作用于环境，被对象化的环境同时也作用于人的心理和行为。身处不同组织文化和同事关系中的员工，其认知和情感都会受到组织氛围的影响，因此，城镇居民对其工作和单位组织的评价自然也会受到相应的影响。

五 城镇居民工作环境的影响因素探讨

（一）城镇居民工作环境与社会景气的关系

1. 工作环境与社会景气的回归分析

为了探寻城镇居民在组织工作环境和主观心理环境上的态

度与宏观社会景气的关联，我们通过相关分析发现，社会景气与城镇居民对组织工作环境、主观心理环境的态度在 0.05 水平上均有不同程度的显著正相关。接着，通过回归分析、多重共线性检验和内生性检验，得到社会景气的拟合方程为：

社会景气 = 19.8102 + 0.6654 × 组织工作环境 + 0.1595 × 主观心理环境　　（4—28）

由此可见，相较而言，社会景气的高低更多与城镇居民对其组织工作环境的满意程度有关。具体来说，城镇居民对其组织工作环境的满意度每提高 1 个单位，社会景气就会随之提升 0.6654 个单位（F = 383.01，Sig. = 0.000）（见表 4—24）。

表 4—24　组织工作环境、主观心理环境和社会景气的回归分析

<table>
<tr><td>Source</td><td>SS</td><td>df</td><td>MS</td><td colspan="3" rowspan="4">Number of obs = 3294
F（2，3291） = 383.01
Prob > F = 0.0000
R-squared = 0.1888
Adj R-squared = 0.1883
Root MSE = 8.037</td></tr>
<tr><td>Model</td><td>49479.3686</td><td>2</td><td>24739.6843</td></tr>
<tr><td>Residual</td><td>212576.892</td><td>3291</td><td>64.5934037</td></tr>
<tr><td>Total</td><td>262056.26</td><td>3293</td><td>79.5797936</td></tr>
<tr><td>社会景气</td><td>Coef.</td><td>Std. Err.</td><td>t</td><td>P > | t |</td><td colspan="2">[95% Conf. Interval]</td></tr>
<tr><td>组织工作环境</td><td>0.6653654</td><td>0.0434031</td><td>15.33</td><td>0.000</td><td>0.5802657</td><td>0.7504652</td></tr>
<tr><td>主观心理环境</td><td>0.1595378</td><td>0.0332677</td><td>4.80</td><td>0.000</td><td>0.0943102</td><td>0.2247653</td></tr>
<tr><td>_ cons</td><td>19.81022</td><td>1.126231</td><td>17.59</td><td>0.000</td><td>17.60204</td><td>22.0184</td></tr>
</table>

第一，组织工作环境各因子与社会景气的回归分析。

为了深入探讨组织工作环境如何影响社会景气，我们用组织氛围、组织制度做自变量，社会景气做因变量，通过相关分析和回归分析，以及多重共线性检验和内生性检验，得到社会景气的拟合方程为：

社会景气 = 24.5047 + 0.8781 × 组织氛围 + 0.3862 × 组织制度　(4—29)

由此可见，组织工作环境中影响社会景气最主要的因素是组织氛围。具体来说，城镇居民对其单位组织氛围的满意度每提升 1 个单位，社会景气也随之提高 0.8781 个单位（F = 400.63，Sig. = 0.000）（见表 4—25）。

表 4—25　组织氛围、组织制度和社会景气的回归分析

Source	SS	df	MS	Number of obs = 3547 F (2, 3544) = 400.63 Prob > F = 0.0000 R-squared = 0.1844 Adj R-squared = 0.1839 Root MSE = 8.0667		
Model	52139.6689	2	26069.8345			
Residual	230615.495	3544	65.0720924			
Total	282755.164	3546	79.739189			
社会景气	Coef.	Std. Err.	t	P > | t |	[95% Conf. Interval]	
组织氛围	0.8781201	0.0339917	25.83	0.000	0.8114749	0.9447654
组织制度	0.3862059	0.113123	3.41	0.001	0.1644131	0.6079986
_cons	24.50468	1.196844	20.47	0.000	22.15811	26.85125

第二，客观工作环境各因子与社会景气的回归分析。

除了探讨组织工作环境、主观心理环境的影响之外，我们还希望从城镇居民目前所处的客观工作环境中探寻影响社会景气的因素。

首先，在工作时间方面，我们通过相关分析发现，每周工作时长、通勤时长和社会景气在 0.05 水平上均有不同程度的显著负相关。接着，通过回归分析，以及多重共线性检验和内生性检验，得到社会景气的拟合方程为：

社会景气 = 52.4149 − 0.0394 × 每周工作时长 − 0.0258 × 通勤时长 （4—30）

由此可见，影响社会景气高低最重要的时间因素是城镇居民每周工作时长。具体来说，城镇居民每周工作时间每增加 1 个单位，社会景气就将随之降低 0.0394 个单位（F = 13.83，Sig. = 0.000）（见表 4—26）。

表 4—26　　　　工作时间和社会景气的回归分析

Source	SS	df	MS	Number of obs = 3995 F (2, 3992) = 13.83		
Model	2146.12013	2	1073.06006	Prob > F = 0.0000		
Residual	309844.347	3992	77.6163194	R-squared = 0.0069 Adj R-squared = 0.0064		
Total	311990.467	3994	78.114789	Root MSE = 8.81		
社会景气	Coef.	Std. Err.	T	P > |t|	[95% Conf. Interval]	
每周工作时长	−0.0393845	0.0109347	−3.60	0.000	−0.0608226	−0.0179464
通勤时长	−0.0257527	0.0060203	−4.28	0.000	−0.0375558	−0.0139496
_cons	52.41485	0.6036202	86.83	0.000	51.23141	53.59828

其次，在工作报偿方面，我们通过相关分析发现，月收入、加薪次数和社会景气在 0.05 水平上均有不同程度的显著正相关。接着，通过回归分析，以及多重共线性检验和内生性检验，得到社会景气的拟合方程为：

社会景气 = 48.7572 + 0.0002 × 月收入 + 0.2885 × 加薪次数 （4—31）

同理，我们将各项社会福利和社会景气做相关分析发现，养老保险、医疗保险、失业保险、住房公积金和社会景气在 0.05 水平上均呈现出不同程度的显著正相关。接着通过回归分析，以及多重共线性检验和内生性检验，剔除医疗保险和失业保险这两项不显著的因子，得到社会景气的拟合方程为：

社会景气 – 48.6440 + 0.8109 × 养老保险 + 1.5742 × 住房公积金　　(4—32)

由拟合方程（4—31）和（4—32）可知，在个人工作的经济报偿方面，影响社会景气最大的因素是城镇居民在过去三年内的加薪次数。具体来说，城镇居民过去三年内的加薪次数每提高 1 个单位，社会景气也随之提升 0.2885 个单位（F = 8.39，Sig. = 0.000）。同时，在个人所得的社会福利方面，影响社会景气最大的因素是住房公积金。城镇居民享有的住房公积金每提高 1 个单位，社会景气就随之提高 1.5742 个单位（F = 32.30，Sig. = 0.000）。

2. 讨论

由上述回归分析可知，相较而言，影响社会景气最重要的因素是城镇居民对其组织工作环境的满意度。具体探究发现，在组织工作环境之下，城镇居民对其单位的组织氛围满意度每提升 1 个单位，其对目前社会景气状况的评价就随之提升 0.8781 个单位。对此，我们可以从企业社会责任理论中探寻其中缘由。

就狭义而言，企业社会责任既包括企业在经营过程中所承担的经济责任和法律责任，又涵盖影响、受影响于利益相关者的利益，承担包括股东、消费者、社区等在内的利益相关者的社会责任；而广义上，企业社会责任不仅包括经济、法律及中观层面的企业社会责任，还涉及对社会应该承担、能够承担的责任——对社会合乎道德的一切行为。[①] 2008 年，我国国资委发布了《关于中央企业履行社会责任的指导意见》，该意见提出“坚持依法经营诚实守信、不断提高持续赢利能力、切实提高产品质量和服务水平、加强资源节约和环境保护、推进自主创新和技术进步、保障生产安全、维护职工合法权益、参与社会公益事业”等八个方面。其中“保障生产安全”和“维护职工合法权益”与职工有直接关系；“依法经营诚实守信、不断提高持续赢利能力、切实提高产品质量和服务水平、推进自主创新和技术进步”需要员工去落实和执行。可见，企业的社会责任问题，首先是对职工负责，是对职工负什么样的责任和造就什么样的职工的问题。其次是通过对职工的负责来实现对社会的负责和对生态环境的负责，实现可持续的科学发展。承担社会责任的企业其一应该对职工的就业保障负责，提供稳定的工作岗位，保障员工的工作稳定性。其二，还要充分尊重职工的生命权、保障职工的健康权，严防安全生产事故，为职工提供安全、健康、卫生的工作条件和生活环境，保障职工职业健康，预防和减少职业病和其他疾病对职工的危害等，保障员工的工作安全和身体健康。其三，承担社会责任的企业更应该维护好职工合法的经济权益和民主权利，建立工资正常增长机制，按时足额缴纳社会保险；消除就业歧视，加强职业教育培训，为职工创造更多的公平的职业发展机会；把企业的发展和

① 李占峰：《社会现代化进程中国有企业社会责任研究》，博士学位论文，华东理工大学，2011 年。

职工的发展融为一体，让企业与职工共同进步。由此可见，企业认真履行其社会责任的过程，实质上也是其创建科学规范的组织制度、营造和谐组织氛围的过程。当一个企业履行社会责任的同时，其员工也能够享有更为人性化、优质的组织工作环境，从而满足其各方面的需求，获得积极的工作体验。从系统观的角度来看这一过程不难发现，个体更多的是透过其所在的小系统（工作单位）对社会产生认知和情感体验。因而，城镇居民在单位组织中获得的积极情绪体验便会跃迁至其对当前社会的态度。

（二）城镇居民工作环境与社会信心的关系

1. 工作环境与社会信心的回归分析

为了了解城镇居民在组织工作环境和主观心理环境上的态度与社会信心的关联，我们通过相关分析发现，社会信心与城镇居民对组织工作环境、主观心理环境的态度在0.05水平上均有不同程度的显著正相关。接着，通过回归分析、多重共线性检验和内生性检验，得到社会信心的拟合方程为：

社会信心＝22.3382＋0.1063×组织工作环境＋0.2512×主观心理环境　（4—33）

由此可见，相较而言，影响社会信心最主要的因素是城镇居民的主观心理环境。具体来说，城镇居民在工作中的主观心理体验每提高1个单位，其对社会各方面未来三年的信心程度也将随之提高0.2512个单位（F＝227.93，Sig.＝0.000）（见表4—27）。

表4—27 组织工作环境、主观心理环境和社会信心的回归分析

Source	SS	df	MS	Number of obs = 2817 F (2, 2814) = 227.93 Prob > F = 0.0000 R-squared = 0.1394 Adj R-squared = 0.1388 Root MSE = 4.7874		
Model	10447.8667	2	5223.93334			
Residual	64494.2547	2814	22.9190671			
Total	74942.1214	2816	26.6129692			
社会信心	Coef.	Std. Err.	t	P > | t |	[95% Conf. Interval]	
组织工作环境	0.106269	0.0278772	3.81	0.000	0.0516072	0.1609308
主观心理环境	0.2512214	0.0213931	11.74	0.000	0.2092737	0.2931691
_cons	22.33817	0.7256976	30.78	0.000	20.91522	23.76112

第一，主观心理环境各因子与社会信心的回归分析。

首先，我们用工作压力、工作满意度、组织满意度和社会信心进行相关分析发现，主观心理环境的三个因子与社会信心在0.05水平上呈现出不同程度的显著正相关。接着，通过回归分析，以及多重共线性检验和内生性检验，得到社会信心的拟合方程为：

社会信心 = 28.5498 + 0.3208 × 工作满意度 + 0.3029 × 组织满意度 − 0.0405 × 工作压力 (4—34)

由此可见，影响城镇居民对整个社会未来三年发展的信心程度最重要的因素是其工作满意度。具体来说，城镇居民的工作满意度每增加1个单位，社会信心也随之增加0.3208个单位（F = 146.53，Sig. = 0.000）（见表4—28）。

表 4—28　工作压力、工作满意度、组织满意度和社会信心的回归分析

Source	SS	df	MS	Number of obs = 2924 F（3，2920） = 146.53 Prob > F = 0.0000 R-squared = 0.1308 Adj R-squared = 0.1300 Root MSE = 4.8	
Model	10127.9869	3	3375.99563		
Residual	67276.4492	2920	23.0398799		
Total	77404.436	2923	26.4811618		
社会信心	Coef.	Std. Err.	t	P > | t |	[95% Conf. Interval]	
工作压力	-0.0405465	0.0057438	-7.06	0.000	-0.0518088	-0.0292842
工作满意度	0.320839	0.0449255	7.14	0.000	0.2327501	0.4089279
组织满意度	0.302886	0.0338325	8.95	0.000	0.236548	0.369224
_ cons	28.54975	0.6399917	44.61	0.000	27.29486	29.80463

第二，客观工作环境各因子与社会信心的回归分析。

除了上述社会信心的影响因素外，我们还进一步从工作时间、工作报偿两个客观工作环境因子探讨其与社会信心的影响关系。

首先，在工作时间方面，我们通过相关分析发现，社会信心在 0.05 水平上仅仅与城镇居民的通勤时长有显著负相关。通过回归分析，以及多重共线性检验和内生性检验，得到社会信心的拟合方程为：

社会信心 = 37.9014 - 0.0131 × 通勤时长　　　　(4—35)

由此可见，影响社会信心最主要的工作时间因素是城镇居民上下班途中所耗费的时间长短。即是说，城镇居民的通勤时间每增加 1 个单位，其对社会未来三年发展的信心就会降低

0.0131 个单位（F = 10.58，Sig. = 0.001）（见表 4—29）。

表 4—29　　　　工作时间和社会信心的回归分析

<table>
<tr><td>Source</td><td>SS</td><td>df</td><td>MS</td><td colspan="3" rowspan="4">Number of obs = 3296
F（1，3294） = 10.58
Prob > F = 0.0012
R-squared = 0.0032
Adj R-squared = 0.0029
Root MSE = 5.2284</td></tr>
<tr><td>Model</td><td>289.14727</td><td>1</td><td>289.14727</td></tr>
<tr><td>Residual</td><td>90047.0469</td><td>3294</td><td>27.336687</td></tr>
<tr><td>Total</td><td>90336.1942</td><td>3295</td><td>27.4161439</td></tr>
<tr><td>社会信心</td><td>Coef.</td><td>Std. Err.</td><td>t</td><td>P > | t |</td><td colspan="2">[95% Conf. Interval]</td></tr>
<tr><td>通勤时长</td><td>-0.0130644</td><td>0.004017</td><td>-3.25</td><td>0.001</td><td>-0.0209405</td><td>-0.0051883</td></tr>
<tr><td>_ cons</td><td>37.90141</td><td>0.1451128</td><td>261.19</td><td>0.000</td><td>37.61689</td><td>38.18593</td></tr>
</table>

其次，在工作报偿方面，我们首先将城镇居民在工作中所获得的各种经济报酬与社会信心做相关分析，结果显示，社会信心仅仅与城镇居民的月收入在 0.05 水平上有显著负相关。接着通过回归分析，我们得到社会信心与个人月收入之间的线性方程为：

社会信心 = 38.0910 - 0.0001 × 月收入　　　　（4—36）

同理，我们用城镇居民所享有的各项社会福利与社会信心做相关分析，结果发现，影响社会信心的因素是医疗保险和住房公积金这两项社会福利。接着通过回归分析，以及多重共性检验和内生性检验，最终得到社会信心的拟合方程为：

社会信心 = 37.7450 + 0.6300 × 医疗保险 - 0.6429 × 住房公积金　　　　（4—37）

通过上述社会信心的拟合方程可知，一方面，在其他因素保持不变的情况下，城镇居民月收入每提高 1 个单位，其社会信心随之降低 0.0001 个单位（F = 22.91，Sig. = 0.000）；另一方面，在其他因素保持不变的情况下，城镇居民享有住房公积金的情况每提升 1 个单位，其社会信心将随之降低 0.6429 个单位（F = 9.07，Sig. = 0.000）。

2. 讨论

上述回归分析告诉我们，我国城镇居民对未来三年社会发展的信心主要受到主观心理环境的影响。其中，城镇居民对其工作和工作单位的满意程度会对社会信心产生正向影响，而工作压力则会对其产生负向影响。鉴于城镇居民的主观心理环境是对其客观工作环境和组织工作环境的主观反映，因此具体考察客观工作环境各因子发现，通勤时长、工作报偿情况均影响着城镇居民对社会未来三年发展的信心。由此就不难看出城镇居民在工作中的主观心理环境是如何影响其社会信心的了。我们以通勤时长为例，拟合方程（4—35）显示，在其他条件恒定不变的情况下，我国城镇居民的通勤时间每增加 1 个单位，其社会信心指数则会随之降低 0.0131 个单位。对此，我们知道通勤时间的长短无疑与交通运输这一民生问题息息相关。近年来，随着经济发展和城市化的推进，私家车快速增长，驾车从一种职业向一项技能转变，醉酒驾驶、超速行驶、乱变车道、路口加塞、占用公交专用车道和应急车道、斑马线抢行、随便占道停车等现象随处可见，使得我国各大城市纷纷陷入“堵局”，这在本次关于通勤时间的调查中也有所反映。如此这般，必然导致城镇居民对城市交通出行的不满，甚至对政府相关机构产生怀疑，从而拉低政府机构的公信力，进而直接影响到社会信心。

此外，拟合方程（4—36）和（4—37）也显示，城镇居民在工作中获得的经济报酬、享有的社会福利均会影响其对社会的信心度，实质上这也反映出就业质量与社会信心的关系。就业质量，是民生之本，也是幸福之基，是民生保障最重要的方面之一，越来越被大家所关注。当前和今后一个时期，就业总量矛盾依然存在，结构性矛盾更加凸显，青年就业任务十分艰巨，特别是结构调整任务异常繁重，就业工作面临比以往更大的压力。人们如果不能顺利就业或者出现高就业低收入等就业质量不高的现象，势必影响经济收入，影响生活的质量，进而影响城镇居民对社会发展的信心。

六 结论

综上数据分析，我们对 2016 年城镇居民对工作环境的评价具体情况如下。

第一，2016 年我国城镇居民的客观工作环境状况一般，具体表现为：工作时间过长的同时工作报偿同比有所提高。

在工作时间方面，2016 年我国城镇居民平均每周工作 49.30 小时，同比 2015 年上升了 5.88%。其中，黑龙江、福建和湖南三省的城镇居民每周工作时间列居全国前三位，每周工作时间均超过了 54 小时，超时工作现象突出。通过 ANOVA 分析发现，与前几年所得数据相同，男性群体的工作时间仍然显著长于女性群体的工作时间；户口类型仍然是影响工作时长的显著因素，持农业户口在城镇工作的农民工的工作时间显著长于持非农业户口的城市人，其中持本市农业户口的农民工每周工作时间最长，平均高达 53.57 小时；供职于不同单位的城镇居民在工作时长上也有显著差异，港澳台资企业员工工作时间最长、国有企业员工工作时间最短。其次，在此基础上，本次调研还考察了我国城镇居民日常的通勤时间。数据分析显示，2016 年我国城镇居民的平均通勤时间为 59. 22 分钟，接近 1 个小时，同比 2014 年增加了 10. 38%。比较本次调研的各个省市发现，上海、北京和重庆三地的城镇居民的通勤时间排名全国前三位，分别为 123. 33 分钟、115. 49 分钟和 109. 63 分钟，“舟车劳顿”现象尤为突出。

在工作报偿方面，2016 年我国城镇居民平均月收入为 4264. 57 元，同比 2015 年提高了 8. 97%。其中，广东、上海、浙江三地的城镇居民平均月收入列居全国前三位，分别为 7762. 98 元、7637. 95 元和 5733. 33 元。通过 ANOVA 分析发现，男性与女性在工作月收入方面已不存在显著差异，但是在户口类型和单位性质方面仍然有显著不同。持有外市非农户的城镇居民的月收入最高，而持本市农业户口的城镇居民的月收入则显著最低；供职于港澳台资企业的城镇居民月收入最高，而国有企业员工的月收入最低。除此之外，本次调查还考察了我国城镇居民因工作所得的各项社会保险福利的情况。结果显示，2016 年我国城镇居民在基本养老保险、基本医疗保险、失业保险和住房公积金上的享有比例均低于 2015 年。其中，2016 年我国城镇居民在基本养老保险和基本医疗保险两项社会福利上的享有情况良好，分别有 64. 4% 和 82. 5% 的受访者表示正享有此工作福利；然而，在失业保险和住房公积金两项上的享有情况却相对较差，分别仅有 30. 7% 和 27. 8% 的受访者表示享有此工作福利。

第二，2016 年我国城镇居民对其所在单位的组织制度和组织氛围的满意度一般。

在组织制度方面，2016 年我国城镇居民对其工作单位现行规章制度的满意度为 66.56 分，进一步的数据分析显示，仅 6.20% 的城镇居民明确表达了对其单位规章制度的认同。通过 ANOVA 分析发现，身处不同单位、不同职位的城镇居民对其单位规章制度的认同情况存在显著差异。供职于外资企业、中外合资/中外合作企业的城镇居民对其单位规章制度的认同度相对较高，而在私有/民营企业工作的城镇居民对单位制度的认同度相对较低；同时，在单位中职位越高的城镇居民对其单位规章制度的认同程度越高。

在组织氛围方面，2016 年我国城镇居民对其工作单位所营造的组织氛围的满意度为 69.64 分。其中，我国城镇居民对其单位中的人际关系现状相对最为满意，而对单位所给予的工作自主情况相对最为不满。通过 ANOVA 分析发现，受教育程度、户口类型、单位性质和职位都是影响城镇居民的组织氛围满意度的因素。受教育水平越高的城镇居民在组织氛围上的体验越积极；持外市农业户口的城镇居民对其所在单位的组织氛围的满意度相对最高；供职于外资企业、中外合资/中外合作企业的城镇居民对其组织氛围的满意度相对较高，而在国有企业工作的城镇居民的组织氛围满意度相对较低；在单位中职位越高的城镇居民对其单位组织氛围的满意度越高。

第三，2016 年我国城镇居民在工作中的主观体验较为积极，具体表现为较大的工作压力、较高的工作满意度和组织满意度。

在工作压力方面，2016 年我国城镇居民面临的工作压力仍然较大，均值为 57.60 分，工作压力源主要来自工作歧视、超时工作和工作倦怠等。对比本次调研的各个省市发现，浙江、云南和广东三省的城镇居民的工作压力排名前三位，而山西、河北和重庆的城镇居民体验到的工作压力相对较小。通过 ANOVA 分析发现，作为社会和家庭中的主要劳动力，男性群体的工作压力显著高于女性；供职于中外合资/中外合作企业的城镇居民体验的工作压力显著最大，而国有企业员工所面临的工作压力相对最小；在单位中身处较高职位的城镇居民所面临的工作压力也相对越大。

在工作满意度和组织满意度方面，2016 年我国城镇居民的得分相对较高，分别为 71.12 分和 72.60 分。通过 ANOVA 分析发现，影响城镇居民的工作满意度和组织满意度的因素相同，主要因其工作单位性质和个体在单位中的职位而有所不同。供职于外资企业、中外合资/中外合作企业的城镇居民在工作满意度和组织满意度上均显著最高，而在私有/民营企业工作的员工在这两项上的得分显著最低；同时，随着个人在单位中职位的提高，其对工作和单位组织的满意度均呈现出显著的上升趋势。

最后，通过回归分析得出的两组拟合方程显示，工作压力对我国城镇居民的工作满意度存在显著消极影响，工作满意度对我国城镇居民的组织满意度有显著积极影响。具体表现为：在保持其他条件恒定不变的情况下，城镇居民工作压力每增大 1 个单位，其工作满意度则会下降 0.0460 个单位；工作满意度每提高 1 个单位，其组织满意度也随之上升 0.6063 个单位。

第四，通勤时长、近期工资的变动、基本医疗保险和住房公积金的享有情况显著影响我国城镇居民对其组织工作环境的评价。

首先，在其他条件恒定不变的情况下，通勤时间越长，城镇居民因拥堵造成的时间成本也会随之提高，而收入与住房等其他方面的福利很难弥补这一时间成本，因而使得城镇居民对其组织的主观感受降低。其次，在经济报酬方面，作为组织肯定其员工工作行为与态度的标志，加薪通过提升员工工作自尊从而影响其对单位组织的态度。本次调研结果就发现，近三年内加薪次数越多，城镇居民对其单位组织氛围的满意度也越高。除了经济报酬之外，用人单位还会为其员工提供一系列的社会福利保障以履行其社会责任。相应的拟合方程告诉我们，基本医疗保险的享有情况主要影响城镇居民对其单位组织制度的评价，而住房公积金的享有情况则主要影响城镇居民对其单位组织氛围的评价。

第五，工作时长、近期工资的变动、住房公积金的享有情况显著影响我国城镇居民的主观心理环境。

首先，在其他条件恒定不变的情况下，城镇居民每周工作时间每增加 1 个单位，其主观心理环境的状况就随之降低 0.0459 个单位。其中，因工作时间过长和因工作过多耗散精力，相较男性来说，职业女性更难以兼顾家庭和工作，从而更容易体验到工作与家庭的冲突，导致其主观心理环境趋于消极。其次，以货币形式获得的工作报酬，使得城镇居民能够通过交易行为满足其最基本的生存需要。同时，它也表现了单位组织对个体工作价值的认同，还可以满足其自尊等更高层次的需要。正因为如此，在经济报酬方面，随着近三年加薪次数的提高，我国城镇居民的主观心理环境也随之变得更为积极。此外，值得注意的是，城镇居民在工作时的主观心理环境与其是否享有基本养老保险无显著关联，而与是否享有住房公积金呈显著正相关。

第六，城镇居民对其组织工作环境的满意度与其主观心理环境的优劣呈显著正相关。

本次调查发现，如果单位组织能够通过制定科学合理的工作制度规范、营造和谐的组织氛围，那么城镇居民便可以在这样的组织工作环境中获得积极情绪体验，进而表现出一种积极的心理状态，产生更多的工作幸福感，实现心理资本的积累。其中，我们还发现，城镇居民的工作压力主要源自其对组织制度的不满，具体表现在组织制度过于僵化，造成员工工作缺乏自主性和灵活性。另外，勒温的场理论告诉我们环境对个体认知与态度的影响。本次调研也发现城镇居民的工作满意度和组织满意度主要源自其对组织氛围的积极评价。

第七，城镇居民对组织工作环境的满意度显著影响社会景气，其主观心理环境的优劣则显著影响社会信心。

首先，从系统观的角度看，个体更多的是透过其所在的小系统（工作单位）对社会产生认知和情感体验。因而，探寻社会景气与工作环境的关系发现，在组织工作环境中，城镇居民对其单位的组织氛围满意度每提升 1 个单位，其对目前社会景气状况的评价就随之提升 0.8781 个单位。同时，在客观工作环境中，随着城镇居民近三年内加薪次数的增多或住房公积金享有程度的加深，城镇居民对目前社会的满意度也会随之产生不同程度的提高。其次，我国城镇居民对未来三年社会发展的信心主要受到主观心理环境的影响。其中，城镇居民对其工作和工作单位的满意程度会对社会信心产生正向影响，而工作压力则会对其产生负向影响。具体考察客观工作环境各因子发现，通勤时长、工作报偿情况均影响着城镇居民对社会未来三年发展的信心。

第五章　城市基本公共服务均等化

2016年是“十三五”规划的开局之年，未来的五年也正是实现第一个百年奋斗目标、全面建成小康社会收官的五年。党的十八大已经指出，全面的小康社会是以人民生活水平全面、普遍提高为重要标志的，而健全、均等的基本公共服务正是实现人民生活水平提高的切实保证。2016年通过的“十三五”规划在多个篇章中提及基本公共服务的内容，具体包括：在基础设施方面，拓展基础设施建设空间，加快完善安全高效、智能绿色、互联互通的现代基础设施网络，更好发挥对经济社会发展的支撑引领作用。在公共安全方面，全面提高安全生产水平，提升防灾减灾救灾能力，创新社会治安防控体系，建立国家安全体系。在社会保障方面，按照人人参与、人人尽力、人人享有的要求，坚守底线、突出重点、完善制度、引导预期，注重机会公平，保障基本民生，不断提高人民生活水平，实现全体人民共同迈入全面小康社会。在医疗卫生方面，深化医药卫生体制改革，坚持预防为主的方针，建立健全基本医疗卫生制度，实现人人享有基本医疗卫生服务，推广全民健身，提高人民健康水平。在教育水平方面，全面贯彻党的教育方针，坚持教育优先发展，加快完善现代教育体系，全面提高教育质量，促进教育公平，培养德智体美全面发展的社会主义建设者和接班人。

在生态环境方面，以提高环境质量为核心，以解决生态环境领域突出问题为重点，加大生态环境保护力度，提高资源利用效率，为人民提供更多优质生态产品，协同推进人民富裕、国家富强、中国美丽。此外，“十三五”规划的第八篇“推进新型城市化”中提出的坚持以人的城镇化为核心，努力缩小城乡发展差距，推进城乡发展一体化；第九篇“推动区域协调发展”中提出的塑造要素有序自由流动、主体功能约束有效、基本公共服务均等、资源环境可承载的区域协调发展新格局；以及第十三篇“全力实施脱贫攻坚”中提出的推进精准扶贫精准脱贫、支持贫困地区加快发展等战略对于解决公共服务中存在的制度不均、地区不平衡以及群际差异等问题都有积极的影响。

自 2012 年开始，中国社会科学院社会发展战略研究院连续五年在全国范围内实施了“社会态度和社会发展状况调查”，以测量中国城镇地区居住的 16 岁及以上人口关于社会发展诸方面问题的主观态度，基本公共服务即为其中的重要领域之一。本研究以 2016 年数据为基础，结合过去四年的变化，从满意度、信心指数和绩效评价三个方面分析和评估我国城市六大类基本公共服务的均等化水平，并就有关问题提出政策建议。

一　概念与指标体系

（一）基本公共服务的均等化

基本公共服务是以一定时期经济社会发展水平为基础，在社会共识的基础上，政府为维护经济社会的稳定和发展、保障公民的基本生存和发展权利、实现社会公平与正义而提供的公共产品与服务。从我国当前的情况来看，基本公共服务主要包括公益基础性服务、基本民生性服务、公共事业性服务、公共安全性服务等类别。

基本公共服务均等化不是简单的平均化和无差异化，而是全体公民能公平可及地获得大致均等的基本公共服务，是对制度性供给不均、财政供给不均和成果享受不均的克服，包括机会均等、标准相同和效果相当三个方面。具体而言，是指一个国家的公民无论居住在哪个地区，无论具体身份、地位如何，能不被歧视、有均等机会地享有基本公共服务，并在保障其基本生存权和发展权的方面效果相当。

（二）评价指标体系

本次调查对基本公共服务的评价主要是基于公众的主观感受，分析其对基本公共服务六大领域的满意度和信心指数，以及基本公共服务实施的绩效评价，然后再通过比较三个维度在地区之间、城乡之间和群体之间的差异来考察其均等化程度（见表5—1）。

第一，对基本公共服务的满意度是指公众接受政府所提供的公共产品和公共服务，并将其与自身的期望进行比较之后所形成的满意或失望的主观感受。在调查中，要求受访者对各类基本公共服务的满意度进行评价，并将其评价的五个类别（很不满意、较不满意、一般、较满意和很满意）分别赋值20分、40分、60分、80分和100分。

第二，对基本公共服务的信心指数，是指公众基于对当前基本公共服务的主观感受，结合对经济社会形势的判断和对政府相关服务部门的行为预期，对未来可预见的时期内基本公共服务变

表5—1 基本公共服务的测量

概念	维度	指标
基本公共服务	满意度	对所在城市的基础设施状况的满意程度
		对所在城市的治安状况的满意程度 对所在城市的食品安全状况的满意程度
		对所在城市的社会保障水平的满意程度
		对所在城市的医疗服务水平的满意程度
		对所在城市的教育水平的满意程度
		对所在城市的环境质量的满意程度
	信心指数	未来三年基础设施的变化
		未来三年治安状况的变化 未来三年食品安全的变化
		未来三年社会保障的变化
		未来三年医疗服务的变化
		未来三年教育水平的变化
		未来三年环境质量的变化
	绩效评价	贴近需要
		得到实惠
		服务方便
		听取意见
		公平公道
		办事能力

注：根据治安状况和食品安全状况合并计算“公共安全”。

化趋势的预测。在调查中，首先要求公众对各类基本公共服务未来三年的变化进行预测，该服务是变差、没变还是变好。然后，区分其预测的具体变化方向。具体而言，预测未来三年该服务类别会变好的为积极预期，会变差的为消极预期。认为未来三年不变的，又可结合其对当前该服务类别的满意度进一步区分：对当前该服务类别感到满意（包括很满意和比较满意），预测未来三年没有变化，则对未来的预测仍然是积极的；对当前该服务类别感到不满意（包括很不满意和较不满意），预测未来三年没有变化，则对未来的预测是消极的。对基本公共服务的信心指数根据三种预测的比例，依据下列公式计算得出：

$$\text{信心指数}=\left(\frac{\text{“积极预测”的百分比}}{\text{“积极预测”的百分比}+\text{“消极预测”的百分比}}\right)\times 100$$

根据此公式计算得出的信心指数得分的具体含义如下。

信心指数<50，表示公众对此项基本公共服务的前景缺乏信心，预计其将变得更差；

信心指数=50，表示公众对此项基本公共服务的前景持中立评价，预计其没有变化；

信心指数>50，表示公众对此项基本公共服务的前景有信心，预计其将变得更好。

第三，对基本公共服务实施的绩效评价是指公众基于所接受的公共产品和服务，对所在城市政府在公共服务供给的可及性、惠民性、便捷性等实施绩效进行评价，具体包括“贴近需要”“得到实惠”“服务方便”“听取意见”“公平公道”和“办事能力”六个方面。具体操作是以李克特五分量表测评受访者对于下列表述的赞同程度：“政府的服务贴近我的需要”“政府的服务让我得到了实惠”“政府提供的服务很方便”“政府愿意听取老百姓意见”“政府处理事情是公道的”“政府工作人员的能力比较强”；再将评价的五个类别（完全不赞同、比较不赞同、说不清、比较赞同和完全赞同）分别赋值为20分、40分、

60 分、80 分和 100 分。

接着，本章从三个方面考察上述基本公共服务的三个维度的均等化程度。第一是地域性均衡，即上述六项基本公共服务在东部、中部、西部和东北部地区之间是否存在显著差异；第二是制度性均等，主要考察户籍制度和就业单位性质是否会对不同身份的群体在基本公共服务的使用感受方面造成差异性影响；第三是群际均等，即上述六项基本公共服务在不同的年龄段、社会阶层（根据被访者的经济收入和自我认定的社会地位来划分）之间是否存在显著差异。

在上述框架下，本次调查自 2016 年 5 月开始在全国实施，所拟推论的总体是中国城镇地区居住的 16 岁及以上的人口，共获得有效样本 7971 份，复杂抽样设计的具体操作办法和其他执行细节另文说明。

二 2016 年全国基本公共服务整体满意度和信心指数

（一）全国基本公共服务满意度

总的来说，2016 年公众对于六大类基本公共服务比较满意，满意度评分均达到了 60 分以上。其中，基础设施满意度最高，得分为 72. 40 分，医疗卫生满意度最低，得分为 60. 87 分。从近三年的趋势来看，公众对基础设施、社会保障、教育水平方面的满意度稳步小幅上升，而对于公共安全、医疗卫生和环境质量的满意度，在经历 2014 年至 2015 年之间的上升后，近一年来未有明显改善（见图 5—1）。

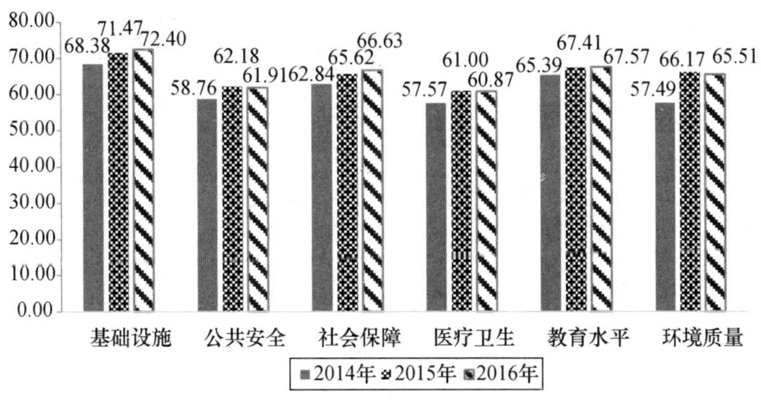

图 5—1　2014—2016 年公众对各类基本公共服务满意度评分（分）

（二）全国基本公共服务信心指数

在对各类基本公共服务的前景预期方面，受访者对所有服务类别的信心指数都在 50 分以上，说明公众对各类基本公共服务的前景都较为乐观。就 2016 年的信心指数得分来说，公众对于基础设施、公共安全、社会保障的前景预期都保持较为乐观的判断，得分位居前列。尤其是基础设施，信心指数得分最高，达到了 93.50 分，不仅持续三年保持最高指数得分，而且保持持续上涨的趋势。而公众对于医疗卫生、教育水平和环境质量的信心，相比于 2015 年则有所下降。尤其是公众对于医疗卫生服务的未来预期，已经连续两年成为最不乐观的领域，2016 年信心指数得分仅为 76.58 分，与其他公共服务基本领域有较为明显的差距（见图 5—2）。

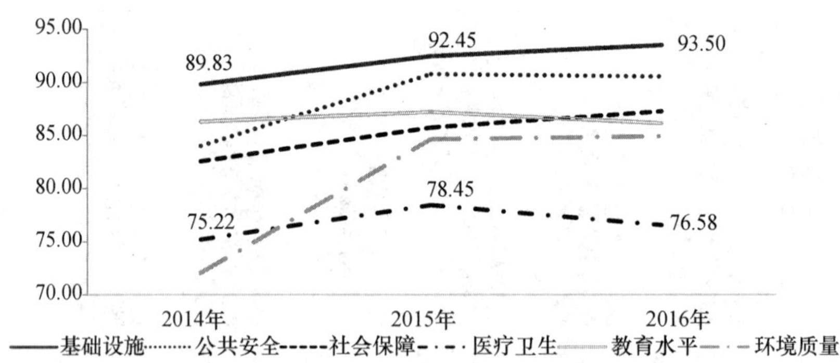

图5—2　2014—2016年公众对各类基本公共服务信心指数（分）

（三）全国基本公共服务绩效评价

在实施绩效方面，受访者对政府提供基本公共服务的评价得分都在60分以上，并且单项最高得分三年来首次超过70分，说明公众还是比较认可政府提供的服务绩效。具体而言，“贴近需要”的评分最高，达到了70.16分；“办事能力”的评分最低，得分64.73分。从近三年的变化趋势来看，公众对于政府提供公共服务的绩效各方面评价均有所提高，其中提升程度最高的三项分别是：服务方便、得到实惠和公平公道。譬如公平公道，2014年时为各项绩效中评价最低的，仅为63.04分，2016年增长至66.16分，涨幅3.12分。同样，得到实惠和服务方便两项的绩效评价也在三年内分别增长了3.20分和3.33分（见图5—3）。

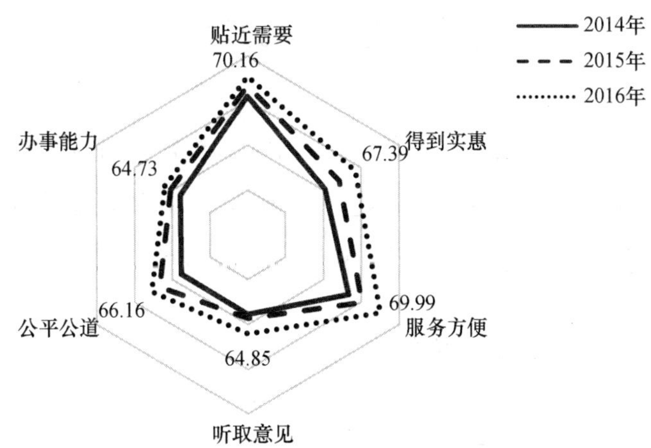

图 5—3　2014—2016 年公众对基本公共服务实施绩效评价（分）

总的来说，公众对于 2016 年城市基本公共服务在满意度、信心指数和绩效评价上均有所提升，但不同领域有一定差异。基础设施、公共安全和社会保障的发展态势较好，近三年来满意度指数稳步提升，信心指数也持续保持较高水平，说明公众对于这些领域的服务较为满意且对其未来发展预期乐观。而医疗卫生领域的表现差强人意，满意度连续保持在较低水平，信心指数还有下降趋势，说明医疗卫生领域的服务改革和质量提升，将会是现在及未来一段时间内的主要需求。绩效评价的特点和近年变化趋势则说明，政府在基本公共服务的供给内容和方式方面均有改善，使群众切身体会到了实惠和方便，并认可其公平公正程度。但值得注意的是，受访者对于政府办事能力和听取意见的评价却连续三年保持在较低水平，说明公众对于政府的期望值较高，也希望自己的意愿和意见能够有更加顺畅的表达渠道和政治效能。

三　2016 年我国城市基本公共服务均等化水平

下文将具体考察不同地区、不同户籍和就业类型、不同收入水平和社会阶层人群对各类公共服务的主观评价和预期，以衡量基本公共服务在地域性、制度性、群际的均等化水平。

（一）地域性均等水平

本调查将涉及的23个省、直辖市按照国家统计局的区域标准划分为东部、中部、西部和东北部[①]，从对满意度、信心指数和绩效评价三个维度来看，各地区之间均存在一定差异。

首先，从满意度评价来看，东部地区对六项基本公共服务的满意度评分均为各地区中最高的，中部和东北部受访者对于各项基本公共服务的满意度评分则普遍偏低。其中，对于医疗卫生的满意度评价地区之间的差异最大，评分最高的东部地区为66.32分，而评分最低的中部地区仅为56.01分，相差10.31分（见表5—2）。

表5—2　　各地区基本公共服务满意度评分　　单位：分

	东部	中部	西部	东北部
基础设施	74.86	70.85	71.03	73.22
公共安全	66.05	58.65	60.95	62.08

① 具体包括：东部：北京、天津、上海、江苏、浙江、广东、山东、海南；中部：河北、山西、安徽、江西、河南、湖北、湖南；西部：广西、重庆、四川、云南、陕西；东北部：辽宁、黑龙江、吉林。

续表

	东部	中部	西部	东北部
社会保障	70.05	64.07	65.49	67.31
医疗卫生	66.32	56.01	62.24	57.66
教育水平	71.20	65.80	66.49	63.84
环境质量	65.75	65.21	65.72	64.44

而进一步考察各地区对于医疗卫生服务的满意度评价趋势可以看出，2012—2016 年，各地区均经历了满意度先升后降再逐步提升的波动，并且地区间的满意度差距在扩大。2012 年，满意度评分最高的为东部地区的 59.92 分，与得分最低的东北部地区的 55.91 分相比，相差 4.01 分。而到 2016 年时，得分最低的中部地区与得分最高的东部地区之间的差距扩大到 10.31 分。在这个过程中，东部地区公众对医疗卫生的满意度几乎保持在组间最高水平，仅在 2014 年时稍微落后于西部地区，而中部地区的满意度水平则从 2012 年的组间第二位一直跌落至 2016 年的组间最低水平，东北部地区的满意度则一直保持在组间较低水平，2015 年才开始有所提升（见图 5—4）。

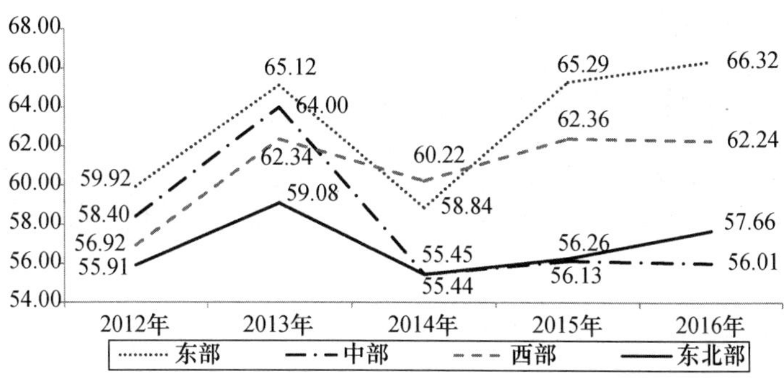

图 5—4　2012—2016 年分地区医疗卫生满意度评分（分）

其次，在信心指数方面，各地区对于不同类别公共服务的前景预期也有较大差异。就地区间差异来看，从图5—5可以发现，各地区公众的信心指数在医疗卫生方面差异最为显著，其中东部地区最高，达到82.26分，其次是西部地区的78.35分，而中部和东北部地区公众对医疗卫生的信心指数均只有71分强。在基础设施、社会保障和环境质量方面，各地区公众的信心指数得分差别不大。而对于教育水平来说，从东部、中部、西部到东北部，信心指数得分呈现阶梯下降的特点，东部地区的最高分88.40分与东北部地区的最低分79.20分之间的差距将近10分。就各地区自身来看，四个地区对各项基本公共服务信心指数的平均得分呈现东部的领先优势，东部地区的88.81分也明显高于中部地区的85.08分、西部地区的85.73分、东北部地区的85.02分，这说明东部地区受访者对于各项基本公共服务未来三年的发展均持乐观态度。而中部地区对于各项公共服务的前景预期则相差最大，对于基础设施的评分达到94.20分，甚至高于东部地区，而对于医疗卫生的信心指数得分则仅为71.54分。

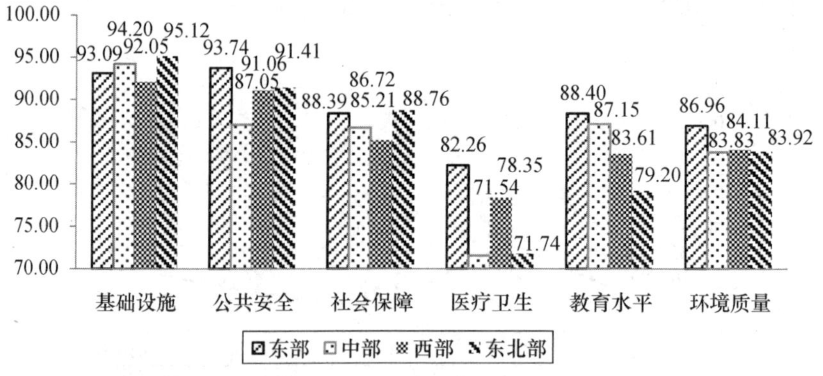

图5—5　2012—2016年分地区各项基本公共服务信心指数（分）

鉴于医疗卫生信心指数在各地区间的显著差异，我们进一步考察各地区公众近五年来对于医疗卫生信心指数的变化。从图5—6可以看出，东部、中部和西部地区公众对医疗卫生服务的信心指数在2012年到2014年期间均有一个先升后降的过程，东部地区在2015年至2016年期间继续波动，但一直保持在各地区中信心指数得分最高的位置，西部地区在2014年一直保持缓慢向上的态势，中部地区同期则是缓慢向下的趋势。而东北部地区公众的医疗卫生服务信心指数则特征明显，自2012年起，一直保持下跌趋势，从2012年的组间最高分一直跌至2015年的组间最低分70.03分，直至2016年才出现止跌回升的态势。这也进一步说明中部地区和东北部地区公众对于医疗卫生服务的预期不仅比东部和西部地区消极得多，而且这种态势近年来一直持续出现，未见改善。

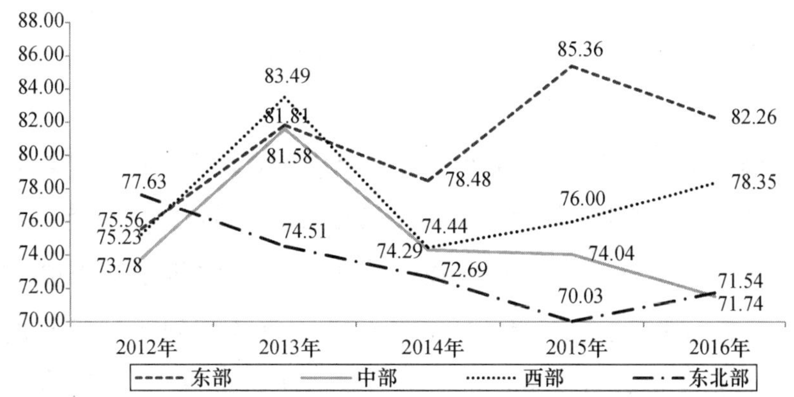

图5—6　2012—2016年分地区医疗卫生服务信心指数（分）

最后，从绩效评价来看，东部地区的评价最高，六个方面平均得分达到70.69分，而中部地区最低，绩效评价平均分仅为64.74分。分地区看不同类别的评价则发现，东部和中部的评价类似，都是对于“贴近需要”评价较高，对“办事能力”评价最低；而西部和东北部则比较类似，都是对于“服务方便”的评价最高，对“听取意见”的评价最低。这反映出不同地区政府在公共服务供给方面的优势有所不同，需要改进的问题也呈地域性特征（见表5—3）。

表5—3　分地区基本公共服务绩效评价　单位：分

	东部	中部	西部	东北部
贴近需要	73.52	68.19	68.54	70.02
得到实惠	71.39	65.07	65.88	66.11
服务方便	72.29	67.35	70.10	71.21
听取意见	68.90	62.68	63.12	63.24
公平公道	69.77	63.35	65.07	66.46
办事能力	68.26	61.79	63.91	65.29
平均值	70.69	64.74	66.10	67.01

总的来说，2016年基本公共服务的满意度、信心指数和绩效评价在不同地区间的评价方面仍存在一定程度的差异。东部地区由于基础好、持续财政投入力度大，因此对于基本公共服务各个领域的满意度和信心指数均居各地区前列。对于政府的绩效评价也主要在“办事能力”和“听取意见”方面较为不满，体现了更高的公众期待和参与意识。而一直被认为是发展资源相对不足的西部地区受访者，对于各项公共服务类别的评价，无论是满意度、信心指数还是绩效评价，均没有处于劣势。反而是中部和东北部地区对于医疗卫生、教育水平等的满意度

较低，信心相对不足。尤其是在医疗卫生方面，地区差异最为显著，中部地区和东北部与东、西部地区无论在满意度还是信心指数方面均有显著差异，并且通过回溯过去五年的变化趋势发现，中部地区和东北部地区的满意度和信心指数近年来不仅未有明显改善，反而呈现持续下滑趋势，值得引起注意。

（二）制度性均等水平

由于制度安排或供给规则的差异，基本公共服务的供给也会存在制度性不均。根据相关研究，户籍制度是我国基本公共服务供给中的主要制度壁垒，虽然2014年国务院出台了《国务院关于进一步推进户籍制度改革的意见》，不少地方也推出政策促进城乡统筹发展，但在一段时间内，户籍制度对于公共服务的获取仍然具有重要的区隔作用。此外，就业单位的性质也会影响个体获得某些基本公共服务的机会。因此，本节主要是从户籍（包括属性与属地）和就业单位性质两个方面考察不同人群对于六大类基本公共服务的满意度和信心指数以及相关指标。

首先，从户籍差异来看不同人群对公共服务的满意度、信心指数和绩效评价。在本次调查的有效问卷中，受访者有27.8%为农业户口，72.2%为非农业户口，87.1%的受访者户口在本市县，12.9%的受访者户口在外市县。

比较不同户籍类型和户籍属地的公众对于各类基本公共服务的满意度可以发现，农业与非农业户籍居民主要是对环境质量、教育水平和公共安全的满意度有差异，而本地人与外地人对于基本公共服务的满意度差异则主要体现在环境质量。考虑到公共安全和环境质量属于普受型公共服务类型，其评价主要受到个人主观期待的影响，而教育水平的满意度评价差距在农业户籍与非农业户籍人口之间的差异较小，仅为1.70分。因此总体而言，公众的户籍属性和属地对于他们对基本公共服务的满意度和信心指数的影响并不显著（见表5—4）。

表5—4　不同户籍公众对基本公共服务满意度评分

	户籍类型			户籍属地		
	农业	非农业	F	本市县	外市县	F
基础设施	72.33	72.45	0.079	72.42	72.21	0.128
公共安全	61.02	62.26	8.147**	62.03	60.91	3.721
社会保障	65.96	66.89	4.119	66.60	66.77	0.077
医疗卫生	60.14	61.16	3.321	60.64	62.31	4.935
教育水平	68.80	67.10	12.153**	67.49	68.06	0.757
环境质量	64.22	66.03	12.475**	66.01	62.01	33.991**

注：**表示在0.01水平上有显著性差异。

进一步地，将户籍属性与属地交叉形成四个分类，并考察四类人群近五年来在社会保障、医疗卫生和教育水平这三类存在一定准入门槛和资格限制的差异型公共服务领域的平均满意度评分。调查数据显示（见图5—7），2012年四类人群对于差异型公共服务的满意度评分还是有一定差距的，本市县非农业人口的满意度最高，达到62.85分；而外市县农业人口的满意度为四类人群中最低，仅为59.61分。在随后几年，各类户籍人群对差异型公共服务的满意度均有起伏，但总体呈上升趋势，且群体间差距在缩小。至2016年，对于所在城市的差异型公共服务满意度最高的群体是外市县的非农业人群，满意度得分达

66.28 分；而满意度最低的为本市县农业人群，满意度得分也达到了 64.83 分，差距仅为 1.45 分。这进一步说明，近年来我国城市中的差异型公共服务在不同户籍属性人群之间的满意度在稳步提高，且群体间差异减小，制度性不均等的问题正在得到改善。

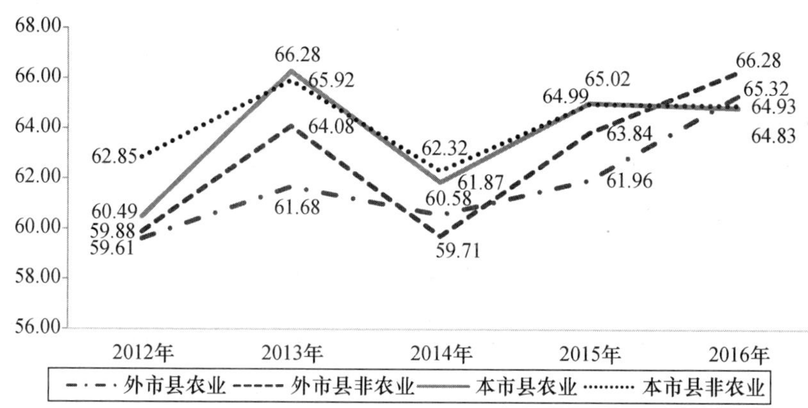

图 5—7　2012—2016 年不同户籍公众对差异型公共服务平均满意度评分（分）

虽然从满意度上来说，不同户籍人群之间的差异在缩小，但进一步看他们对公共服务绩效的评价就会发现，不同人群之间的获得感还是有比较明显的分野。外市县农业户籍人群在贴近需要等六个方面的评价均为组间最低，总体平均得分也仅为 65.41 分，外市县非农业户籍人群对于“得到实惠”和“办事能力”的评价最高，本市县非农业户籍人群则在另外四个方面的评价得分上居于首位，并以 67.66 分的平均得分领先于其他户籍类型群体。同时，在关于“服务方便”的评价上，得分最高的本市县非农业户籍人群比得分最低的外市县农业户籍人群高出了3.17分（见表5—5）。可见，在满意度整体提升且群际差距缩小的情况下，不同群体的感受还是有所差异，而且仍然主要表现在农业与非农业、本地人与外地人之间。

表5—5　　不同户籍公众对基本公共服务绩效评价　　单位：分

	本市县农业	外市县农业	本市县非农	外市县非农
贴近需要	69.63	69.45	70.45	69.53
得到实惠	66.11	65.71	67.90	68.11
服务方便	69.03	67.37	70.54	70.29
听取意见	64.15	63.03	65.29	64.77
公平公道	65.10	64.37	66.81	64.96
办事能力	64.54	62.50	64.97	65.54
平均值	66.43	65.41	67.66	67.20

再看不同户籍人群对于未来三年各项基本公共服务的前景预期，不同群体的信心指数虽然有所差异，但是差异型公共服务类别上并未体现出农业与非农业、本地人与外地人之间的显著分隔。以社会保障和医疗卫生这两项有一定准入门槛但又与民生密切相关的公共服务为例，均是外市县农业户籍的受访者的信心指数最高，分别达到了90.67分和81.44分，而对医疗卫生服务前景预期最消极的反而是本市县非农户籍人群这一制度上具有一定身份优势的群体（见图5—8）。这也进一步验证了前文的发现，即我国城市中的差异型公共服务在不同户籍属性人群之间的信心指数差异较小，制度性不均等的问题正在得到改善。

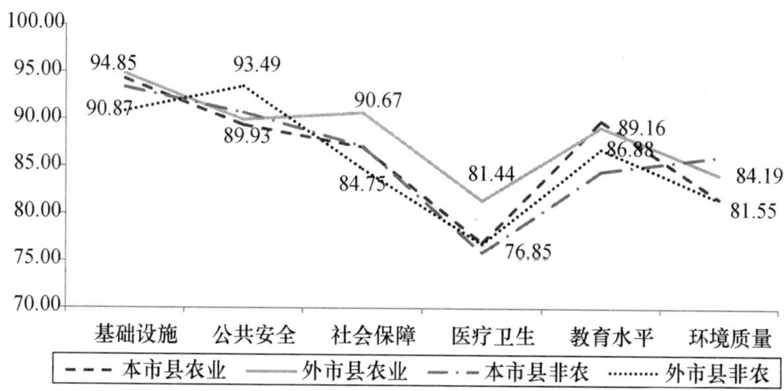

图5—8　不同户籍人群基本公共服务信心指数（分）

其次，从就业类型差异来看不同人群对公共服务的满意度、信心指数和绩效评价。就业单位类型的不同，也可能会影响到公众基本公共服务的获得。本次调查的有效样本中，有44.6%在企业工作，1.9%就职于党政机关，14.6%在事业单位工作，33.9%为个体工商户，另有5.0%的受访者选择了“其他”类型工作单位。

以社会保障为例，调查数据反映出不同单位类型受访者的“三险一金”覆盖率有明显差异。从表5—6可以看出，在党政机关就业的受访者在各类社会保险类型的覆盖率上均高于其他单位类型群体，企业和事业单位在基本养老保险和基本医疗保险上的覆盖率大致相当，而事业单位在失业保险和住房公积金的覆盖率上相比于企业还是有明显的优势。其中最值得关注的是个体工商户，这类就业类型在调查的受访者中占1/3强，但在“三险一金”各项的覆盖率上和其他类型单位之间还有较为明显的差距，尤其是失业保险和住房公积金的覆盖率，仅为19.0%和12.6%。

表5—6 分单位类型“三险一金”覆盖率 单位:%

	企业	党政机关	事业单位	个体工商户	其他
基本养老保险	86.6	92.6	85.1	55.0	49.4
基本医疗保险	91.2	95.8	92.8	77.8	75.1
失业保险	54.7	70.5	61.9	19.0	20.5
住房公积金	49.9	74.7	66.6	12.6	14.9

进一步考察就业单位所有制性质对于受访者基本公共服务满意度的评分发现，在公共安全、社会保障、医疗卫生和教育水平方面有显著差异。在中外合资/合作单位就业的人群，对于这四项基本公共服务的满意度均是各类所有制单位群体中最高的；在外资及港澳台资单位工作的人群的总体满意度也较高，但对于公共安全评价较低，仅有63.27分。与上文中关于就业单位类型社会保险覆盖率的发现相似，在私有/民营性质单位工作的人群，对于社会保障的满意度是各类所有制单位人群中最低的，仅为65.51分。而在国有性质单位就业的人群对于各类公共服务的满意度也比较低，尤其是医疗卫生，得分仅为60.13分，甚至低于私有/民营部门（见图5—9）。

再看不同单位类型人群对各项基本公共服务的信心指数可以发现，在党政机关就业的人群对各项基本公共服务的信心指数与其他单位类型的人群有较为明显的差异。对于基础设施这项前景预期普遍较为积极，信心指数平均得分在90分以上，仅就职于党政机关的受访人群给出了82.12分的组间最低分。而对于公共安全未来三年的变化，党政机关工作人员则抱有最乐观的态度，认为未来安全状况会恶化的受访者仅占4.7%，因此

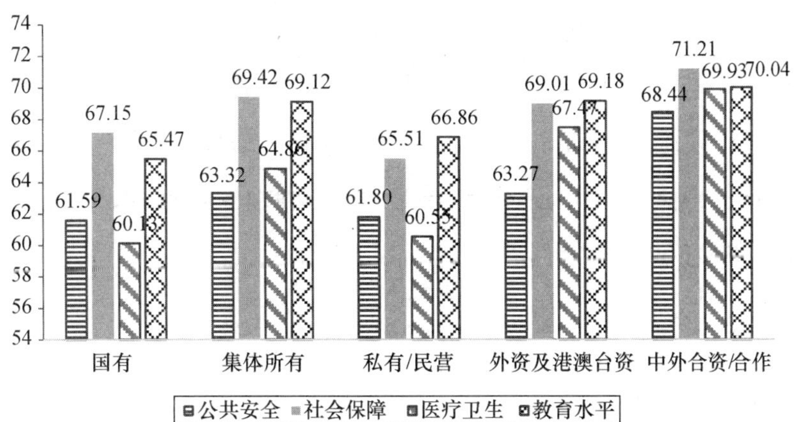

图 5—9　不同所有制单位人群部分基本公共服务满意度评分（分）

此项服务的信心指数获得了 94.04 分的组间最高分。同时，在党政机关工作的受访者对于环境质量未来三年的变化也持有积极的预期，给出了 91.69 分的组间最高分，明显高于其他三类人群的 80 分左右的信心指数水平（见图 5—10）。

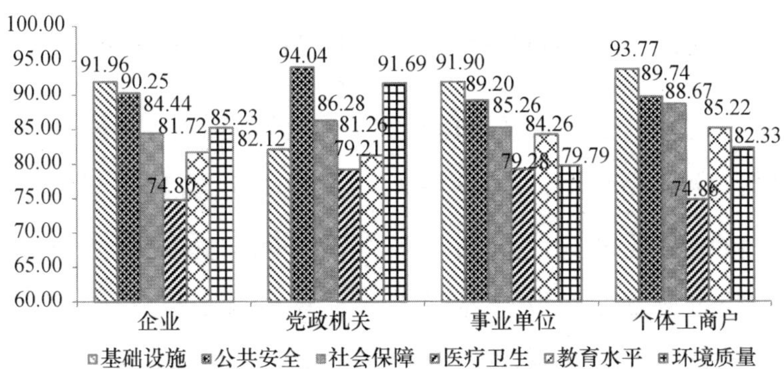

图 5—10　不同单位类型人群对基本公共服务信心指数（分）

而不同单位类型人群对于公共服务的绩效评价也存在明显差异。从图5—11可以发现，在党政机关就业的人群对于绩效评价的六个方面评分均显著高于其他单位类型群体，而个体工商户对各项绩效评价得分为各单位类型中最低。其中，两个群体对于“得到实惠”评价差异最大，党政机关为74.95分，个体工商户为66.08分，差距达到8.87分。

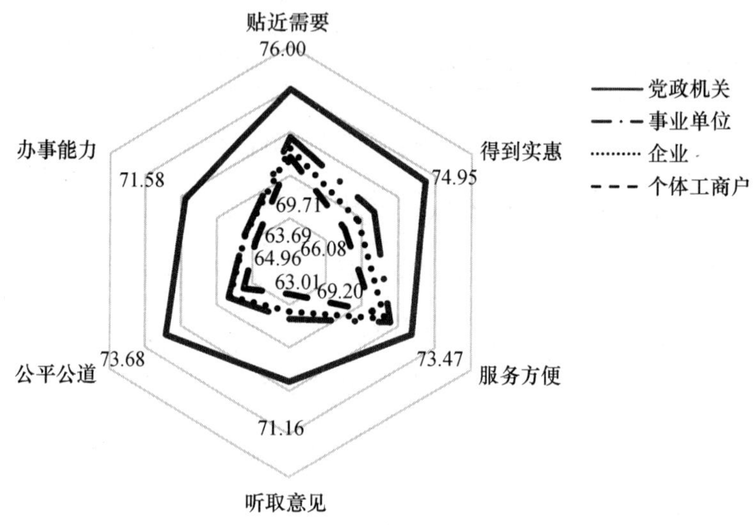

图5—11　分单位类型基本公共服务绩效评价（分）

总的来说，公共服务的制度性不均等开始从户籍性区隔逐渐向单位性区隔转变。从户籍来看，2016年的数据显示，无论是从户籍属性还是从户籍属地来看，不同户籍的群体对于基本公共服务的满意度均没有显著差异，现存差异主要体现在受主观期待影响较大的普受型公共服务领域。而从近五年来的演变趋势来看，不同户籍类型的居民在社会保障、医疗卫生和教育水平这三类存在一定准入门槛的差异型公共服务领域，平均满意度评分差异也在降低，并且外地农业户籍人群，即农民工所属群体对于差异型公共服务的满意度水平相较于其他群体有更显著的提升。这说明，近五年来，我国政府在推进城乡统筹发展、基本公共服务均等化方面取得了一定成绩。同时，就业单位类型成为影响人们公共服务获得感的主要因素，不过这种影响的方向不一致，体制内的党政机关和事业单位在“三险一金”覆盖率和对公共服务的信心指数和绩效评价上明显高于其他群体，但在企业尤其是外资企业工作人群的公共服务满意度却相对较高。

（三）群际均等水平

基本公共服务的群际均等主要是考察不同年龄、不同收入和社会地位（自我认定）的人群对所获取的基本公共服务的满意度、前景预期和绩效评价是否存在差异。

首先，看不同年龄群体对基本公共服务的评价。本次调查的受访对象为居住在城市中16周岁以上居民，数据显示，受访者的年龄分布为：16—25岁占16.9%，26—35岁占28.0%，36—45岁占24.5%，46—55岁占18.2%，56岁及以上占12.4%。比较不同年龄群体对六大类基本公共服务的满意度发现，除了教育水平，均有显著差异。进一步看不同年龄群体对于医疗卫生的满意度评价发现，2016年的分布与前四年有明显不同。2012年、2014年和2015年不同年龄受访者对于医疗卫生的满意度基本上呈现“两头高、中间低”的特点，即16—25岁人群和56岁及以上人群的满意度相较于中青年群体略高。2013年的整体趋势则是受访者年龄越大，对于医疗卫生满意度越高。但2016年的数据显示，随着年龄的增长，受访者对于医疗卫生的满意度呈现梯度下降的特点（见图5—12）。

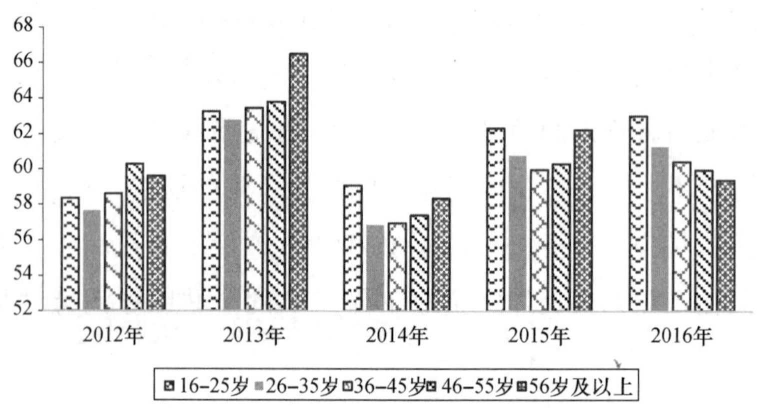

图5—12 分年龄段对医疗卫生满意度评分（分）

其次，分月收入水平看不同组别受访者对各项基本公共服务的满意度。按照受访者对自己月收入范围的回答，从低到高可以划分为6组，分别为2000元及以下、2001—4000元、4001—6000元、6001—8000元、8001—10000元和10001元及以上。比较各收入组别对各类基本公共服务的满意度评价发现，差异主要体现在医疗卫生、环境质量和社会保障方面。其中，医疗卫生满意度是组间差异最大的领域。月收入在2000元及以下的低收入群体的满意度最低，仅为57.75分，随着收入的增长，受访者的满意度逐渐提升，虽稍有波动，但月收入在10001元及以上的高收入群体，满意度达到最高值67.18分，差距达到9.43分（见图5—13）。对于环境质量的满意度则呈现相反趋势，满意度随着收入的增加而逐渐降低，这类普受型公共服务的满意度差异反映的主要是不同收入群体的期望和主观评价标准的不同。另外，社会保障的满意度在10000元以下的群体中大致呈现一个稳定水平，主要在 65.41 分和 67.59 分之间波动，只有 10001 元及以上的群体中满意度有较为明显的提升。

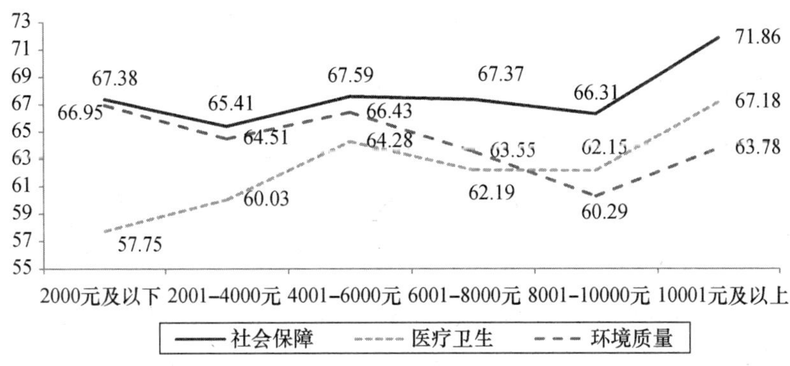

图 5—13　分月收入水平对三项基本公共服务满意度评分（分）

进一步考察月收入在 2000 元及以下的低收入的群体的“三险一金”覆盖率，也可发现其明显低于其他收入群体。数据显示，月收入在 2000 元及以下的受访者中，基本养老保险、基本医疗保险、失业保险和住房公积金的覆盖率分别为 52.3%、75.7%、22.5% 和 17.2%。而月收入在 6001—8000 元的中等收入群体中，上述保险的覆盖率分别为 78.5%、91.4%、50.6% 和 52.0%，各类别均有明显差异。但与现实状况评价相反的是，对于社会保障的未来预期，月收入在 2000 元及以下的低收入群体却是各收入组别中最高的。有 75.0% 的受访者认为，所在城市的社会保障状况在未来三年将会得到改善，或者说当前的良好情况将得到保持，因此其对社会保障的信心指数达到 90.36 分。与之相对的，月收入在 2001—4000 元、4001—6000 元、6001—8000 元、8001—10000 元和 10001 元及以上的受访者对于社会保障的信心指数分别为 86.46 分、84.14 分、87.50 分、

82.35 分和 89.96 分。这说明低收入群体在社会保障方面获得的公共服务有待进一步改善，虽然当下的满意度较低，但对于未来趋势还抱有积极的态度。

再次，看不同社会阶层的受访者对基本公共服务的评价。受访者被要求根据自我认知，对自身的社会地位进行界定，第一层代表最低，第十层代表最高。根据他们对自身的界定，我们将其社会地位从低到高分为五层，其具体占比分别为底层（第1、2 层）19.6%、中下层（第3、4 层）30.0%、中层（第5、6 层）30.9%、中上层（第6、7 层）16.3%和上层（第8、9、10 层）3.2%。按照受访者对于自我社会地位的界定来看其对基本公共服务的评价可以发现，在满意度、信心指数和绩效评价三个方面都呈现出社会地位越低评价越低、社会地位越高评价越高的特点。例如，底层受访者对教育水平的满意度评分为65.06 分，随着自我认定社会地位的提升，中下层、中层、中上层和上层群体对于教育水平的满意度评分分别为 66.03 分、68.92 分、70.41 分和 69.36 分。对于教育水平的信心指数也呈现随社会地位的上升而上升的特点，从底层 82.31 分的组间最低分，逐渐上升到上层的 89.36 分的组间最高分（见图 5—14）。类似的，对于绩效评价的六个方面也呈现出自我认定的社会地位较低的人群，更倾向于认为政府的服务不太贴近需要，自己没有从中得到实惠，服务不太方便，政府还没有充分听取群众意见，公平公道程度有待提高，办事能力也有不足；而社会地位较高的阶层则倾向对于上述方面给出更积极的评价。

最后，自 2013 年起本调查还着重考察了针对特殊群体的专门公共服务对于保障这些人群的基本生存需求的作用，具体包括对

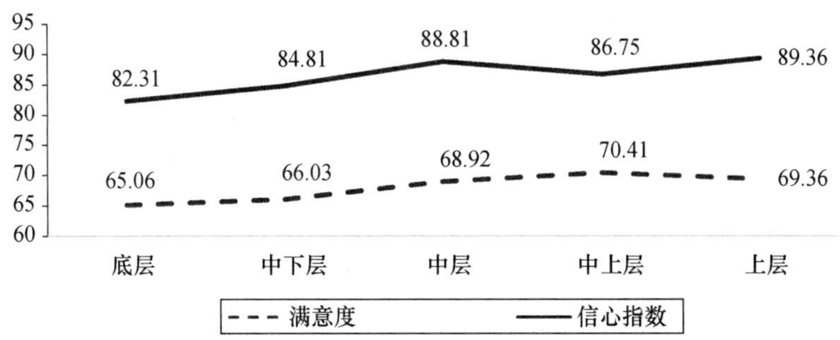

图 5—14　分社会阶层对教育水平的满意度和信心指数（分）

孤寡老人、孤儿的社会保护，对残疾人的社会援助，对贫困群体的社会救助的满意度和信心指数，以及针对残疾人等弱势群体的救助机构、针对农民工子女的中小学、针对老年人的公益性养老服务机构、有助于失业人群的就业服务和面向住房困难群体的公租房等特殊公共服务的公众知晓情况和使用便捷度。总体来看，人们对这些特殊公共服务的满意度近年来正以缓慢的速度逐年提升。以对贫困群体的社会救助为例，对其表示比较满意的受访者比例近四年略有波动，从 30. 1% 缓慢上升至 31. 9%，而较不满意的比例则从 10. 9% 逐步下降至 8. 1%（见图 5—15）。

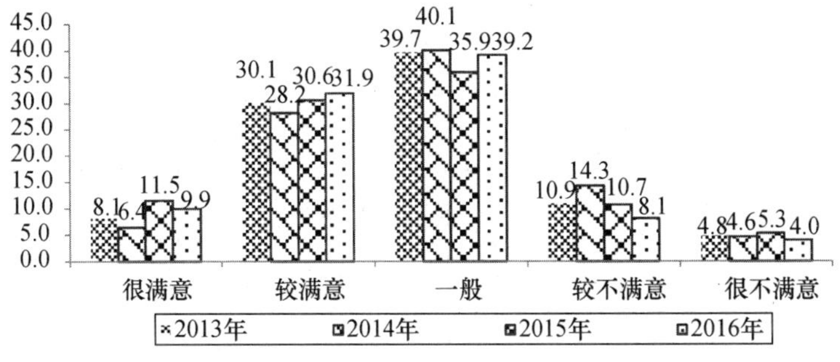

图 5—15　对贫困群体的社会救助满意度（%）

进一步考察特殊公共服务所针对的目标人群对于这些服务的知晓程度和便捷度评价发现，整体上目标人群对于特定公共服务的知晓度不仅没有高于一般群体，反而各年度在各个项目上均落后于一般群体。例如，2016 年数据显示 60 岁及以上群体中明确表示知道所在城市有公益性养老服务机构的仅为 56.0%，而 60 岁以下人群则为 60.3%。在对于该机构或服务的便捷度的评价方面，目标群体也是整体上低于一般群体，仅在个别年度和个别项目上评价稍高。例如，关于公共租赁住房的服务是否方便，租房群体在 2013 年和 2015 年的评价均低于自有住房群体，而 2014 年和 2016 年的领先优势也不超过 4 个百分点（见表 5—7）。这种知晓度偏低、便捷度评价不高的状况说明，针对特定人群提供的公共服务在改善和促进目标群体的生活和发展状况方面的作用有限。

表 5—7 特殊公共服务目标人群及非目标人群知晓度和便捷度评价

单位:%

		知道有该机构或服务				认为该机构或服务使用方便			
		2013	2014	2015	2016	2013	2014	2015	2016
公益性养老服务机构	60 岁及以上	74.3	51.4	55.0	56.0	40.5	32.0	61.4	72.4
	60 岁以下	66.9	57.3	63.6	60.3	43.3	34.3	66.3	64.8
免费就业信息、就业指导和技能培训等	失业下岗	44.7	35.9	49.0	36.8	33.6	22.0	68.4	54.2
	有工作	52.4	47.7	55.9	52.9	31.8	26.8	61.4	66.4
公共租赁住房	租房	53.8	51.7	63.0	63.0	26.7	26.2	50.3	56.7
	自有住房	51.0	50.2	67.0	68.8	28.4	22.9	51.3	53.6

四　研究结论与政策建议

（一）公众对基本公共服务的满意度、信心指数和绩效评价均有所提升

总的来说，2016 年公众对于六大类基本公共服务均比较满意。其中，基础设施满意度最高，得分为 72.40 分；医疗卫生满意度最低，得分为 60.87 分。从近三年的趋势来看，公众对基础设施、社会保障、教育水平方面的满意度稳步小幅上升，而对于公共安全、医疗卫生和环境质量的满意度，在经历 2014 年至 2015 年的上升后，近一年来未有明显改善。

在信心指数方面，公众对于基础设施、公共安全、社会保障的前景预期都保持较为乐观的判断，尤其是基础设施，信心指数得分达到 93.50 分，连续三年保持最高指数得分。而公众对于医疗卫生、教育水平和环境质量的信心，相比于 2015 年则有所下降。尤其是公众对于医疗卫生服务的未来预期，已经连续两年成为最不乐观的领域，2016 年信心指数得分仅为 76.58 分，与其他公共服务基本领域有较为明显的差距。

在绩效评价方面，近三年来，公众对于政府提供公共服务的绩效各方面评价均有所提高，其中提升程度最高的三项分别是：服务方便、得到实惠和公平公道。2016 年，“贴近需要”的评分最高，达到了 70.16 分，单项得分首次突破 70 分；“办事能力”的评分最低，得分 64.73 分。

（二）医疗卫生服务整体满意度和信心指数低且不均等问题突出

我国医疗卫生存在资源短缺、布局不合理的问题。近年来的数据显示，公众对于医疗卫生服务的满意度长期在低位徘徊，从2013年到2016年，该项服务的满意度得分从64.16分逐年降至60.87分，信心指数也始终在75分到81分波动。甚至于备受批评的环境质量，从2013年到2016年，其满意度也由53.79分升至65.51分，信心指数从58.64分升至84.89分。相比之下可以看出，医疗卫生服务的停滞不前问题比较突出。结合2014年10月28日国家卫计委公布的《全国医疗卫生服务体系规划纲要(2015—2020年)》可以发现，近两年来医疗卫生服务的满意度和信心指数未见明显改善，而继续保持下滑趋势。

同时，医疗卫生服务的不均等问题在地域、制度和群际三个维度上均有体现。近三年来，不同地区公众对于医疗卫生的满意度差距在扩大。从2014年，得分最高的西部地区与得分最低的东北部地区仅相差4.78分；到2016年，得分最低的中部地区与得分最高的东部地区之间的差距扩大到10分以上。在制度性不均等方面，虽然医疗卫生是存在一定准入门槛的差异型公共服务，但由于近年来民营医院的快速崛起，市场化程度大大提高，因此并不存在农业与非农业、本地与外地之间的传统制度差异。相反，就业单位性质成为影响公众医疗卫生服务满意度的主要因素。个体工商户的基本医疗保险覆盖率明显低于企业和体制内单位，同时在私有/民营部门工作的受访者对于医疗卫生的满意度也仅为60.55分。而进一步考虑年龄、收入、社会阶层等因素后，医疗卫生满意度差异也依然明显，集中体现在老年人、低收入群体和自我认定属于社会底层的弱势群体的满意度低。

针对上述问题，未来医疗卫生服务的提升和改善任重而道远。除了全面提升各地医疗资源的配置，健全医疗服务体系，加强基层医院的服务能力和水平，提高千人床位数和千人执业医师数等硬件指标外，还应注意对落后地区的定向投入和重点扶持，加强对私有民营部门的医疗保险覆盖率监管，注重老龄化趋势下老年人口的医疗需求和特点，以及重视对低收入、社会底层群体的社会救助和大病致贫的预防。

（三）户籍造成的制度性区隔作用淡化，私有民营部门的社会保险监管有待加强

户籍制度长期以来都是造成基本公共服务不均等的重要制度性因素，但近年来的数据显示，这种制度性区隔的作用正在淡化。2012 年，农业与非农业、本地人与外地人之间对于差异型公共服务的满意度评分还是有一定差距的，其中本市县非农业人口的满意度最高，达到 62.85 分，而外市县农业人口的满意度最低，仅为 59.61 分。在随后几年，各类户籍人群对差异型公共服务的满意度均有起伏，但总体呈上升趋势，且群体间差距在缩小。至 2016 年，在差异型公共服务方面，不同户籍群体仅对医疗卫生的满意度存在差异，并且是农业人口评分高于非农业人口，外地人高于本地人。这说明，近年来我国城市中的差异型公共服务在不同户籍属性人群中的满意度均在稳步提高，并且户籍造成的制度性不均等的问题正在得到改善。

但同时，就业单位类型在影响公众对基本公共服务的评价方面发挥明显作用。就业于不同所有制单位的受访者，在公共安全、社会保障、医疗卫生和教育水平方面的满意度有显著差异。其中，在私有/民营性质单位工作的人群，对社会保障的满意度是各类所有制单位人群中最低的。从“三险一金”的覆盖率来看，私有民营部门也是各类单位中最低的，尤其是失业保险，仅为32.7%。这说明，就业单位的性质成为影响公众社会保障获得感的主要因素，加强对私有民营部门的监管是提升社会保障满意度的重要工作。政府除了通过《劳动保护法》和《社会保险法》等法律法规进行强制性约束外，也应该通过降低民营企业社保费率、允许灵活缴费、为参保企业减免税费等多样化方式鼓励其加强对职工的劳保和社保投入。

（四）针对特定人群的公共服务功能未得到充分发挥，知晓度和便捷度有待提高

通过考察公众对于针对孤寡老人、孤儿、残疾人、贫困群体的社会保护和社会救助的满意度和信心指数发现，总体来看，人们对这些特殊公共服务的满意度近年来正以缓慢的速度逐年提升。但进一步比较老年人、失业群体、租房群体等目标群体对于相关服务的知晓度和评价发现，他们对这些服务的知晓程度和满意度并不比一般群体高，反而各年度在各个项目上均落后于一般群体，因此上述针对特定人群的公共服务还有待进一步发展。在“十三五”规划列出的“基本公共服务项目清单”中，劳动就业、特困人员的最低生活保障、老年人的福利补贴、住房保障、残疾人保障均属于政府保障民生的重要工作。考虑到数据所反映出的目标群体知晓度不足、便捷度评价低的现状，在未来的发展中，这些针对特定群体的公共服务领域需进一步健全基层服务网络，加强资源整合，提高管理效率，推动服务项目真正发挥功效。

第六章　政府社会责任

外部评价是促进政府履行社会责任的重要手段和有效途径。从政府内部来看，需要一套有效的评价体系来衡量政府社会责任的成效，查缺补漏，持续改进；从外部社会来看，用一套逻辑一致的指标体系对政府社会责任履行状况进行评价，有助于外部利益相关群体更清晰地辨识政府社会责任的发展水平，推动政府提升履行社会责任的绩效。

中国社会科学院社会发展战略研究院根据国内外经典理论和评价体系，结合中国实际，构建了一套覆盖全面、结构一致的政府社会责任发展指数——中国政府社会责任发展指数，从经济发展、社会发展、环境保护和政府治理四个方面来测量公众对政府社会责任发展水平的满意程度和未来预期。从 2012 年到 2016 年，连续五年实施大样本社会调查，持续跟踪中国政府社会责任发展进程的阶段性特征，为相关研究和政策制定提供基准性参考。

一　技术路线

（一）概念与模型

政府所享有的公共权力来自社会的整体赋予，根据权力和责任的对应原则，政府作为一个整体组织就应该对社会赋予的整体权力承担相应责任。亚里士多德认为，政府存在的根本要义在于使国民过上正义和理性的社会公共生活，其宗旨就是为了维持公民抑或社会的“公共福利”。托马斯·阿奎立足于政府价值，认为政府一切的行动逻辑在于“殚精竭虑地增进公共福利”。政府的责任体系最终都是在要求政府对公民负责，满足公民的共同需求，过上幸福生活是人类社会每一个个体的共同追求，因此，在现代社会中，政府应当对人民的幸福生活负有重大责任。①

对政府责任具体内容的讨论主要集中于两个维度：一个是政府对外的社会功能和核心使命，即政府作为社会公共管理者，应该提供哪些公共产品和服务。这个方面最具代表性的观点是世界银行 1997 年世界发展报告，该报告认为政府的核心使命有五项：建立法律基础；保持非扭曲的政策环境，包括宏观经济的稳定；投资于基本的社会服务与基础设施；保护承受力差的社会阶层；保护环境。国内学者桑瑜指出，不管社会如何变迁，政府角色如何定位，政府的基本职能就是为社会公众提供公共产品和服务，对于保障国家安全、维护社会公正、提供公共产品和服务以及助弱扶贫等社会责任，政府都义不容辞。②

对政府社会责任研究的另一个重点是政府对内的治理方式和管理水平，即政府作为一个公共组织，对自身的约束和管理，

① 熊辉：《公民幸福与政府责任——给予社会比较视角的分析》，《天津行政学院学报》2015 年第 3 期。

② 桑瑜：《论政府与企业的社会责任边界》，《湖南师范大学社会科学学报》2014 年第 4 期。

以及政府工作人员的道德品行。格雷弗认为，政府责任的内涵包括以下方面：回应、弹性、胜任能力、正当法律程序、负责与廉洁等。[①] 国内学者张成福将政府的责任划分为道德责任、政治责任、行政责任、政府的诉讼责任和政府的侵权赔偿责任。[②] 俞可平将政府自身管理的责任定义为“善治”，并认为“善治是公共利益最大化的过程……合法、透明、法治、回应、有效是善治最基本的关键词”[③]。李燕凌指出，在政治学意义上，政府责任意味着政府“应当”承担的义务或职责，同时也意味着政府应当向谁负责或者为自身的不当行为承担何种不利后果；在法学意义上，政府责任意味着法律规定的政府职责或义务，意味着决定政府职责或义务范围的法律以何种方式制定以及采取何种制度设计来保证政府服从法律规定，同时也意味着政府在违反法律规定时必须承担相应后果；在行政管理学意义上，政府责任则规定着在符合依法行政规范的条件下，政府的职能、机构和治理结构如何优化，政府才能实现管理效率与服务公平的有机统一。[④]

综合国内外相关研究成果，本研究提出政府社会责任模型：政府社会责任由发展责任和治理责任两大维度构成。发展责任指的是政府要确保经济增长、社会进步和环境美好，治理责任指的是政府在自身管理上要做到依法、自律、效率、反腐、透

---

① Graver Straling, *Managing the Public Sector*, The Dorsey Press, 1986, pp. 115 - 125.

② 张成福：《责任政府论》，《中国人民大学学报》2000 年第 2 期。

③ 俞可平：《治理与善治》，社会科学文献出版社 2000 年版，第 330 页。

④ 高小平：《政府责任法治：管理效率与服务公平的统一——评李燕凌的新作〈公共服务视野下的政府责任法治〉》，《中国行政管理》2016 年第 2 期。

明、问责。上述各方面构成一个以“治理”为核心，“经济”“社会”“环境”三个构面环绕的“四位一体”模型（见图6—1）。

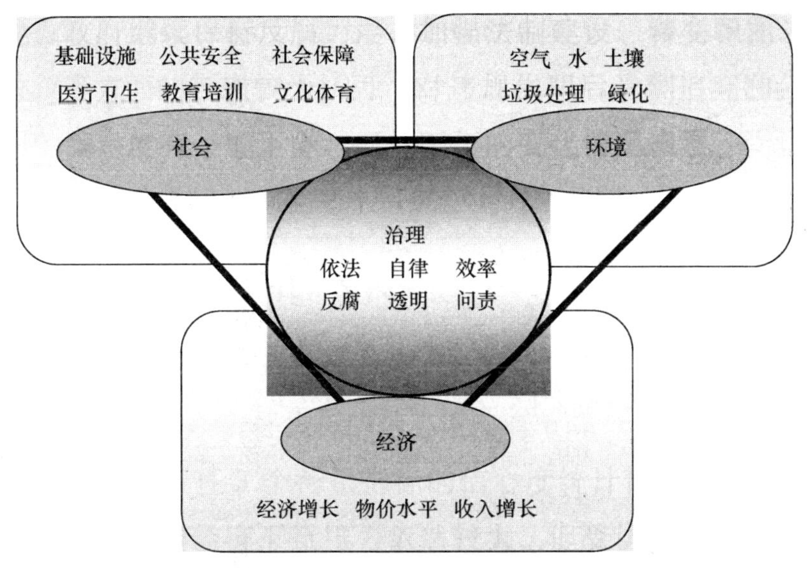

图6—1 政府社会责任的“四位一体”模型

（二）评价指标

课题组以模型为基础，设置了两级评价指标体系，以测量中国政府社会责任现状的满意程度和未来预期。其中，一级指标体系由经济发展责任、社会发展责任、环境保护责任和政府治理责任4个指标构成。经济发展责任下包含经济增速、收入增长和物价水平等3个二级指标；社会发展责任下包含基础设施状况、住房保障、教育水平等10个二级指标；环境保护责任下包括空气质量、自来水质量、生态水面质量等5个二级指标；政府治理责任下则包含了预防和惩治腐败、依法行政、公务员廉洁自律等6个二级指标（见表6—1）。

根据政府社会责任评价指标体系，课题组分别设置了5级量表和3级量表进行调查（满意程度答案采用李克特5级量表设置，1很满意、2较满意、3一般、4较不满意、5很不满意；未来预期答案采用李克特3级量表设置，1变好、2没变化、3变差）。

表6—1　　　　政府社会责任评价指标

一级指标	二级指标
经济发展责任	经济增速
	收入增长
	物价水平（消费品价格、住房价格）
社会发展责任	基础设施状况（学校、医院、银行、商店、通信等）
	住房保障
	教育水平（入学择校、教学质量等）
	医疗服务水平（医疗水平、看病费用等）
	社会保障水平
	治安状况
	食品安全状况
	社会公平公正状况
	就业机会
	社会风气
环境保护责任	空气质量
	自来水质量
	生态水面质量（湖、河、溪、塘等）
	城市绿化
	生活垃圾处理

续表

一级指标	二级指标
政府治理责任	预防和惩治腐败
	依法行政
	公务员廉洁自律
	办事效率
	公廾透明
	违规失职后受到追究

（三）指数构建方法

1. 研究路径

在测度了公众对政府社会责任现状的满意度以及对未来三年的预期以后，我们选用指标含义清晰、综合解释能力强的传统评价法（加法合成法）来计算公众对政府社会责任的满意指数 K（$K=\frac{\sum_{i=1}^{n}\lambda_i W_i}{\sum_{i=1}^{n} W_i}$）和信心指数 J（$J=\frac{\sum_{i=1}^{n}\lambda_i W_i}{\sum_{i=1}^{n} W_i}$）。其中 K 为公众对政府社会责任的满意指数值，J 为公众对政府社会责任的信心指数值；λ_i 为单个指标的均值，n 为评价指标的个数；W_i 为各评价指标的权重（由层次分析法生成），具体研究路径如下。

（1）度量转换，将满意指数关键指标的 5 级量表和信心指数关键指标的 3 级量表均转换为百分制量表；

（2）用标准差因子（二级指标）赋权法，计算一级指标满意指数和信心指数；

（3）用层次分析法计算出一级指标的权重；

（4）用加权合成法对一级指标综合，得出满意指数和信心指数。

2. 度量转换

在调查问卷中，受访者对政府社会责任现状的感知被设置为5级量表。为了较为直观地表现政府责任满意指数，将其转化为百分制度量方法，并设定满意区间（60—100）、一般区间（40—60）和不满意区间（0—40），如表6—2所示。

表6—2　政府社会责任满意度转换

满意度	很满意	较满意	一般	较不满意	很不满意
5级量表	1	2	3	4	5
百分制量表	100	80	60	40	20
对应区间	80—100	60—80	40—60	20—40	0—20

受访者对政府社会责任未来三年的感知被设置为3级量表，亦将采用百分制度量方法，变好、没变化和变差对应的值依次为100、67、33，对应的区间分别为变好（67—100）、没变化（33—67）及变差（0—33），如表6—3所示。

表6—3　政府社会责任信心度转换

信心	变好	没变化	变差
3级量表	1	2	3
百分制量表	100	67	33
对应区间	67—100	33—67	0—33

3. 权重确定

采用层次分析法确定政府社会责任一级评价指标的权重，

延续 2012 年政府社会责任指数构建中一级指标的比较判断矩阵，各个指标相应的权重如表 6—4 所示。可见对衡量政府社会责任而言，经济发展的重要性 > 社会发展的重要性 > 环境保护的重要性 > 政府治理的重要性，我们采用一致的一级指标权重计算政府社会责任满意指数和信心指数。

表 6—4　　　　政府社会责任一级指标权重

责任议题	经济发展	社会发展	环境保护	政府治理
权重	0. 32	0. 29	0. 24	0. 15

二　政府社会责任满意度与信心度

以上述理论推演为基础，中国社会科学院社会发展战略研究院于 2016 年 5—8 月实施了“2016 年度中国社会态度和社会发展问卷调查”，最终回收有效问卷 7936 份。[①]

（一）政府社会责任满意度

1. 受访者对经济增速最为满意，对物价水平较不满意

将经济发展责任细分为经济增长速度、收入增长和物价水平三个方面来衡量，受访者满意度调查结果如图 6—2 所示。[②]可以看出，三个关键指标中，老百姓对经济增速的满意度最高，

① 考虑到调查每年的执行时间，所有调查数据实际反映的是上一年度下半年到本年度上半年的相关情况。因此后文在分析 2016 年的调查结果时，会涉及 2015 年度的政府社会责任行动和绩效。

② 将“很满意”和“较满意”合并为“满意”进行统计，将“较不满意”和“很不满意”合并为“不满意”进行统计。以下满意度统计均按此处理。

44.1%的受访者表示满意，仅12.2%表示不满意。同时，约1/3的受访者（占32.4%）对收入增长表示满意。但物价水平满意度相对较低，只有22.3%的受访者表示满意，多达45.6%的受访者表示不满意。

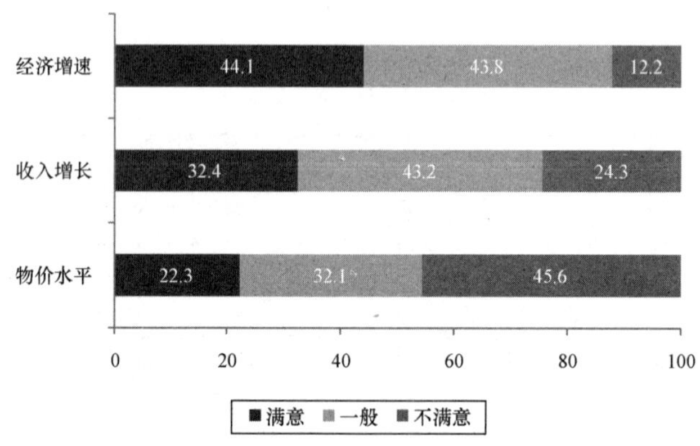

图6—2　2016年政府经济发展责任指标满意度分布（%）

物价水平满意度是根据标准差赋权法，由消费品价格满意情况和住房价格满意情况两个题器加权加总算出。消费品价格和住房价格的调查结果如图6—3所示。可知受访者对住房价格和消费品价格的满意度十分接近，不足1/4的受访者（占22.3%）对消费品价格和住房价格满意，1/3的受访者表示一般，超过40%的受访者表示不满意。

将2016年政府经济发展责任各项指标的满意情况与过去四年的情况进行比较（见图6—4），受访者对经济发展状况的满意度相比2015年有小幅下降。虽然2016年国内经济运行总体稳定，供给侧结构性改革逐步推进，积极推进去产能、去库存的同时，加快培育新动能。根据2012—2016年月度工业增加值增长率（见图6—5），可以直观看出近年来工业生产趋于稳定。

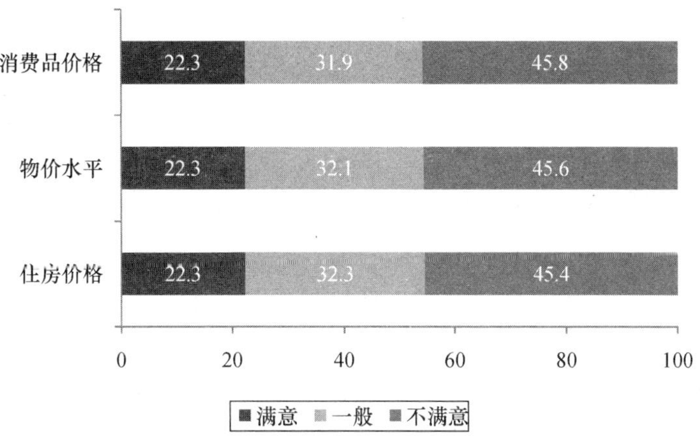

图 6—3　2016 年物价水平满意度分解（%）

此外，“一带一路”倡议和国际产能合作扎实推进，培育了新的增长点。但总体来说，经济下行压力依然较大，工业经济效益、三产投资、外贸进出口额有所下滑。

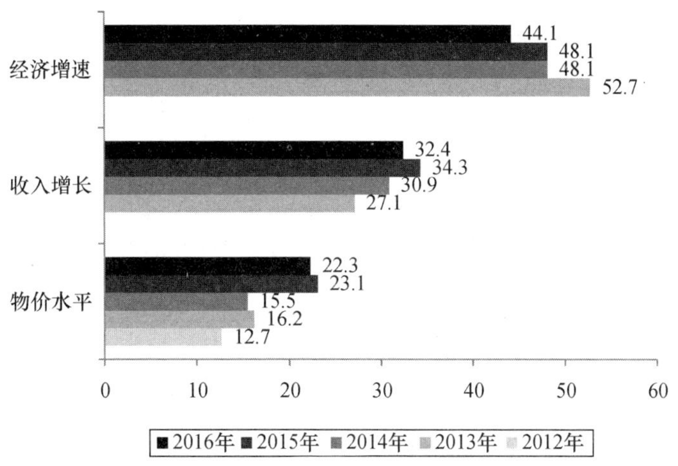

图 6—4　2012—2016 年政府经济发展责任指标满意度对比（%）

注：2012 年未调查受访者对经济增速和收入增长的满意情况。

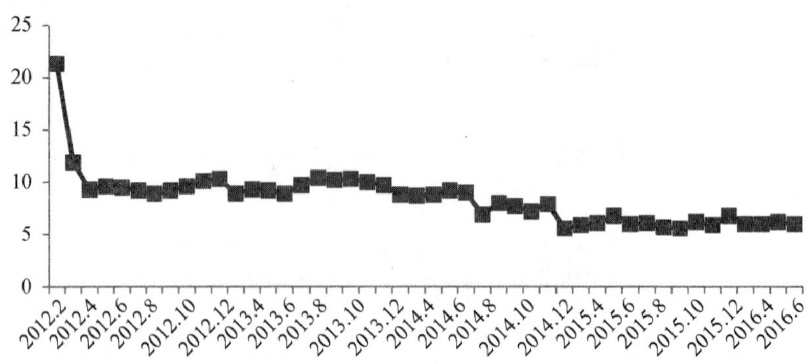

图 6—5　2012—2016 年月度工业增加值增长率（%）

收入增长的满意度方面，在经历了 2013—2015 年的满意度持续上升之后，2016 年受访者对收入增长的满意度比 2015 年下降了 1.9 个百分点。根据相关数据统计，2015 年全国城镇非私营单位就业人员年平均工资为 62029 元，比上年增加 5669 元，增长 10.1%；2015 年全国城镇私营单位就业人员年平均工资为 39589 元，比上年增加 3199 元，增长 8.8%。2015 年末，外出农民工人均月收入水平为 3072 元，比上年提高 208 元，增长 7.3%。[①] 然而总体的小幅上涨并没有提高老百姓对收入增长的满意度。

受访者对物价水平的满意度在经过了 2015 年的显著提高之后，在 2016 年出现了轻微的下降，比 2015 年降低 0.8 个百分点，不过依然明显高于 2013 年和 2014 年的满意度水平。2015 年下半年以来居民消费品价格指数在波动中有小幅的增长（见

① 人力资源和社会保障部：《2015 年度人力资源和社会保障事业发展统计公报》（http：//chuangye. yjbys. com/news/580772. html）。

图 6—6），部分城市的住房价格在 2015 年底到 2016 上半年又经历了新一轮的快速增长，降低了受访者对物价水平的满意度。

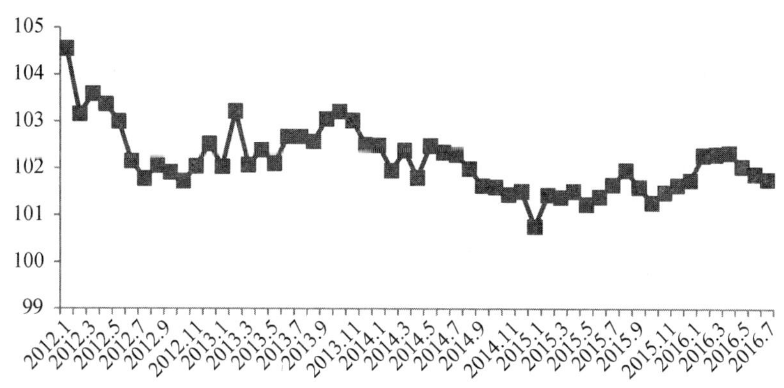

图 6—6　2012—2016 年月度 CPI 变化（%）

2. 受访者对基础设施最为满意，对食品安全较不满意，多项社会发展指标相比过去四年均有所提升

将政府社会发展责任细分为基础设施状况（学校、医院、银行、商店、交通、通信等）、住房保障、教育水平（入学择校、教学质量等）、医疗服务水平（医疗水平、看病费用等）、社会保障水平、治安状况、食品安全状况、社会公平公正状况、就业机会和社会风气 10 个题器来衡量，满意度调查结果如图 6—7 所示。

从图 6—7 中可以看到，政府各项社会发展责任议题中，受访者评价最高的是基础设施状况和治安状况，超过一半（分别占 59.9% 和 51.7%）的受访者表示满意，各地政府多年来始终注重基础设施建设和治安管理，让老百姓切实感受到了工作生

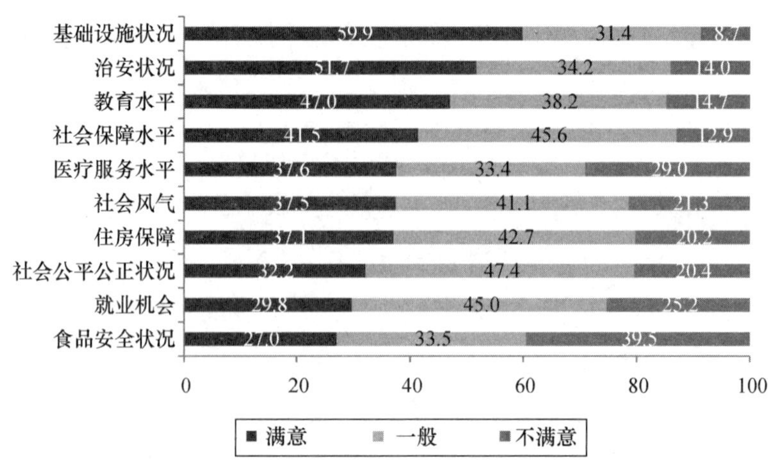

图 6—7　2016 年政府社会发展责任指标满意度分布（%）①

活的便利和安全。受访者对教育水平和社会保障水平也较为满意，表示满意比例均超过 40%。此外，对医疗服务水平、社会风气、住房保障、社会公平公正状况等表示满意的受访者超过 30%。但受访者对就业机会和食品安全状况的满意度相对较低，可见受经济增速下降的影响，老百姓感受到了就业压力，而当前的食品安全状况仍然没有满足民众的期望和要求。

对比 2012—2016 年政府社会发展责任各项指标满意度，2016 年受访者对基础设施状况、治安状况的满意度进一步提高，但部分指标的满意度比 2015 年有小幅的下降。从五年的总体趋势来看，受访者对政府的社会发展责任的满意度是有所改善的（见图 6—8）。从 2015 年到 2016 年，政府陆续出台了许多相关政策，以改进履行社会发展责任的绩效。

① 本章在统计时对样本进行了加权处理，因此相关指标的满意度和信心度分布与第二、第三章有所不同。

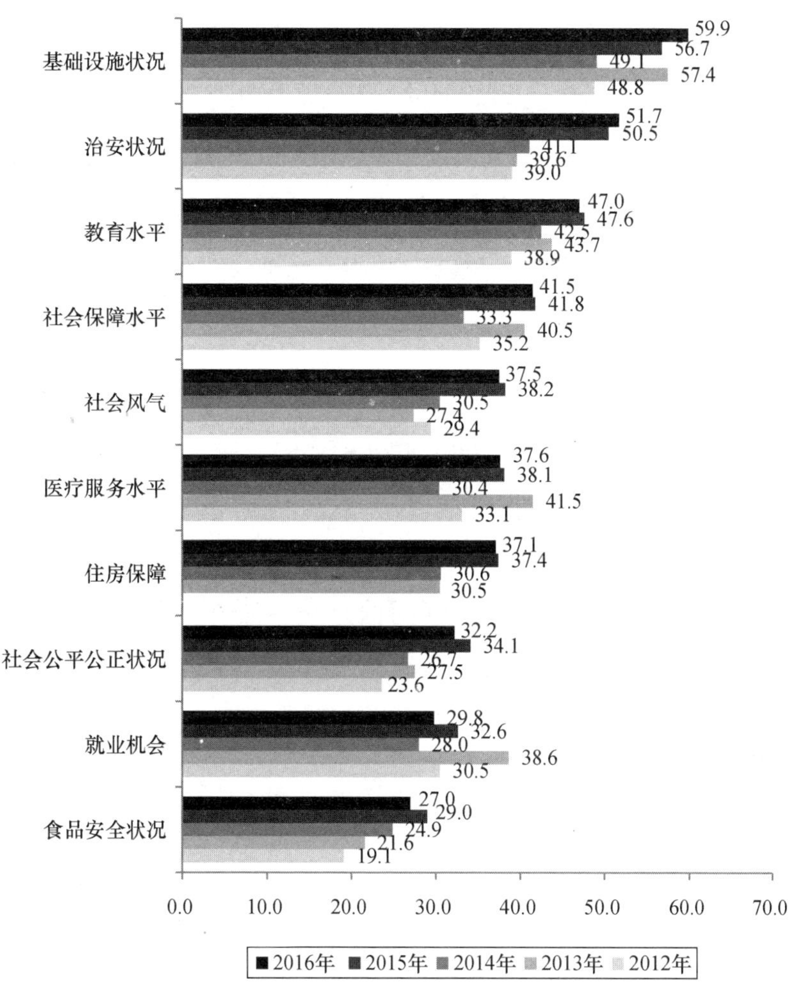

图 6—8　2012—2016 年政府社会发展责任指标满意度对比（%）

注：2012 年未调查受访者对“住房保障”的满意度，2013 年关于住房调查的指标为“公共房屋租赁”。

比如，住房保障方面，2015 年 6 月，国务院下发《国务院关于进一步做好城镇棚户区和城乡危房改造及配套基础设施建设有关工作的意见》，指出：2015—2017 年，改造包括城市危房、城中村在内的各类棚户区住房 1800 万套，农村危房 1060 万户，加大棚改配套基础设施建设力度；同时，将完善配套基础设施、推进农村危房改造，创新融资体制机制，改善人民群众的居住条件。2016 年，人社部积极采取多项措施保障就业，包括化解产能过剩下职工的安置工作、继续实施大学生就业促进计划和创业引领计划、加大职业培训力度、推动创业带动就业、做好公共就业服务，特别是加大网上的服务力度等。教育方面，2016 年 5 月，教育部、国家发改委、财政部、国家新闻出版广电总局等四部门印发了《关于 2016 年规范教育收费治理教育乱收费工作的实施意见》；6 月教育部印发了《教育信息化“十三五”规划》，推动充分利用信息技术提高教学水平；7 月，国务院印发《关于统筹推进县域内城乡义务教育一体化改革发展的若干意见》，要求按照全面建成小康社会目标，加快缩小城乡教育差距，促进教育公平，统筹推进县域内城乡义务教育一体化改革发展。食品安全方面，2016 年重点工作包括加快完善食品安全法规制度、健全食品安全标准体系、加大食用农产品源头治理力度、强化风险防控措施、突出重点问题综合整治、严格落实生产经营主体责任、保持严惩重处违法犯罪高压态势、加强食品安全监管能力建设、落实食品安全责任制、推动食品安全社会共治、完善统一权威的监管体制等。

3. 受访者对城市绿化最为满意，四年来对各项环境指标的满意度总体呈上升趋势

将政府环保责任细分为空气质量、自来水质量、生态水面质量（湖、河、溪、塘等）、城市绿化和生活垃圾处理 5 个指标

来衡量，满意度调查结果见图6—9。可以看到，受访者对城市绿化满意度最高（满意比例62.6%），其次是对生活垃圾处理的满意度（满意比例41.5%），约40%的受访者对自来水质量表示满意；对空气质量和生态水面质量表示满意的受访者相对较少。

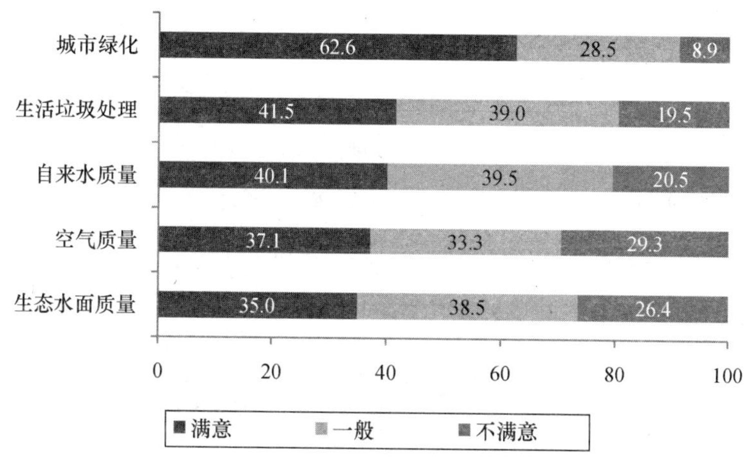

图6—9　2016年政府环境保护责任指标满意度分布（%）

将政府环保责任与过去三年进行对比（见图6—10），可以看到，虽然生活垃圾处理、自来水质量、空气质量的满意度在2016年有小幅下降，但总体上看，各项环境指标的受访者满意度在四年中呈现上升趋势。从2014年底到2016年，在建设“美丽中国”的大背景下，中央政府对环境保护出台了一系列相关政策和法律，进一步加强了对环境保护的要求。比如，2014年11月，十二届全国人大常委会第十二次会议审议《大气污染防治法修订草案》，草案对既有条款进行了大规模的增删、调整和重新建构，强化了企业、政府和公众的责任，补充完善了重点领域污染防治、区域联合防治、总量控制和排污许可等具体制度和措施，加大了对违法行为的处罚力度，并对公众关心的雾霾问题进行了回应。2015 年 1 月，新的《环境保护法》正式实施。7 月，中央全面深化改革领导小组第十四次会议审议通过了《环境保护督察方案（试行）》《生态环境监测网络建设方案》《关于开展领导干部自然资源资产离任审计的试点方案》《党政领导干部生态环境损害责任追究办法（试行）》等环保政策性文件。2016 年 9 月，《中华人民共和国环境影响评价法》通过，推动对规划和建设项目实施后可能造成的环境影响的分析、预测和评估，督促提出预防或者减轻不良环境影响的对策和措施，以预防因规划和建设项目实施后对环境造成不良影响。

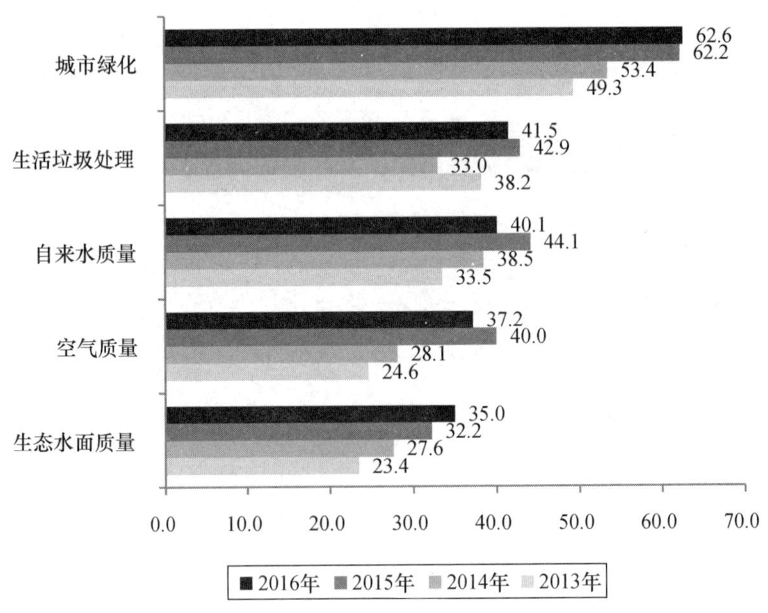

图 6—10　2013—2016 年政府环境保护责任指标满意度对比（%）

4. 受访者对预防和惩治腐败、依法行政最为满意，对多项政府治理责任指标的满意度提升

将政府治理责任细分为预防和惩治腐败、依法行政、公务员廉洁自律、办事效率、信息公开透明和对违规失职后受到追究六个指标来衡量，满意度调查结果见图6—11。

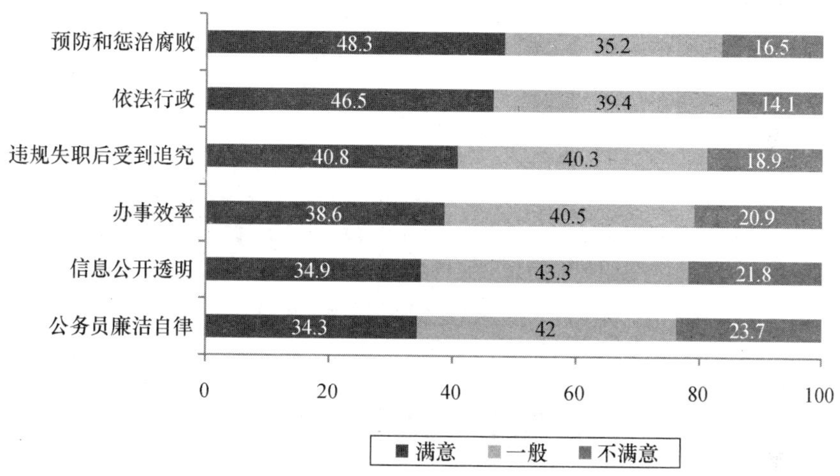

图6—11　2016年政府治理责任指标满意度分布（%）

可以看到，受访者对预防和惩治腐败的满意度最高，48.3%的受访者表示满意。党的十八大以来，党中央保持着惩治腐败的高压态势，强化对权力的监督，坚持不懈地纠正“四风”，让中央的八项规定落地生根。同时，受访者对依法行政的满意度也较好，表示满意的受访者达到46.5%。2016年，党的十八届五中全会审议通过的《中共中央关于制定国民经济和社会发展第十三个五年规划的建议》（以下简称《建议》），从党和国家战略全局出发，明确提出了运用法治思维和法治方式推动发展，并将“全面推进依法治

国”作为“四个全面”的总布局之一、作为指导思想和指导原则之一加以特别强调。

《建议》为中国未来五年的发展做出了具体规划：今后五年要努力实现人民民主更加健全、法治政府基本建成、司法公信力明显提高。《建议》还提出，加强法治政府建设，依法设定权力、行使权力、制约权力、监督权力，依法调控和治理经济，推行综合执法，实现政府活动全面纳入法制轨道。

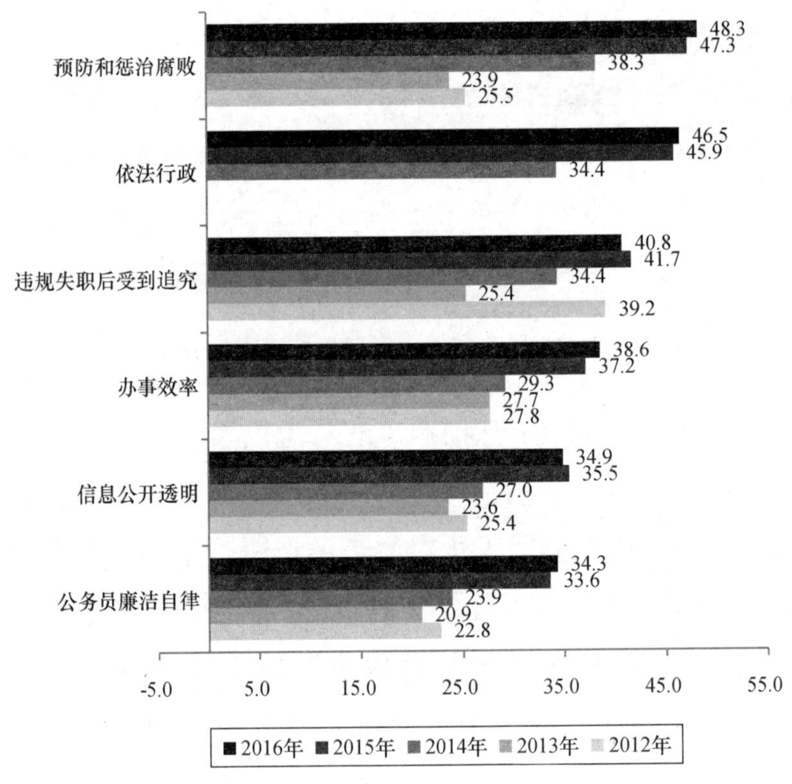

图 6—12 2012—2016 年政府治理责任指标满意度对比（%）

注：2012—2013 年未调查受访者对“依法行政”的满意度。

对比 2012—2016 年政府治理责任各项指标（见图 6—12），与 2015 年相比，2016 年受访者对预防和惩治腐败、依法行政、办事效率的满意度均有所提升，可见受访者对 2016 年以来中央和地方政府继续保持反腐力度、加强法制建设、转变职能、简政放权等方面的表现较为认可，对违规失职后受到追究和公开透明的满意度有小幅下降。但从五年的变化情况来看，受访者对政府治理责任的满意度基本呈逐年上升的趋势。

（二）政府社会责任信心度

1. 受访者对经济增速最有信心，对物价水平较为缺乏信心；受访者对各项经济责任指标的信心度略有下降

政府经济责任 3 个衡量指标的信心度统计情况如图 6—13 所示。虽然中国经济下行压力依然较大，但受访者对未来三年的经济增速仍然充满信心，64. 7% 的受访者认为在未来三年经济增速将会变好，仅有 6. 1% 的受访者认为会变差。同时，老百姓对收入增长也信心较足，59. 5% 的受访者认为会变好；认为物价水平未来三年将变好的占 41. 7%，约 1/5 的受访者认为未来还会变差。

物价水平信心度是根据标准差赋权法，由消费品价格信心度和住房价格信心度加权加总算出，消费品价格和住房价格的信心度如图 6—14 所示。可以看到，受访者对住房价格和消费品价格的满意度水平较为接近，均是仅有约四成的受访者表示满意。

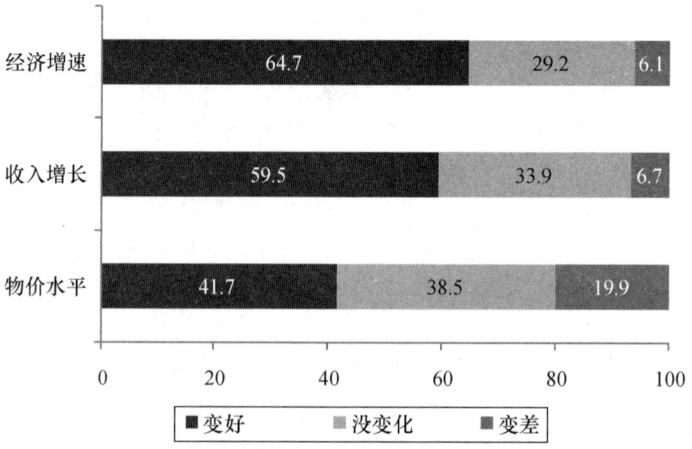

图 6—13　2016 年经济发展责任指标信心度分布（%）

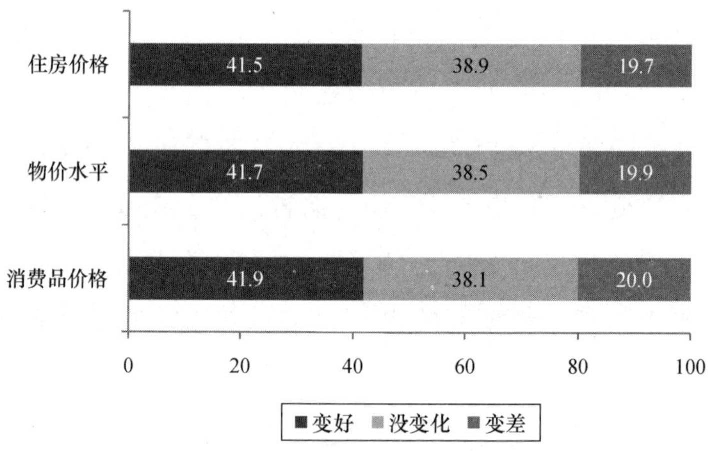

图 6—14　2016 年物价水平信心度分解（%）

对比 2012—2016 年政府经济责任各项指标的信心度（见图 6—15），与 2015 年相比，受访者对经济增速、收入增长、物价水平的信心度均呈小幅下降的趋势。但从五年的情况来看，过去四年一直呈逐年上升的趋势，仅 2016 年出现了回落。

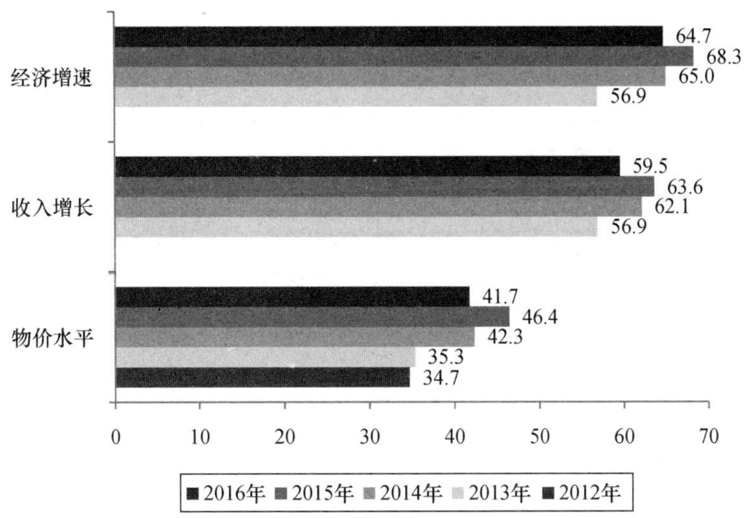

图 6—15　2012—2016 年政府经济责任指标信心度对比（%）

注：2012 年未调查受访者对经济增速和收入增长的满意度。

2. 受访者对基础设施状况最有信心，五年来对政府社会发展责任各项指标的信心度呈上升的趋势

政府社会发展责任 10 个指标的信心度调查结果如图 6—16 所示。可以看出，受访者对所有社会发展责任议题的信心度都较高，认为未来三年将变好的比例均超过 50%。其中，对基础设施状况最有信心，72.4% 的受访者认为基础设施建设未来三年将变好；对治安状况、教育水平和社会保障水平也充满信心，超过六成的受访者认为将变好；对社会公平公正状况和就业机会的信心度相对偏低，认为未来三年将变好的受访者分别占 52.4% 和 50.5%。

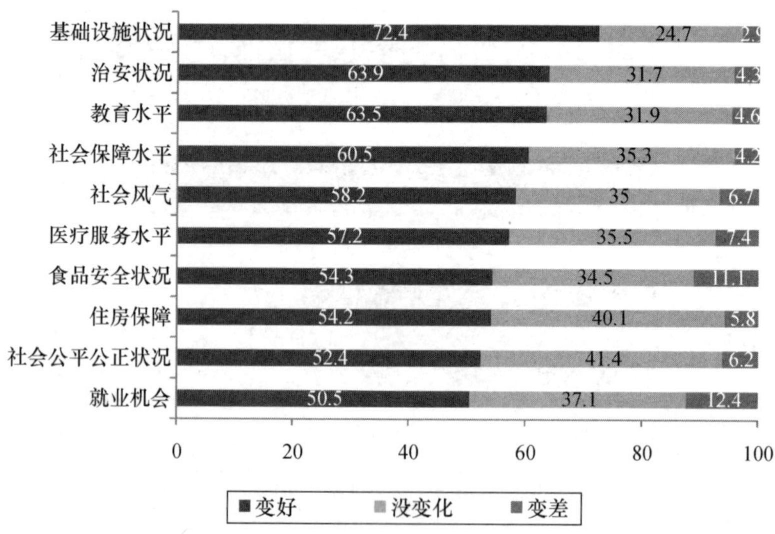

图 6—16　2016 年政府社会发展责任指标信心度分布（%）

对比 2012—2016 年政府社会发展责任信心度（见图 6—17），可以看到 2016 年受访者对基础设施状况信心度高于 2015 年，但对治安状况、教育水平、社会保障水平、社会风气、医疗服务水平、食品安全状况、住房保障、社会公平公正状况、就业机会方面的信心度略微低于 2015 年的水平。但从五年的情况来看，受访者对政府社会发展责任的信心度呈明显的上升趋势。

3. 受访者对城市绿化最有信心，对各项环境指标的信心度近年来总体呈上升趋势

政府环保责任的 5 个衡量指标的信心度调查结果如图 6—18 所示。可见受访者对未来三年城市绿化充满信心，73.2% 的受访者认为城市绿化未来将变好；认为生活垃圾处理情况在未来三年会变好的受访者也较多，占 65.0%。但受访者对自来水质

量的信心度相对较低，有53.3%的受访者认为未来三年将变好。

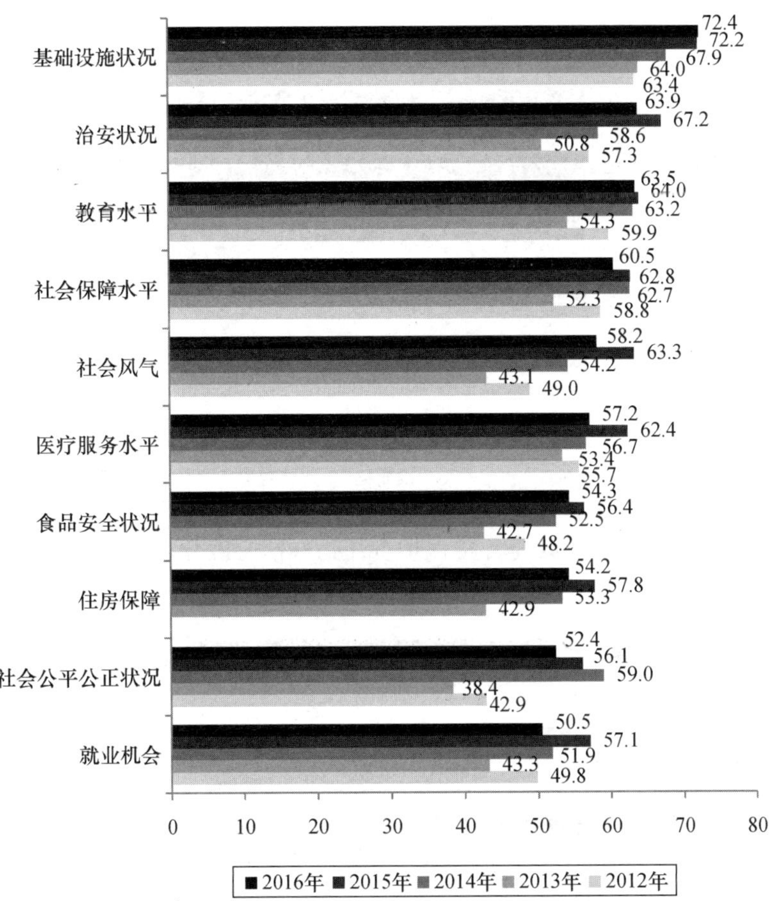

图6—17　2012—2016年政府社会发展责任指标信心度对比（%）

注：2012年未调查受访者对“住房保障”的满意度，2013年关于住房调查的指标为“公共房屋租赁”。

将政府环保责任各项指标在四年中的满意度表现进行比较，从图6—19可知，虽然2016年受访者对城市绿化、生活垃圾处理、自来水质量、空气质量的信心度有轻微的下降，但四年来，认为未来三年将变好的比例总体上是增加的，老百姓对政府更好地履行环保责任有信心。

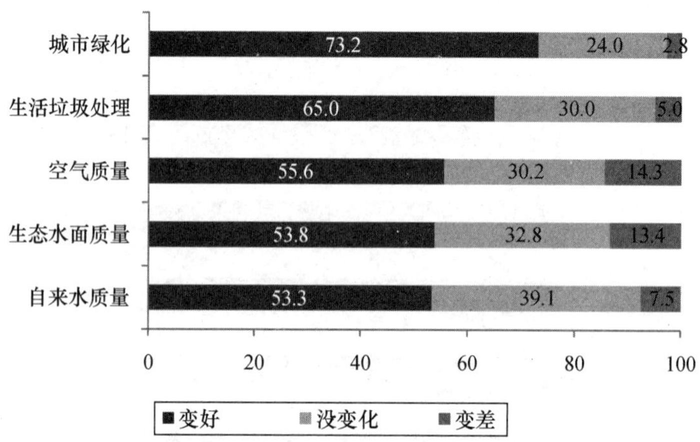

图6—18　政府环境保护责任指标信心度分布（%）

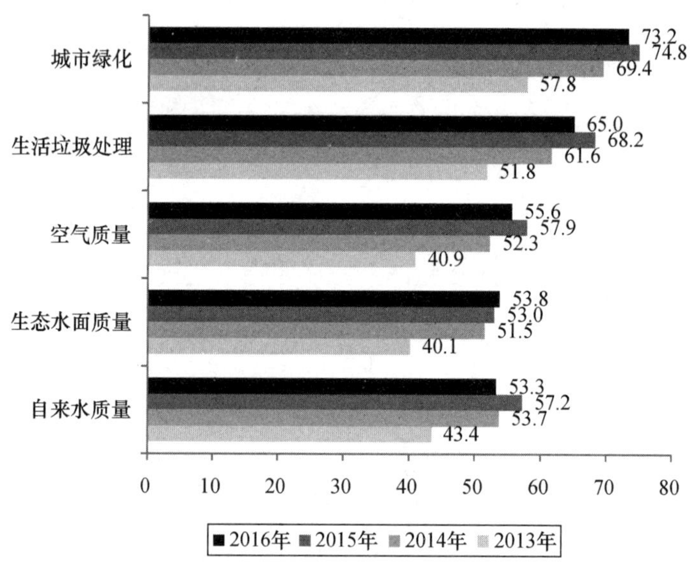

图6—19　2013—2016年政府环境保护责任指标信心度对比（%）

4. 受访者对预防和惩治腐败信心较高，五年来对政府治理责任各项指标的信心度总体提升

政府治理责任 6 个指标的信心度调查结果如图 6—20 所示。可知各项政府治理责任议题中，受访者认为未来三年将变好的比例最高的是预防和惩治腐败（67.0%）；其次是依法行政，认为变好的受访者约占六成；而信心相对不足的是公开透明（57.4%）和公务员廉洁自律（56.5%）。

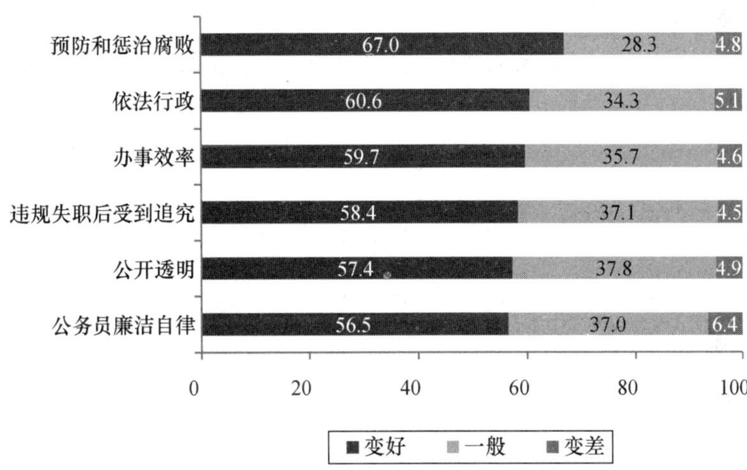

图 6—20　2016 年政府治理责任指标信心度分布（%）

对比 2012—2016 年政府治理责任各项指标，如图 6—21 所示。可以看到，五年来各项政府治理责任指标的信心度总体上呈现上升趋势，不过 2016 年的信心度相较 2015 年出现了一些下降。

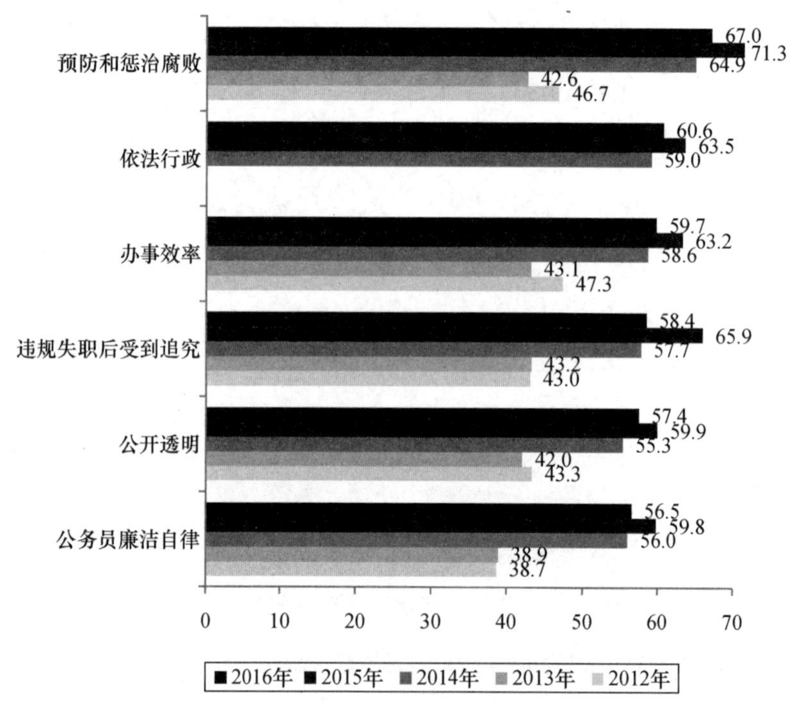

图 6—21　2012—2016 年政府治理责任指标信心度比较（%）

注："依法行政"是从 2014 年新增的调查指标，因此没有 2012 年、2013 年的数据。

三　政府社会责任满意指数与信心指数

（一）政府社会责任满意指数

1. 环境保护责任、政府治理责任满意指数较高，经济发展责任满意指数相对较低

采用标准差赋权法对政府经济发展责任、社会发展责任、环境保护责任和治理责任下的二级指标分别进行加权合成后，得到政府经济发展责任满意指数、社会发展责任满意指数、环

境保护责任满意指数以及政府治理责任满意指数，分别为 60. 72 分、64. 39 分、64. 88 分和 65. 38 分。可知环境保护责任和政府治理责任满意指数较高，经济发展责任满意指数较低，但四大责任议题得分总体上看差距较小。经济发展责任满意指数的低水平在很大程度上是受到了物价水平满意度偏低的影响。

对比 2013—2016 年政府社会责任满意指数（见图 6—22）可知，2016 年的社会发展责任满意指数和政府治理责任满意指数高于 2015 年的水平，经济发展责任满意指数和环境保护责任满意指数低于 2015 年，但无论增长或者回落的幅度都非常小。

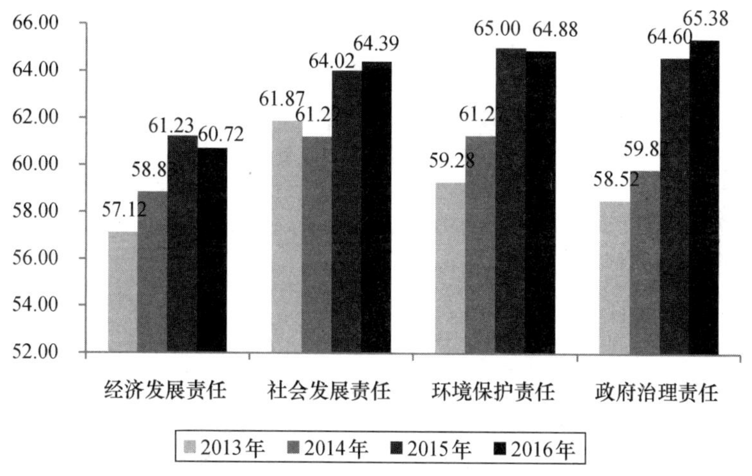

图 6—22　2013—2016 年政府社会责任满意指数对比（分）

2. 政府社会责任满意指数为 64. 18 分，受访者对政府社会责任履行情况较为满意

根据层次分析法确定的政府四大责任议题权重，对经济发展、社会发展、环境保护、政府治理责任进行加权合成，得到政府社会责任满意指数的均值为 64. 18 分，处于 60—80 的区

间。其中，有 64.5% 的受访者表示满意（60—100），仅有 2.2% 的受访者表示不满意（0—40），可见受访者对政府社会责任履行情况总体较为满意。

将 2012—2016 年政府社会责任满意指数进行对比（见图 6—23）可知，在经历了 2014 年和 2015 年的上升之后，政府社会责任满意指数 2016 年比 2015 年下降了 0.12 分，考虑到变动十分微小，满意度基本可以视为在 2016 年保持稳定。需要说明的是，2012 年的指数计算方法与 2013—2015 年有所不同，2012 年因指标体系初步建立欠完善，直接使用四个一级指标进行加权平均，而从 2013 年开始构建了更加完善的两级评价指标体系，在计算满意指数时首先从二级指标加权得到一级指标的满意指数，再进一步合成总体满意指数。因此，2013 年、2014 年的政府社会责任满意指数低于 2012 年的水平，在很大程度上是受到了计算方式改变的影响。

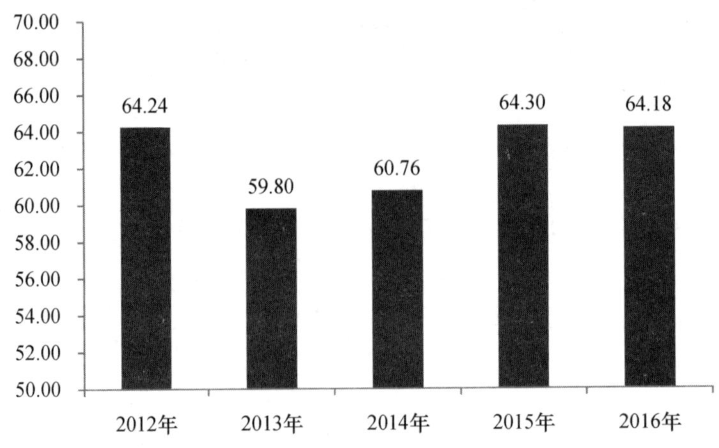

图 6—23 2012—2016 年政府社会责任满意指数对比（分）

3. 受教育程度高的受访者满意指数较低，非农业户口、年龄为50—60岁的受访者满意指数较高，东部地区受访者满意指数高于中部和西部地区，感知社会阶层越高的受访者满意指数越高

政府社会责任满意指数在家庭收入水平、教育程度、年龄、户口等社会特征上具有显著差异（见表6—5）。其中，非农户口受访者满意指数为64.37分，高于农业户口受访者（63.40分）。受教育程度为高中/中专/技校和大学及以上的受访者，政府社会责任满意指数低于受教育程度为小学及以下和初中的受访者。在国有单位就职的受访者的满意指数，与在非国有单位就职的受访者的满意指数之间没有显著差异。女性受访者满意指数与男性受访者满意指数也不存在显著不同。年龄在30—40岁以及50—60岁的受访者，满意指数相对较高，分别为64.37分和65.16分。

为分析地区变量在政府社会责任满意指数上的均值分布，根据国家统计局对我国东、中、西部地区划分的标准（2003年发布）进行分类统计。计算结果显示，政府社会责任满意指数在地区变量上存在显著差异：东部地区满意指数得分最高，为67.47分，中部地区满意指数得分最低，为60.95分。

问卷中设计了题器调查受访者对自己的收入和社会地位的判断。“如果整个社会由下到上分为10层（第1层代表最低，第10层代表最高），您认为您的收入属于第____层，您认为您的社会地位属于第____层。”问卷分析发现，填写第“10”层的受访者大多是填写错误导致，故将第10层的群体作为missing值处理，并将1—3层对应为“低层”、4—6层对应为“中层”、

7—9 层对应为“高层”。分组统计显示，政府社会责任满意指数在感知的收入阶层与感知的社会阶层变量上均存在显著差异，认为自己的收入阶层处于中层的受访者满意指数较高（66.57分）；认为自己的社会阶层处于高层的受访者，其政府社会责任满意指数较高（66.32 分）。

表 6—5　政府社会责任满意指数在各项特征上的均值分布

	均值	样本数	差异显著性
户口			
农业户口	63.40	1497	F = 7.647，df = 1，Sig. = 0.006
非农业户口	64.37	4132	
教育程度			
小学及以下	66.26	245	F = 4.226，df = 3，Sig. = 0.005
初中	64.40	1153	
高中/中专/技校	63.60	1944	
大学及以上	64.16	2285	
单位属性			
国有	64.21	960	F = 0.151，df = 1，Sig. = 0.697
非国有	64.04	2632	
性别			
男	64.35	2660	F = 2.081，df = 1，Sig. = 0.149
女	63.90	2973	
年龄			
16—20 岁	63.26	302	F = 4.252，df = 4，Sig. = 0.002
20—30 岁	63.26	1545	
30—40 岁	64.37	1477	
40—50 岁	63.51	1304	
50—60 岁	65.16	654	

续表

	均值	样本数	差异显著性
地区			
东部	67.47	2368	F=187.290，df=2，Sig. =0.000
中部	60.95	1883	
西部	62.68	1382	
感知的收入阶层			
低	63.50	4399	F=28.763，df=2，Sig. =0.000
中	66.57	1005	
高	64.87	192	
感知的社会阶层			
低	61.39	1853	F=76.886，df=2，Sig. =0.000
中	65.31	3270	
高	66.32	463	

（二）政府社会责任信心指数

1. 政府治理责任信心指数最高，经济发展责任信心指数得分较低

采用标准差赋权法对经济发展责任、社会发展责任、环境保护责任和政府治理责任下的二级指标进行加权合成后，得到经济发展责任信心指数、社会发展责任信心指数、环境保护责任信心指数以及政府治理责任信心指数，分别为81.35分、83.63分、83.69分和85.05分。可知政府治理责任信心指数最高，经济发展责任信心指数最低。经济发展责任信心指数的低水平是在很大程度上受到了物价水平信心度偏低的影响。

对比2013—2016年政府社会责任信心指数（见图6—24）可知，经济发展责任信心指数、社会发展责任信心指数、环境

保护责任信心指数以及政府治理责任信心指数，在经过 2014 年和 2015 年的上升之后，在 2016 年出现了小幅的下降。

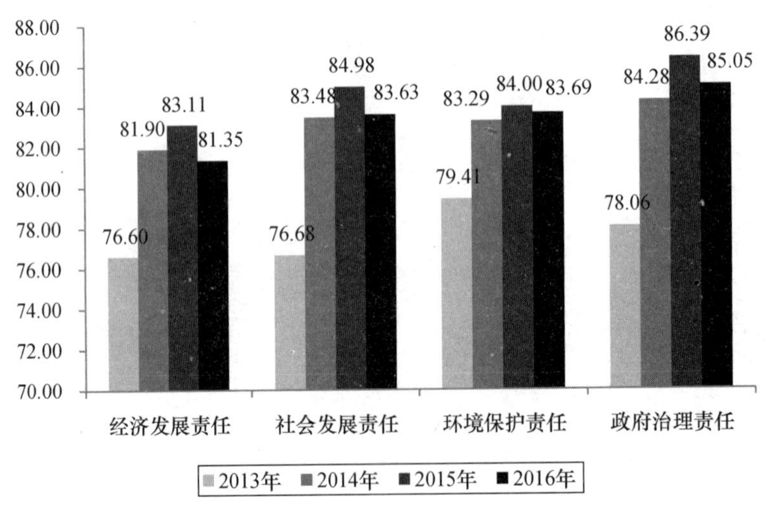

图 6—24　2013—2016 年政府社会责任信心指数对比（分）

2. 政府社会责任信心指数为 83.06 分，受访者对政府社会责任充满信心

通过标准差因子赋权法，得到政府社会责任信心指数的均值为 83.06 分，处于 67—100 的区间。其中，90.7% 的受访者认为未来三年将变好（67—100），没有受访者认为政府社会责任未来三年总体将变差（0—33），老百姓对政府社会责任充满信心。

与过去三年进行对比可知，政府社会责任信心指数在 2014 年大幅提高，2015 年稳步上升，2016 年略有下降（见图 6—25）。

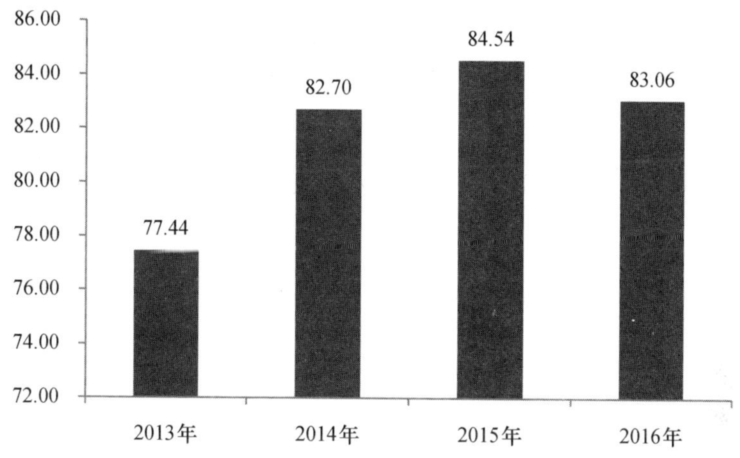

图 6—25　2013—2016 年政府社会责任信心指数对比（分）

注：因 2012 年信心指数计算取值方法与 2013 年、2014 年不同，因此无法进行比较。

3. 受教育程度为大学及以上的受访者信心指数较低，年龄越大的受访者信心指数越高，西部地区受访者信心指数低于东部和中部

统计分析显示，政府社会责任信心指数在教育程度、单位属性、性别、年龄、地区、户口、感知的收入阶层、感知的社会阶层等变量上均存在显著差异（见表 6—6）。农业户口受访者的信心指数（83.75 分）高于非农业户口受访者（82.80 分）。从受教育程度来看，学历越高信心指数越低，大学及以上学历受访者信心指数（82.29 分）低于其他学历的受访者。国有企业受访者的信心指数（84.20 分）高于非国有企业（81.88 分）。女性受访者的信心指数（83.60 分）高于男性受访者

(82.47 分)。从年龄来看，50—60 岁年龄最大组的受访者信心指数最高（84.93 分），40—50 岁的受访者信心指数最低(82.11 分)。从地区来看，西部地区受访者的信心指数（80.05 分）低于东部、中部地区，东部地区的信心指数最高（84.55 分)。政府社会责任信心指数在感知的收入阶层与感知的社会阶层变量上均存在显著差异，认为自己的收入阶层为高层的受访者，其政府社会责任信心指数最高（85.30 分)；认为社会阶层为中等的受访者，其政府社会责任信心指数最高（83.78 分)。

表 6—6 政府社会责任信心指数在各项特征上的均值分布

	均值	样本数	差异显著性
户口			
农业户口	83.75	1159	F = 5.826，df = 1，Sig. = 0.016
非农业户口	82.80	3100	
教育程度			
小学及以下	86.11	199	F = 8.910，df = 3，Sig. = 0.000
初中	83.85	906	
高中/中专/技校	83.08	1431	
大学及以上	82.29	1723	
单位属性			
国有	84.20	706	F = 6.826，df = 1，Sig. = 0.009
非国有	81.88	2005	
性别			
男	82.47	2025	F = 10.658，df = 1，Sig. = 0.001
女	83.60	2237	

续表

	均值	样本数	差异显著性
年龄			
16—20 岁	83.97	250	F = 6.709，df = 4，Sig. = 0.000
20—30 岁	82.59	1144	
30—40 岁	82.27	1108	
40—50 岁	82.11	964	
50—60 岁	84.93	499	
地区			
东部	84.55	1810	F = 51.192，df = 2，Sig. = 0.000
中部	82.23	1474	
西部	80.05	978	
感知的收入阶层			
低	83.59	3290	F = 28.421，df = 2，Sig. = 0.000
中	80.43	810	
高	85.30	138	
感知的社会阶层			
低	82.23	1391	F = 12.637，df = 2，Sig. = 0.000
中	83.78	2463	
高	81.44	378	

四　政府社会责任指数矩阵

从政府社会责任满意指数和信心指数两个维度，构建政府社会责任指数矩阵。满意指数和信心指数分别划分为 3 个区间，从而矩阵由 9 个区域构成，根据不同区域的预警程度设置不同的颜色，如表 6—7 所示，各区域所代表的含义见表 6—8。可知，绿色区域 1 是最为乐观的区域，蓝色区域 2 和蓝色区域 3

也较为乐观，而红色区域9是最为危险的区域，橙色区域7和橙色区域8也需要引起足够的重视。我们把区域1、区域2和区域3定义为安全区，其他区域定义为预警区。

表6—7 政府社会责任指数矩阵

信心指数＼满意指数	0—40	40—60	60—100
67—100	黄色5	蓝色2	绿色1
33—67	橙色7	蓝色4	蓝色3
0—33	红色9	橙色8	黄色6

表6—8 政府社会责任矩阵含义

区域编号	颜色	所代表含义
1	绿色	对政府社会责任现状满意，且对未来三年有信心
2	蓝色	对政府社会责任现状满意度一般，但对未来三年有信心
3	蓝色	对政府社会责任现状满意，但认为未来三年无变化
4	蓝色	对政府社会责任现状满意度一般，并认为未来三年无变化
5	黄色	对政府社会责任现状不满意，但对未来三年有信心
6	黄色	对政府社会责任现状满意，但认为未来三年会变差
7	橙色	对政府社会责任现状不满意，且认为未来三年无变化
8	橙色	对政府社会责任现状满意度一般，且认为未来三年会变差
9	红色	对政府社会责任现状不满意，且认为未来三年会变差

（一）经济发展责任指数矩阵

根据政府经济发展责任满意指数得分60.72分和信心指数得分81.35分，经济发展责任指数位于绿色区域1（见表6—9）。从各区域的分布来看，46.7%的受访者处于对政府经济发展责任现状满意且对未来三年有信心的绿色区域1，27.6%的受访者处于对现状满意度一般但对未来三年有信心的蓝色区域2，5.6%的受访者处于对政府经济发展责任现状满意但认为未来三年无变化的蓝色区域3，11.6%的受访者处于对现状满意度一般且认为未来三年无变化的蓝色区域4，仅有4.8%的受访者处于对现状满意度低同时认为未来三年无变化的橙色区域7，没有受访者处于黄色区域6、橙色区域8以及红色区域9。

总体来看，79.9%的受访者对政府经济发展责任状况的感知处于安全区，有20.1%的受访者处在预警区。

表6—9　　2016年政府经济发展责任指数矩阵分布　　单位:%

满意指数 信心指数	0—40	40—60	60—100	小计
67—100	3.7	27.6	46.7	78.0
33—67	4.8	11.6	5.6	22.0
0—33	0	0	0	0
小计	8.5	39.2	52.3	100

（二）社会发展责任指数矩阵

根据政府社会发展责任满意指数得分64.39分和信心指数得分83.63分，政府社会发展责任指数位于绿色区域1（见表6—10）。从各区域的分布来看，58.6%的受访者处于对政府社会发展责任现状满意且对未来三年有信心的绿色区域1，27.2%的受访者处于对现状满意度一般但对未来三年有信心的蓝色区域2，4.3%的受访者处于对政府社会发展责任现状满意但认为未来三年无变化的蓝色区域3，6.4%的受访者处于对现状满意度一般且认为未来三年无变化的蓝色区域4，1.6%的受访者处于对现状满意度低同时认为未来三年无变化的橙色区域7，没有受访者处于黄色区域6、橙色区域8以及红色区域9。

总体来看，90.2%的受访者对政府社会发展责任的感知处于安全区，仅有9.8%的受访者处在预警区。

表6—10　　2016年政府社会发展责任指数矩阵分布　　单位:%

满意指数 信心指数	0—40	40—60	60—100	小计
67—100	1.8	27.3	58.6	87.7
33—67	1.6	6.4	4.3	12.3
0—33	0	0	0	0
小计	3.4	33.7	62.9	100

（三）环境保护责任指数矩阵

根据政府环境保护责任满意指数得分64.88分与信心指数得分83.69分，政府环境保护责任指数位于蓝色区域1（见表6—11）。从各区域的分布来看，59.1%的受访者处于对政府环境保护责任现状满意且对未来三年有信心的绿色区域1，21.5%的受访者处于对现状满意度一般但对未来三年有信心的蓝色区域2，6.8%的受访者处于对政府环境保护责任现状满意但认为未来三年无变化的蓝色区域3，8.1%的受访者处于对现状满意度一般且认为未来三年无变化的蓝色区域4，有1.8%的受访者处于橙色区域7，处于黄色区域6和橙色区域8的受访者都仅占0.1%，有0.2%的受访者处于红色区域9。

总体来看，87.4%的受访者对政府环境保护责任的感知处在安全区，有 12.6% 的受访者处在预警区。

表 6—11　2016 年政府环境保护责任指数矩阵分布　单位：%

满意指数 信心指数	0—40	40—60	60—100	小计
67—100	2.3	21.5	59.1	82.9
33—67	1.8	8.1	6.8	16.7
0—33	0.2	0.1	0.1	0.4
小计	4.3	29.7	66.0	100

（四）政府治理责任指数矩阵

政府治理责任满意指数得分 65.38 分和信心指数得分 85.05 分，政府治理责任指数位于绿色区域 1（见表 6—12）。从各区域的分布来看，65.0% 的受访者处于对政府治理责任现状满意且对未来三年有信心的绿色区域 1，17.5% 的受访者处于对现状满意度一般但对未来三年有信心的蓝色区域 2，7.1% 的受访者处于对政府治理责任现状满意但认为未来三年无变化的蓝色区域 3，5.2% 的受访者处于对现状满意度一般且认为未来三年无变化的蓝色区域 4，有 2.6% 的受访者处于橙色区域 7，没有受访者处于黄色区域 6、橙色区域 8 以及红色区域 9。

总体来看，89.6% 的受访者对政府治理责任的感知处在安全区，有 10.4% 的受访者处在预警区。

表 6—12　　2016 年政府治理责任指数矩阵分布　　单位：%

信心指数＼满意指数	0—40	40—60	60—100	小计
67—100	2.6	17.5	65.0	85.1
33—67	2.6	5.2	7.1	14.9
0—33	0	0	0	0
小计	5.2	22.7	72.1	100

（五）政府社会责任指数矩阵

根据政府社会责任满意指数（64.18 分）和信心指数（83.06 分）得分，可知政府社会责任总体处于绿色区域 1（见表 6—13）。从各区域的分布来看，63.1% 的受访者处于对政府社会责任现状满意且对未来三年有信心的绿色区域 1，26.7% 的受访者处于对现状满意度一般但对未来三年有信心的蓝色区域 2，3.2% 的受访者处于对现状满意且认为未来三年没变化的蓝色区域 3，5.0% 的受访者处于对现状满意度一般且认为未来三年无变化的蓝色区域 4，1.1% 的受访者处于对现状不满意但对未来有信心的黄色区域 5，仅有 0.9% 的受访者处于橙色区域 7，没有受访者处于黄色区域 6、橙色区域 8 和红色区域 9。

总体来看，93.0% 的受访者对政府社会责任总体状况的感知处在安全区，仅有 7.0% 的受访者处在预警区。

表 6—13　　2016 年政府社会责任指数矩阵分布　　单位:%

信心指数＼满意指数	0—40	40—60	60—100	小计
67—100	1.1	26.7	63.1	90.9
33—67	0.9	5.0	3.2	9.1
0—33	0	0	0	0
小计	2.0	31.7	66.3	100

五　主要结论

综上分析，政府社会责任调查得出以下结论。

（1）受访者对经济增速、基础设施建设、治安状况、城市绿化、预防和惩治腐败、依法行政等方面的政府责任议题满意度较高，对物价水平、食品安全状况、生态水面质量、公务员廉洁自律等的满意度相对较低。

（2）受访者对经济增速、收入增长、基础设施状况、治安状况、教育水平、城市绿化、生活垃圾处理、预防和惩治腐败等方面的政府责任议题充满信心，对物价水平、就业机会、社会公平公正状况、生态水面质量、自来水质量、公务员廉洁自律等议题相对缺乏信心。

（3）与 2015 年相比，2016 年受访者对政府社会责任的各个方面的满意度和信心度出现小幅的变化。具体来看，对基础设施、治安状况、城市绿化、生态水面质量、预防和惩治腐败、依法行政、办事效率、公务员廉洁自律等指标的满意度上升，对其他政府社会责任议题的满意度出现小幅的下降。对基础设施、生态水面质量等指标的信心度上升，对其他政府社会责任议题的信心度出现小幅的回落。但从 2012—2016 年五年的总体趋势看，老百姓对政府社会责任各项指标的满意度和信心度是有明显改善的。

（4）环境保护责任满意指数（64.88 分）和政府治理责任满意指数（65.38 分）得分较高，社会发展责任满意指数（64.39 分）和经济发展责任满意指数（60.72 分）相对较低，四大责任议题得分差距较小。2016 年的社会发展责任满意指数和政府治理责任满意指数高于 2015 年的水平，经济发展责任满意指数和环境保护责任满意指数低于 2015 年，但无论增长或者回落的幅度都非常小。

（5）政府治理责任信心指数（85.05 分）得分最高，经济发展责任信心指数相对较低（81.35 分），社会发展责任信心指数和环境保护责任信心指数分别为 83.63 分和 83.69 分。在经过 2014 年和 2015 年的上升之后，以上四方面政府责任在 2016 年出现了小幅的下降。

（6）政府社会责任满意指数为 64.18 分，比 2015 年下降 0.12 分，考虑到变动十分微小，满意度基本可以视为在 2016 年保持稳定。其中，有 64.5% 的受访者表示满意（60—100），仅有 2.2% 的受访者表示不满意（0—40），可见受访者对政府社会责任履行情况总体较为满意。从不同社会特征的受访者来看，非农户口受访者满意指数为 64.37 分，高于农业户口受访者（63.40 分）；受教育程度为高中/中专/技校和大学及以上的受访者，政府社会责任满意指数低于受教育程度为小学及以下和初中的受访者；在国有单位就职的受访者的满意指数，与在非国有单位就职的受访者的满意指数之间没有显著差异；女性受访者满意指数与男性受访者满意指数也不存在显著不同；年龄在30—40岁以及50—60岁的受访者，满意指数相对较高，分别为64.37分和65.16分；东部地区满意指数得分最高，为67.47分，中部地区满意指数得分最低，为60.59分；认为自己的收入阶层处于中层的受访者满意指数较高（66.57分），认为自己的社会阶层处于高层的受访者，其政府社会责任满意指数较高（66.32分）。

（7）政府社会责任信心指数为83.06分，比2015年下降1.48分。其中，90.7%的受访者认为未来三年将变好（67—100），没有受访者认为政府社会责任未来三年总体将变差（0—33），老百姓对政府社会责任充满信心。从不同社会特征的受访者来看，农业户口受访者的信心指数（83.57分）高于非农业户口受访者（82.80分）；大学及以上学历受访者信心指数（82.29分）低于其他学历的受访者；国有企业受访者的信心指数（84.20分）高于非国有企业（81.88分）；女性受访者的信心指数（83.60分）高于男性受访者（82.47分）；50—60岁年龄最大的受访者信心指数较高（84.93分），40—50岁的受访者信心指数最低（82.11分）；西部地区受访者的信心指数（80.05分）低于东部、中部地区，东部地区的信心指数最高（84.55分）；认为自己的收入阶层为高层的受访者，其政府社会责任信心指数最高（85.30分）；认为社会阶层为中等的受访者，其政府社会责任信心指数较高（83.78分）。

（8）从政府社会责任满意指数和信心指数两个维度构建政府社会责任指数矩阵，并对矩阵的9个区域分别设置了绿、蓝、黄、橙、红的预警信号灯。当前政府社会责任总体处于绿色区域，受访者对政府社会责任现状满意，且认为未来三年还将改善。具体来说，63.1%的受访者处于对政府社会责任现状满意且对未来三年有信心的绿色区域1，26.7%的受访者处于对现状满意度一般但对未来三年有信心的蓝色区域2，3.2%的受访者处于对现状满意且认为未来三年没变化的蓝色区域3，5.0%的受访者处于对现状满意度一般且认为未来三年无变化的蓝色区域4，1.1%的受访者处于对现状不满意但对未来有信心的黄色区域5，仅有0.9%的受访者处于橙色区域7。总体上，93.0%的受访者对政府社会责任总体状况的感知处在安全区，仅有7.0%的受访者处在预警区。

第七章　社会治理绩效

一　研究背景

经济增长与社会发展的关系是理解我国改革开放进程的一个重要视角，而正如有学者所指出的，自 20 世纪 90 年代中期以来，二者的关系发生了重要变化：此前，经济增长会带来社会状况的自然改善，而此后经济增长在很大程度上不能带来社会状况的自然改善，这表现为贫富悬殊状况、就业状况以及包括社会治安在内的各种社会问题都没有因经济的持续高速增长而发生明显的改善，甚至还出现了一种悖论，即就算经济有较为快速的增长，大部分人却并不能从中受益；但如果没有较为快速的经济增长，大部分人却会从经济停滞中受害。透过这种变化，我们可以看到，改革的内涵发生了变化，从“理想与热情”的纯净阶段进入了“利益博弈”阶段。改革的动力也发生了变化，在多元化的社会力量中，强势群体开始影响改革的进程和方向。此外，扭曲改革的机制以及力量的不均衡和不平等机制也都在形成。这一系列变化的结果导致社会结构的“断裂”①。

这种社会结构的“断裂”必然引发“结构紧张”。其实任何社会都会存在“结构紧张”问题，只是在中国的处境下，这种“结构紧张”的产生，主要是因为社会的结构分化速度快于制度规范的整合速度而形成了结构要素之间的紧张与脱节，使不同利益群体之间因政策与制度安排的变化而产生不满，进而引发了矛盾和冲突。② 因此，利益关系的不协调成为近些年来我国社会的重要特点，而且，由于不同利益群体在力量上的失衡，往往会让这些利益不协调或矛盾成为引发群体性事件的重要原因。有报告曾指出，征地纠纷、干群纠纷、劳资纠纷、借贷纠纷、拆迁纠纷、物业纠纷、医患纠纷、企业改制纠纷、环境污染纠纷以及外地人与本地人纠纷成为最容易引发群体性事件的十类纠纷③，而这些纠纷大都折射出了不同利益群体之间的力量失衡状况。

以最重要的社会关系之一即劳资关系为例，根据国家统计局的数据④，从1996年至2007年，全国受理的劳动争议案件数从48121件上升到350182件，年平均增长率为20.3%；因全球金融危机的影响及《劳动合同法》的实施，2008年全国受理的

---

① 孙立平：《90年代中期以来中国社会结构演变的新趋势》，载应星、周飞舟、渠敬东《中国社会学文选》，中国人民大学出版社2011年版，第116—138页。

② 李汉林、魏钦恭、张彦：《社会变迁过程中的结构紧张》，《中国社会科学》2010年第2期。

③ 连玉明主编：《中国社会管理创新报告》，社会科学文献出版社2013年版，第90—97页。

④ 原始数据来自国家统计局官网（http：//data. stats. gov. cn/easyquery. htm? cn=C01）。各增长率是根据原始数据计算出来的。

劳动争议案件数陡增至693465件，比上年增长98%，虽然此后稍有回落，但一直维持在60多万件水平。另外，就备受关注的贫富差距问题而言，国家统计局于2013年首次公布了2003—2012年全国居民收入基尼系数，数据显示，在这十年间，基尼系数基本处于0.47—0.49，并于2008年达到峰值0.491，此后逐年回落，至2015年为0.462，但这仍高于国际警戒线0.40。

简言之，随着改革的不断深化，结构紧张状况也变得日益严峻。为从根本上缓解紧张、调节矛盾，中央政府从2004年开始确立了以“科学发展观”和建设“和谐社会”为核心的新的治国理念，并逐步将经营性的政府行为转变为以公共服务为本的治理体系，将法治化、规范化、技术化和标准化作为行政建设和监督的核心议题。[①] 在这十多年的时间里，中央政府围绕社会管理或社会治理做出了一系列的重要指示和要求。

2004年，党的十六届四中全会提出要“加强社会建设和管理，推进社会管理体制创新”，“建立健全党委领导、政府负责、社会协同、公众参与的社会管理格局”。2007年，党的十七大报告进一步强调，要“完善社会管理，维护社会安定团结”，“要健全党委领导、政府负责、社会协同、公众参与的社会管理格局，健全基层社会管理体制”。2011年2月，中共中央在中央党校举办省部级主要领导干部社会管理及其创新专题研讨班，胡锦涛同志在开班式上，再次围绕社会管理问题发表了重要讲话，提出要“建设中国特色社会主义社会管理体系”，要求“提高社会管理科学化水平，完善党委领导、政府负责、社会协同、

---

① 渠敬东、周飞舟、应星：《从总体支配到技术治理》，《中国社会科学》2009年第6期。

公众参与的社会管理格局”，并提出了社会管理的七项重要任务(协调社会关系、规范社会行为、解决社会问题、化解社会矛盾、促进社会公正、应对社会风险、保持社会稳定)。2011 年 5 月 30 日，中共中央政治局召开会议，专题研究加强和创新社会管理问题，此次会议主要成果是中共中央和国务院于 7 月 5 日联合下发的《关于加强和创新社会管理的意见》，明确了加强和创新社会管理的指导思想、基本原则、目标任务和主要措施。

2012 年，党的十八大报告指出，我们必须清醒看到，在我们前进道路上还有不少困难和问题，这其中包括“社会矛盾明显增多”，“关系群众切身利益的问题较多，部分群众生活比较困难”，“一些领域存在道德失范、诚信缺失现象”，等等。因此报告再次强调了要“加强和创新社会管理”，并提出“要围绕构建中国特色社会主义社会管理体系，加快形成党委领导、政府负责、社会协同、公众参与、法治保障的社会管理体制”，这也即在以往基础上，增加了“法治保障”的要求。同时报告还强调要“加快形成源头治理、动态管理、应急处置相结合的社会管理机制”。

2013 年 11 月 12 日，党的十八届三中全会通过了《中共中央关于全面深化改革若干重大问题的决定》（以下简称《决定》)，《决定》指出要“创新社会治理体制”，这是对 2004 年党的十六届四中全会提出的“社会管理体制创新”的进一步推进和发展。《决定》特别强调了要坚持系统治理、依法治理、综合治理、源头治理，即政府主导与社会参与、法制保障与道德约束、管理与服务等各方面能够相互结合，共同“确保人民安居乐业、社会安定有序”。

2014 年 10 月 23 日，党的十八届四中全会又通过了《中共中央关于全面推进依法治国若干重大问题的决定》，特别强调了要“提高社会治理法治化水平”；在社会治理过程中，“既重视发挥法律的规范作用，又重视发挥道德的教化作用，以法治体现道德理念、强化法律对道德建设的促进作用，以道德滋养法治精神、强化道德对法治文化的支撑作用，实现法律和道德相辅相成、法治和德治相得益彰”。

一系列的政策发展变化表明，这十多年来，中央政府不仅在理念上对社会治理的重视程度与日俱增，而且还在制度与机制上不断地发展和推进。那么，这些发展和推进取得了怎样的效果或者社会治理的绩效又是如何呢？出于对这一问题的关切，我们自 2012 年以来，每年都基于全国范围的抽样调查数据对社会治理绩效进行评估，2016 年是我们进行的第五次评估，在本报告中，我们一方面将对 2016 年的社会治理绩效状况进行细致描述，另一方面也会对这五年来社会治理绩效变化趋势进行细致分析，以便发现一些特点并提出相应的政策建议。

二　概念界定与测量

（一）现有研究评述

自从中央政府提出要加强社会管理或社会治理之后，学界相关研究也非常活跃，其中好些针对社会管理或社会治理绩效的研究对我们具有一定的启发意义或参考价值。

北京国际城市发展研究院对社会管理绩效的测量，主要从社会管理投入、社会管理政策、社会事业、社会和谐、社会生活、社会参与和社会环境 7 个维度进行，在这 7 个维度之下设立了 38 个指标，基本上他们选择的指标都是客观指标，如城镇登记失业率、居民消费价格指数、基尼系数、基本社会保险覆盖率、每万人社会组织数等。①

俞可平等人从公民参与、人权与公民权、党内民主、法治、合法性、社会公正、社会稳定、政务公开、行政效益、政府责任、公共服务、廉洁 12 个方面建立了中国治理评估框架，他们选择的也基本是客观指标，比如社会稳定的指标有犯罪率、自杀率、上访数量及比例、通货膨胀率等。② 此外，还有研究者从设施、秩序、服务、公开、公平、公正、效率、环保、创新 9 个维度来建构国家治理评估体系，并且也都采用的是客观指标。③

张欢和胡静指出，对社会治理绩效的评估有两个视角：一个是以政府为中心，更多地关注政府的投入和产出以及效率等，通常这都采用的是客观指标；另一个是以公众为中心，关注公众的满意度，因此通常采用的是主观指标。而且，从趋势上来说，自 20 世纪 90 年代后，西方各国的政府治理绩效越来越多地转向以公众为中心，因此在绩效评估指标上也偏好采用公众满意度指标。即他们主要从社会治理的公平感、社会服务的满意度和社会幸福感这三个维度来考察社会治理绩效。④

---

① IUD 领导决策数据分析中心：《2012 社会管理绩效排行榜》，《领导决策信息》2012 年第 41 期。

② 俞可平主编：《国家治理评估》，中央编译出版社 2009 年版，第 12—15 页。

③ 汪仕凯：《国家治理评估的指标设计与理论含义》，《探索》2016 年第 3 期。

④ 张欢、胡静：《社会治理绩效评估的公众主观指标体系探讨》，《四川大学学报》（哲学社会科学版）2014 年第 2 期。

人民论坛测评中心也是从公众的主观评价和期望的角度来测量政府治理绩效，他们主要是从公共服务、监管质量、腐败控制和法治建设这四个维度来测量的。[①] 同样还有别的研究者也是从民众的主观角度来构建对国家治理绩效的评估，其采用的维度主要是四个方面，即社会治安、公共服务、经济形势、民众生活保障。[②] 此外，另有研究者即以胡锦涛同志提出的社会管理的7项任务（协调社会关系、规范社会行为、解决社会问题、化解社会矛盾、促进社会公正、应对社会风险、保持社会稳定）作为测量社会管理绩效的7个维度，且同样都是采用主观指标。[③]

综观上述研究，我们发现存在如下三个值得注意的方面：首先是对社会治理的理解泛化，将很多不属于社会治理范畴的政府工作都纳入了进来，比如一些经济的和政治的维度或指标也被纳入进来。其次是缺乏对社会治理的内在逻辑结构的清晰区分，这具体表现为将社会治理的目标、手段和领域混淆了，比如一些研究者将社会参与、政府廉洁或法治建设作为绩效考核内容，但这些显然都属于社会治理的手段。最后是对社会治理绩效的测量存在主观与客观两个角度，现在的研究者开始越来越多地关注主观角度了。

---

① 人民论坛测评中心：《如何评价政府治理绩效——基于公众参与的视角》，《国家治理》2014年第6期。

② 肖唐镖、肖龙：《中国公民眼中的国家治理：能力与绩效评估》，《地方治理研究》2016年第1期。

③ 范柏乃、段忠贤、张兵：《中国地方政府社会管理绩效测评量表编制及应用》，《上海行政学院学报》2012年第6期。

(二)社会治理绩效的概念界定

首先我们需要对社会治理及其内在逻辑结构有清晰的认识。如前所述,中央政府对社会治理的强调,是与社会问题、社会矛盾和冲突的不断增加以及因此造成的对社会生活的冲击密切相关,因为这种状况下必然要求加强社会治理,以协调各方关系,整合社会生活的秩序,改善人们的生存状况。① 正如中央一直所强调的,加强社会治理的根本目的是“维护社会秩序、促进社会和谐、保障人民安居乐业,为党和国家事业发展营造良好社会环境”。即社会治理一方面是要保障民生,让百姓安居乐业;另一方面要协调不同社会群体之间的利益矛盾与冲突,以达成社会秩序。简言之,民生与社会秩序是社会治理的核心目标。②

为达成这一目标,我们就必须在社会生活各个领域中采取合适的手段,所以,在逻辑上,我们可以将社会治理的内在结构分解成以下三个构成部分。

(1)社会治理的目标。加强和创新社会治理,根本目的是民生与社会秩序,即在社会利益分化和矛盾日益突出的处境下,确保社会秩序的达成,但这并非压制性的、消极的社会秩序,而是充满活力的、积极的社会秩序,是在保证民生的基础上的社会秩序。

(2)社会治理的手段。这关系到通过何种制度化的手段或

---

① 孙立平:《走向积极的社会管理》,《社会学研究》2011 年第 4 期。

② 蔡禾:《从利益诉求的视角看社会管理创新》,《社会学研究》2012 年第 4 期;李路路:《社会结构阶层化和利益关系市场化》,《社会学研究》2012 年第 2 期。

运作方式，来达成社会治理目标。根据党的十八大提出的最新要求，我们可以区分出三种基本手段：其一是“党委领导、政府负责”，即自上而下的党政主导；其二是“社会协同、公众参与”，即自下而上的社会参与；其三是“法治保障”。这三种基本手段也符合党的十八大报告所强调的“坚持党的领导、人民当家作主、依法治国有机统一”的要求。[①] 当然，在现实中，这三种力量相互结合在一起，共同推动民生的改善和秩序的达成。

（3）社会治理的领域。这指的是为了加强和创新社会治理，需要从哪些重要领域着手或切入。依据党的十八大报告的阐述，其中包括了政府对公共服务的提供、基层社会治理和服务体系建设、城乡社区服务、企事业单位和人民团体在社会治理和服务中的职责、社会组织的健康发展和群众的参与、流动人口和特殊人群的管理服务、群众权益维护机制建设、重大决策社会稳定风险评估机制、公共安全体系等。

图7—1描绘了三者的关系：“社会治理的领域”是为达成“社会治理的目标”而选择的切入点，这可能随时间、地区、对象、问题等不同而不同。“社会治理的手段”则是为达成“社会治理的目标”而选择的具体运作方式，包含了制度、机制和技术等。在一定程度上我们可以将前者视为社会治理的内容，后者视为社会治理的形式。而社会治理的目标则是最终结果，也即绩效目标。

① 胡锦涛：《在中国共产党第十八次全国代表大会上的报告》，人民出版社2012年版，第25页。

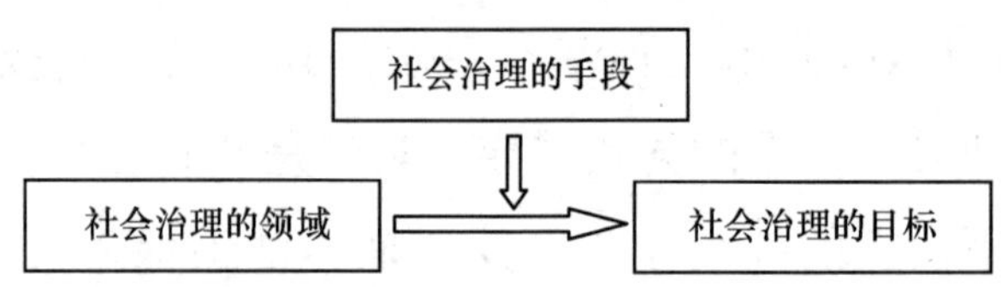

图7—1　社会治理的内在逻辑结构

所以，本报告中的社会治理绩效就是指社会治理目标的实现程度，即民生与社会秩序的实际状况，对社会治理绩效的评估也就是对当前民生和社会秩序的实际状况的评估。

（三）社会治理绩效的测量

基于上述讨论，我们从公众的主观角度来对社会治理绩效进行测量和评估。公众对民生的评价主要表现为对微观的个人福祉的主观感受；对社会秩序的评价则可以从宏观的基础秩序和中观的群体关系来测量，具体测量指标如下（见表7—1）。

宏观的基础秩序包括社会保障水平、治安状况、社会公平公正状况和社会风气4个指标，让被调查者评价是否满意；

中观的群体关系包括老板与员工的关系、穷人与富人的关系、城里人与农村人的关系、干部与群众的关系、本地人与外地人的关系5个指标，让被调查者评价关系是否良好；

微观的个人福祉包括家庭经济状况、住房状况、人际关系和生活压力4个指标，也是让被调查者评价是否满意。

表 7—1　社会治理绩效的测量

概念	维度	指标
社会治理绩效	宏观基础秩序	社会保障水平
		治安状况
		社会公平公正状况
		社会风气
	中观群体关系	老板与员工的关系
		穷人与富人的关系
		城里人与农村人的关系
		干部与群众的关系
		本地人与外地人的关系
	微观个人福祉	家庭经济状况
		住房状况
		人际关系
		生活压力

三　2016 年度社会治理绩效状况

（一）社会治理绩效的总体状况

根据 2016 年度的调查数据，我们统计出了 2016 年度社会治理绩效及各维度的主观评分结果（见表 7—2 和图 7—2）。整体上，社会治理绩效的平均得分为 65.07 分，基本呈正态分布；在各维度上，微观个人福祉得分最高（67.78 分），宏观基础秩序得分居中（65.70 分），中观群体关系得分最低（61.40 分），且与前两个维度的得分相差较大。这表明在被调查者的主观感受中，社会治理的状况微观层面和宏观层面要明显好于中观层面。换言之，不同群体之间关系的协调状况被认为相对差些。

表7—2　2016年度社会治理绩效及各维度的主观评分

	宏观基础秩序	中观群体关系	微观个人福祉	社会治理绩效
平均数	65.70	61.40	67.78	65.07
标准差	14.03	11.58	12.03	9.71
n	7322	7897	7752	7169

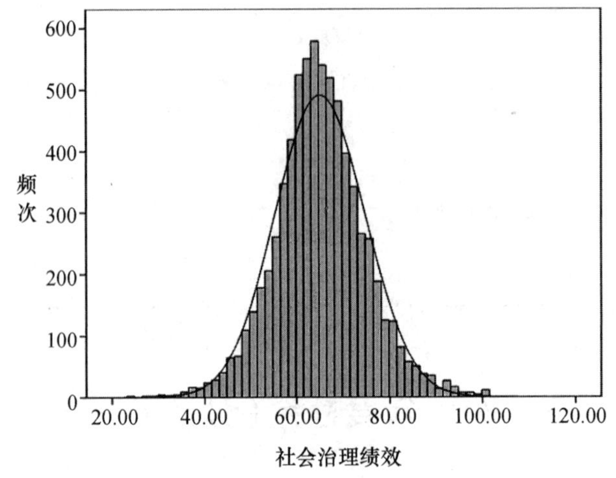

图7—2　2016年度社会治理绩效得分情况

（二）社会治理绩效各维度的具体状况

1. 宏观基础秩序

图7—3显示了宏观基础秩序的4个指标的统计结果。被调查者对“社会公平公正状况”和“社会风气”的满意度相对低些，超过1/5的被调查者对二者都不满意，而满意的比例也就

1/3 左右；被调查者对“治安状况”和“社会保障水平”的满意度相对高些，超过一半的被调查者对治安状况感到满意，而对二者不满意的比例都低于 15%。

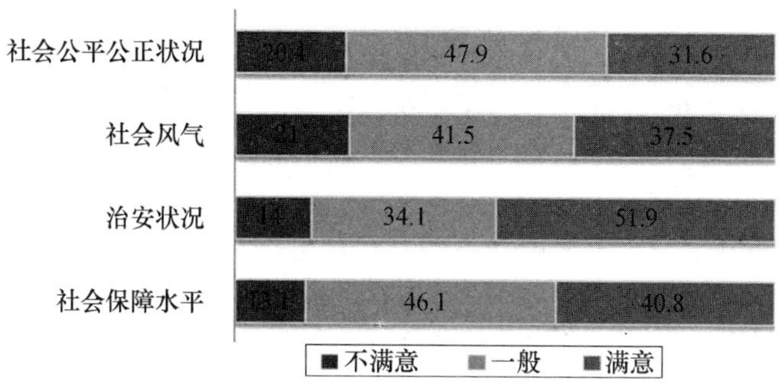

图 7—3　宏观基础秩序各指标主观评价状况（%）

2. 中观群体关系

图 7—4 给出了被调查者对 5 种主要社会群体关系的主观评价结果。被调查者评价相对较好的是“本地人与外地人的关系”和“老板与员工的关系”，认为这两种关系好的分别为 37. 9% 和 29. 2%，而认为这两种关系不好的比例分别 13. 2% 和 13. 1%；被调查者评价相对较差的是“穷人与富人的关系”，认为关系不好的占到了 38. 4%，远远高于对其他群体关系的评价，而认为关系好的也只有 13. 8%；被调查者对“城里人与农村人的关系”和“干部与群众的关系”的评价居中，认为二者关系不好的都约 20%，而认为二者关系好的也都接近 30%。

3. 微观个人福祉

图 7—5 给出了微观个人福祉的 4 项指标的统计结果：被调查者对“生活压力”的满意度相对最低，有 19. 7% 的被调查者

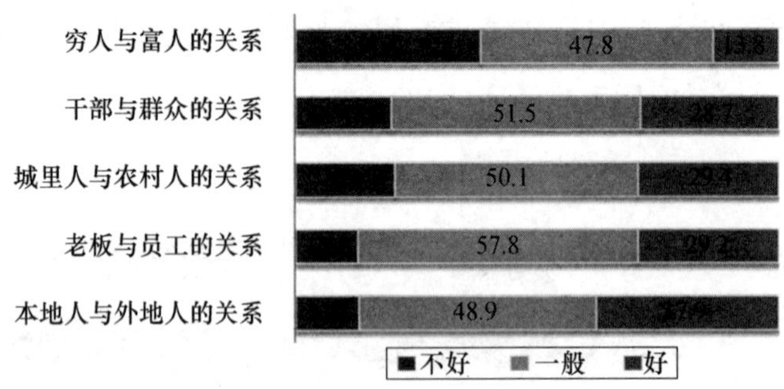

图7—4　中观群体关系各指标主观评价状况（%）

认为生活压力很大；被调查者对“人际关系”的满意度相对最高，持不满意态度的只占2.7%，而认为满意的占到了67.2%；被调查者对“家庭经济状况”和“住房状况”的主观评价居中，持满意态度的分别占37.8%和41.7%，而持不满意态度的分别是12.4%和14.3%。

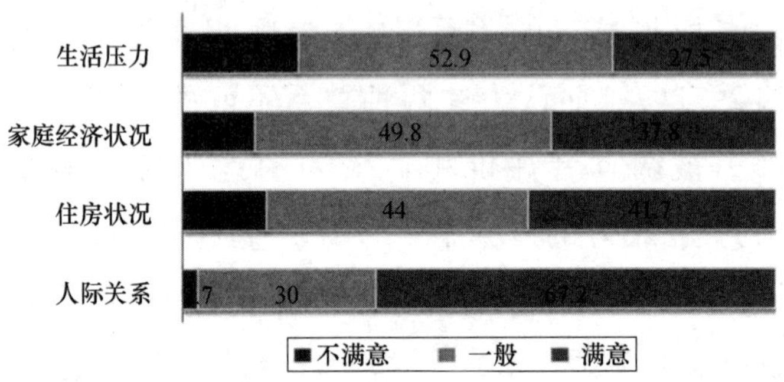

图7—5　微观个人福祉各指标主观评价状况（%）

综合以上数据，针对2016年度社会治理绩效及各维度情况，可以得出以下简要结论：首先，社会治理绩效在三个维度上存在差异，中观群体关系维度评价最低，从其指标来看，又以对“穷人与富人的关系”的评价最低；其次，微观个人福祉的评价最高，不过，很多被调查者表示“生活压力”较大；最后，评价居中的是宏观基础秩序，但不少被调查者对“社会公平公正状况”和“社会风气”感到很不满意。此外，我们甚至可以推测，三个维度的各指标之间多少是相互关联的，人们之所以会对“穷人与富人的关系”评价差，很可能是因为这种贫富差距的背后被认为是“社会公平公正状况”出了问题，加上较大的“生活压力”，更是容易加剧对贫富差距或社会不公的不满。

（三）不同人群对社会治理绩效的主观评价比较

不同类型的社会群体因其社会属性或角度立场的不同，在对社会治理绩效的主观感受和评价上，就有可能存在差异。对于这种主观感受和评价的群体差异的识别，是改善社会治理绩效的一个重要参考因素。我们主要围绕性别、年龄、婚姻状况、政治面貌、教育程度、区域、个人月收入、户籍类型及户籍所在地等人口统计变量，对社会治理绩效进行了分类比较，具体结果见表7—3。

表7—3　　不同人群对社会治理绩效的主观评价比较

		均值	样本数	差异显著性
性别	男	65.11	3281	F = 0.100 Sig. = 0.752 n = 7169
	女	65.04	3888	

续表

<table>
<tr><th colspan="2"></th><th>均值</th><th>样本数</th><th>差异显著性</th></tr>
<tr><td rowspan="5">年龄</td><td>16—29 岁</td><td>64. 17</td><td>2062</td><td rowspan="5">F = 21. 971
Sig. = 0. 000
n = 7169</td></tr>
<tr><td>30—39 岁</td><td>65. 54</td><td>1813</td></tr>
<tr><td>40—49 岁</td><td>64. 60</td><td>1750</td></tr>
<tr><td>50—59 岁</td><td>65. 03</td><td>924</td></tr>
<tr><td>60 岁及以上</td><td>68. 12</td><td>620</td></tr>
<tr><td rowspan="2">婚姻状况</td><td>未婚</td><td>64. 13</td><td>1355</td><td rowspan="2">F = 16. 973
Sig. = 0. 000 n = 6817</td></tr>
<tr><td>已婚</td><td>65. 33</td><td>5462</td></tr>
<tr><td rowspan="3">政治面貌</td><td>共产党员</td><td>66. 56</td><td>687</td><td rowspan="3">F = 13. 740
Sig. = 0. 000
n = 7145</td></tr>
<tr><td>共青团员</td><td>64. 13</td><td>1184</td></tr>
<tr><td>群众</td><td>65. 08</td><td>5274</td></tr>
<tr><td rowspan="6">教育程度</td><td>小学及以下</td><td>65. 94</td><td>372</td><td rowspan="6">F = 5. 175
Sig. = 0. 000
n = 7161</td></tr>
<tr><td>初中</td><td>65. 32</td><td>1510</td></tr>
<tr><td>高中</td><td>64. 72</td><td>1810</td></tr>
<tr><td>中专/技校</td><td>63. 96</td><td>684</td></tr>
<tr><td>大专</td><td>65. 85</td><td>1462</td></tr>
<tr><td>本科及以上</td><td>64. 77</td><td>1323</td></tr>
<tr><td rowspan="4">区域</td><td>东部地区</td><td>67. 47</td><td>2612</td><td rowspan="4">F = 111. 156
Sig. = 0. 000
n = 7169</td></tr>
<tr><td>中部地区</td><td>62. 79</td><td>2125</td></tr>
<tr><td>西部地区</td><td>63. 73</td><td>1662</td></tr>
<tr><td>东北部地区</td><td>66. 16</td><td>770</td></tr>
<tr><td rowspan="6">个人月收入</td><td>2000 元及以下</td><td>65. 11</td><td>559</td><td rowspan="6">F = 8. 423
Sig. = 0. 000
n = 4581</td></tr>
<tr><td>2001—4000 元</td><td>64. 60</td><td>2244</td></tr>
<tr><td>4001—6000 元</td><td>66. 23</td><td>1124</td></tr>
<tr><td>6001—8000 元</td><td>65. 82</td><td>329</td></tr>
<tr><td>8001—10000 元</td><td>65. 51</td><td>187</td></tr>
<tr><td>10001 元及以上</td><td>68. 57</td><td>138</td></tr>
</table>

续表

		均值	样本数	差异显著性
户籍类型	农业户口	63.93	1953	F = 37.633
	非农业户口	65.50	5210	Sig. = 0.000 n = 7163
户籍所在地	本市县	65.31	6245	F = 33.011
	外市县	63.33	897	Sig. = 0.000 n = 7142

表7—3的统计结果表明，在0.01的显著水平上，除性别外，其余人口统计变量都会影响到人们对社会治理绩效的主观评价。在年龄上，大体是随着年龄的增长，人们对社会治理绩效的评价也越好；在婚姻状况上，已婚人群的评价要好于未婚人群；在政治面貌上，党员的评价要显著好于群众和团员；虽然教育程度会影响人们对社会治理绩效的评价，但不同受教育程度的人群之间的差异并不大，小学及以下教育程度的人群对社会治理绩效的评价最高，中专/技校教育程度的人群的评价相对偏低；在区域上，东部地区和东北部地区的评价要明显高于中部地区和西部地区；在个人月收入上，在大体趋势上是随着收入的增长，对社会治理绩效的主观评价也在逐渐升高；最后是户籍方面，非农业户口人群的评价要高于农业户口人群，户口在本市县的人群的评价要高于户口在外市县的人群。

四　社会治理绩效的年度比较

自2012年起，我们每年都在全国范围内进行一次“社会态度与社会发展状况调查”，社会治理绩效即是主题之一，我们希望通过对每年调查数据的纵向比较，更清楚地了解社会治理绩效的总体变化及具体维度和指标的变化趋势。这种纵向比较数据，有助于我们更好地发现社会治理绩效在哪些方面获得了改善，又在哪些方面仍存在问题，从而提出更具针对性和可行性的政策建议。

（一）社会治理绩效及各维度的主观评分变化趋势

图 7—6 给出了 2012—2016 年社会治理绩效主观评分情况。从总体趋势上看，被调查者对社会治理绩效的主观评分是在逐步提升的。不过，2012—2014 年，社会治理绩效虽在提升，但幅度非常微小；到 2015 年，这种提升才较为明显，增加了 3.26 分，并在 2016 年继续增加了 0.83 分。

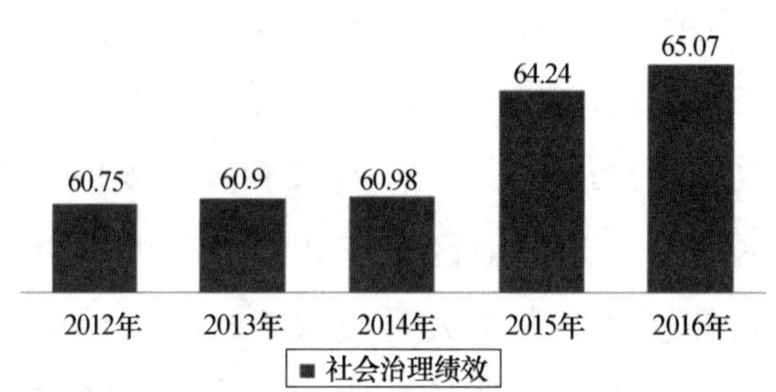

图 7—6　社会治理绩效主观评分变化趋势（分）

社会治理绩效的这种改善又是如何在三个维度中表现的呢？图 7—7 给出了社会治理绩效各维度在这五年间的变化情况：（1）各个维度的得分也基本呈上升趋势。（2）其中变化幅度最小的是中观群体关系，2012 年的最低分与 2016 年的最高分之间仅相差 2.09 分，其年平均增长率为 0.9%。（3）宏观基础秩序和微观个人福祉的变化幅度都相对较大。从绝对数值来看，前者的最高分比最低分高出 6. 04 分，后者的最高分比最低分高出 6. 59 分；从年平均增长率看，前者为 2. 5%，后者是 2. 1%。（4）从整体结构看，中观群体关系一直是评价最低的维度，微观个人福祉则是评价最高的维度，在 2015 年和 2016 年，二者的评分差距分别是 7. 04 分和 6. 38 分。

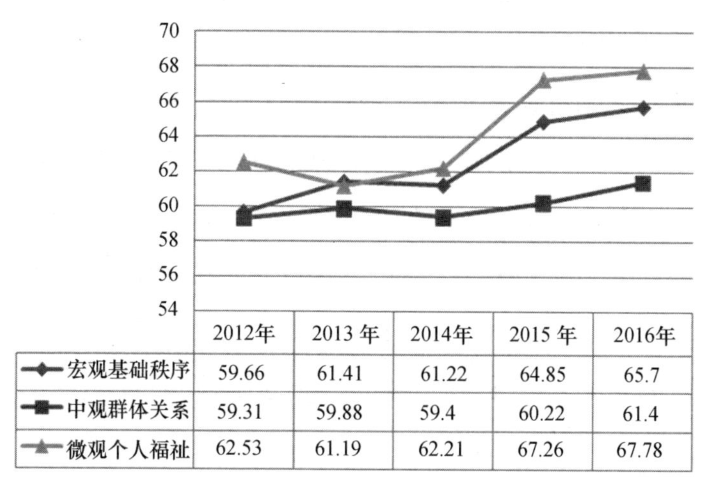

	2012年	2013 年	2014年	2015 年	2016年
宏观基础秩序	59.66	61.41	61.22	64.85	65.7
中观群体关系	59.31	59.88	59.4	60.22	61.4
微观个人福祉	62.53	61.19	62.21	67.26	67.78

图 7—7　社会治理绩效各维度的年度比较（分）

之所以会出现以上结果，我们认为在一定程度上可能是因为近五年来，国家一方面不断加大民生投入，让百姓得到了较多的公共服务并提高了保障水平；另一方面继续加大反腐倡廉的力度，同时又力推政府依法行政。这些显然有助于改善百姓对微观层面的个人福祉和宏观层面的基础秩序的评价。不过，中观层面的群体关系协调上，仍有待提高，其实这与我国目前社会组织的发育和发展仍有些不够充分有关，因为组织化的利益表达、协商、谈判或博弈是群体关系协调的重要机制，如果缺失就容易出现群体关系失衡，进而引发群体矛盾。甚至可以认为，这或许也是近两年中央提出群团改革的重要原因，即让群团组织更好地发挥群体关系协调的重要作用。

（二）三个维度各指标的主观评价变化趋势

社会治理绩效各个维度的变化，是由各自指标的变化综合而成的，因此我们需进一步考察它们各指标的变化情况。

1. 宏观基础秩序

首先，考察被调查者对4项指标持“不满意”态度的比例。我们可以从图7—8发现近五年来的特点和趋势：（1）被调查者对宏观基础秩序4项指标的“不满意”比例呈明显下降趋势，平均下降比例为12.4%；（2）其中比例下降幅度最大的指标是“社会公平公正状况”，2012年对“社会公平公正状况”感到不满意的被调查者达到了38.7%，而到2016年时这一比例下降至20.4%，下降了18.3%，这一下降比例甚至超过了好几年被调查者对“社会保障水平”的“不满意”比例；（3）被调查者对“社会公平公正状况”和“社会风气”这两个指标的不满意度一直较高，至2016年，对二者“不满意”的比例非常接近，分别是20.4%和21%；（4）被调查者对“社会保障水平”和“治安状况”这两个指标的不满意度相对低些，至2016年，对二者“不满意”的比例也非常接近，分别为13.1%和14%。

其次，图7—9给出了被调查者对4项指标持“满意”态度的比例的变化情况，从中可看到：（1）被调查者对宏观基础秩序4项指标的“满意”比例在上升，平均上升比例为8.7%，因此变化幅度没有“不满意”比例变化幅度大；（2）满意比例增加最多的是“治安状况”，2016年比2012年增加13%，而且被

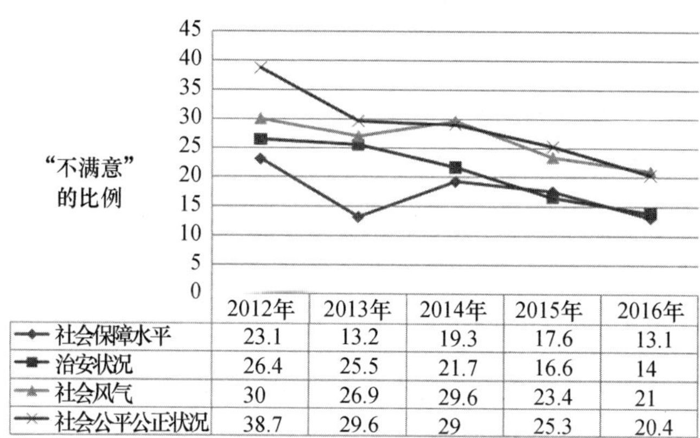

	2012年	2013年	2014年	2015年	2016年
社会保障水平	23.1	13.2	19.3	17.6	13.1
治安状况	26.4	25.5	21.7	16.6	14
社会风气	30	26.9	29.6	23.4	21
社会公平公正状况	38.7	29.6	29	25.3	20.4

图7—8　宏观基础秩序各指标的主观评价变化趋势（1）（%）

调查者对“治安状况”的满意比例一直高于其他指标，到2016年其比例更是达到了51.9%，大大超过了其他指标；（3）对“社会公平公正状况”的满意比例虽然增加了8%，但被调查者对该指标的评价一直是最低的，到2016年仍不过1/3；（4）对“社会保障水平”和“社会风气”“满意”的比例一直居中。

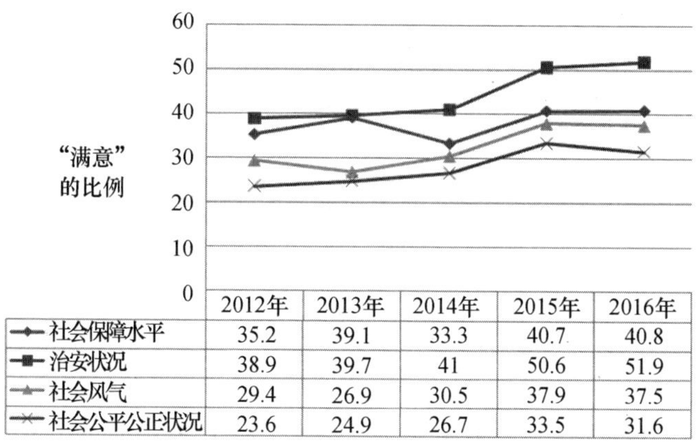

	2012年	2013年	2014年	2015年	2016年
社会保障水平	35.2	39.1	33.3	40.7	40.8
治安状况	38.9	39.7	41	50.6	51.9
社会风气	29.4	26.9	30.5	37.9	37.5
社会公平公正状况	23.6	24.9	26.7	33.5	31.6

图7—9　宏观基础秩序各指标的主观评价变化趋势（2）（%）

最后，图 7—10 显示了被调查者对 4 项指标持“一般”态度的比例情况。总体上，“社会风气”和“治安状况”这两个指标没有特别大的变化，“社会保障水平”有一些变化，而变化最大的是“社会公平公正状况”，持“一般”态度的比例增加了 10.2%。

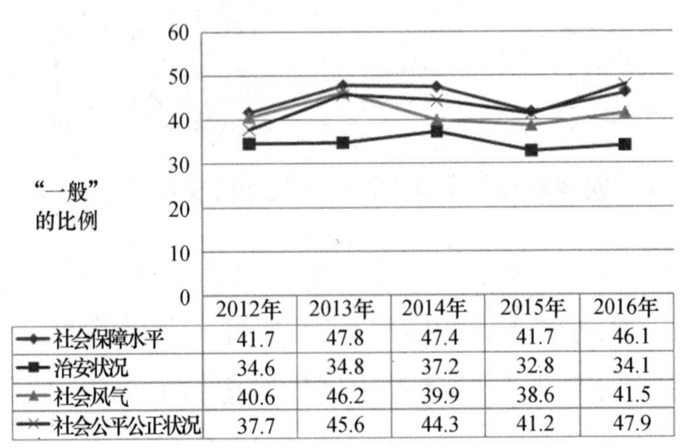

图 7—10　宏观基础秩序各指标的主观评价变化趋势（3）（%）

综合上述考察，我们可以针对被调查者对宏观基础秩序各指标的主观评价变化趋势做出如下简要结论：首先，在总体上，被调查者对各项指标的“不满意”比例明显下降，而“满意”比例则在上升；其次，被调查者对“社会公平公正状况”“不满意”的比例一直最高，不过在这五年间，其“不满意”比例也下降得最多，同时“满意”比例也在增加，只不过增加幅度并不是非常大；最后，被调查者对“治安状况”“满意”的比例一直最高，特别是到 2016 年，“满意”比例超过了 50%，远高于其他指标。这意味着，今后在宏观基础秩序方面，应重点关注“社会公平公正状况”的改善问题。

2. 中观群体关系

前面已指出，在这五年间被调查者对中观群体关系的主观评分虽在提升，但提升幅度最小。那么这在各指标上又是如何体现出来的呢?

图7—11显示了被调查者认为这5种群体关系“不好”的比例的变化趋势：(1) 被调查者认为这些群体关系不好的比例呈下降趋势，不过下降幅度不大，平均下降比例为7.2%；(2) 其中下降幅度相对最大的是“干部与群众的关系”，下降了9.4%；(3) 这五年间，被调查者认为“穷人与富人的关系”“不好”的比例一直大大高于其他群体关系，至2016年虽然下降了8.2%，但仍有38.4%，是其他群体关系的两三倍；(4) 被调查者认为“本地人与外地人的关系”“不好”比例基本上一直是最低的，至2016年，认为这种关系不好的比例为13.2%。另外，认为“老板与员工的关系”“不好”的比例下降了不少，至2016年为13.1%。

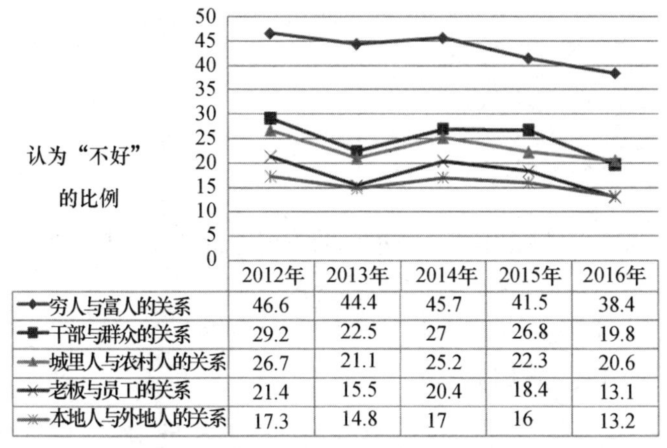

	2012年	2013年	2014年	2015年	2016年
穷人与富人的关系	46.6	44.4	45.7	41.5	38.4
干部与群众的关系	29.2	22.5	27	26.8	19.8
城里人与农村人的关系	26.7	21.1	25.2	22.3	20.6
老板与员工的关系	21.4	15.5	20.4	18.4	13.1
本地人与外地人的关系	17.3	14.8	17	16	13.2

图7—11　中观群体关系各指标的主观评价变化趋势（1）（%）

图7—12给出了被调查者认为这5种群体关系“好”的比例的变化趋势：（1）整体上看，被调查者认为这些群体关系“好”的比例，没有呈现出较为明显的上升趋势，以2012年和2016年来比较，平均上升比例只有4.1%，甚至个别指标（“城里人与农村人的关系”）还出现了轻微下降；（2）变化相对最大的是对“干部与群众的关系”，认为“好”的比例上升了11.3%；（3）其中变化幅度最小的是“穷人与富人的关系”，最大值与最小值也就相差2.7%，而且认为二者关系“好”的比例一直是最低的，至2016年达到的最大值也就是13.8%；（4）相对而言，评价一直最好的是“本地人与外地人的关系”。

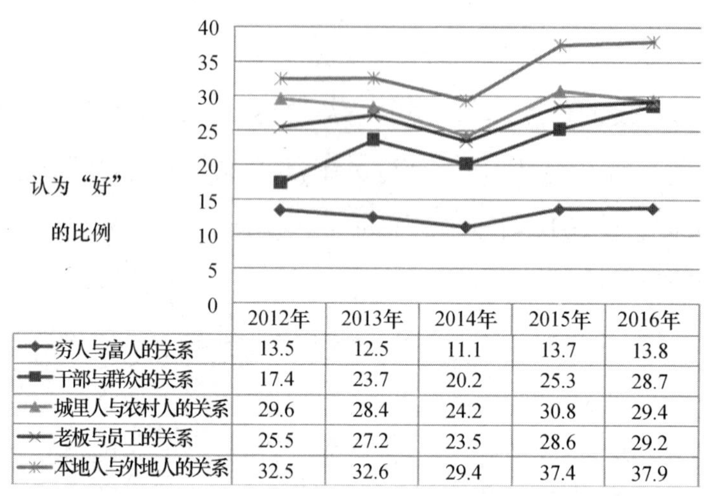

	2012年	2013年	2014年	2015年	2016年
穷人与富人的关系	13.5	12.5	11.1	13.7	13.8
干部与群众的关系	17.4	23.7	20.2	25.3	28.7
城里人与农村人的关系	29.6	28.4	24.2	30.8	29.4
老板与员工的关系	25.5	27.2	23.5	28.6	29.2
本地人与外地人的关系	32.5	32.6	29.4	37.4	37.9

图7—12 中观群体关系各指标的主观评价变化趋势（2）（%）

由于“不好”的比例下降幅度不大，而“好”的比例大体只是轻微上升，所以被调查者认为这5种关系“一般”的比例的波动幅度总体上也不太大，这清楚地反映在图7—13中：（1）这五年间认为“穷人与富人的关系”“一般”的比例上升最多，上升了7.9%；（2）认为这5种关系“一般”的比例都表现出集中趋势，即都趋于近半数。

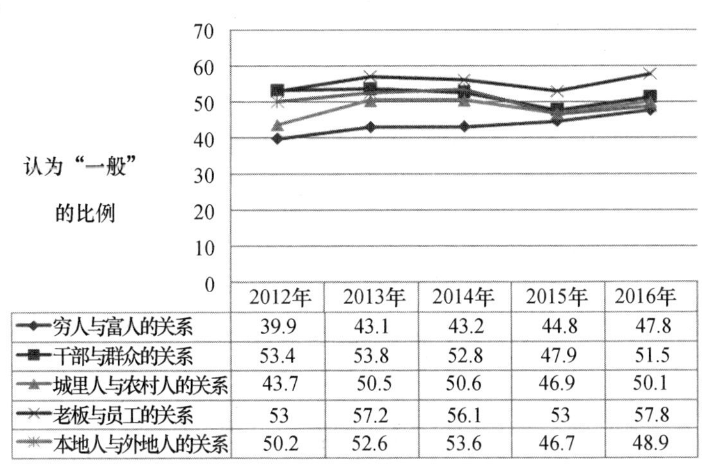

	2012年	2013年	2014年	2015年	2016年
穷人与富人的关系	39.9	43.1	43.2	44.8	47.8
干部与群众的关系	53.4	53.8	52.8	47.9	51.5
城里人与农村人的关系	43.7	50.5	50.6	46.9	50.1
老板与员工的关系	53	57.2	56.1	53	57.8
本地人与外地人的关系	50.2	52.6	53.6	46.7	48.9

图7—13　中观群体关系各指标的主观评价变化趋势（3）（%）

综合上述考察，我们可以针对被调查者对中观群体关系各指标的主观评价变化趋势，做出如下简要结论：首先，在总体上，这五年间被调查者认为这5类重要群体关系“不好”的比例呈下降趋势，但下降幅度不大，而认为“好”的比例的上升幅度则更小；其次，被调查者对“干部与群众的关系”的评价最值得关注，因为认为二者关系“不好”的比例下降幅度是最大的，而认为二者关系“好”的比例上升幅度也是最大的，这说明被调查者认为干群关系在这几年有明显改善；最后，被调查者对“穷人与富人的关系”的评价一直最低，认为“不好”的比例一直大大高于其他指标，而认为“好”的比例只有较微小的提升，因此缩小贫富差距仍是今后非常迫切的任务。

3. 微观个人福祉

微观个人福祉是三个维度中得分相对较高的，也是得分在这五年间增长得较多的。同样，我们也要考察这种增长在各个指标上的表现情况。

图 7—14 显示了被调查者对 4 项指标“不满意”的比例变化趋势：(1) 被调查者对 4 项指标的“不满意”比例呈明显的下降趋势，以 2016 年和 2012 年相比，平均下降比例为 10.7%；(2) 其中下降幅度相对最大的是“生活压力”，下降了 16.8%，不过即便如此，对生活压力“不满意”的比例也是最高的；(3) 被调查者对“人际关系”“不满意”的比例一直是最低的，而且到 2016 年，这一比例仅为 2.7%，大大低于其他指标；(4) 处于中间的依次是“住房状况”和“家庭经济状况”，2016 年对二者“不满意”的比例分别下降到了 14.3% 和 12.4%。

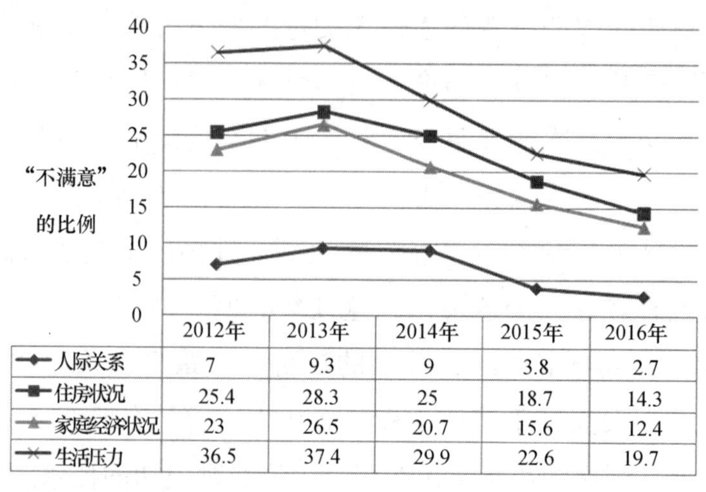

	2012年	2013年	2014年	2015年	2016年
人际关系	7	9.3	9	3.8	2.7
住房状况	25.4	28.3	25	18.7	14.3
家庭经济状况	23	26.5	20.7	15.6	12.4
生活压力	36.5	37.4	29.9	22.6	19.7

图 7—14　微观个人福祉各指标的主观评价变化趋势 (1) (%)

图 7—15 显示了被调查者对 4 项指标感到“满意”的比例变化趋势：(1) 被调查者对 4 项指标感到“满意”的比例呈现出一定的上升趋势，这五年间平均上升比例为 8.3%；(2) 其中对“生活压力”“满意”的比例上升得最少，只有 6.3%，而且在这五年里，被调查者对“生活压力”“满意”的比例一直是最低的；(3) 被调查者一直对“人际关系”“满意”的比例最高，大大高于其他指标，比排在第二位的“住房状况”“满意”的比例还要高出 25.5%。

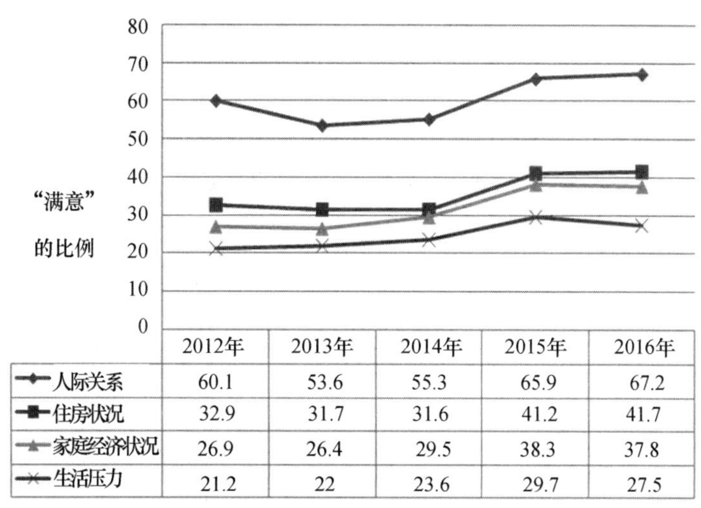

	2012年	2013年	2014年	2015年	2016年
人际关系	60.1	53.6	55.3	65.9	67.2
住房状况	32.9	31.7	31.6	41.2	41.7
家庭经济状况	26.9	26.4	29.5	38.3	37.8
生活压力	21.2	22	23.6	29.7	27.5

图 7—15　微观个人福祉各指标的主观评价变化趋势（2）（%）

图 7—16 显示了被调查者对 4 项指标感到“一般”的比例变化趋势，从中可看到：(1)“人际关系”和“家庭经济状况”没有表现出明显的上升或下降趋势，比较 2016 年与 2012 年的数据，轻微下降了一点儿；(2)“生活压力”和“住房状况”呈现出较明显的上升趋势，特别是“生活压力”方面，被调查

者持“一般”态度的比例增加了10.6%。

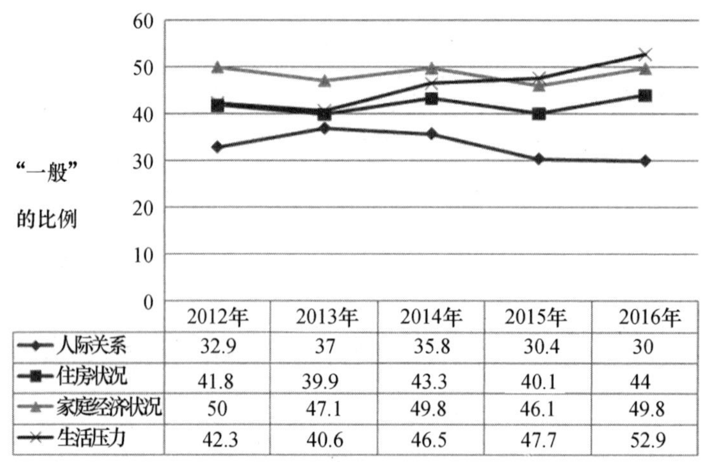

	2012年	2013年	2014年	2015年	2016年
人际关系	32.9	37	35.8	30.4	30
住房状况	41.8	39.9	43.3	40.1	44
家庭经济状况	50	47.1	49.8	46.1	49.8
生活压力	42.3	40.6	46.5	47.7	52.9

图7—16 微观个人福祉各指标的主观评价变化趋势(3)(%)

综合上述考察，我们可以针对被调查者对微观个人福祉各指标的主观评价变化趋势，做出如下简要结论：首先，在总体上，这五年间被调查者对4项指标感到“不满意”的比例呈现出明显的下降趋势，同时，对这4项指标感到“满意”的比例也呈现出上升趋势，不过“满意”比例的上升幅度要小于“不满意”比例的下降幅度，这也就意味着持“一般”态度在增加；其次，被调查者在这几年里一直最不满意的是“生活压力”，且不满意度大大高于其他指标，虽然对其不满意的比例下降幅度较大，但满意的比例并没有太多增加；最后，被调查者对“人际关系”最为满意，大大高于其他指标，至2016年，对其不满意的比例极低。

五　社会治理绩效的影响因素分析

在前面对社会治理的内在逻辑结构的分析中，我们根据党的十八大以来的一系列重要文件将社会治理的手段给区分了出来，其实可以认为这些手段是社会治理绩效的主要影响因素。我们前面已将其概括为三个方面，分别是党政主导、社会参与和法治保障，这三者也集中反映了“坚持党的领导、人民当家作主、依法治国有机统一”的根本要求。不过，考虑到当前条件下，党政是社会治理的主导力量，依法治国和依法行政在近些年又为中央高度重视，因此，我们将结合这五年的调查数据，重点考察党政主导与法治保障这两个因素对社会治理绩效的影响情况。

对这两个重要影响因素的测量，我们同样是从公众的主观角度来进行，即测量他们对党政主导和法治保障的满意度。党政主导包括“公务员廉洁自律”“预防和惩治腐败”“政府办事效率”“政府公开透明”“有关部门及负责人在违规失职后受到追究”5个指标；法治保障包括“法律对公民人身权利的保护状况”“法律对公民财产权利的保护状况”“法律对公民劳动权益的保护状况”3个指标。我们要考察的是，对党政主导和法治保障的满意度是否会对社会治理绩效及其各维度具有显著的正向影响。

图7—17给出了5次调查中被调查者对党政主导和法治保障的满意度评分（2012年的调查没有针对法治保障的调查，所以数据缺失）。从图7—17中可看到，被调查者对这两个因素的满意度都呈稳步上升趋势，特别是对党政主导的满意度，从2012年的55.83分上升到了2016年的64.68分。这两个方面的满意度的稳

步上升，在一定程度上表明，执政党自党的十八大以来大力推行的反腐倡廉工作、群众路线教育以及依法治国和从严治党等一系列重大举措的落实，已经取得了越来越大的成效。

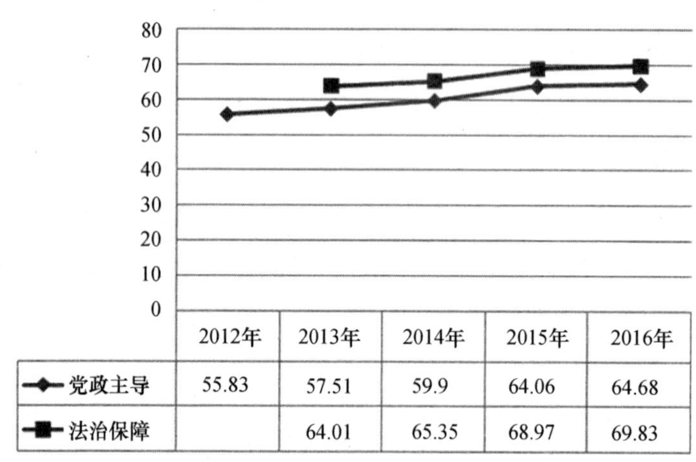

	2012年	2013年	2014年	2015年	2016年
党政主导	55.83	57.51	59.9	64.06	64.68
法治保障		64.01	65.35	68.97	69.83

图 7—17　两个主要影响因素的满意度（%）

事实上，这种成效也直接表现在这两个因素对社会治理绩效及各维度的显著影响上。表 7—4 是我们分别以社会治理绩效及各维度为因变量，以党政主导和法治保障为自变量做的回归分析结果，从中可发现：（1）对社会治理绩效而言，两个因素都具有显著影响，而且模型的解释力度也较大。（2）就三个维度而言，两个因素也都具有显著影响，但影响效果有差异。它们对宏观基础秩序的影响最大，模型解释力度较高；对微观个人福祉的影响次之；而对中观群体关系的影响最小，模型解释力度较低。（3）就两个因素各自的影响力而言，党政主导的影响力要大于法治保障。不过，这种影响力的差异尤其表现在宏观基础秩序上，而在微观个人福祉上，差异就小多了。

表 7—4　　社会治理绩效及各维度影响因素分析

年份	影响因素	社会治理绩效	宏观基础秩序	中观群体关系	微观个人福祉
2012	党政主导	0.589	0.589	0.337	0.368
	法治保障	—	—	—	—
	R^2	0.347	0.347	0.113	0.135
2013	党政主导	0.489	0.474	0.335	0.297
	法治保障	0.279	0.258	0.068	0.273
	R^2	0.480	0.438	0.144	0.260
2014	党政主导	0.413	0.404	0.222	0.237
	法治保障	0.318	0.364	0.122	0.178
	R^2	0.431	0.473	0.096	0.139
2015	党政主导	0.466	0.517	0.226	0.310
	法治保障	0.322	0.282	0.204	0.245
	R^2	0.511	0.533	0.152	0.253
2016	党政主导	0.430	0.480	0.252	0.243
	法治保障	0.337	0.325	0.201	0.244
	R^2	0.483	0.535	0.168	0.194

说明：(1) 为了便于比较，表中给出的两个影响因素的回归系数都是标准回归系数；(2) 这些系数在 0.01 的显著度水平上都具有显著性。

六　结论与政策建议

(一) 结论

1. 2016 年度社会治理绩效的基本情况

我们基于中国社会科学院社会发展战略研究院“社会态度与社会发展状况调查（2016）”的数据，从被调查者的主观感受和评价入手，对社会治理绩效进行了评估，得出了如下基本结论。

(1) 2016 年度社会治理绩效的平均得分为 65.07 分，并且基本呈正态分布；其三个维度的得分从高到低依次是微观个人福祉（67.78 分）、宏观基础秩序（65.70 分）和中观群体关系(61.40 分)。这表明，在被调查者的主观感知上，社会治理的状况微观层面和宏观层面要明显好于中观层面。换言之，不同群体之间利益关系的协调状况被认为相对较差。

(2) 在宏观基础秩序方面，被调查者对“社会公平公正状况”和“社会风气”的满意度相对低些，而对“治安状况”和“社会保障水平”的满意度相对高些。

(3) 在中观群体关系方面，被调查者评价相对较好的是“本地人与外地人的关系”和“老板与员工的关系”；而评价相对较差的是“穷人与富人的关系”，认为关系不好的比例要远高于其他群体关系；被调查者对“城里人与农村人的关系”和“干部与群众的关系”的评价居中。

(4) 在微观个人福祉方面，被调查者最满意的是“人际关系”，只有极少比例的被调查者感到不满意；被调查者对“家庭经济状况”和“住房状况”的主观评价居中；而最不满意的就是“生活压力”。

简言之，社会治理绩效在三个维度上存在差异。首先，中观群体关系维度评价最低，其中又以对“穷人与富人的关系”的评价最低；其次，微观个人福祉的评价最高，但不少被调查者感到“生活压力”较大；最后，宏观基础秩序的评价居中，其中“社会公平公正状况”和“社会风气”两个指标的评价较低。另外，我们认为，三个维度这几个评价偏低的指标之间具有一些相关性，对“社会公平公正状况”或“社会风气”感到不满的人，通常会倾向于认为，正是这种社会不公或不良风气导致了贫富差距的不断加大，并因此产生了对富人群体的负面印象。这样，他们对“穷人与富人的关系”的评价也就会偏低。而“生活压力”的加大，也会进一步强化他们在主观上对社会不公或贫富差距的不满。

2. 社会治理绩效的年度比较

通过对比 2012—2016 年度的数据，我们发现这五年间被调查者对社会治理绩效及各维度的主观评价呈现出如下趋势。

（1）首先，在总体趋势上，被调查者对社会治理绩效的主观评价在逐步提高，不过，这种提高在 2012—2014 年间非常细微，而到 2015 年和 2016 年较为明显。其次，各维度的得分也基本呈上升趋势，不过，变化幅度最小的是中观群体关系，而且，从社会治理绩效的内在结构看，中观群体关系一直是评价最低的维度。这说明，如何协调不同群体的利益关系是社会治理中较为迫切的任务。最后，宏观基础秩序和微观个人福祉的变化幅度都相对较大，其中微观个人福祉又一直是评价最高的维度，这表明近些年来政府在民生上，尤其是各种公共服务的投入以及社会保障的覆盖面和保障水平的提高，已经取得了一定成效，并得到了民众的明显好评。另外，反腐倡廉以及群众路线的不断推行，也在很大程度上有助于改善宏观基础秩序。

（2）在宏观基础秩序上，被调查者对各项指标的“不满意”比例明显下降，而“满意”比例则在上升。其中，被调查者“满意”度一直最高的是“治安状况”，特别是 2016 年，其

“满意”比例超过了半数，远高于其他指标；而被调查者一直最“不满意”的是“社会公平公正状况”，虽然在这五年间，其“不满意”比例也下降得最多，同时其“满意”比例也在增加，但被调查者对它的“不满意”的比例仍最高。这表明，今后在宏观基础秩序方面，重点应加强改善“社会公平公正状况”。

（3）在中观群体关系上，虽然被调查者对各项指标评价“不好”的比例呈下降趋势，但下降幅度并不大，而他们对其评价为“好”的比例上升幅度更小，这说明被调查者对5种重要社会群体关系的评价只有小幅的改善。不过，其中值得注意的是被调查者认为“干部与群众的关系”“不好”的比例下降幅度最大，而认为“好”的比例上升幅度也最大，这在一定程度上表明干群关系在这几年中有较为明显的改善。另外，被调查者对“穷人与富人的关系”的评价一直最低，认为“不好”的比例一直大大高于其他群体，而认为“好”的比例只有较微小的提升，因此调节贫富差距仍是今后非常重要的任务。

（4）在微观个人福祉上，被调查者对各项指标感到“不满意”的比例明显下降，同时，感到“满意”的比例也有一定幅度的上升。其中，被调查者一直最不满意的是“生活压力”，且不满意度大大高于其他指标，尽管在这几年里，对它“不满意”的比例下降幅度较大，但“满意”的比例却并没有多大的增加。另外，被调查者对“人际关系”最为满意，大大高于其他指标，至2016年，对其不满意的比例极低。

3. 社会治理绩效的影响因素

根据党中央一系列重要文件的精神和要求，我们认为，影响社会治理绩效主要有三个因素或途径，即自上而下的党政主导、自下而上的社会参与以及法治保障，不过，考虑到当前条件下，党政是社会治理的主导力量，而依法治国和依法行政在近些年又为中央高度重视，因此我们集中考察党政主导和法治保障这两个因素在这五年里对社会治理绩效及各维度的影响力，并得到如下发现。

（1）被调查者对这两个因素（尤其是党政主导）的满意度都呈稳步上升趋势，这在一定程度上表明，反腐倡廉工作、群众路线教育以及依法治国、从严治党的落实已逐渐产生了较大成效。

（2）两个因素对社会治理绩效及三个维度都有显著的影响，不过影响效果有差异。首先，它们对宏观基础秩序的影响最大，对微观个人福祉的影响次之，而对中观群体关系的影响最小。其次，就两个因素各自的影响力而言，党政主导的影响力要大于法治保障，这尤其表现在宏观基础秩序上。不过，在微观个人福祉上，二者的影响力差异较小。

（二）政策建议

上述分析表明，我国社会治理绩效取得了较好的成效，并在这五年里呈现出稳步上升趋势，不过，在一些具体方面还需要进一步改善。结合上述数据分析和比较以及对社会治理绩效影响因素的考察，我们提出如下政策建议。

（1）在微观层面，缓解民众“生活压力”是较为迫切的任务，因此，政府应继续加大对民生和社会建设的投入，特别是在住房问题比较突出的城市，缓解百姓住房困难问题，这当中，政府也要特别关注中等收入家庭。另外，要建立经济发展和扩大就业的联动机制，创造出更多的就业岗位，并积极推动合理有序的收入分配格局的形成，让百姓能有改善家庭经济状况的制度和保障，从而提振百姓对未来的发展信心。

（2）在中观层面，调节贫富差距是当前的重要任务，这就需要政府实行有利于缩小收入差距的政策，明显增加低收入劳动者收入，扩大中等收入者比重。与此同时，政府要在不同社会群体之间建立起公平的利益表达、协商和综合的集体平台，让不同利益和诉求有平等的表达机会，让政策和制度的制定能更充分地吸收和反映不同社会群体的利益。而要建立这种集体平台，就必须激发社会组织活力，让社会组织充分发挥利益汇聚和代表的作用。此外，由于利益冲突是市场化条件下的常态现象，因此需要建立起系统化的、制度化的利益冲突化解渠道，用制度化的方式来吸收和化解利益矛盾，而不是用掩盖或抑制的方式来回避矛盾，这就需要创新矛盾调处和权益保障机制。

（3）在宏观层面，社会公平公正问题最为突出，而前面对影响因素的分析表明，党政主导是影响宏观基础秩序的最重要因素。换言之，党风廉政建设最直接有利于宏观基础秩序的改善，所以应继续强化对权力运行的制约和监督，巩固反腐败成果，努力实现干部清正、政府清廉、政治清明，为经济社会发展营造良好政治生态。另外，必须加强法治政府建设，依法设定权力、行使权力、制约权力、监督权力，实现政府活动全面纳入法制轨道，增强全社会特别是公职人员尊法、学法、守法、用法观念，在全社会形成良好的法治氛围和法治习惯。

第八章　民众的环境满意度

2015 年党的十八届五中全会上，“生态文明建设”被首次写入五年规划，成为“十三五”规划的十个任务目标之一，全会提出：坚持绿色发展，必须坚持节约资源和保护环境的基本国策，坚持可持续发展，坚定走生产发展、生活富裕、生态良好的文明发展道路，加快建设资源节约型、环境友好型社会，形成人与自然和谐发展的现代化建设新格局，推进美丽中国建设，为全球生态安全做出新贡献。①

社会建设的最终目的是人们幸福地、诗意地栖居在大地上。幸福地、诗意地栖居是一种主观的精神状态，仅仅通过客观层面的改组或改造是不能达成的，只有人们感知到这种改组与改造并对其满意，才能够达成。因此，在国家致力于改善客观环境的同时，有必要从主观的角度考察人们对于环境的感受，防止出现“客观环境好，主观环境差”的两张皮现象。

一　环境质量:指标与测量

环境质量（environmental quality）或环境的品质一般是指在

---

① http：//news. china. com/focus/wzqh/11174588/20151026/20626822. html.

一个具体的环境内，环境的总体或环境的某些要素对人群的生存和繁衍以及社会的经济发展的适宜程度，是反映人群的具体要求而形成的对环境评定的一种概念。[①]

(一) 环境质量测量的基本问题：客观或主观

谈及环境质量（品质）的测量，一个基本的问题是客观和主观方法的适合性问题。[②] 所谓客观的方法就是专家的或者技术的评估，它是建立在客观的物理测量或者专家的判断上的，是运用特殊技术和特定科学领域的知识分析的一个结果。所谓主观方法是外行人的或者观测者的评估，建立在使用者观察和认知上，它反映了环境使用者的环境经历以及对环境经历的解释，是环境使用者日常心理过程的一个结果。典型的客观方法使用工具和“硬”测量，比如，机器监控或客观指数和量化环境品质。而主观方法使用自陈式报告，环境使用者通过此表达自己对环境质量的判断。

使用客观方法还是主观方法长期以来人们争议不断。我们认为客观方法和主观方法反映了两种不同层次的信息，各有优劣，因此，客观的和主观的评估不是相互替代（非此即彼）的方法，它们能够相互补充。[③] 而且两者都具有一定的客观性和主观性。这两种环境质量测量方法都追求客观性，因为它们都努

---

① 曲向荣：《环境学》，北京大学出版社 2015 年版。

② ［美］保罗·贝尔、托马斯·格林等：《环境心理学》，朱建军等译，中国人民大学出版社 2009 年版。

③ Antonio Aiello, Ritagrazia Ardone, Massimiliano Scopelliti, “Multidimensional Perception of Residential Environment Quality and Neighborhood Attachment in the Urban Environment Article”, *Journal of Environmental Psychology*, 1999.

力追求可复制的测量（有效、可靠、敏感和有用）。[①] 同样的，两者都具有主观性，因为专家评估依赖人们关于哪个领域应该测量和选取样本的时间和地点的决定[②]，结果也依赖于人的解释；而主观评估或者说外行人评估，是以个人经验为基础的。因此，就某一项具体的研究可以根据研究对象和目的灵活选用两种方法。

本次调查的环境质量测量采用主观的方法，这是由本次调查目的及其采用的方法和研究者的生活环境主义的立场决定的。

本调查的目标在于考察社会发展的整体状况。我们的研究建立在关于社会发展的以下假定上：人们的主观感受能够反映出一个社会的客观现实；人们主观感受到的客观现实能够反映出一个国家社会治理的水平和社会发展的程度。因此，我们试图通过分析人们对其所处社会环境的主观感受，即通过观察人们的社会态度来探讨和把握社会发展的状况。[③] 由此可见，本次调查是从主观角度考察一个社会发展的整体状况的，这决定了本次调查环境质量的测量采用主观方法。

生活环境主义“是指在理解和处理环境问题时，重视生活者的生活实践活动以及由此得出的对环境的态度”[④]。生活环境主义是日本学者于20世纪70年代至80年代末在总结与环境问

---

① Antonio Aiello, Ritagrazia Ardone, Massimiliano Scopelliti, "Multidimensional Perception of Residential Environment Quality and Neighborhood Attachment in the Urban Environment Article", *Journal of Environmental Psychology*, 1999.

② Ibid..

③ 张彦、魏钦恭、李汉林：《发展过程中的社会景气与社会信心——概念、量表与指数构建》，《中国社会科学》2015年第4期。

④ 宋金文：《生活环境主义的社会学意义——生活环境主义中的“生活者视角”》，《河海大学学报》（哲学社会科学版）2009年第2期。

题有关的人们的实践活动的基础上提出来的。生活环境主义是与自然环境保护主义、现代技术主义相区别的研究范式。生活环境主义与“自然环境主义”和“现代技术主义论”不同，它是“根据每个地区的实际情况以及当地人们的生活现状，不断进行新的探索，将这些探索加以提炼，使其具有理论整合性并模式化”的一种理论，它强调的是从生活者的生活实际出发，重视生活者的智慧，重视生活者的社会实践活动在解决环境问题上的重要性，主张从当地居民的生活历史和生活取向中，寻找解决环境问题的答案。[①] 鉴于此，我们认为环境的改善应该重视环境使用者的环境能力，也就是环境使用者对环境感受、认知与改造的能力。以主观方法来测量环境质量就是对环境使用者的环境能力的充分尊重与重视。

（二）环境质量主观测量的发展

对于环境质量的主观测量，环境心理学对此有比较系统的研究。其中人们普遍熟知的是“居住满意度”这个概念。居住满意度是指在一个场所（家中、社区和城镇）居住获得的满意体验。广义的居住满意度概念包括行为、认知与情感三个方面。居住满意度可以直接度量，比如，让人说出自己对居住环境的不同方面的满意程度。此外，人们开发了多种度量指标来评估居住满意度的具体行为、认知和情感。评估居住满意度的具体行为的有居住移动性。就认知的居住环境质量而言，典型的情况是使用某种自我报告量表，对环境品质进行主观的评估，得

① 宋金文：《生活环境主义的社会学意义——生活环境主义中的“生活者视角”》，《河海大学学报》（哲学社会科学版）2009 年第 2 期。

到环境知觉指数（PEQI）。就居民满意度的情感维度来看，人们开发了环境情绪反应指数（EERI）评估人们在环境中烦恼或愉快这类情绪及其程度。

其中运用得比较广泛的是环境知觉指数（PEQI）。它作为一种对受影响的大众的平均反应的测量，是环境影响报告的组成部分，也为环境干预计划提供了测量数据的基线。它有助于对同一环境不同时间或不同环境同一时间的影响进行比较，并可以分析并描述个人和群体在环境知觉上的差异。现在在评估空气、水、噪声污染、居住质量、景观、景观资源、室外休闲便利程度、交通系统、企业和工作环境等方面时都在使用环境知觉指数（PEQI）。

从上述可以看到对环境质量的评估是具体而微观的，而从社会发展整体的角度即宏观的角度对环境质量的考察，以及环境质量发展对社会整体发展的贡献度的考察是缺乏的。不可否认，人们在理论上已经对环境发展对社会发展的影响有了长足的研究，但定量研究环境发展对整体社会发展的影响程度与影响路径的还比较少，本研究基于环境发展对社会整体发展的影响这一视角，在参考其他环境质量测量的主观方法基础上构建了主观的环境质量量表。

（三）环境质量量表的开发

从本调查所秉承的社会发展的构念出发①，我们从环境满意

---

① 本研究对“社会发展”的构念以及测量的基本假定参见张彦、魏钦恭、李汉林《发展过程中的社会景气与社会信心——概念、量表与指数构建》，《中国社会科学》2015年第4期。

和环境信心两个维度来测量环境质量。环境满意主要是指人们对其当下所处的环境的一种主观感受。它是人们对环境现实状况的感受。环境信心则主要是指人们对环境未来的预期与判断。这种对未来环境的感受是基于现实环境状况对未来的预期，这可以反映人们对环境发展的可能性的判断。

本次调查所指的“环境”主要是与城市居民生活息息相关的物理环境，它们是空气、自来水、生态水面、城市绿化和垃圾处理五个环境要素。选取这五个环境要素是基于我国城市居民目前环境关注的特点以及主观测量方式的特点。目前我国民众对环境的关注具有功利性，基本是围绕与其生活相关的项目进行的，离生活较远的环境状况知之甚少[①]，而环境的主观测量方法主要是建立在使用者的环境知觉与环境经验上，是环境使用者的一个心理过程。因此，为了保证测量的效度，我们选取了城市居民能够直接感知且关心的环境要素来进行测量。

由此，本次调查设计了包括环境满意和环境信心两个维度12个题器的环境质量问卷，每个维度除了包括五个环境要素的题器外，我们还在每个维度上设计了反映城市居民总体环境满意度和总体环境信心度的题器。问卷中对环境满意度计分方式采用了李克特式5点量表，其中“1”表示“很满意”，“5”表示“很不满意”，对环境信心的计分方式采用了3点量表，其中“1”表示“变好”，“3”表示“变差”。

经过探索性因子分析，本次调查确定以下12个题器来进行量表构建（见表8—1），形成正式的问卷。

① 中国环境意识项目办公室：《2007全国公众环境意识调查报告》，《世界环境》2008年第2期。

表 8—1　**环境质量的测量指标**

指数	因子	题器
环境满意度	环境质量	a3a01 您对您所在城市当前的环境质量满意吗？
	空气质量	a3a02 您对您所在城市当前的空气质量满意吗？
	自来水质量	a3a03 您对您所在城市当前的自来水质量满意吗？
	生态水面质量	a3a04 您对您所在城市当前的生态水面质量满意吗？
	垃圾处理	a3a05 您对您所在城市当前的垃圾处理满意吗？
	城市绿化	a3a06 您对您所在城市当前的城市绿化满意吗？
环境信心度	环境质量	a3b01 您认为您所在城市未来的环境质量会变好还是变差？
	空气质量	a3b02 您认为您所在城市未来的空气质量会变好还是变差？
	自来水质量	a3b03 您认为您所在城市未来的自来水质量会变好还是变差？
	生态水面质量	a3b04 您认为您所在城市未来的生态水面质量会变好还是变差？
	垃圾处理	a3b05 您认为您所在城市未来的垃圾处理会变好还是变差？
	城市绿化	a3b06 您认为您所在城市未来的城市绿化会变好还是变差？

验证分析结果见表 8—2。

表 8—2　**验证结果**

Hotelling's T-Squared	F	df1	df2	Sig.
7369. 486	669. 102	11	7863	0. 000

二 2016年城市居民环境质量总体分析

(一) 结果分析

从总体来看，2016年城市居民环境满意度为72分（总分为100分)。城市居民环境满意度各分项指标得分，从高到低分别为城市绿化（81分)、生活垃圾处理（70分)、自来水质量(69分)、空气质量（68.5分)、生态水面质量（64.5分）（见图8—1)。

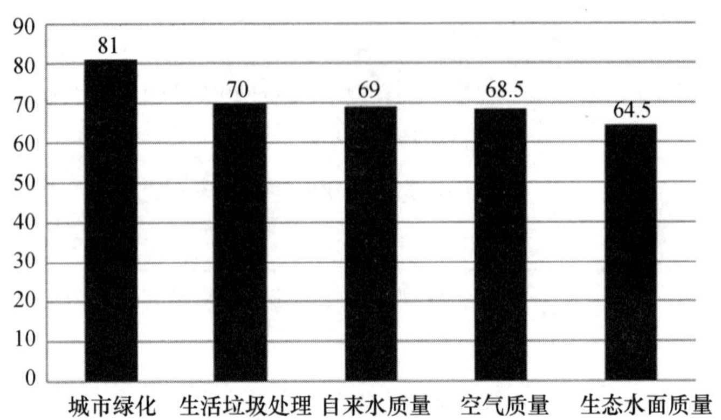

图8—1 2016年城市居民环境质量满意度各指标均值排序（分）

在7934名受访者中，对环境质量满意的占44.7%，不满意的占55.0%，不知道的占0.4%（见图8—2)。

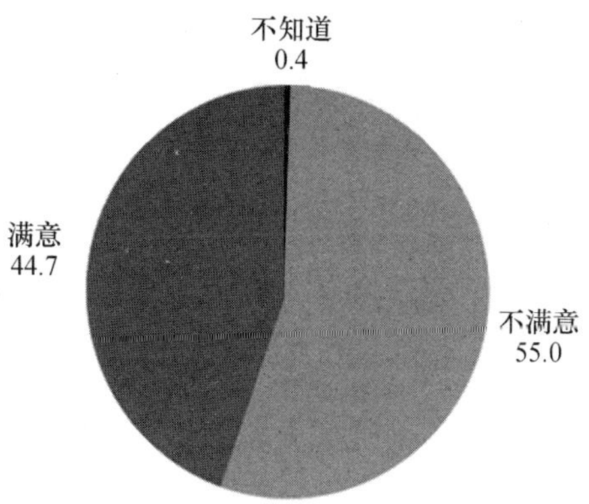

图 8—2　2016 年城市居民环境质量满意状况分布比例（%）

在 7931 名受访者中，对空气质量不满意的占 62.6%，满意的占 37.1%，不知道的占 0.3%（见图 8—3）。

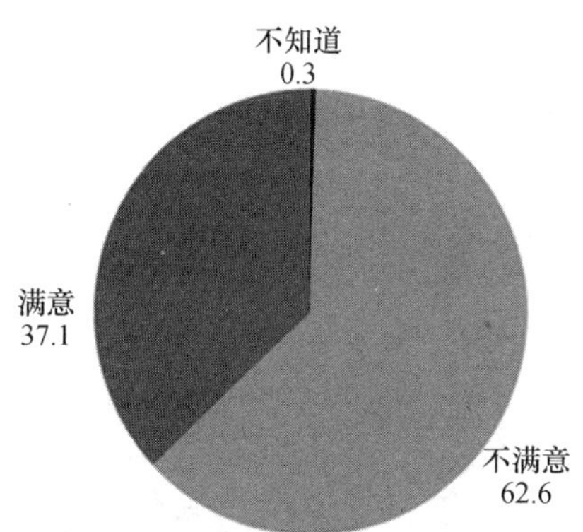

图 8—3　2016 年城市居民空气质量满意状况分布比例（%）

在 7932 名受访者中，对自来水质量不满意的占 60.2%，满意的占 38.8%，不知道的占 1.0%（见图 8—4）。

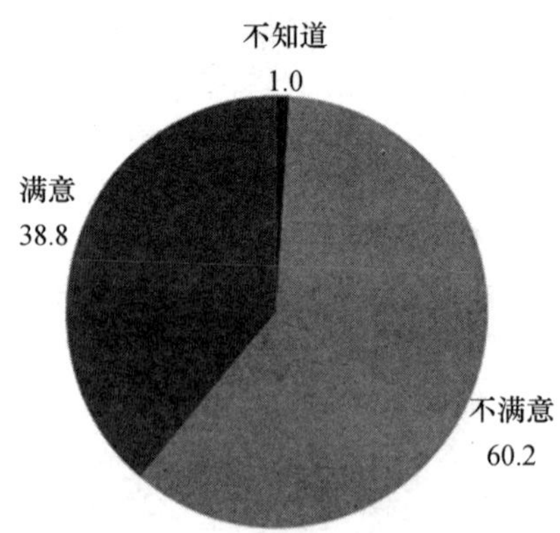

图8—4　2016年城市居民自来水质量满意状况分布比例（%）

在7930名受访者中，生态水面质量满意度，不满意的城市居民占调查样本的62.5%，满意的城市居民占调查总体的33.4%，不知道的城市居民占调查总体的4.1%（见图8—5）。

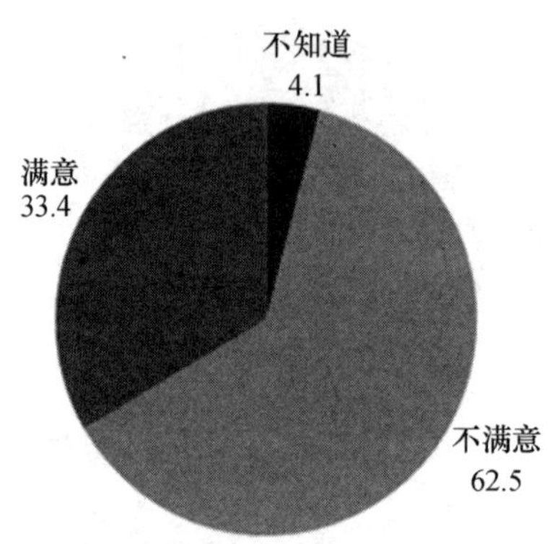

图8—5　2016年城市居民生态水面质量满意状况分布比例（%）

2016年城市居民环境信心度均值为76分（总分为100分），

城市居民环境信心度各分项指标均值从高到低排序分别为：城市绿化（83.5 分）、生活垃圾处理（77 分）、空气质量（72.5 分）、自来水质量（71 分）、生态水面质量（69 分）（见图 8—6）。

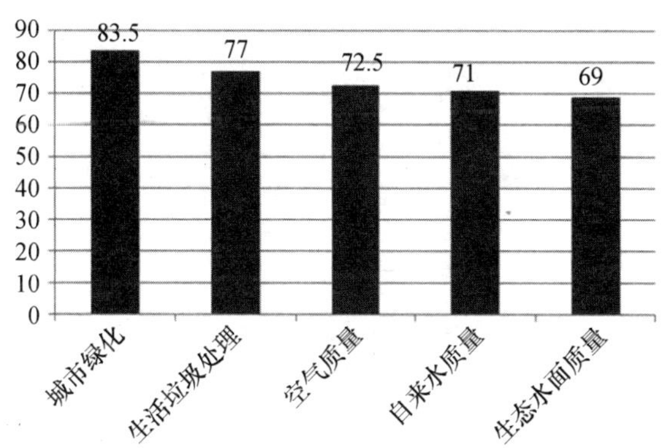

图 8—6　2016 年城市居民环境信心度各项指标均值排序（分）

7936 名受访者中，认为未来环境质量会变好的占 57.6%，变差的占 37.2%，不知道的占 5.2%（见图 8—7）。

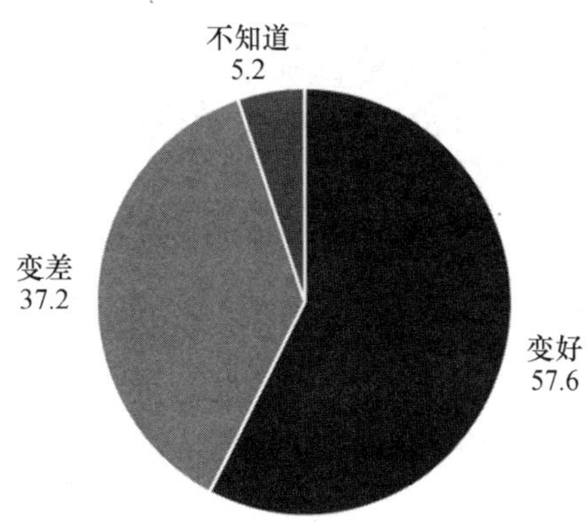

图 8—7　2016 年城市居民环境质量信心状况分布比例（%）

在7929名受访者中，认为空气质量变差的占41.4%，变好的占52.0%，不知道的占6.6%（见图8—8）。

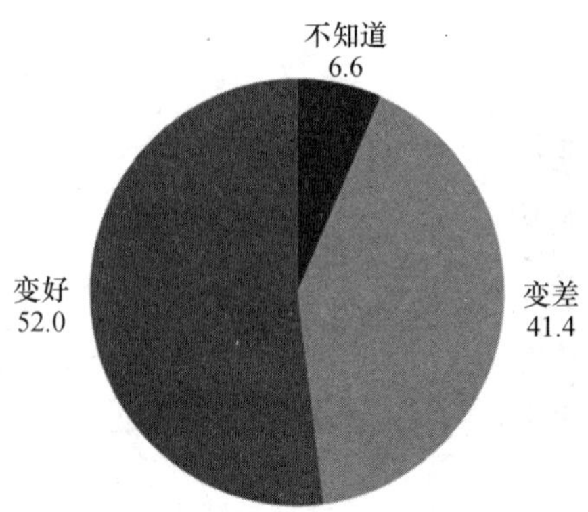

图8—8 2016年城市居民空气质量信心状况分布比例（%）

在7923名受访者中，认为自来水质量变差的占43.64%，变好的占49.15%，不知道的占7.21%（见图8—9）。

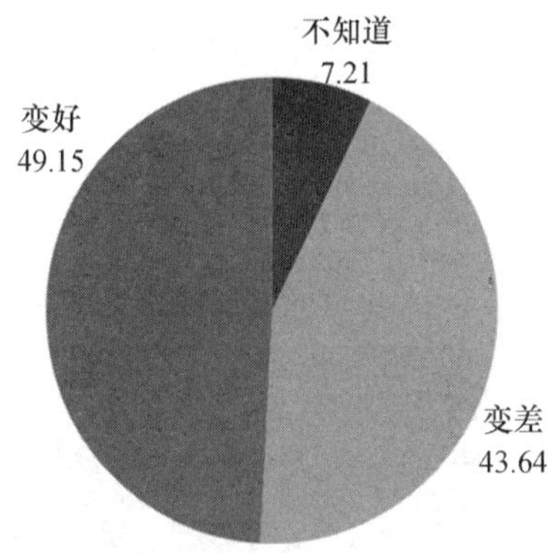

图8—9 2016年城市居民自来水质量信心状况分布比例（%）

在7920名受访者中，认为生态水面质量变差的占41.84%，变好的占48.05%，不知道的占10.11%（见图8—10）。

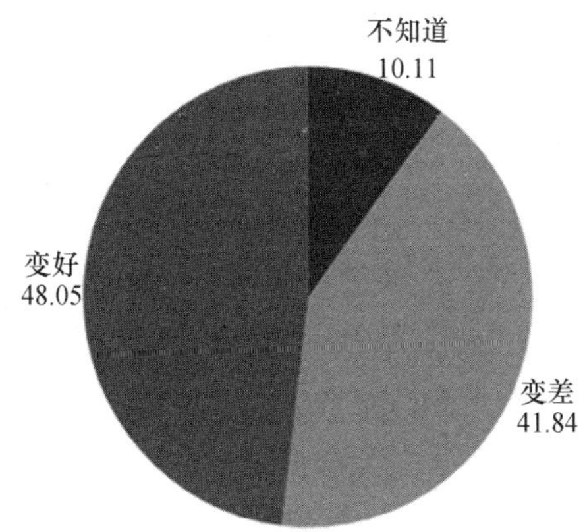

图 8—10　2016 年城市居民生态水面质量信心状况分布比例（%）

（二）讨论

1. 从总体来看，城市居民的环境满意度和环境信心度一般，超过半数以上的城市居民对环境现状不满，近六成的城市居民对未来环境的改善充满信心

城市居民环境满意度均值为 72 分，城市居民环境信心度均值为 76 分。在所有受访者中，对环境现状不满意的占 54.9%，对未来环境改善充满信心的占 57.6%。由此可见，从总体上看，城市居民对环境质量的评价一般，多数城市居民对环境现状不满，但对未来环境的改善充满信心。从城市居民环境满意度各分项指标受访者分布情况来看，超过六成的受访者对空气质量（62.64%）、自来水质量（60.2%）和生态水面质量（62.5%）不满意，对垃圾处理状况也有近六成的受访者不满意（57.8%）。虽然近六成的受访者对未来环境的改善充满信心，但是仍有超过四成的受访者认为空气质量（41.4%）、自来水质

量（43.64%）和生态水面质量（41.84%）未来会变差。可见，多数城市居民对空气、自来水和生态水面这三方面环境要素的质量的主观感受不佳。

从整体上来看，城市居民对环境质量的主观感受尚可，多数城市居民对未来环境的改善充满信心，这是缘于人们感知到了我国客观环境质量的持续改善以及政府对于环境治理的决心和信心。从客观环境质量的指标来看，我国的环境质量并不理想，但却在持续地改善。例如，人们特别关注的空气质量，2013 年，京津冀、长三角、珠三角等重点区域及直辖市、省会城市和计划单列市共 74 个城市按照新标准开展监测，74 个城市中仅海口、舟山和拉萨 3 个城市空气质量达标，占 4.1%；超标城市比例为 95.9%。2014 年，开展空气质量新标准监测的地级及以上城市 161 个。监测结果显示，161 个城市中，舟山、福州、深圳等共 16 个城市空气质量达标，占 9.9%；145 个城市空气质量超标，占 90.1%。2015 年，全国 338 个地级以上城市全部开展空气质量新标准监测。监测结果显示，有 73 个城市空气质量达标，占 21.6%；265 个城市空气质量超标，占 78.4%。达标天数比例分析表明，338 个城市达标天数比例在 19.2%—100%，平均为 76.7%；平均超标天数比例为 23.3%，其中轻度污染天数比例为 15.9%，中度污染为 4.2%，重度污染为 2.5%，严重污染为 0.7%。[①] 同时，我国政府也在环境治理方面做出了极大的努力。1992 年在中国共产党十四大报告中提出“加强环境保护”意识；中国共产党十七大明确提出“建设生态

① 中华人民共和国环境保护部 2011 年、2012 年、2013 年、2014 年、2015 年中国环境状况公告。

文明”的战略任务；2012年党的十八大做出“大力推进生态文明建设”战略决策；2015年5月5日，中共中央、国务院印发《关于加快推进生态文明建设的意见》，提出了2020年的生态文明建设目标：“到2020年，资源节约型和环境友好型社会建设取得重大进展，主体功能区布局基本形成，经济发展质量和效益显著提高，生态文明主流价值观在全社会得到推行，生态文明建设水平与全面建成小康社会目标相适应。”[①] 在党的十八届五中全会上，“生态文明建设”被首次写入五年规划，成为“十三五”规划的十个任务目标之一。这使人们看见了环境改善的希望。

但在城市居民整体环境质量主观感受尚可的情况下，多数城市居民对环境现状不满。可能的原因在于，我国城市中存在环境不平等的状况以及社会层级中底层基数比较大。尽管由于工业化和现代化，人人都是环境危害的受害者，但是不同阶层的人受到的环境危害不同，也就是说存在环境不平等。贫困和处于社会底层的社会性弱者，和老、弱、病、残、妇女和儿童等生物性弱者最易成为环境问题的受害者。[②] 客观环境的不平等从两方面影响人们的环境满意度：一方面，在绝对的角度来看，处于较差环境中的人们对环境的主观感受可能会比较差；另一方面，从相对的角度来看，客观环境不平等，使得人们在环境方面产生相对剥夺感，对环境的满意度也相应会较差。

---

① http：//politics. people. com. cn/n/2015/0506/c1001 - 26953754. html.

② 李友梅、刘春燕：《环境社会学》，上海大学出版社2011年版。

2. 城市居民受访者在环境满意度和环境信心度各分项指标中回答“不知道”的比例不一

从各指标回答“不知道”的比例分布，我们可以看到对不同环境要素人们的意识水平状况。从总体来看，对未来环境预期回答不知道的受访者多于对环境现状回答不知道的受访者；从各分项指标来看，在环境满意度各指标中，对生态水面质量不知道的受访者比例最高，其余依次为垃圾处理、自来水质量、城市绿化、空气质量；在环境信心度各指标中对生态水面质量不知道的受访者比例最高，其余依次为自来水质量、垃圾处理、空气质量、城市绿化。

对未来环境预期回答不知道的受访者多于对环境现状回答不知道的受访者，这可能是因为现实环境可以直感，可以用直觉来回答，但对未来的环境质量的预期会受到其他心理因素或社会因素影响，因此，对其做出估计具有一定的难度。

对生态水面质量回答“不知道”的比例高于其他，其原因在于，个体对环境的主观感受是个体在与环境互动的过程中形成的，它不仅受到客观环境变化的影响，还受到个体对环境的认知、情绪和对环境使用的影响。从城市居民的生活圈层来看，在生态水面、垃圾处理、自来水、城市绿化、空气这五种环境要素中，大多数城市居民直接和频繁互动的是后四种环境要素，生态水面质量虽然重要，但大多数城市居民与其直接互动的频率相对较少，因此，在受访者中回答不知道的比例相对比较高。

在五种环境要素中，对空气质量满意度回答不知道的受访者所占比例最低，除却空气质量本身比较差，人们尤其关注外，还在于以下两个方面：一方面是因为城市居民与空气直接互动的频率较高，人们对空气质量的感受性比较强；另一方面是政府对空气质量的重视和媒体对空气质量的事件的渲染唤醒了人们对空气质量的意识。政府、媒体和公众是环境管理的三驾马车，在这三者中，通常是媒体先行，然后是公众关注和政府重视。例如，雾霾走入公众视野，大众媒体发挥了重要的作用。可吸入颗粒物 PM 2.5 跟雾霾的关系，是经由《纽约客》驻京记者对美国使馆所做的针对 PM 2.5 的检测的传播，才为多数白领知道的，然后通过《南方周末》的《我为祖国测空气》一文，以及后续各类媒体纷纷加入对雾霾的报道中，PM 2.5 才进入普通大众的视野，才成为普通大众日常生活的焦点。

三　2013—2016 年环境质量比较分析

（一）结果分析

如图 8—11 所示，从总体来看，城市居民环境满意度和环境信心度 2013—2015 年呈上升趋势，2016 年有所下降。2013—2015 年对环境满意的受访者比例逐年增加，尤其是 2015 年比例大幅度增长，2016 年有所减少（见图 8—12）。2013—2015 年认为环境会变好的受访者的比例逐年增加，尤其是 2014 年有大幅度的增长，2016 年有所减少（见图 8—13）。

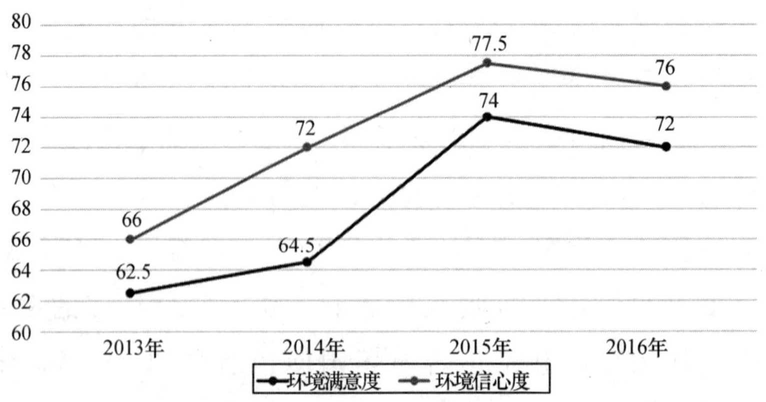

图 8—11 2013—2016 年城市居民环境满意度与环境信心度均值趋势（分）

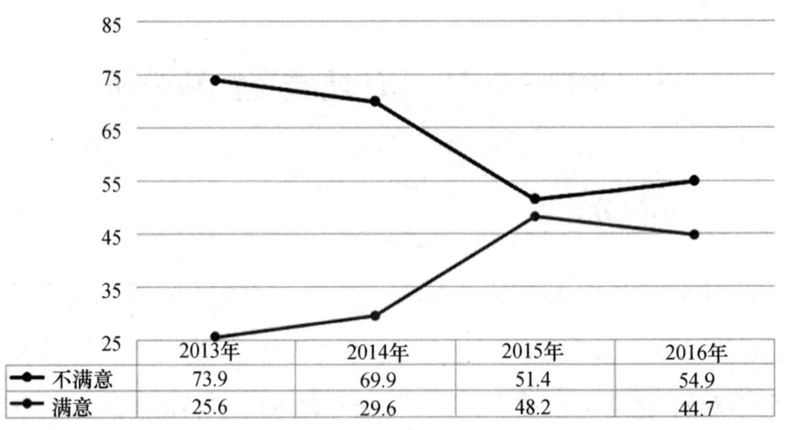

	2013年	2014年	2015年	2016年
不满意	73.9	69.9	51.4	54.9
满意	25.6	29.6	48.2	44.7

图 8—12 2013—2016 年城市居民环境满意度比例分布趋势（%）

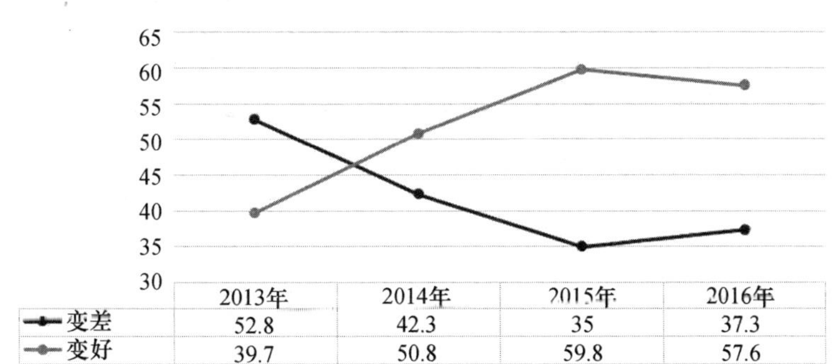

图 8—13　2013—2016 年环境信心度比例分布趋势（%）

2013—2016 年，城市居民环境满意度总体增长率为 15.2%，环境信心度总体增长率为 15.15%。如图 8—14 所示，城市居民环境满意度增长速率 2014 年为 3.2%，2015 年为 14.7%，2016 年为 -2.7%；城市居民环境信心度增长速率 2014 年为 9.09%，2015 年为 7.64%，2016 年为 -1.94%。

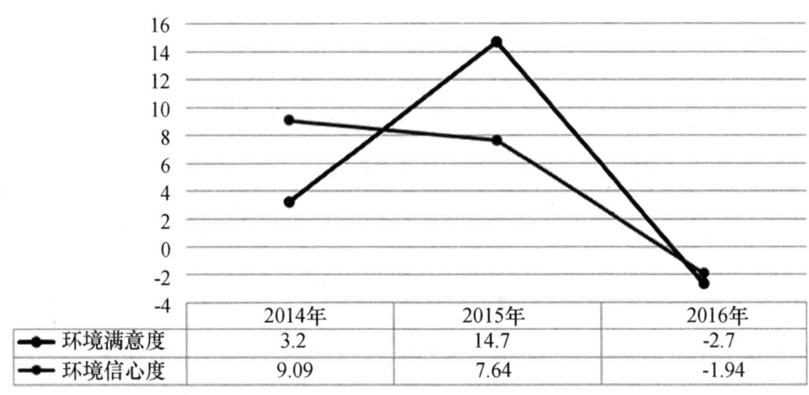

图 8—14　2013—2016 年环境满意度和环境信心度增长速率趋势（%）

如图 8—15 所示，从环境满意度的各指标来看，2013—2016 年，生态水面质量满意度和城市绿化满意度均呈现上升趋势；空气质量满意度和自来水质量满意度在 2015 年之前呈现上升趋势，2015 年后下降；生活垃圾处理满意度呈现波动状态。

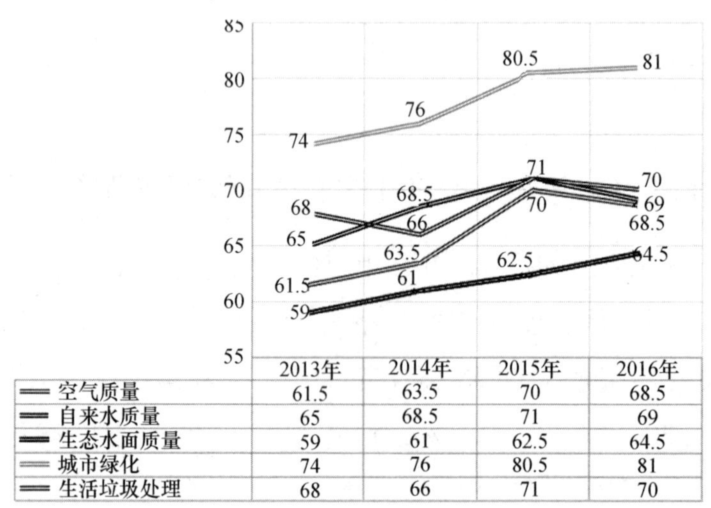

	2013年	2014年	2015年	2016年
空气质量	61.5	63.5	70	68.5
自来水质量	65	68.5	71	69
生态水面质量	59	61	62.5	64.5
城市绿化	74	76	80.5	81
生活垃圾处理	68	66	71	70

图 8—15　2013—2016 年环境满意度各指标趋势（分）

2013—2016 年，环境满意度各指标总体增长率分别为：空气质量 11.38%、自来水质量 6.15%、生态水面质量 9.32%、城市绿化 9.46%、生活垃圾处理 2.94%。其中，空气质量增长速率，2014 年为 3.25%，2015 年为 10.23%，2016 年为 -2.14%；自来水质量增长速率，2014 年为 5.38%，2015 年为 3.65%，2016 年为 -2.9%；生态水面质量增长速率，2014 年为 3.39%，2015 年为 2.46%，2016 年为 3.2%；城市绿化增长速率，2014 年为 1.35%，2015 年为 5.92%，2016 年为 0.62%；生活垃圾处理增长速率，2014 年为 -2.94%，2015 年为 7.58%，2016 年为 -1.41%。如图 8—16 所示，2013—2016 年，

自来水质量增长速率呈现下降趋势，空气质量、城市绿化和生活垃圾处理的增长速率呈现较大幅度波动状态，除城市绿化和生态水面质量以外，环境满意度的各分项指标2016年的增长速率均为负数。

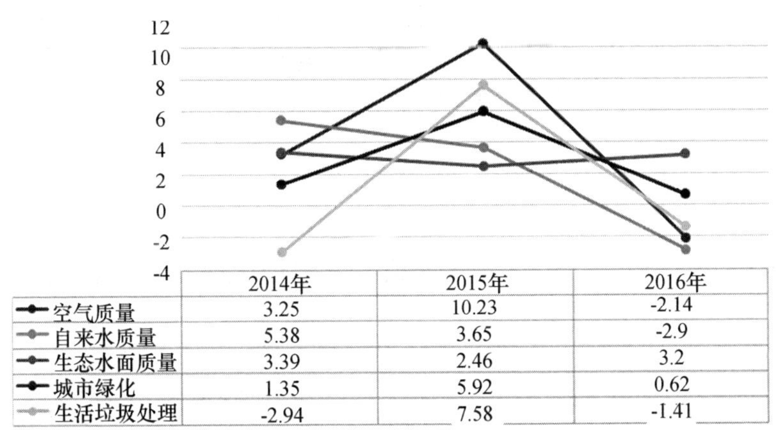

	2014年	2015年	2016年
空气质量	3.25	10.23	-2.14
自来水质量	5.38	3.65	-2.9
生态水面质量	3.39	2.46	3.2
城市绿化	1.35	5.92	0.62
生活垃圾处理	-2.94	7.58	-1.41

图8—16　2013—2016年城市居民环境满意度各分项指标增长速率趋势（%）

从环境满意度各指标排序来看（见图8—17），2013—2016年城市绿化的满意度均为第一，生态水面质量满意度和空气质量满意度均排在末两位；2013—2016年自来水质量满意度和生活垃圾处理满意度排序是交替的。

如图8—18所示，2013—2016年，环境信心度各指标，除了生态水面质量信心度稳步上升，空气质量信心度、自来水质量信心度、城市绿化信心度、生活垃圾处理信心度2015年前均呈上升趋势，2016年均有所下降。

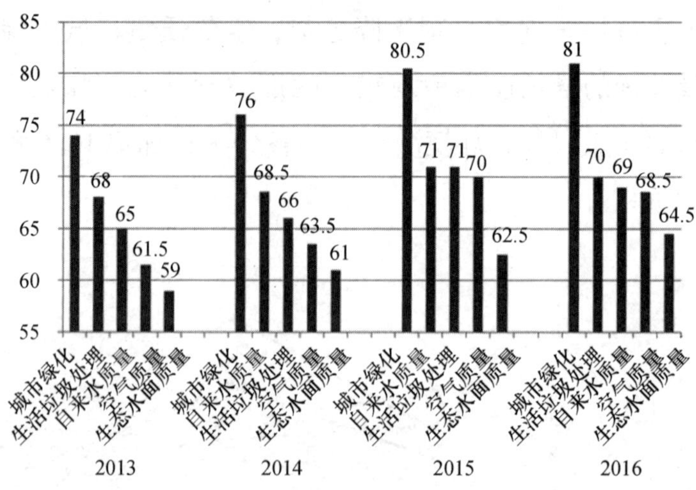

图 8—17　2013—2016 年城市居民环境满意度各分项指标排序（分）

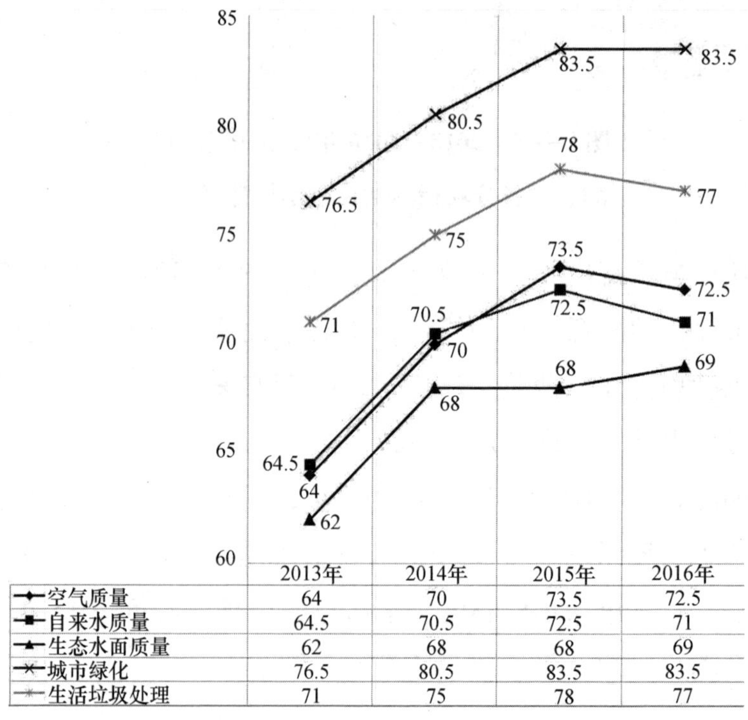

	2013年	2014年	2015年	2016年
空气质量	64	70	73.5	72.5
自来水质量	64.5	70.5	72.5	71
生态水面质量	62	68	68	69
城市绿化	76.5	80.5	83.5	83.5
生活垃圾处理	71	75	78	77

图 8—18　2013—2016 年环境信心度各指标趋势（分）

2013—2016 年，环境信心度各指标总体增长率分别为：空气质量 13.28%、自来水质量 10.07%、生态水面质量 11.29%、城市绿化 9.15%、生活垃圾处理 8.45%。其中，空气质量增长速率，2014 年为 9.38%，2015 年为 5%，2016 年为 -1.36%；自来水质量增长速率，2014 年为 9.3%，2015 年为 2.83%，2016 年为 -2.06%；生态水面质量增长速率，2014 年为 9.68%，2015 年为 0，2016 年为 1.47%；城市绿化增长速率，2014 年为 5.23%，2015 年为 3.73%，2016 年为 0；生活垃圾处理增长速率，2014 年为 5.63%，2015 年为 4%，2016 年为 -1.28%。如图 8—19 所示，2013—2016 年，除生态水面质量以外，环境信心度各指标增长速率呈现下降趋势，其中空气质量、自来水质量和生活垃圾处理 2016 年的增长速率均为负数。

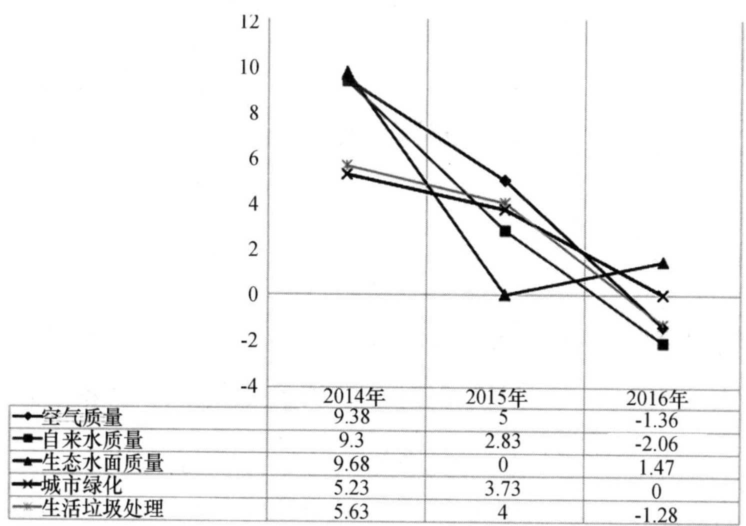

	2014年	2015年	2016年
空气质量	9.38	5	-1.36
自来水质量	9.3	2.83	-2.06
生态水面质量	9.68	0	1.47
城市绿化	5.23	3.73	0
生活垃圾处理	5.63	4	-1.28

图 8—19　2013—2016 年环境信心度各指标增长速率趋势（%）

如图 8—20 所示，从环境信心度各指标排序来看，2013—2016

年城市绿化信心度均排在第一，生态水面质量信心度均排在末尾。

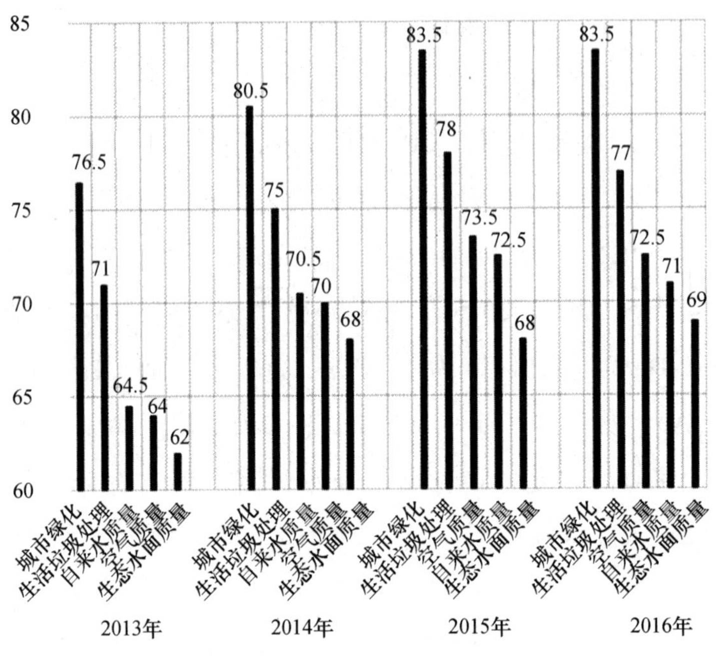

图 8—20　2013—2016 年环境信心度

各分项指标均值排序（分）

（二）讨论

1. 2013—2016 年城市居民环境满意度和环境信心度总体呈现上升趋势，2013—2015 年城市环境满意度和环境信心度持续增长，2016 年城市居民环境满意度与环境信心度小幅度下降

从总体来看，城市居民环境满意度 2016 年比 2013 年增长了 15.2%，城市居民环境信心度 2016 年比 2013 年增长了 15.15%。从各分项指标来看，四年间城市居民满意度增长最多的是空气质量（11.34%），其余依次为城市绿化（9.46%）、

生态水面质量（9.32%）、自来水质量（6.15%）、生活垃圾处理（2.94%）；城市居民环境信心度增长最多的是空气质量（13.28%），其余依次为生态水面质量（11.29%）、自来水质量（10.07%）、城市绿化（9.15%）、生活垃圾处理（8.45%）。2013—2015年城市居民环境满意度和环境信心度都呈现上升趋势，其中2015年城市居民环境满意度均值增长幅度最大，2014年城市居民环境信心度均值增长幅度最大。从城市居民环境满意度的各指标来看，2015年增长幅度最大的是空气质量（10.23%），其余依次为生活垃圾处理（7.58%）、城市绿化（5.92%）、自来水质量（3.65%）、生态水面质量（2.46%）。从城市居民环境信心度各指标来看，2014年城市居民环境信心度增长幅度最大的是生态水面质量（9.68%），其余依次为空气质量（9.38%）、自来水质量（9.3%）、生活垃圾处理（5.63%）、城市绿化（5.23%）。从总体来看，2016年城市居民环境满意度和环境信心度较2015年均有所下降。从各指标来看，在城市居民环境满意度中，除了城市绿化（0.62%）、生态水面质量（3.2%）较上一年有所增长外，其余三项指标都有所下降，其中下降幅度最大的是自来水质量（-2.9%），其余依次为空气质量（-2.14%）、生活垃圾处理（-1.41%）；在城市居民环境信心度中，除了城市绿化维持不变（0），生态水面质量有所提升（3.2%），其余三项指标都有所下降，其中下降幅度最大的是自来水质量（-2.06%），其余依次为空气质量（-1.36%）、生活垃圾处理（-1.28%）。2013—2016年，城市居民环境满意度各指标中增长速率波动最大的是空气质量，城市居民环境信心度各指标中增长速率波动最大的是生态水面质量。

2013—2015 年环境满意度的大幅度增长缘于客观环境质量的持续改善和城市居民对环境的认知程度低。首先，客观环境质量的持续改善。在其他条件不变的情况下，客观环境质量的提升会促使主观环境质量的提升，也就是环境满意度和环境信心度的提升。近年来我国的客观环境质量虽然不高，但在持续地改善，这是促使 2013—2015 年城市居民环境满意度和环境信心度不断增长的主要原因。例如，空气质量，2013 年是实施空气质量新标准（GB 3095—2012）的第一阶段，对京津冀、长三角、珠三角等重点区域及直辖市、省会城市和计划单列市共 74 个城市按照新标准开展监测，74 个城市中仅海口、舟山和拉萨 3 个城市空气质量达标，占 4.1%；超标城市比例为 95.9%。2014 年全国开展空气质量新标准监测的 161 个地级及以上城市中，有 16 个城市空气质量年均值达标，占 9.9%；145 个城市空气质量超标，占 90.1%。2015 年，全国 338 个地级以上城市全部开展空气质量新标准监测。监测结果显示，有 73 个城市环境空气质量达标，占 21.6%；265 个城市环境空气质量超标，占 78.4%。达标天数比例分析表明，338 个城市达标天数比例在 19.2%—100%，平均为 76.7%；平均超标天数比例为 23.3%，其中轻度污染天数比例为 15.9%，中度污染为 4.2%，重度污染为 2.5%，严重污染为 0.7%。[①] 2013—2016 年客观环境质量的持续改善是 2013—2016 年城市居民环境满意度和环境信心度总体呈现上升趋势主要因素。

其次，城市居民对环境的认知度比较低。城市居民对环境

① 中华人民共和国环境保护部 2011 年、2012 年、2013 年、2014 年、2015 年中国环境状况公告。

质量的主观感受，不仅受到客观环境质量本身变化的影响，还受到城市居民对环境的认知程度的影响。对环境的认知程度是客观环境质量与主观环境质量之间的中间变量。当环境比较好，对环境的认知度越高，城市居民的环境满意度和环境信心度均会越高；当环境比较差，对环境的认知度越高，城市居民的环境满意度和环境信心度会越低。在我国城市居民的环境意识水平整体不高的情况下，环境意识水平也是参差不齐，相关研究表明，在所有受访者中，环境意识高的人群占36%，环境意识低的人群占64%。[①] 从客观环境质量来看，2013—2015年的环境质量并不理想，例如，2015年我国空气质量达标的城市仅占21.6%，空气质量超标的城市占78.4%。[②] 2009年住建部城市供水水质监测中心对城市自来水水质普查数据显示：中国县级以上（含县级）城市的4000多家自来水厂中，出厂水质不达标的至少为“1000家以上”。[③] 2014年11月至2015年1月，中华社会救助基金会中国水安全公益基金历时3个月对全国29个大中城市的居民饮用水水质进行的检测结果显示：29个城市中15个城市的20项饮用水指标全部合格，约占抽检城市总数的52%；14个城市存在一项或多项指标不合格的情况，约占抽检城市总数的48%。[④] 但由于城市居民环境意识不高，对环境的

① 中国环境意识项目办公室：《2007全国公众环境意识调查报告》，《世界环境》2008年第2期。

② 中华人民共和国环境保护部2011年、2012年、2013年、2014年、2015年中国环境状况公告。

③ 《从水源地到水龙头——自来水全链条安全报告》（http://news.163.com/14/0421/11/9QBQC2M900014AED.html）。

④ 《饮用水安全已经成为全社会的关注焦点》（http://www.chinairn.com/news/20150202/111015860.shtml）。

认知程度低，因此，对环境的主观感受尚可（2015 年环境满意度 74 分，环境信心度 77.5 分），而且还在持续地上升。

2016 年城市居民环境满意度与环境信心度都呈现负增长。经历了 2014 年城市居民环境信心度和 2015 年城市居民环境满意度的大幅度增长后，城市居民环境满意度与环境信心度小幅度下降。在整体客观环境持续改善的情况下，2016 年城市居民的主观环境质量有所下降。这一方面缘于环境事件以及媒体对环境事件的报道的影响。主观环境质量是一种经验性直观推断，因此无论是直接的亲历还是间接的经历，环境事件都会影响城市居民对环境质量的主观感受。另外，事件对人们经验判断的影响依赖于回忆一件事件的难易程度，越是容易回想起某个事件，人们就越会高估其发生的概率。因此，媒体对突发事件或危险的报道都会影响到能否想起某个事件，以及如何认知这件事情。① 虽然我国总体客观环境以及环境各方面均在改善，但环境事件却时有发生。2010 年，环保部在全国共接报并妥善处置突发环境事件 156 起；2012 年，全国共发生 542 起突发环境事件，环境保护部直接调度处理了 33 起突发环境事件；2013 年，全国共发生突发环境事件 712 起；2014 年，全国共发生突发环境事件 471 起，其中重大事件 3 起；2015 年，环境保护部调度处置突发环境事件共 82 起，其中，重大事件 3 起、较大事件 3 起、一般事件 76 起。② 近年来，我国媒体的环境意识极大提升，

① ［荷］斯特格等：《环境心理学导论》，高健、于亢亢译，中国环境出版社 2016 年版。

② 中华人民共和国环境保护部 2011 年、2012 年、2013 年、2014 年、2015 年中国环境状况公告。

环境报道相应增加，媒体在促进人们环境意识和环境保护方面发挥了极大的作用。我国雾霾现象首先是媒体曝出的，然后才进入公众视野；2009 年住建部对全国自来水质量的调查结果并没有公开，也是率先由媒体披露才为公众所知的。另一方面在于城市居民环境意识的提升以及对环境问题认知度的提高。正如前文所说，对环境的认知程度是客观环境质量与主观环境质量之间的中间变量。当环境比较好，对环境的认知度越高，城市居民的环境满意度和环境信心度均会越高；当环境比较差，对环境的认知度越高，城市居民的环境满意度和环境信心度会越低。我国城市居民的环境意识以及对环境问题的认知度并不高，但在不断地提升。环境意识的提升使得人们对环境的期望更高，对环境的认知度就高，环境的满意度相对就降低了。

从各指标来看，2016 年城市居民对空气质量、自来水质量和城市垃圾处理的满意度和信心度的下降是该年城市居民环境满意度和环境信心度下降的主要因素。空气、自来水、城市垃圾处理是与城市居民生活息息相关的环境要素，同时也是城市居民直接可以感知到的互动频率比较大的环境要素。因此，对这三者的环境关注度和认知度比较高。再者这三个环境因素本身质量不高，环境满意度和信心度相对就比较低。

2. 2013—2016 年城市居民城市绿化质量满意度和信心度均排在各指标的首位，城市居民生态水面质量满意度和信心度均排在末位

2013—2016 年虽然城市居民对生态水面质量的满意度和信心度均在提升，但在各指标的排位来看却处于末位。可能的原因在于，一方面，我国客观的生态水面质量比较差。2015 年，

972 个地表水国控断面（点位）监测表明，Ⅰ类水质断面（点位）占2.8%，比2014年下降0.6个百分点；Ⅱ类占31.4%，比2014年上升1.0个百分点；Ⅲ类占30.3%，比2014年上升1.0个百分点；Ⅳ类占21.1%，比2014年上升0.2个百分点；Ⅴ类占5.6%，比2014年下降1.2个百分点；劣Ⅴ类占8.8%，比2014年下降0.4个百分点。2015年，以地下水5118个监测井（点）（其中国家级监测点1000个）开展了地下水水质监测，结果显示：水质呈优良、良好、较好、较差和极差级的监测井（点）比例分别为9.1%、25.0%、4.6%、42.5%和18.8%。其中，3322个以潜水为主的浅层地下水水质监测Ⅳ类占50.0%，比2014年上升17.6个百分点；Ⅴ类占2.9%，比2014年下降11.8个百分点；劣Ⅴ类占5.9%，比2014年下降2.9个百分点。[①] 另一方面，相较于其他几个环境因素，城市居民与生态水面的互动是比较少的，其判断的大部分信息来源于媒体，而媒体对于环境状况的报道多数是突发性的环境事件，而我国近年突发性的水污染事件比较多。环境保护部发布的历年环境状况公告显示：2010年，环保部全国共接报并妥善处置突发环境事件156起，其中水污染事件就有65起；2012年，环境保护部直接调度处理的33起突发环境事件中就有30起为水污染；2013年，全国712起环境突发事件中水污染的环境事件就占了45.2%；2014年，3起重大突发性环境事件中2起为水污染的环境事件（湖北省汉江武汉段氨氮超标事件、湖北省恩施州建始县磺厂坪矿业有限公司致重庆市巫山县千丈岩水库污染事

① 中华人民共和国环境保护部2011年、2012年、2013年、2014年、2015年中国环境状况公告。

件)；2015 年环保部处理的 3 起重大环境事件中有 2 起是水污染事件（甘肃陇星锑业有限公司选矿厂尾矿库溢流井破裂致尾砂泄漏事件、河北省邢台市新河县城区地下水污染事件）。[①] 再者，生态水面质量与我们饮用水的质量息息相关，民众对其的忧虑也相对较大，因此，满意度与信心度相对较低。饮用水特别是自来水质量，取决于三个影响因素：一是水源是不是合格，二是自来水净化（自来水厂）是不是有效处理污染物，三是出厂后的水是否存在二次污染。由此可见，水源的好坏是饮水质量的第一关。

城市绿化排名靠前的原因，一方面相较于空气质量、自来水质量、垃圾处理、生态水面质量，城市绿化直观可见，因此，相对而言，城市绿化的改善给城市居民环境质量的主观感受带来的边际效应比较大，也就是同样程度的改善，相较于其他几个环境要素，城市绿化的改善带给城市居民的满足程度更高。另一方面，我国在推动城市化进程中，国家法律、法规，把绿化建设列为各级政府的职责，规定为各行各业以及公民的义务，在城乡建设中把绿化列为必须同步进行的建设项目之一。这使得我国城市绿化得到了较大改善。我国城市绿地面积，1989 年、1999 年、2000 年分别比上一年提高了 9. 14 个、9. 58 个、8. 95 个百分点，接近于当时的国民经济的增长幅度。近几年来，城市绿地面积持续增长，2011 年、2012 年、2013 年分别比上一年提高了 5. 08 个、5. 56 个、2. 5 个百分点，人均公园绿地面积提高了 5. 54 个、3. 89 个、3. 09 个百分点，2006 年到 2013 年的 8

① 中华人民共和国环境保护部 2011 年、2012 年、2013 年、2014 年、2015 年中国环境状况公告。

年间，城市绿地面积增加了 83.71%，人均公园绿地面积增长了 52.89%。[①]

四　2016 年环境质量差异性分析

（一）结果分析

1. 城市居民在空气质量和生态水面质量满意度上具有显著的性别差异

城市居民的环境满意度与环境信心度在性别上无显著差异。但环境满意度中的空气质量满意度（F = 23.026，Sig. = 0.00）和生态水面质量满意度（F = 23.035，Sig. = 0.00）在性别上具有显著差异。无论是空气质量满意度还是生态水面质量满意度男性的得分均高于女性（见图 8—21）。

2. 城市居民的环境满意度和环境信心度在年龄上具有显著差异

为了考察环境质量的年龄差异，我们按照职业生命周期把年龄分为 5 组：16—22 岁、23—35 岁、36—50 岁、51—65 岁、66 岁及以上。

城市居民的环境满意度（F = 21.592，Sig. = 0.00）和环境信心度（F = 4.542，Sig. = 0.001）在年龄上均有显著差异。随着年龄的增长，环境满意度与环境信心度均呈现上升趋势。环境满意度最高的是 66 岁及以上的受访者，最低的是 16—22 岁

① 中华人民共和国统计局 2006 年、2010 年、2011 年、2012 年、2013 年中国城市建设统计年鉴。

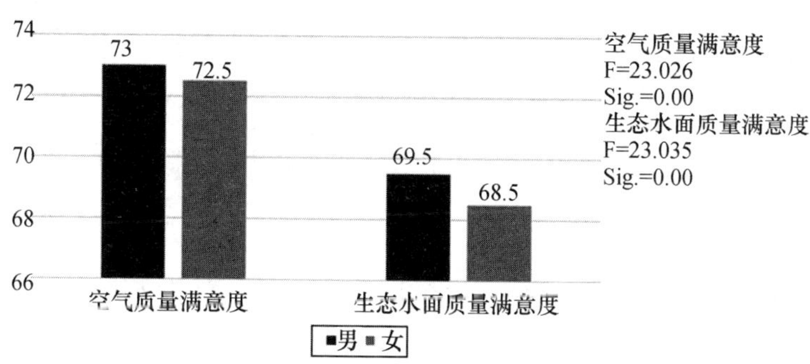

图 8—21　2016 年城市居民空气质量满意度和生态水面质量满意度的均值在性别上的分布（分）

的受访者；环境信心度最高的也是 66 岁及以上的受访者，最低的是 23—35 岁的受访者（见图 8—22）。

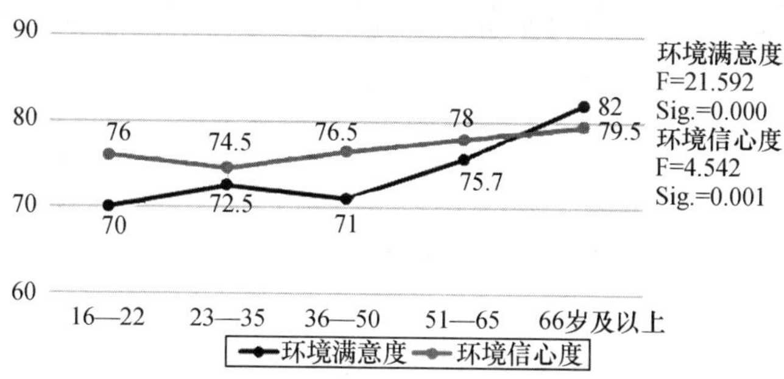

图 8—22　2016 年城市居民环境满意度和环境信心度均值在年龄上的分布（分）

3. 城市居民自来水质量满意度和城市绿化满意度以及空气质量信心度、自来水质量信心度和生态水面质量信心度在民族上有显著差异

从总体来看，环境满意度和环境信心度的均值在民族上

没有显著差异。但自来水质量满意度（F = 7. 615，Sig. = 0. 006）和城市绿化满意度（F = 5. 883，Sig. = 0. 015）以及空气质量信心度（F = 4. 32，Sig. = 0. 038）、自来水质量信心度（F = 5. 049，Sig. = 0. 025）和生态水面质量信心度（F = 10. 839，Sig. = 0. 001）的均值在民族上有显著差异，而且在这些指标上汉族受访者的均值均高于少数民族受访者的均值（见图 8—23）。

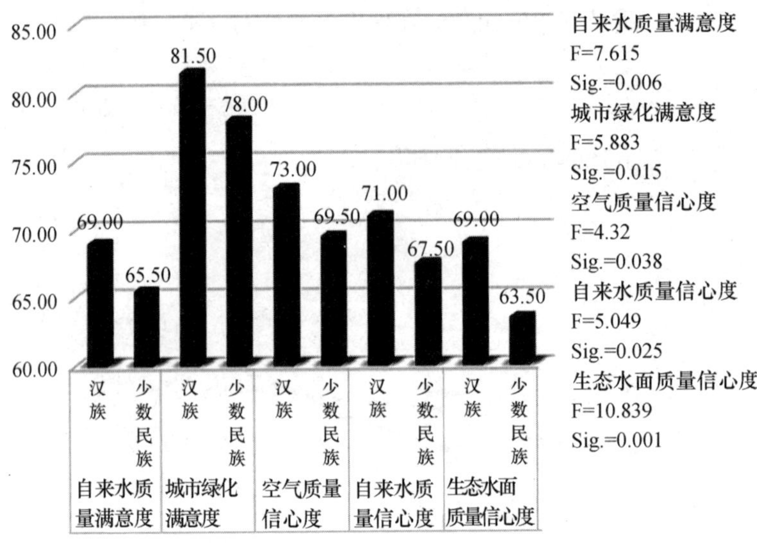

图 8—23　2016 年城市居民环境满意度和环境信心度分项指标均值在民族上的分布（分）

4. 城市居民环境满意度在户籍性质和户籍所在地上具有显著差异

（1）非农业户口城市居民的环境满意度高于农业户口的城市居民

如图 8—24 所示，城市居民环境满意度（F = 13. 529，Sig. =

0.00）以及其各指标的均值在户籍上均具有显著差异，城市居民环境信心度中仅有空气质量信心度和自来水质量信心度的均值在户籍上具有显著差异。而且无论是环境满意度以及其各指标的均值，还是环境信心度中的空气质量信心度和自来水质量信心度的均值非农业户口的受访者均高于农业户口的受访者。

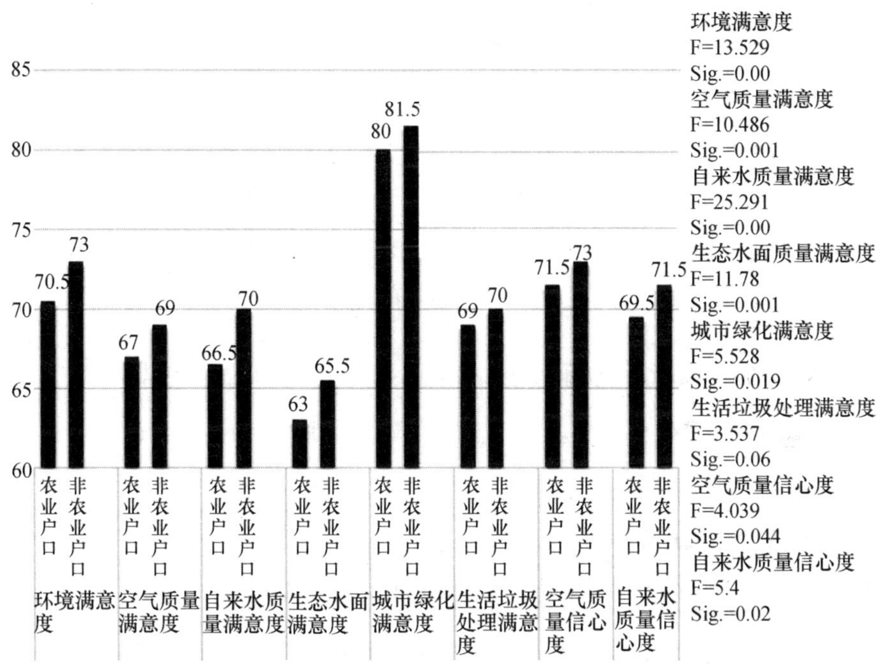

图8—24　2016年城市居民环境满意度和环境信心度以及分项指标均值在户籍性质上的分布（分）

（2）户口在本市县的城市居民的环境满意度高于户口在外市县的城市居民

如图8—25所示，城市居民环境满意度（F = 36.785，Sig. =0.00）及其各指标的均值在户口所在地上有显著差异，而且户口在本市县的受访者的环境满意度及其各指标的均值均高于户口在外市县的受访者。

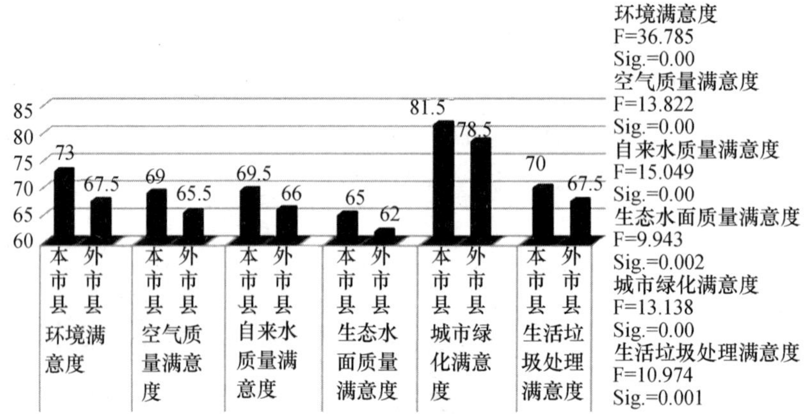

图 8—25　2016 年城市居民环境满意度及其分项指标均值在户口所在地上的分布（分）

5. 城市居民环境满意度在婚姻状况上具有显著差异

如图 8—26 所示，城市居民环境满意度（F = 6. 013，Sig. = 0. 00）及其各指标在婚姻状况上具有显著差异。城市居民环境信心度在婚姻状况上无显著差异，但城市居民的空气质量信心度在婚姻状况上有显著差异。丧偶的城市居民的环境满意度与环境信心度及各分项指标均高于其他婚姻状态的城市居民。

6. 城市居民环境满意度在政治面貌上具有显著差异

如图 8—27 所示，城市居民环境满意度（F = 6. 505，Sig. = 0. 00）和环境满意度中的各指标均值在政治面貌上均呈现显著差异。城市居民的环境满意度中均值得分最高的是民主党派的城市居民，得分最低的是共青团员的城市居民。其中共青团员的城市居民在环境满意度各指标当中得分都处于较低排位。

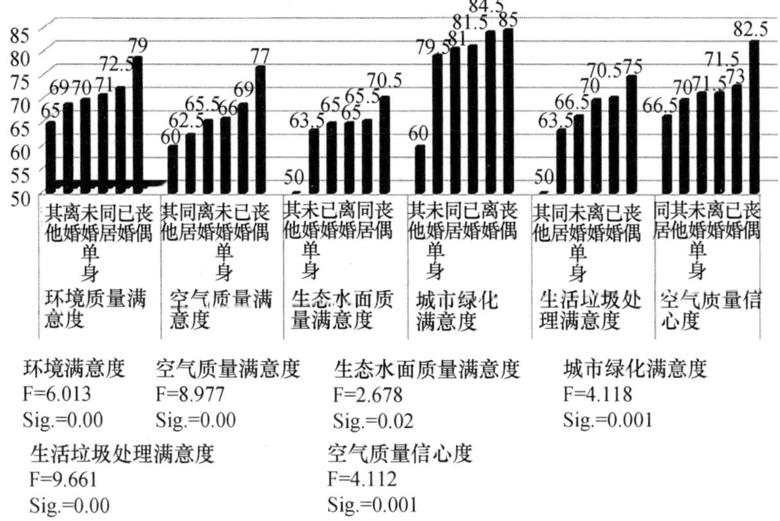

图8—26　2016年环境满意度与环境信心度及其分项指标均值在婚姻状况上的分布（分）

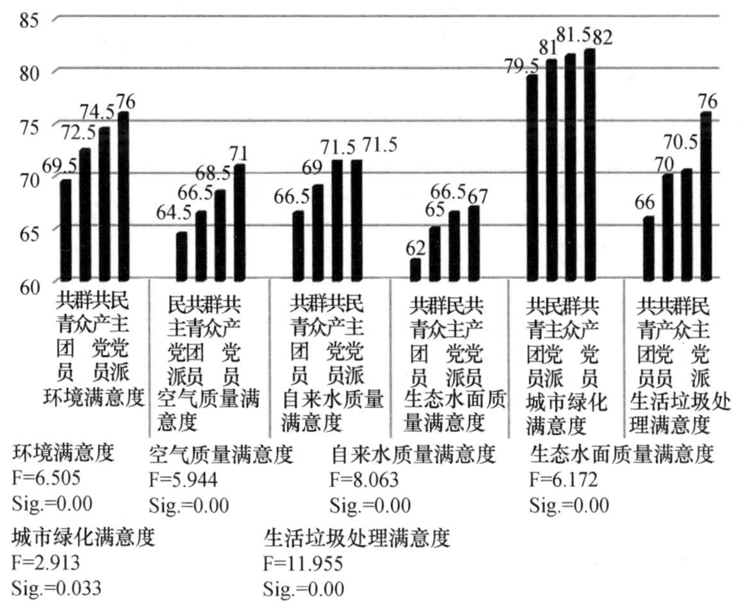

图8—27　2016年环境满意度及其分项指标均值在政治面貌上的分布（分）

如图 8—28 所示，城市环境信心度中的生态水面质量信心度（F = 3.107，Sig. = 0.025）和城市绿化信心度（F = 3.294，Sig. = 0.02）的均值在政治面貌上具有显著差异。在生态水面质量信心度中，共青团员的受访者的均值最低，共产党员的受访者的均值最高。在城市绿化信心度中，民主党派的受访者的均值最低，共青团员的受访者的均值最高。

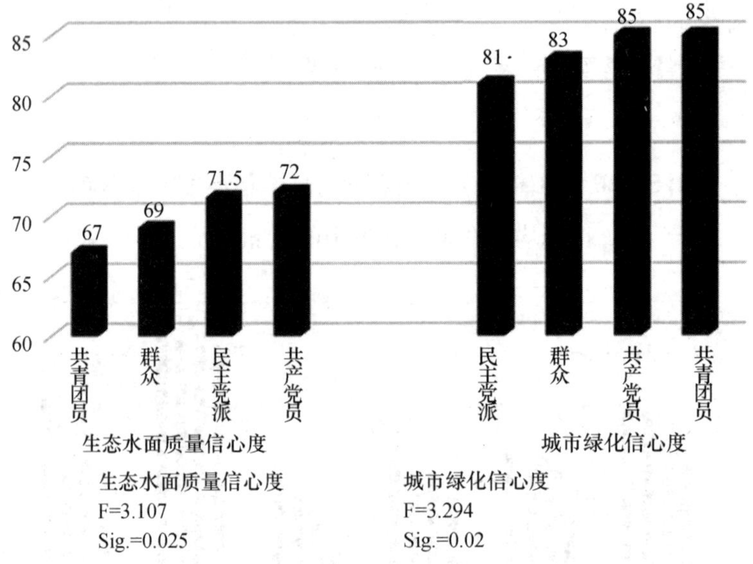

图 8—28　2016 年城市居民生态水面质量信心度和城市绿化信心度在政治面貌上的分布（分）

7. 城市居民环境满意度在教育程度上具有显著差异

如图 8—29 所示，城市居民的环境满意度（F = 5.94，Sig. = 0.00）以及其中的空气质量满意度（F = 6.226，Sig. = 0.00）、城市绿化满意度（F = 2.662，Sig. = 0.006）、生活垃圾处理满意度（F = 6.767，Sig. = 0.00）指标的均值在教育程度上具有显著差异。城市居民环境满意度以及其中的空气质量满意度、城市绿化满意度、生活垃圾处理满意度指标的均值随着教育程度的升高大致呈现下降趋势。

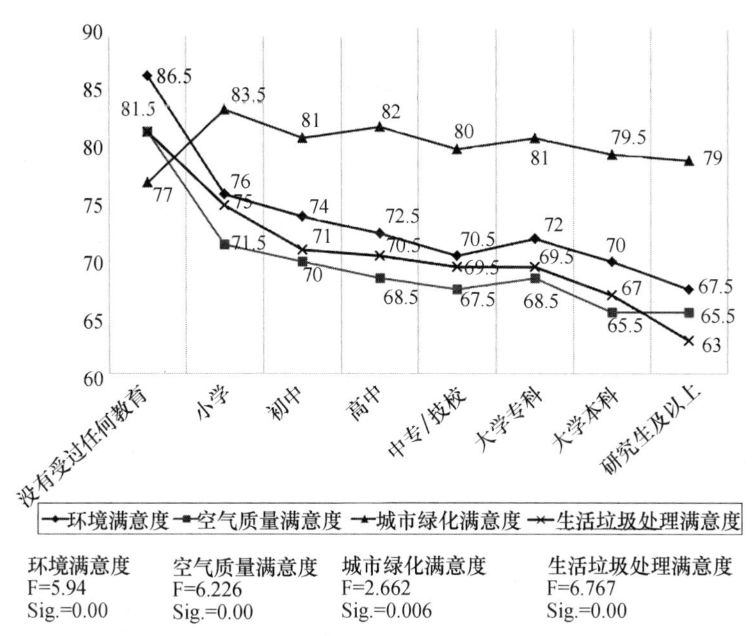

图 8—29　2016 年城市居民环境满意度及其分项指标均值在教育程度上的分布（分）

8. 城市居民环境满意度以及部分环境信心度指标在主观社会地位层级上具有显著差异

如图 8—30 所示，受访者自评所处的社会地位层级（1—10）的差异在环境满意度（F = 2. 485，Sig. = 0. 006）上所有显现，且差异显著。随着社会地位层级的上升，自评社会地位层级处于 1—6 层的城市居民的环境满意度呈现上升趋势，环境满意度从自评社会地位层级为 7 层的城市居民开始下降，9 层达到最低值，直到 10 层开始回升。城市居民环境满意度上得分最高的为 10 层，最低为 9 层。

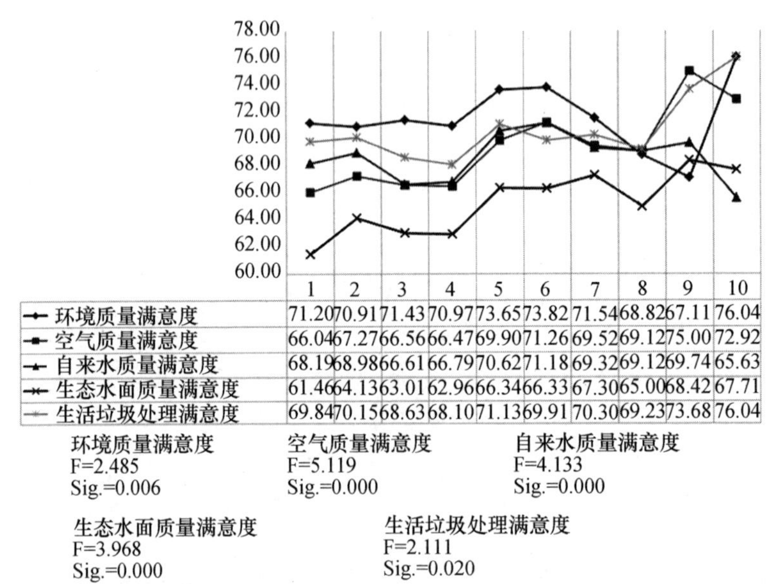

	1	2	3	4	5	6	7	8	9	10
环境质量满意度	71.20	70.91	71.43	70.97	73.65	73.82	71.54	68.82	67.11	76.04
空气质量满意度	66.04	67.27	66.56	66.47	69.90	71.26	69.52	69.12	75.00	72.92
自来水质量满意度	68.19	68.98	66.61	66.79	70.62	71.18	69.32	69.12	69.74	65.63
生态水面质量满意度	61.46	64.13	63.01	62.96	66.34	66.33	67.30	65.00	68.42	67.71
生活垃圾处理满意度	69.84	70.15	68.63	68.10	71.13	69.91	70.30	69.23	73.68	76.04

图 8—30　2016 年城市居民环境满意度及其分项指标在主观社会地位层级上的分布（分）

（二）讨论

1. 女性的空气质量满意度和生态水面质量满意度低于男性

女性在空气与生态水面质量方面的满意度低于男性，可能的原因在于，客观环境的性别差异存在。西方学者研究表明，当环境问题出现之后，男性并不会比女性更少免受环境问题之害。但是，由于长期的性别不平等的社会结构，使女性长期从事与日常生活联系在一起的活动：照顾小孩、提供卫生健康和生产基本食物，这使得她们与当地环境的互动比男人多，往往比男性对环境的变化更敏感。[①] 一般而言，在有环境危机发生的地方，女性总是首先注意到变脏的水、有毒的气味和受伤的身体。

西方的研究在中国虽然存在跨人口的适用性问题。但对当今中国，尤其是城市地区的性别角色研究发现，中国城市与西方在家庭结构以及劳动性别分工方面有着较强的相似性。首先，研究表明，在当今中国，尤其是城市地区，主要家庭结构是夫妇有着双收入的标准核心家庭，而且大多数中国妇女受雇于家庭之外。第六次人口普查表明，中国城市妇女的就业率为49.94%，而男性就业率为67.57%。[②] 其次，与西方妇女一样，当今中国的就业妇女仍然是家庭主要的施爱者，因此也要面对“双重负担”。尽管1949年后，中国经历了重大社会变迁，但现有研究表明，尽管当今中国妇女已经多数从事全职工作，但仍然很不平等地承担大部分家务劳动，经历着西方国家妇女所历经的“双重负担”或“二次上班”。[③] 2008年中国时间利用调查显示，实际上，2008年全国城市女性每周花在家务劳动上的时间平均为27.6小时；与此相比，城市男性每周花在家务劳动上的平均时间仅为12.9小时。[④] 根据2010年进行的第三期中国妇女社会地位调查，高达58%的被访者至今认同“男人应以社会

---

① 李友梅、刘春燕：《环境社会学》，上海大学出版社2011年版。

② 中国统计局：《第六次人口普查》（http://www.stats.gov.cn/tjsj/pcsj/rkpc/6rp/indexch.html）。

③ 洪大用等：《环境友好的社会基础：中国市民环境关心与行为的实证研究》，中国人民大学出版社2012年版。

④ 中国统计局：《2008年时间利用调查资料汇编》（http://www.stats.gov.cn/ztjc/ztsj/2008sjly）。

为主，女人应以家庭为主”，在40岁以下的被访父亲中，最近一年从不或很少照料孩子生活的占到70%，从不或很少辅导孩子功课的为47%。[①] 72.7%的已婚者认为，与丈夫相比，妻子承担的家务劳动更多；女性承担家庭中“大部分”和“全部”做饭、洗碗、洗衣服、做卫生、照料孩子生活等家务的比例均高于72.0%，而男性均低于16.0%。女性承担“辅导孩子功课”和“照料老人”主要责任的占45.2%和39.7%，分别比男性高28.2个和22.9个百分点。[②] 因此，在我国目前女性仍然承担着绝大部分的家庭照料事务，这些照料事务使得她们对于环境更加敏感，对环境的期望值更高，因此对环境的满意度相对就比较低。

2. 城市居民的环境满意度和环境信心度随着年龄的增长呈现上升趋势

城市居民的环境满意度和环境信心度随着年龄的增长呈现上升趋势。可能的原因在于：

一是年轻人环境意识高，环境期望值与环境认知度均高。关于环境意识的年龄差异问题，国外学者运用曼海姆的代际理论做出了比较充分的解释。曼海姆把“代”定义为个体在社会中的位置，每一位置都倾向于指向特定的行为、感觉和思维模式。“这种同代性注定了这一代人社会经历的潜在特殊界限和范围，使得这一代人在性格模式上存在着同样的社会经历和思维

---

① 第三期中国妇女地位调查组：《第三期中国妇女社会地位调查主要数据报告》，《妇女研究论丛》2011年第11期。

② 同上。

模式，在行为上表现出同样的历史类别。”[①] 曼海姆认为经验存在着“层化”现象，对于意识的形成来说，重要的是经验能形成那些极为重要的第一印象或“童年经验”。他们认为青春期和成年早期这一年龄是人一生中世界观形成的决定性时期。这一时期是他们经验层化的起点，在这一时期所发生的重要历史事件，可能导致对整整一代人的深远影响。按照曼海姆的理论，对 1973 年中国环境保护开展后成长起来的青年来说，这一时期正是他们知识和意识以及世界观形成的关键时期，是人生经验开始层化并形成属于自己时代的“代位置”的时期，这一时期的社会环境对他们的经验和意识都会产生影响。可以肯定，中国这一时期开始起步的环境保护工作和环境宣传与教育工作，对这一时期成长起来的年龄群组产生了较深刻的影响，使得他们与之前年龄群组的人相比，更加关注环境，有着较强的环保意识，有着更多的环境知识。[②]

二是环境改善的边际效应年轻者低于年长者。环境满意度和环境信心度作为主观指标，均是环境使用者的经验判断。因此，对于环境满不满意、有无信心，以往的环境经历对其也会产生影响。随着 1973 年我国环境保护的开展，年轻者经历的环境比年长者相对较好，因此，在同样程度的环境改善的情况下，环境改善给年轻者带来的边际效应就低于年长者。

三是年轻者在环境方面的相对剥夺感高于年长者。如果说

① 洪大用等：《环境友好的社会基础：中国市民环境关心与行为的实证研究》，中国人民大学出版社 2012 年版。

② 同上。

环境改善的边际效应的大小是由于个体在自身生命历程中的纵向比较产生的差异，那么在环境方面的相对剥夺感的差异，则是个体在同时代横向比较产生的。一般而言，年轻者对社会发展的期望比较高，活动范围比较广，见识的好的环境状况比较多，因此，在环境方面所产生的相对剥夺感相对而言就高于年长者。

基于上述三方面的原因，在客观环境较差的情况下，年轻者的环境满意度和环境信心度相对比较低。

3. 农业户口的城市居民的环境满意度低于非农业户口城市居民

在城市中的农业户口人员基本上是农民工，他们对环境质量评价低可能的原因在于：一是绝大多数的农民工的客观工作环境与居住环境相对较差。虽然所有人都会遭到环境污染的危害，但不同阶层的人群遭受的环境危害的程度是不同的。国外相关研究表明，处于社会底层人群最容易受到环境危害的影响，在世界不同国家是一种普遍的现象。[①] 农民工整体文化素质较低，以初中以下学历为主，其所在行业多为建筑业、制造业和一般服务性行业，他们往往面临高温、噪声、粉尘、有机气体或液体污染、高空、机械伤害等较差的客观工作环境。同时，由于绝大多农民工收入水平比较低，流动性高，多数农民工居住在单位提供的工棚或宿舍和自己租赁的房屋中，很少自购或自建房屋，绝大多数的工棚和宿舍不仅居住拥挤、室内通风和卫生状况差，而且噪声大、扬尘严重、健康

---

① 李友梅、刘春燕：《环境社会学》，上海大学出版社2011年版。

设施少。从居住的地域来看，农民工主要集中居住在城乡接合部、边缘街区和建制镇。这些地域往往是城市公共卫生环境建设中被忽略的灰色地带，存在绿化覆盖率低、卫生差、治安差、公共卫生设施缺乏、环境卫生管理和监督不到位等问题。恶劣的工作环境、居住条件以及居住环境对农民工对环境质量的评价带来负面的影响。针对我国环境问题的相关研究也表明，相比起城市和农村居民，在城镇打工的农民工是受环境污染影响最大的一个群体。[①] 二是农民工改善自身环境的无力感。一方面，由于收入比较低，农民工通过自身逃离或改善污染场所的能力比较弱。另一方面，在经济地位低下的同时，农民工还处于政治地位低下和权力缺乏的状态，通过公共途径改变环境的可能性也比较小。[②] 农民工改善自身环境的能力较弱所带来的无力感，必然使得农民工对环境的主观感受相对较低。

4. 户口在外县市的城市居民的环境满意度低于户口在本县市的城市居民

在本地居住的外县市人群对环境质量的评价较低，有较多的影响因素，但值得我们关注的是与此相关的我国环境治理过程中的环境污染转移问题，也就是地域间环境不平等问题。我国现阶段人口流动的最大特点是从经济低洼地流向经济高地，通常是从经济相对落后的县市流向经济相对发达的县市。经济发达的县市遵从“先发展，后治理”的发展道路，在经济发展

① Chunbo Ma, “Who Bears the Environmental Burden in China —An Analysis of the Distribution of Industrial Pollution Sources?”, *Ecological Economics*, No. 6, 2010.

② 李友梅、刘春燕：《环境社会学》，上海大学出版社2011年版。

后，开始关注环境的发展，积极地推进发展后的环境污染治理，其中一项措施便是把污染性产业转移到经济相对落后的周边城市，成立所谓的“化学工业园区”等。而经济发展相对落后的周边城市，为了发展经济，多数当地政府对此欣然接受，甚至还有积极争取一些污染型企业落户本县市的，因为这些企业都是大型的工业企业，是纳税大户，能快速拉动当地经济。通常这些污染性产业移出的县市基本是一个省市的省会等中心城市，而移入的县市是其周边的卫星城市，中心城市污染向卫星城市转移，中心城市客观环境提升了，卫星城市客观环境却在恶化。在环境恶化的卫星城市居住的一些经济条件较好的居民，通常会移居到中心城市，或者在中心城市与卫星城市之间穿梭。目前，我国相当一部分县或市域之间的人口流动，就是因环境污染而从卫星城市向中心城市的流动。这些见识过卫星城市的环境污染的“环境移民”对环境质量的整体评价就相对较低了。除了省市内的卫星城市向中心城市的“环境移民”，我国省际与国际的“环境移民”也初具规模，2014 年 11 月，中国与全球化智库和社会科学文献出版社出版的《国际人才蓝皮书：中国国际移民报告（2014）》蓝皮书研究发现，从过去一年多来看，国内的环境问题加剧也成为精英和富裕阶层移民的重要原因，他们对于国内空气、饮用水以及食品卫生安全等问题比较担忧。报告援引《新财富》2013 年的调查，认为环境、医疗水平等因素成为中国人移民的第二大原因，近 70% 的人认为这是导致他们移民的重要原因。①

① 王辉耀：《国际人才蓝皮书：中国国际移民报告（2014）》，社会科学文献出版社 2014 年版。

5. 主观社会地位层级在 6—9 的城市居民的环境满意度比较低且随着层级的上升环境满意度呈现下降趋势

主观社会地位层级在 6—9 的城市居民也就是所谓的中产阶层，他们的环境满意度比较低且随着层级的上升呈现下降趋势。可能的原因在于：一是中产阶层城市居民对环境风险的感知比较强烈。风险是一种情境、事件或者活动，能够对人们所关注的事物产生不确定的、不利的影响。风险感知是人们对于某些活动、事件、技术相关的风险的主观判断。① 中国社会科学院社会学研究所 2013 年的全国抽样调查数据显示，对于“总体上的社会安全状况”，71.3% 的中产阶层认为“比较安全”和“很安全”；87.8% 的中产阶层认为“人身安全”状况“比较安全”和“很安全”；85.5% 的中产阶层认为“个人和家庭财产”“比较安全”和“很安全”。然而，与此同时，一种新的不安全感困扰着中产阶层，那就是由于社会生态环境恶化带来的不安全感。72.8% 的中产阶层认为“食品安全”没有保障，54.6% 的中产阶层认为缺乏“个人信息、隐私安全”，48.3% 的中产阶层认为缺乏“生态环境安全”。中产阶层对其居住地区的环境污染问题感受强烈。大约只有 1/10 的中产阶层声称他们居住的地区不存在污染现象，而绝大多数中产阶层都不同程度地感受到环境污染现象。12.3% 的中产阶层认为其居住地区空气污染“很严重”，29.4% 认为“比较严重”，47.6% 认为有这种污染但“不太严重”；12.3% 的中产阶层认为其居住地噪声污染“很严重”，24.2% 认为“比较严重”，52.6% 认为有这种污染但“不太严

① ［荷］斯特格等：《环境心理学导论》，高健、于亢亢译，中国环境出版社 2016 年版。

重”；10.5% 的中产阶层认为其居住地水质污染“很严重”，23.3% 认为“比较严重”，46.5% 认为有这种污染但“不太严重”。居住于越大城市的中产阶层，这种不安全感越强烈。[①] 由《环境日报》主导的“2012 关爱职场白领、关注白领健康调查”也显示，2/3的受访者认为自己的身体状况处于亚健康状态，工作压力、环境污染和缺乏锻炼是危害健康的主要因素。[②] 二是与其他阶层相比，中产阶层城市居民环境压力更大。环境压力是指人们对环境的要求与人们对环境要求的响应能力之间的不平衡的状态。中产阶层对环境的期望值比下层阶层高，但对环境的改善能力比上层又较弱，也就是说有较高的环境要求但无力改善，因此，其环境的压力相对比较大。基于以上两点，中产阶层比其他阶层对环境的满意度低。

五　城市居民环境质量影响因素分析

（一）经济状况对环境质量的影响

经济发展与环境质量有密切的关系。保守派认为：经济发展会导致资源损耗和环境破坏，一旦超过生物圈的承载能力，整个生态系统将崩溃，收入水平的提高也变得没有意义；所以必须执行严格的环保政策，甚至不惜限制经济增长，以保证环境与经济的均衡。乐观派则认为：随着收入增长，人们更倾向

---

① 李春玲：《中国中产阶层成长中的烦恼与压力》，《人民论坛》2016 年第 27 期。

② 《中国上班族压力全球第一，白领自嘲“压力山大”》（http://news.163.com/12/1028/02/8ESBMBQN00014AED.html）。

于服务性产品，而对依赖于资源和产生污染的产品需求减少，从而环境质量会得以改善。另一些学者认为：随着收入水平的提高，环境质量会先破坏再好转，即环境破坏与收入水平呈“倒U”形曲线。这种关系与1955年库兹涅茨提出的收入不均与经济增长的关系类似，人们称之为“环境库兹涅茨曲线”（Environmental Kuznets Curve，EKC）。[①] 这些都很好地深入地讨论了客观经济发展对客观环境质量的影响。那么主观经济发展对主观客观环境质量有何影响呢？本研究将尝试解答人们对经济状况的感受和人们对环境的感受之间的关联。

根据客观经济的层次，我们把人们对经济状况的感受分为宏观经济状况和微观经济状况的感受。根据社会发展的构念，我们从满意度和信心度两个维度来测量人们对宏观经济和微观经济的主观感受。考虑到人们的易感受性以及与环境的关联性，宏观经济满意度和信心度分别考察经济发展水平、经济增长速度、居民收入增长、日常消费品物价水平和住房价格水平五个方面，微观经济满意度和信心度分别考察个人收入水平、家庭经济状况、住房状况三个方面。由此，构成宏观经济满意度和信心度、微观经济满意度和信心度量表。满意度运用两度量表，满意为2分，不满意为1分，不知道为0分。信心度也运用两度量表，变好为2分、变差为1分，不知道为0分。

如图8—31所示，受访者宏观经济满意度对环境满意度（F = 76.63，Sig. = 0.00）和环境信心度（F = 16.78，

① 陈华文、刘康兵：《经济增长与环境质量：关于环境库兹涅茨曲线的经验分析》，《复旦学报》（社会科学版）2004年第2期。

Sig. =0.00）有显著的影响。剔除对宏观经济满意度不知道的受访者，环境满意度和环境信心度随着宏观经济满意度的提升而提升。

如图8—32所示，受访者宏观经济信心度对受访者的环境满意度（F=19.90，Sig. =0.00）和环境信心度（F=111.04，Sig. =0.00）有显著影响。受访者环境满意度和环境信心度随着宏观经济信心度的提升而提升。

如图8—33所示，城市居民微观经济满意度对城市居民环境满意度（F=41.20，Sig. =0.00）和环境信心度（F=8.09，Sig. =0.00）有影响显著。城市居民环境满意度和环境信心度随着微观经济满意度的升高基本呈现升高趋势。

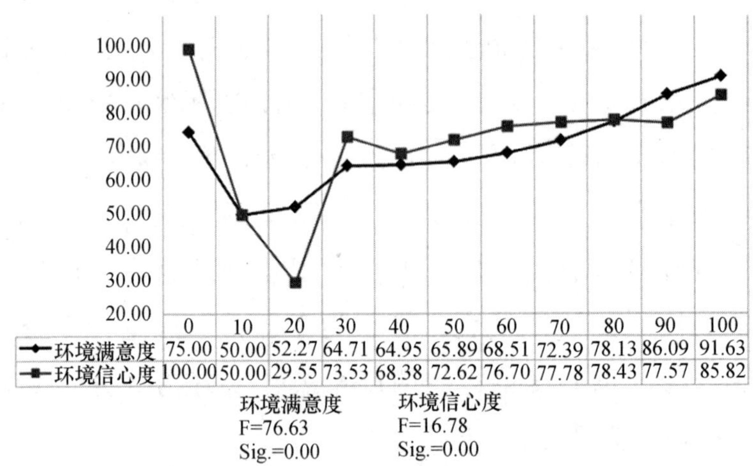

	0	10	20	30	40	50	60	70	80	90	100
环境满意度	75.00	50.00	52.27	64.71	64.95	65.89	68.51	72.39	78.13	86.09	91.63
环境信心度	100.00	50.00	29.55	73.53	68.38	72.62	76.70	77.78	78.43	77.57	85.82

图8—31　2016年城市居民环境满意度与环境信心度在宏观经济满意度上的分布（分）

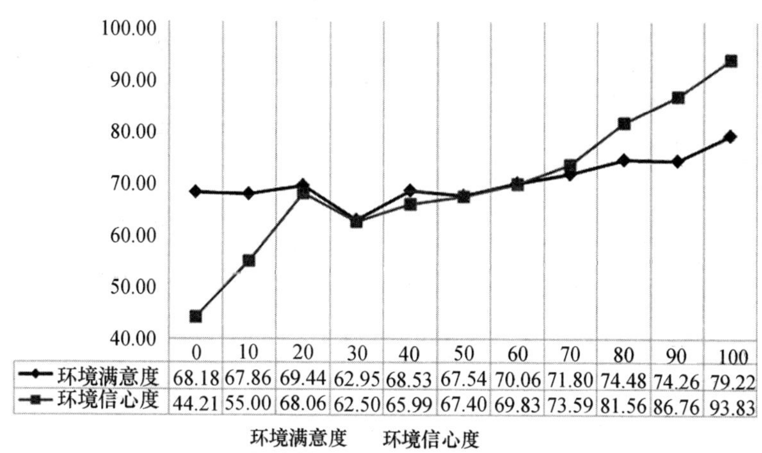

	0	10	20	30	40	50	60	70	80	90	100
环境满意度	68.18	67.86	69.44	62.95	68.53	67.54	70.06	71.80	74.48	74.26	79.22
环境信心度	44.21	55.00	68.06	62.50	65.99	67.40	69.83	73.59	81.56	86.76	93.83

图 8—32　2016 年城市居民环境满意度和环境信心度在宏观经济信心度上的分布（分）

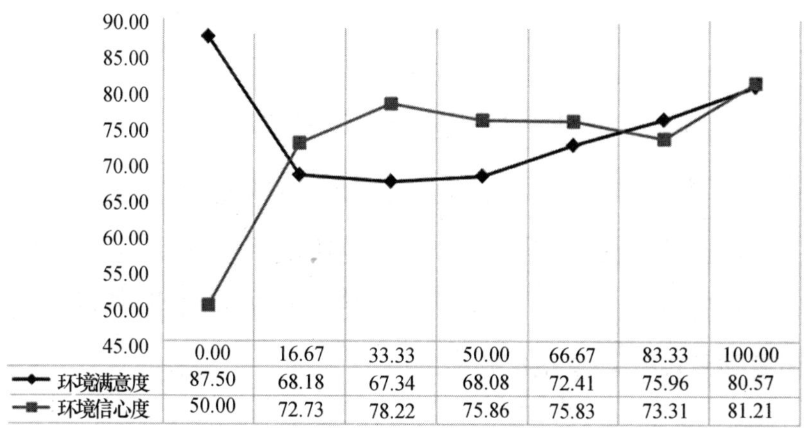

	0.00	16.67	33.33	50.00	66.67	83.33	100.00
环境满意度	87.50	68.18	67.34	68.08	72.41	75.96	80.57
环境信心度	50.00	72.73	78.22	75.86	75.83	73.31	81.21

图 8—33　2016 年城市居民环境满意度和环境信心度在微观经济满意度上的分布（分）

如图 8—34 所示，城市居民微观经济信心度对城市居民的环境满意度（F = 7.94，Sig. = 0.00）和环境信心度（F = 73.37，Sig. =0.00）具有显著的影响。城市居民环境满意度和环境信心度与微观经济信心度呈正相关。

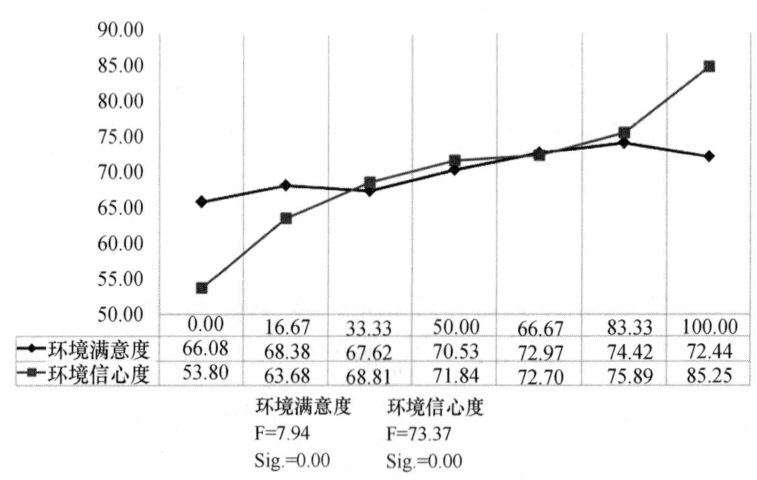

	0.00	16.67	33.33	50.00	66.67	83.33	100.00
环境满意度	66.08	68.38	67.62	70.53	72.97	74.42	72.44
环境信心度	53.80	63.68	68.81	71.84	72.70	75.89	85.25

图 8—34　2016 年城市居民环境满意度和环境信心度在微观经济信心度上的分布（分）

从上述结果可见，无论是宏观层次还是微观层次的城市居民的主观经济状况对城市居民的主观环境质量均有显著的影响。因此，提升城市居民经济满意度和信心度有助于提升城市居民的环境满意度和环境信心度。

（二）政府质量对环境质量的影响

政府在环境保护中负有重要的责任。世界银行指出：“在过去 20 年中，各国人民已经懂得了在促进经济发展方面，应该更多地依靠市场，而较少地依赖政府。但是，在环境保护领域恰恰是政府必须发挥中心作用的领域，私人市场几乎不能为制止污染提供什么鼓励性措施。”① 《斯德哥尔摩宣言》曾经提到：“各国政府对保护和改善现代人和后代人的环境具有庄严的责任。各国政府应加强现有环境管理机构的能力和作用。”②

目前各个国家的环境立法中均体现出了对政府环境责任的重视。美国、日本等发达国家的环境基本法，如《日本环境基本法》《美国国家环境政策法》《俄罗斯联邦环境保护法》等均将规范政府环境管理活动、明确政府环境职责作为其主要内容，明确并强化了政府的环境责任。

随着人口数量的急剧增加，人民物质、精神、文化生活水平的不断提高，环境问题也逐渐趋于复杂。在“十一五”规划中，中央政府提出了“构建资源节约型、环境友好型社会”的远大构想。2005 年中央人口资源工作座谈会上，胡锦涛总书记首次提出建设环境友好型社会。2005 年 10 月，第十六届五中全会明确提出“建设资源节约型、环境友好型社会”，初步明确了要把建设资源节约型和环境友好型社会作为我国国民经济发展和社会发展长期规划的一项重要目标和任务。2007 年党的十七大报告更为明确提出，保护环境资源事关百姓切身利益，是中华民族生存发展的基本国策，强调要建设生态文明。这是我国第一次将它作为一项战略任务明确提出。因此，若想实现建设“资源节约型、环境友好型社会”的目标，政府在制定经济和社会政策时，一定要充分考虑到环境这一至关重要的因素。

① 世界银行：《1992 年世界发展报告：发展与环境》，中国财政经济出版社 1992 年版。

② http://wenku.baidu.com/view/1a7da0ec551810a6f524867f.html.

近年来我国政府在环境保护方面做出了较大的努力，客观环境质量持续改善，但人们对环境的满意度与信心度一般。这背后的一个重要原因在于，我们对于建立环境友好型社会政府应该如何作为还知之甚少。因而，政府应该如何作为才能有效提升人们对于环境的满意度与信心度，对这个问题的认识和理解不仅直接关系着党和中央政府的执政理念的贯彻实施，而且对于社会主义和谐社会的建设也具有重要的政策性含义。

基于以上考虑，我们考察了政府质量对环境质量的影响。

政府质量是个多维度的概念，为政府质量下一个标准的定义是件非常困难的事情。世界银行将政府质量定义为国家权威实行的惯例和制度，包括政府被选举、监督和更替的程序，政府有效制定和执行正确政策的能力，公民的尊重以及控制经济社会事务的制度状态等。现有文献主要选取了政府效率、财产权利保护、公共物品供给、腐败等指标来衡量政府质量的高低。①

从社会景气出发，我们从主观角度考察了政府质量。政府质量主要包括四个方面的内容：政府执政能力的评价、政府行为的满意度、政府行为的信心度、政府信任度。政府执政能力的评价是民众对政府行为满足社会需要程度以及执政效率等的主观感受。政府执政能力评价量表由 7 个题器构成，采用 2 度量纲，“赞同”为 2 分，“不赞同”为 1 分。政府行为满意度是人们对政府行为现状的主观感受。政府行为满意度量表由 6 个题器组成，采用 2 度量纲，满意为 2 分，不满意为 1 分。政府

① 陈刚、李树：《政府如何能够让人幸福？——政府质量影响居民幸福感的实证研究》，《管理世界》2012 年第 8 期。

行为信心度是人们对政府行为的未来预期。政府行为信心度量表由 7 个题器构成，采用 2 度量纲，变好为 2 分，变差为 1 分。政府信任是人们对政府相信与否的主观状态。政府信任由 9 个题器构成，采用 2 度量纲，信任为 2 分，不信任为 1 分。

如图 8—35 所示，城市居民对政府执政能力的评价对环境满意度（F = 57.05，Sig. = 0.00）和环境信心度（F = 22.94，Sig. = 0.00）具有显著影响。城市居民的环境满意度和环境信心度与城市居民对政府执政能力的评价基本成正比，城市居民的满意度和环境信心度随着城市居民对政府执政能力评价的提升而有所提高。

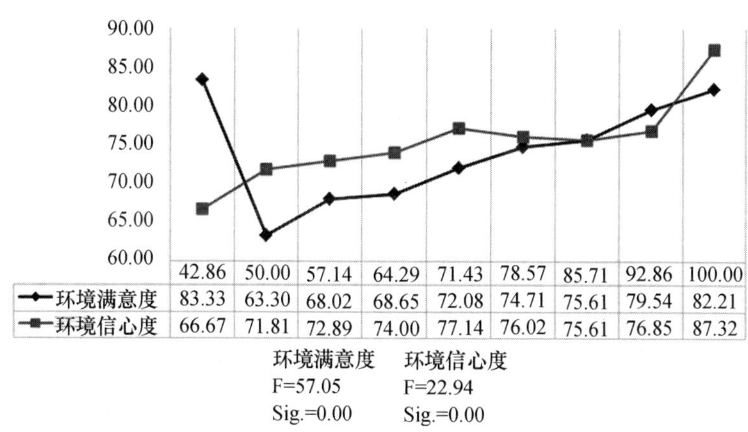

	42.86	50.00	57.14	64.29	71.43	78.57	85.71	92.86	100.00
环境满意度	83.33	63.30	68.02	68.65	72.08	74.71	75.61	79.54	82.21
环境信心度	66.67	71.81	72.89	74.00	77.14	76.02	75.61	76.85	87.32

图 8—35　2016 年环境满意度和环境信心度在政府执政能力评价上的分布（分）

如图 8—36 所示，城市居民对政府行为的满意度对城市居民的环境满意度（F = 60.24，Sig. = 0.00）和环境信心度（F = 21.43，Sig. = 0.00）有显著影响，城市居民环境满意度和环境信心度随着政府行为满意度的升高而升高。

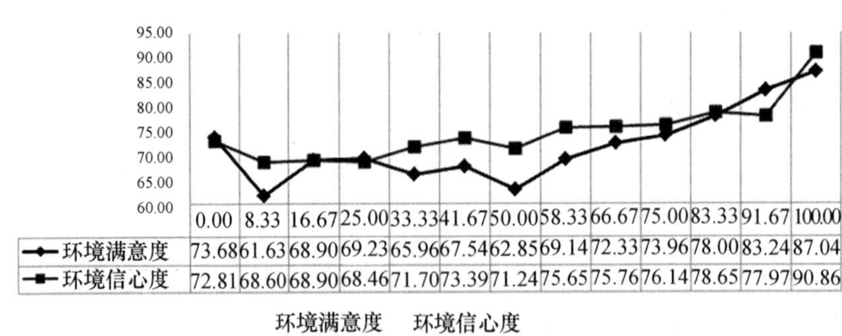

	0.00	8.33	16.67	25.00	33.33	41.67	50.00	58.33	66.67	75.00	83.33	91.67	100.00
环境满意度	73.68	61.63	68.90	69.23	65.96	67.54	62.85	69.14	72.33	73.96	78.00	83.24	87.04
环境信心度	72.81	68.60	68.90	68.46	71.70	73.39	71.24	75.65	75.76	76.14	78.65	77.97	90.86

图 8—36　2016 年城市居民环境满意度和环境信心度在政府行为的满意度上的分布（分）

如图 8—37 所示，城市居民对政府行为的信心度对环境满意度（F＝21.37，Sig.＝0.00）和环境信心度（F＝85.49，Sig.＝0.00）有显著影响。环境满意度和环境信心度与政府行为信心度基本成正比。

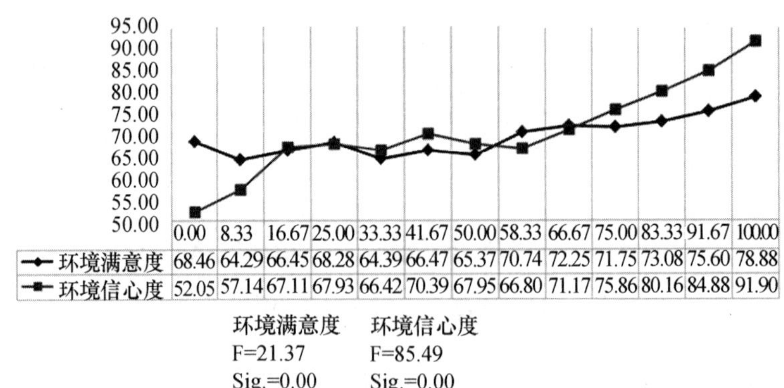

	0.00	8.33	16.67	25.00	33.33	41.67	50.00	58.33	66.67	75.00	83.33	91.67	100.00
环境满意度	68.46	64.29	66.45	68.28	64.39	66.47	65.37	70.74	72.25	71.75	73.08	75.60	78.88
环境信心度	52.05	57.14	67.11	67.93	66.42	70.39	67.95	66.80	71.17	75.86	80.16	84.88	91.90

图 8—37　2016 年城市居民环境满意度和环境信心度在政府行为的信心度上的分布（分）

如图 8—38 所示，城市居民对政府的信任度对城市居民的环境满意度（F = 29. 996，Sig. = 0. 00）和环境信心度（F = 13. 538，Sig. =0. 00）有显著影响。城市居民的环境满意度和环境信心度与政府信任度基本成正比。

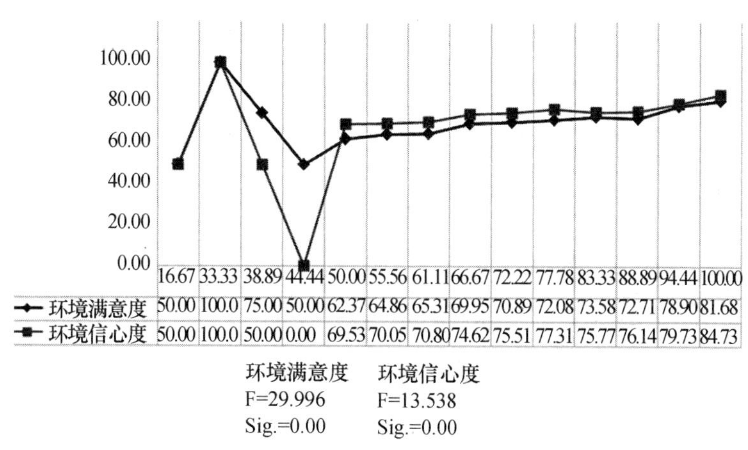

图 8—38　2016 年城市居民环境满意度和环境信心度在政府信任度上的分布（分）

从上述分析结果可以看出，政府质量对环境质量具有显著的影响。无论是城市居民的环境满意度还是环境信心度都与政府质量的各分项指标——城市居民对政府执政能力的评价、政府行为的满意度、政府行为的信心度、政府信任度——呈正相关。因此，改善政府质量是提升城市居民环境满意度与环境信心度的有效且重要的途径之一。

（三）城市居民个体健康状况对城市居民环境质量的影响

健康状况与环境息息相关，过去通常人们会考察客观环境质量对健康状况的影响，在这里我们将从主观的角度来考察人们的健康状况对环境质量的影响，具体而言也就是人们对自己健康的主观感受是否影响人们对环境质量的主观评估。人们对健康状况的主观感受主要从健康满意度和健康信心度两个维度来考察。健康满意度是人们对自我健康现状的主观感受，健康信心度是人们对自我健康的未来预期。健康满意度量表由 1 个题器构成，采用 5 度量纲为“很满意”“较满意”“一般”“较不满意”和“很不满意”，“很满意”赋值为 5，“很不满意”赋值为 1；健康信心度量表由 1 个题器构成，采用 3 度量表为“变好”“没变化”和“变差”，变好赋值为 3，变差赋值为 1。

受访者健康满意度的均值为 74.78 分。如图 8—39 所示，在 7923 名受访者中，对健康状况很满意的占 20.0%，较满意的占 41.8%，一般的占 30.7%，较不满意的占 5.6%，很不满意的占 1.6%，不知道的占 0.2%。

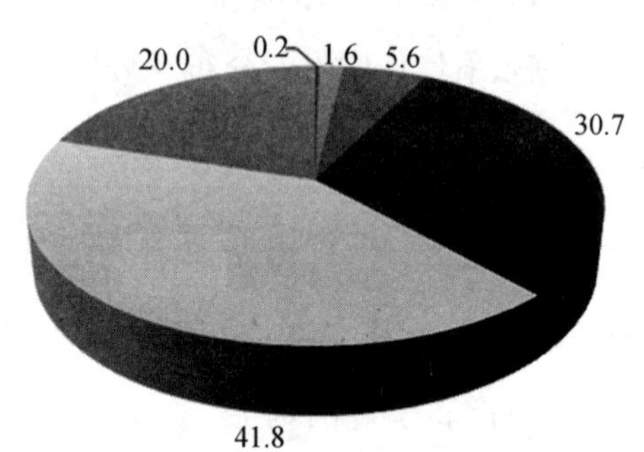

图 8—39　2016 年城市居民健康满意度比例（%）

如图 8—40 所示，城市居民健康满意度对环境满意度（F = 22.017，Sig. = 0.00）和环境信心度（F = 12.227，Sig. = 0.00）有显著影响。城市居民环境满意度和环境信心度随着健康满意度的提升而提升。

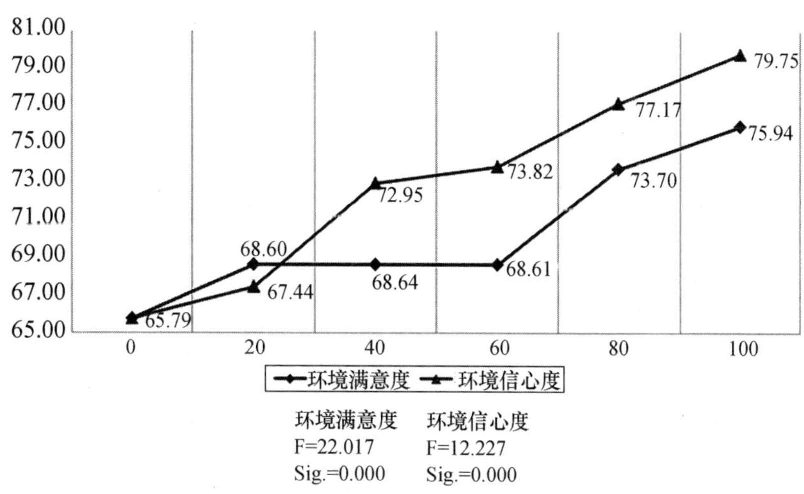

图 8—40　2016 年城市居民环境满意度和环境信心度在健康满意度上的分布（分）

城市居民健康信心度的均值为 77.21 分，在 7895 名受访者中，认为未来健康状况会变好的受访者占 51.15%，认为未来健康状况没有变化的受访者占 35.90%，认为未来健康状况会变差的受访者占 6.40%，对未来健康状况不知道的受访者占 6.56%。

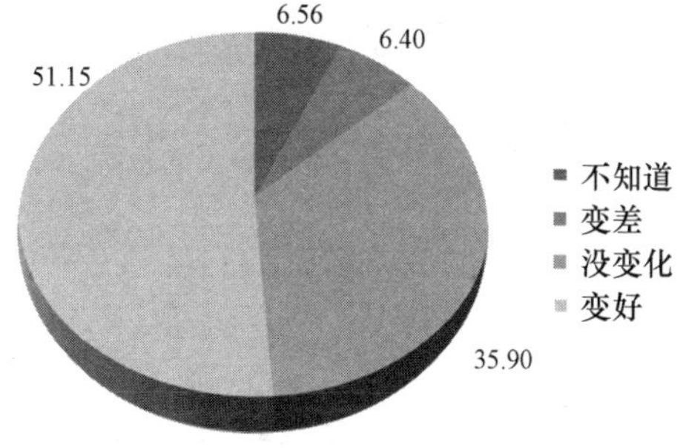

图 8—41　2016 年城市居民健康信心度比例（%）

如图 8—42 所示，城市居民健康的信心度对环境满意度（F = 6.816，Sig. = 0.001）和环境信心度（F = 139.072，Sig. = 0.000）具有显著影响。城市居民环境信心度与健康信心度呈正相关；城市居民环境满意度先随着健康信心度提升，然后下降，存在一个拐点。

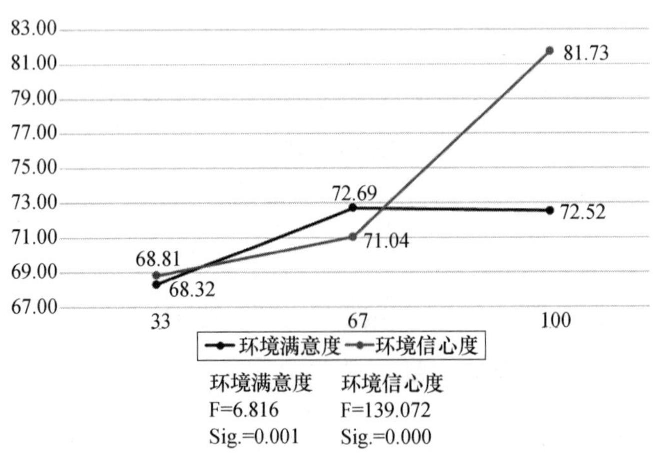

图 8—42　2016 年城市居民环境满意度和环境信心度在健康信心度上的分布（分）

由此可见，城市居民个体健康状况会影响其对环境的主观感受。城市居民个体对其健康状况越满意，其对环境越满意越有信心，城市居民个体对其健康状况越有信心对环境就越有信心。

六　总结与思考

环境质量（environmental quality）或环境的品质一般是指在一个具体的环境内，环境的总体或环境的某些要素对人群的生存和繁衍以及社会的经济发展的适宜程度，是反映人群的具体要求而形成的对环境评定的一种概念。环境质量可以从客观和主观两种视角加以测量。本次调查的目的是了解城市居民对目前我国环境状况的主观感受。遵从本调查社会发展的构念，环境质量从“环境满意”和“环境信心”两个维度来考察。环境满意主要是指人们对其当下所处的环境的一种主观感受。它是人们对环境现实状况的感受。环境信心则主要是指人们对环境的未来预期与判断。基于人们关注环境的功利性以及主观的测量方法，我们选取了城市居民比较关注的同时也是直观感觉明显的五个环境要素来考察城市居民的环境满意度和环境信心度。这五个环境要素是：空气、自来水、生态水面、城市绿化和垃圾处理。环境质量量表由两个维度和两个方面构成。两个维度为环境满意度和环境信心度。两个方面为环境质量的总体方面和分要素方面。具体而言，环境质量量表由环境满意度和环境信心度两个总体指标与空气质量满意度与信心度、自来水质量满意度与信心度、生态水面质量满意度与信心度、城市绿化满意度与信心度、垃圾处理满意度与信心度等 10 个分要素指标共 12 个指标构成。

（一）2016 年度城市居民环境质量基本状况

2016 年城市居民总体环境满意度为 72 分，环境信心度为 76 分；在 7934 名受访者中，对环境满意的占 44.7%，不满意的占 54.9%，不知道的占 0.40%；在 7936 名受访者中，认为未来环境会变好的占 57.6%，变差的占 37.2%，不知道的占 5.2%。

从环境要素来看，环境质量满意度从高到低依次为：城市绿化（81分)、生活垃圾处理（70分)、自来水质量（69分)、空气质量（68.5分)、生态水面质量（64.5分)。环境信心度从高到低依次为：城市绿化（83.5分)、生活垃圾处理（77分)、空气质量（72.5分)、自来水质量（71分)、生态水面质量（69分)。

（二）城市居民环境质量年度比较（2013—2016）

从总体来看，城市居民环境满意度和环境信心度2013—2015年呈上升趋势，2016年有所下降。2013—2015年对环境满意的受访者比例逐年增加，尤其是2015年比例大幅度增长，2016年有所减少。2013—2015年认为环境会变好的受访者的比例逐年增加，尤其是2014年有大幅度的增长，2016年有所减少。2013—2016年，城市居民环境满意度总体增长率15.2%，环境信心度总体增长率为15.15%。城市居民环境满意度增长速率：2014年为3.2%，2015年为14.7%，2016年为-2.7%；城市居民环境信心度增长速率：2014年为9.09%，2015年为7.64%，2016年为-1.94%。

从环境要素来看，2013—2016年，环境质量满意度各要素增长率从高到低依次为：空气质量（11.38%)、自来水质量（6.15%)、生态水面质量（9.32%)、城市绿化（9.46%)、生活垃圾处理（2.94%)。其中，空气质量增长速率，2014年为3.25%，2015年为10.23%，2016年为-2.14%；自来水质量增长速率，2014年为5.38%，2015年为3.65%，2016年为-

2.9%；生态水面质量增长速率，2014 年为 3.39%，2015 年为 2.46%，2016 年为 3.2%；城市绿化增长速率，2014 年为 1.35%，2015 年为 5.92%，2016 年为 0.62%；生活垃圾处理增长速率，2014 年为 -2.94%，2015 年为 7.58%，2016 年为 -1.41%。

2013—2016 年，环境信心度各指标增长率从高到低依次为：空气质量（13.28%）、自来水质量（10.07%）、生态水面质量（11.29%）、城市绿化（9.15%）、生活垃圾处理（8.45%）。其中，空气质量增长速率，2014 年为 9.38%，2015 年为 5%，2016 年为 -1.36%；自来水质量增长速率，2014 年为 9.3%，2015 年为 2.83%，2016 年为 -2.06%；生态水面质量增长速率，2014 年为 9.68%，2015 年为 0，2016 年为 1.47%；城市绿化增长速率，2014 年为 5.23%，2015 年为 3.73%，2016 年为 0；生活垃圾处理增长速率，2014 年为 5.63%，2015 年为 4%，2016 年为 -1.28%。

（三）城市居民环境满意度和环境信心度人口统计变量差异

从总体指标来看，城市居民环境满意度在年龄、户籍性质、户籍所在地、婚姻状况、政治面貌、教育程度、主观社会地位层级上均有显著差异；在性别、民族上没有显著差异。环境信心度仅在年龄上具有显著差异。城市居民的环境满意度（F = 21.592，Sig. = 0.00）和环境信心度（F = 4.542，Sig. = 0.001）在年龄上均有显著差异。随着年龄的增长，环境满意度与环境信心度均呈现上升趋势。环境满意度最高的是 66 岁及以上的受访者（82 分），最低的是 16—22 岁的受访者（70 分）；环境信心度最高也是66岁及以上的受访者（79.5分），最低的是23—35岁的受访者（74.5分）；非农业户口的受访者的环境满意度均高于农业户口的受访者；户口在本县市的受访者的环境满意度均高于户口在外县市的受访者；丧偶的城市居民环境满意度高于其他婚姻状态的城市居民；城市居民的环境满意度中均值得分最高的是民主党派的城市居民，得分最低的是共青团员的城市居民；城市居民环境满意度随着教育程度的升高大致上呈现下降趋势；随着社会地位层级的上升，自评社会地位层级处于1—6层的城市居民的环境满意度呈现上升趋势，环境满意度从自评社会地位层级为7层的城市居民开始下降，9层达到最低值，直到10层开始回升。城市居民环境满意度上得分最高的为10层，最低为9层。

从各要素指标来看，城市居民在环境满意度中的空气质量满意度（F=23.026，Sig.=0.00）和生态水面质量满意度(F=23.035，Sig.=0.00）在性别上具有显著差异。无论是空气质量满意度还是生态水面质量满意度男性（73分，69.5分）的得分均高于女性（72.5分，68.5分)。城市居民自来水质量满意度（F=7.615，Sig.=0.006）和城市绿化满意度（F=5.883，Sig.=0.015）以及空气质量信心度（F=4.32，Sig.=0.038)、自来水质量信心度（F=5.045，Sig.=0.025）和生态水面质量信心度（F=10.839，Sig.=0.001）的均值在民族上有显著差异，而且在这些指标上汉族受访者的均值均高于少数民族受访者的均值。城市居民环境满意度各指标的均值在户籍上均具有显著差异，城市居民环境信心度中仅有空气质量信心度和自来水质量信心度的均值在户籍上具有显著差异。而且无论是环境满意度以及其各指标的均值，还是环境信心度中的空气质量信心度和自来水质量信心度的均值非农业户口的受访者均高于农业户口的受访者。城市居民环境满意度各要素指标的均值在户口所在地上有显著差异，而且户口在本县市的受访者的环境满意度各要素指标的均值均高于户口在外县市的受访者。城市居民环境满意度各要素指标在婚姻状况上均具有显著差异，城市居民的空气质量信心度在婚姻状况上有显著差异。丧偶的城市居民各环境要素的满意度和空气质量信心度均高于其他婚姻状态的城市居民。城市居民环境满意度中的各要素指标均值在政治面貌上均呈现显著差异。城市居民的空气质量满意度（F＝5.94，Sig. ＝0.00）、城市绿化满意度（F＝2.662，Sig. ＝0.006）、生活垃圾处理满意度（F＝6.767，Sig. ＝0.00）指标的均值在教育程度上具有显著差异。空气质量满意度、城市绿化满意度、生活垃圾处理满意度指标的均值随着教育程度的升高大致上呈现下降趋势。

（四）城市居民环境满意度与环境信心度的影响因素

对本次调查结果分析发现，城市居民对经济状况、政府质量、个体健康状况的主观感受对城市居民对环境的主观感受有显著的影响。

城市居民对经济状况越满意，无论是宏观层面还是微观层面，则其环境满意度与信心度就越高；城市居民对经济状况越有信心，则其环境满意度与信心度就越高。

城市居民对政府质量越满意，其环境满意度与信心度越高；城市居民对政府治理越有信心，其环境满意度与信心度越高。

城市居民对个体健康越满意，其环境满意度与信心度越高；城市居民对个体健康越有信心，其环境满意度就越高。

（五）促进城市居民环境满意度与环境信心度提升的建议

1. 在注重整体环境质量提升的同时，要注重促进环境的平等

在分析与解释数据过程中，我们发现环境不平等是造成大多数城市居民环境不满意以及环境方面诸多差异性存在的重要原因。环境不平等虽然是世界范围内普遍存在的现象，但是其对社会稳定与发展有着相当大的负面影响，因此，环境不平等应该加以关注并予以调整。我国环境不平等既有群体间的不平等，同时也存在地域间的不平等。无论是环境群体间的不平等还是地域间的不平等都有深刻的经济、政治原因。如前文所分析的农民工经济上的贫困与政治上的边缘致使他们更容易受到环境的污染；而地域间的环境不平等在于地区间的经济发展不平衡，发达地区将污染性产业向发展中地区转移，以及国家政策上的优先发展战略。因此，环境不平等的调整不仅要从环境本身入手，同时还要从经济、政治方面着手。

2. 进一步规范环境信息的公开，保障公民的环境知情权

在客观环境比较差的情况下，城市居民的环境满意度和环境信心度尚可，这折射出我国城市居民对环境的认知度不高。环境认知度不高一方面在于环境意识不强，另一方面在于环境信息获取的难度较大。环境信心获取的难度大除了城市居民自身教育程度等原因外，更为重要的原因在于我国环境信息公开度和公信度不够。

在环境信心公开方面，我国已经做出了一定程度的努力。环保部门从率先发布环境质量状况公报到实行重点城市环境质量日报和预报、主要水系重点断面水环境质量周报和月报，以及环境法律法规的制定、环境规划的编制、行政处罚等都对外公开，一直在努力探索信息公开途径，把听取公众意见作为环保工作的重要环节。但从全国范围来看，环境信息公开的状况距离有效满足公众环境知情权尚有明显差距。

2016 年 10 月，环保组织公众环境研究中心（IPE）与自然资源保护协会（NRDC）共同发布《2015—2016 年度 120 城市污染源监管信息公开指数（PITI）评价结果》，这是自 2009 年以来，IPE 与 NRDC 连续第七年对全国污染源监管信息公开状况进行评价，评价涉及全国 120 个城市，包括各直辖市和国家环保规划确定的环保重点城市。①

报告显示，120 个城市中，得分 60 分以上的仅 21 个，占总评价城市的 17.5%。一半以上评价城市得分低于 50 分，6 个城市得分甚至低于 30 分，本期评价 120 个城市平均得分 49.6 分。②

不同地区信息公开呈现马太效应。北京市城市污染监管信息公开得分 77.1 分，位居 120 个城市之首；而山西省的大同市得分仅有 15.6 分，处于 120 个城市的末尾。根据本期评价结果，得分排名前三的城市平均得分 75.9 分，排名后三的城市平均得分 21.5 分。③

① 公众环境研究中心（IPE）等：《蓄势，待发——2015—2016 年度 120 城市污染源监管信息公开指数（PITI）报告》（http：//oa.ipe.org.cn：89//Upload/201611160153221171.pdf）。

② 同上。

③ 同上。

3. 改善政府质量，增强政府的环境意识和环境方面的执政能力

如前文所分析的政府质量对城市居民环境满意度与环境信心度有显著的影响。因此，政府质量的改善是有助于城市居民环境满意度和环境信心度的提升的。从环境满意度和环境信心度出发，提升政府质量，除了提升政府的整体质量外，尤其要注重环境保护方面的政府质量的提升。我国在 20 世纪 70 年代开始注重环境保护；1992 年在中国共产党十四大报告中提出“加强环境保护”意识；中国共产党十七大明确提出“建设生态文明”的战略任务；2012 年党的十八大做出“大力推进生态文明建设”战略决策；2015 年 5 月 5 日，中共中央、国务院印发《关于加快推进生态文明建设的意见》，提出了 2020 年的生态文明建设目标；2015 年党的十八届五中全会上，“生态文明建设”被首次写入五年规划，成为“十三五”规划的十个任务目标之一，并提出建立环境友好型社会。这些制度方面的建设显示了我国环境治理方面的决心，但在环境方面的执政能力与各级政府部门的环境意识还需要提升，防止西安市环保局局长为政绩用棉纱堵塞采样器干扰空气质量数据采集的事件①再次发生。

① 《给空气采样器戴“口罩” 西安多名官员被带走》（http：//news. sina. com. cn/o/2016 -10 -25/doc - ifxwzuci9464182. shtml）。

第九章　社会包容状况

一　概念和测量工具

（一）概念

“包容性社会发展”（Inclusive Social Development）是亚洲开发银行提出的一个宏大社会议题。亚洲开发银行于1999年开始实施了一个减贫战略，包含可持续经济增长、包容性社会发展和良治，涵盖了经济、社会、政治三个维度。2004年，该被称为“三个支柱”的减贫战略被纳入实现亚行愿景（Vision）的整体方案，“包容性社会发展”即成为亚行倡导的三大减贫战略之一。作为一种社会政策规划，“包容性社会发展”的不同之处在于具有独立的“有效社会发展计划”（Effective Social Development Programs），在经济增长的同时实施，帮助弱势群体从经济增长提供的机会扩张中受益。具体措施包括人力资本发展，如发展基础教育、冲突地区学校的重建、高等教育入学者的技能发展，以及其他教育领域发展计划；健康服务，通过项目发展以及健康照顾服务传递方式的改革致力于贫困者和弱势群体的健康改善；基础设施服务，制定政策、制度并建造必要的基础设施有效地为贫困人群提供基本公共服务，如改善贫困地区的城市供水及排水工程；另外，特别关注性别发展、社会保护、原住民和非自愿移民发展，以及参与式发展等。[①] 不难看出，包容性社会发展第一次站在了社会发展的角度看待经济社会发展不平衡状态，并在包容性发展的框架下提出了相对独立的社会发展计划，真正不再把社会发展当作经济增长的附庸，而是直接为相关人群提供从福利到人力资本开发的全方位服务，从而实现为终极目标——人的发展和福祉——服务。从社会整合、社会融合到包容性社会发展的概念演化，实际上是从理念到政策的操作化过程。

包容性社会发展的实质内涵是“社会包容”。在西方，相关政策关注的重点是如何进一步加强个体的社会参与能力。在法国学者克劳德·迪德里看来，这一构想主要包括五个方面。[②] 第一，公共服务。公共服务为公民参与国家生活提供可能性。其中健康保障和教育扶持是两项具有优先权的任务。第二，民主参与。除了选举制度外，还需要一系列的“民主激励”政策，包括全体社会成员的结社自由。例如，工会，其关注劳动状况以及劳动环境的改善；再如一些公共利益协会，包括保障和维护妇女及儿童的权利以及环境保护，等等。第三，参与交换的自由。市场的自由提供个体自由选择消费的权利，同时也给予个体自由公平选择工作的权利。第四，独立的司法机构。独立

① Asia Development Bank 2005，ADB Annual Report 2004，http：//www. adb. org/documents/adb-annual-report－2004.

② ［法］克劳德·迪德里：《“共和构想”是社会包容性政策的核心思想》，《社会科学》2012 年第 1 期。

且不腐败的司法机构对于保护个体权利非常重要，尤其是在家庭、就业以及消费等领域的相关法律法规的执行上。第五，安全网的存在及完善。一个社会中，只有社会安全网的建立及其完善，才能够帮助那些处于困境中的个体，尤其是在他们丧失了经济来源，失去了工作，或是生病的时候。在他们孤立无援的时候，这一安全网的存在意义重大。

（二）量表制定和修订

在我国，关于社会建设，党的十八大报告提出“两个必须”：必须以保障和改善民生为重点；必须加快推进社会体制改革。从社会学的理性概念进行分析，前者是社会建设的价值理性（Value Rationality），是社会建设本身所具有的价值和意义；而后者则是社会建设的工具理性（Instrumental Reason），是社会建设所需要使用的手段和工具。党的十八大报告在论及发展道路时指出：“……公平正义是中国特色社会主义的内在要求……保证人民平等参与，平等发展权利；共同富裕是中国特色社会主义的根本原则……着力解决收入分配差距较大问题，使发展成果更多更公平惠及全体人民；社会和谐是中国特色社会主义的本质属性……团结一切可以团结的力量，最大限度增加和谐因素。”反映了顶层设计的谋求所在：“和谐”“团结”“平等参与”“平等发展”“共同富裕”等关键词语，都构成了包容性社会发展的核心价值或者机制。党的十八届三中全会报告提出的关于完善市场体系、转变政府职能、城乡一体化、民主政治、法治中国等一系列国家治理、社会治理的举措，都将有利于开放、民主、平等的包容性社会发展制度的形成。更为重要的是，

2014 年 7 月 29 日的中共中央政治局会议提出,“发展必须是遵循经济规律的科学发展,必须是遵循自然规律的可持续发展,必须是遵循社会规律的包容性发展”,第一次在顶层政策设计中提出了包容性社会发展的理念和思想。

中国社会科学院社会发展战略研究院课题组于 2012 年开始了“我国包容性社会发展”研究。研究根据西方相关理念、特别是重在强化个体社会参与的构想,利用“中国社会态度和社会发展问卷调查(2012)”,在项目分析和因子分析的基础上构建了探索性研究的社会包容量表。量表包括政府服务、社会保护、交换自主、社区参与、机会公平五个方面因素,即五个子量表。2012 年测量结果显示,我国城市 2012 年总体社会包容分值达到 65.6。在社会包容的五个方面构成中,社会保护指数最高,达到 89.1,提供社会安全网的理念得到广泛认可;社区参与指数和政府服务指数分别达到了 65.4 和 64.8,得到了城市居民的基本认可;但在机会公平与交易自主方面,现实状况尚不能有效满足广大公民的基本愿望,指数分值分别只有 58.1 和 50.6。

从 2013 年到 2015 年,课题组对量表进行了持续修订,如 2013 年基于同样的概念和方法构建的量表包含 5 个分量表(因子)共 15 个题器,该 5 个因子的总变异解释率达到 62.85%。总量表和每个分量表的信度都达到了可接受的水平。其中,只有社区参与量表的 α 值低于 0.6,是总量表中的相对短板。根据我国政府关于社会参与主导文件的表述,2014 年的问卷设置了社区参与、单位参与、社会活动参与三个层次的题器,但社会参与的得分仍然较低,只有 63.6。2015 年采用了与 2014 年完全相同的量表对我国社会包容状况进行了测量。社会包容量表包含“权利保护”“交换自主”“社会参与”“公共服务”“社会安全网”5 个分量表。结果发现，2015 年城市总体社会包容指数为 66.6，与 2014 年、2013 年、2012 年相比总体保持增长态势。由于技术原因，2016 年问卷缺失了社会参与题器的调查，其余 4 个分量表及其内容分别是，“权利保护”分量表，包含“法律对家庭财产的保护状况”“法律对个人劳动分配权利的保护”“法律对公民权利的保护状况”3 个题器；“交换自主”分量表，包含“工作状况”“社会地位”“发展机会”3 个题器；“公共服务”分量表，包含“教育水平”“医疗服务”“基础设施状况”3 个题器；“社会安全网”分量表，包含“对残疾人的社会救助”“对孤寡老人、孤儿的社会保护”“对贫困群体的社会救助”3 个题器。

二　结果分析

根据 4 个分量表构成的社会包容量表，利用 SPSS 19.0 软件对 2016 年“中国社会态度和社会发展问卷调查”数据库进行分析，得出我国城市居民关于社会包容状况主观判断的结果。

（一）社会包容的总体水平

2016 年城市社会包容指数为 67.8，与 2015 年的 67.1（调整后）相比有所提升，总体上保持稳定增长态势。

城市居民对 2016 年社会包容的评价总体呈正态分布（见图 9—1），偏度系数（Skewness）和峰度系数（Kurtosis）分别

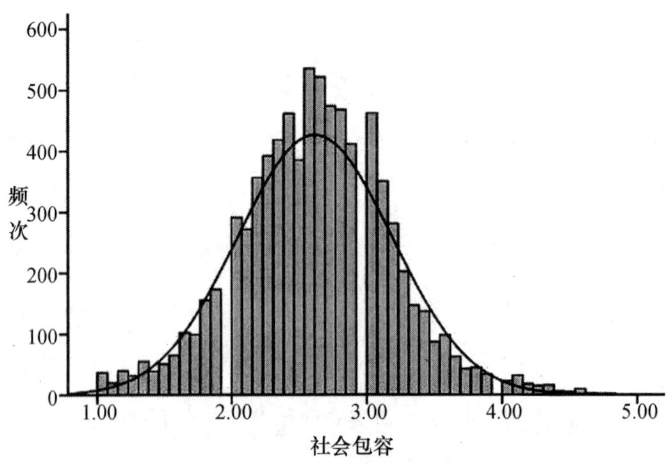

图 9—1　社会包容指数值的正态分布

为 0. 103 和 0. 644。其均值为 2. 61，对应百分制分值为 67. 8，比 2015 年的 67. 1（调整后，指去除社会参与量表后其余 4 个分量表的合并值）有所上升。在本测量中，社会参与分量表变化较大，如 2014 年的指数值 64. 6 比 2012 年的 65. 6、2013 年的 66. 0 略有下降，主要因为测量题器调整导致的正常波动。如 2013 年“社会参与”量表得分为 68. 6 分，3 个题器分别为“为社区的事务，我会主动提出建议”“我经常和朋友讨论社会上的问题”“我很愿意参加公益活动”。2014 年“社会参与”量表的 3 个题器更换为“参与社区公共事务管理和监督”“参与单位民主管理和监督”和“参与广泛的社会活动”，得分仅为 63. 6。因为 2013 年的 3 个题器不是满意度判断，与其他量表并不一致。所以，2014 年的调整提高了量表的效度。2015 年的测量延续了 2014 年的量表结构，指数值相对 2014 年有较大的提升。但 2016 年社会参与分量表的缺失，使得年度纵贯比较只能在调整指数的前提下进行。

从图 9—2 可以看出，城市居民对基础设施、财产权利保护、人身权利保护、残疾人的援助、劳动权益保护、孤寡老人和孤儿的保护满意度较高，也就是说，这些方面的工作对社会包容状况的正面作用较大。而在贫困群体的社会救助、教育水平、社会地位、工作状况、发展机会、医疗服务水平等方面，城市居民的满意度对社会包容状况的正面作用贡献较小。医疗服务水平成为公共服务中的薄弱环节，居民评价的满意度只有 60.8 分。

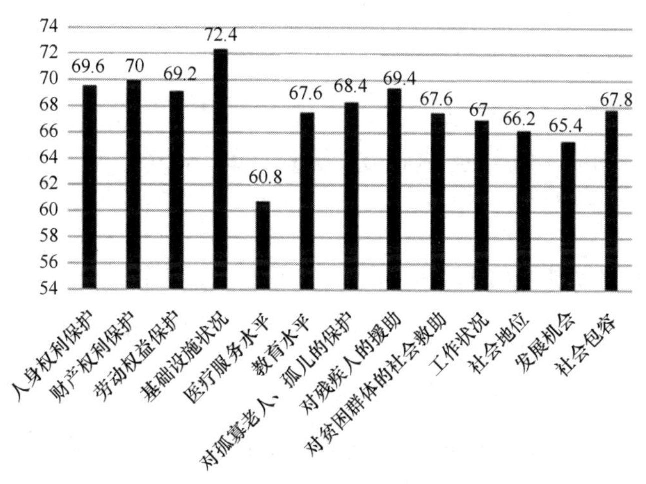

图 9—2　社会包容度各题器测量分值（分）

城市居民对社会包容状况的评价显示出更加明显的群体性特点，与前几年相比虽然存在一些变化，但结构性影响因素逐渐固化。

2014 年的数据分析结果显示，性别、年龄、学历、民族、信教与否、户口落地、婚姻状况、技术级别等因素对社会包容状况均无显著性影响。而政治面貌、户口性质、单位分类、单位所有制、行政级别和管理层级则对社会包容状况存在显著影响。2015年的数据显示，社会包容评价的群体性有所变化，性别、行政级别、管理层级对社会包容评价无显著影响，而年龄、学历、信教与否、政治面貌、户口性质、户口落地、婚姻状况、单位类别、单位所有制性质、技术级别等对社会包容评价存在显著影响。2016年的数据显示，年龄、学历、政治面貌、户口性质、婚姻状况、单位分类、单位所有制性质、技术级别、管理层级等对社会包容的评价具有显著性影响（见表9—1）。

在政治面貌属性中，共产党员、民主党派的社会包容显著高于一般群众。党员群体、民主党派感到其生活、工作环境更加包容，评价分值分别达到69.0分、69.4分，党员比群众高出1.4分。

在单位分类方面，党政机关的社会包容指数最高，达到70.4分，个体工商户/自营职业者的社会包容指数较低，只有67.4分。党政机关高出后者3分。

在单位所有制方面，国有单位的社会包容指数为68.0分，比私有/民营单位的社会包容度67.4分高出0.6分。

在行政级别方面，无行政级别者的社会包容度达到64.4分，与其他各级干部的评价得分并无显著差异。

在管理层级上，单位领导和中层管理人员的社会包容指数分别为68.4分和69.6分，而普通职工只有67.8分，管理者高出职工0.6分以上。

表9—1　　社会包容在不同人群特征上的分值

	类别	均值	分值	样本数	差异显著性
性别	男	2.60	68.0	3581	F=2.837，df=1，Sig.=0.092
	女	2.62	67.6	4354	
年龄组	16—25岁	2.63	67.4	1338	F=6.351，df=4，Sig.=0.000
	26—35岁	2.61	67.8	2222	
	36—45岁	2.63	67.4	1944	
	46—55岁	2.63	67.4	1443	
	56岁及以上	2.53	69.4	988	
学历分组	小学及以下	2.53	69.4	443	F=8.399，df=2，Sig.=0.000
	中学/中专/技校	2.63	67.4	4454	
	大专及以上	2.59	68.2	3034	
民族	汉族	2.61	67.8	7569	F=0.509，df=1，Sig.=0.476
	少数民族	2.59	68.2	364	
信教与否	信教	2.64	67.2	575	F=1.884，df=1，Sig.=0.170
	不信教	2.61	67.8	7343	
政治面貌	共产党员	2.55	69.0	750	F=3.534，df=3，Sig.=0.014
	共青团员	2.62	67.6	1320	
	民主党派	2.53	69.4	21	
	群众	2.62	67.6	5834	
户口性质	农业户口	2.65	67.0	2206	F=11.846，df=1，Sig.=0.001
	非农业户口	2.60	68.0	5723	
户口落地	本市县	2.61	67.8	6889	F=1.872，df=1，Sig.=0.171
	外市县	2.63	67.4	1018	
婚姻状况	单身	2.61	67.8	1532	F=2.885，df=5，Sig.=0.013
	同居	2.72	65.6	106	
	已婚	2.61	67.8	5998	
	离婚	2.69	66.2	148	
	丧偶	2.48	70.4	132	

续表

	类别	均值	分值	样本数	差异显著性
单位分类	党政机关	2.48	70.4	95	F=3.223, df=4, Sig. =0.012
	事业单位	2.57	68.6	725	
	企业	2.60	68.0	2215	
	个体工商户/自营职业者	2.63	67.4	1685	
	其他	2.54	69.2	249	
单位所有制	国有	2.60	68.0	922	F=10.457, df=7, Sig. =0.000
	集体所有	2.50	70.0	338	
	私有/民营	2.63	67.4	3229	
	港澳台资	2.65	67.0	13	
	外资所有	2.34	73.2	82	
	中外合资/中外合作	2.35	73.0	142	
	其他	2.57	69.8	253	
行政级别	省部级	2.62	67.6	160	F=1.526, df=6, Sig. =0.165
	司局地级	2.54	69.3	93	
	处县级	2.56	68.8	228	
	科级	2.55	75.9	198	
	股级	2.71	65.8	125	
	无行政级别	2.60	64.4	4107	
技术级别	高级	2.66	66.8	139	F=2.881, df=4, Sig. =0.021
	中级	2.55	75.9	807	
	初级	2.58	68.4	614	
	无技术职称	2.62	67.6	3317	
管理层级	领导	2.58	68.4	302	F=4.273, df=3, Sig. =0.002
	中层管理人员	2.52	69.6	689	
	普通职工	2.61	67.8	3436	

以上分析可以得出，党团员、国有部门、行政领导、管理人员拥有较高的社会包容度，而普通职工、民营部门从业者社会包容度较低。2016 年的数据同样说明，社会包容是围绕着权力、身份、资源分布的。

（二）社会包容分量表分值分布

首先，总体看来，2016 年城市居民对社会包容在权利保护等 4 个子量表方面表现的评价与 2015 年大致相同，雷达分布图保持整体相似的格局（见图 9—3）。

2016 年的测量表明，社会包容的 4 个子量表中，权利保护指数最高，达到 69.6 分，其中有实际权益保护进步的因素，也有对依法治国的期待；社会安全网的评价为 68.5 分，平稳增长；公共服务和交换自主的得分较低，分别只有 66.9 分和 66.2 分，低于社会包容总体分值，参见图 9—3。

“交换自主”量表 2012 年分值为 50.6 分，2013 年为 60.4 分，2014 年为 62.2 分，2015 年为 65.7 分，2016 年为 66.2 分，虽然连续 5 年成为得分最低的短板，但逐年增长。“交换自主”代表着城市居民在市场经济体制中的谈判和交易能力，是发展机会、工作状况、社会地位的综合表现。从 2016 年评分结果看，3 个题器的满意度得分虽然都不是很高，发展机会为 65.4 分，工作状况为 67.0 分，社会地位为 66.2 分，但比上年分别提高了 0.2 分、0.6 分和 0.6 分，参见表 9—2。

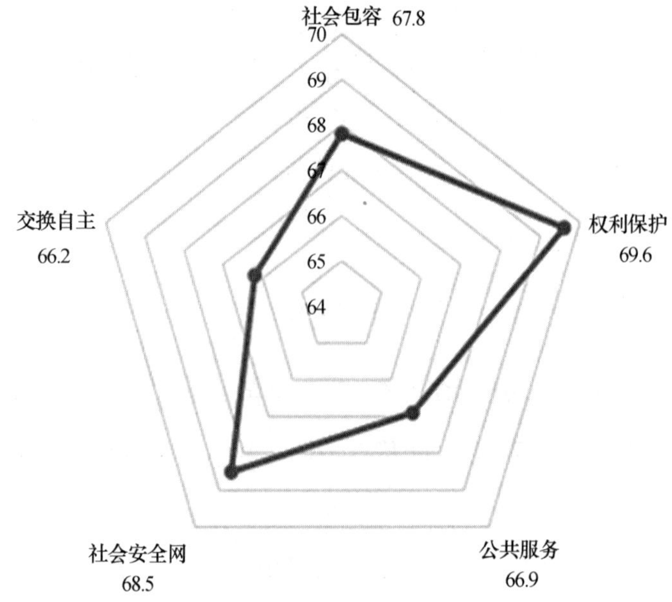

（2016 年）

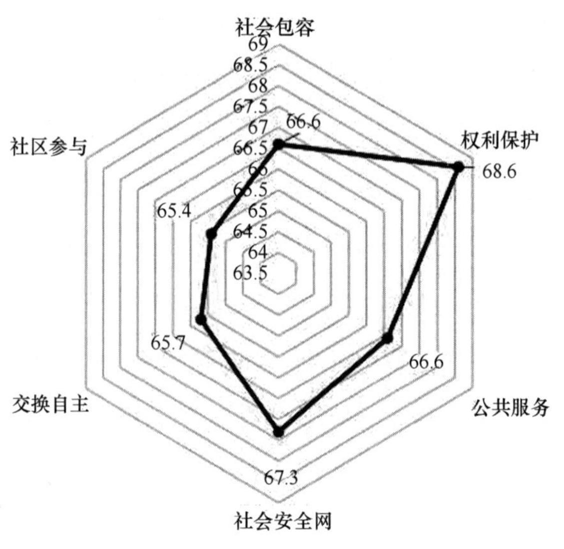

（2015 年）

图 9—3 社会包容各子量表值分布雷达图（分）

表 9—2　　问卷题器总体均值及量表分值

<table>
<tr><th>题器</th><th>问卷均值</th><th>标准差</th><th>频数</th><th>量表分值</th><th>分量表</th><th>量表分值</th><th>总量表</th><th>量表分值</th></tr>
<tr><td>法律对公民人身权利保护状况</td><td>2.52</td><td>0.859</td><td>7587</td><td>69.6</td><td rowspan="3">权利保护</td><td rowspan="3">69.6</td><td rowspan="12">社会包容</td><td rowspan="12">67.8</td></tr>
<tr><td>法律对公民财产权利的保护</td><td>2.50</td><td>0.874</td><td>7570</td><td>70.0</td></tr>
<tr><td>法律对公民劳动权益的保护</td><td>2.54</td><td>0.928</td><td>7603</td><td>69.2</td></tr>
<tr><td>基础设施状况</td><td>2.38</td><td>0.870</td><td>7881</td><td>72.4</td><td rowspan="3">公共服务</td><td rowspan="3">66.9</td></tr>
<tr><td>教育水平</td><td>2.62</td><td>0.966</td><td>7782</td><td>67.6</td></tr>
<tr><td>医疗服务</td><td>2.96</td><td>1.117</td><td>7863</td><td>60.8</td></tr>
<tr><td>对孤寡老人、孤儿的社会保护</td><td>2.58</td><td>0.963</td><td>7427</td><td>68.4</td><td rowspan="3">社会安全网</td><td rowspan="3">68.5</td></tr>
<tr><td>对残疾人的社会救助</td><td>2.53</td><td>0.916</td><td>7298</td><td>69.4</td></tr>
<tr><td>对贫困群体的社会救助</td><td>2.62</td><td>0.939</td><td>7380</td><td>67.6</td></tr>
<tr><td>工作状况</td><td>2.65</td><td>0.847</td><td>5874</td><td>67.0</td><td rowspan="3">交换自主</td><td rowspan="3">66.2</td></tr>
<tr><td>社会地位</td><td>2.69</td><td>0.811</td><td>7734</td><td>66.2</td></tr>
<tr><td>发展机会</td><td>2.73</td><td>0.836</td><td>7190</td><td>65.4</td></tr>
</table>

注：①转换公式：题器分值 =（6 - 题器均值）× 20，即均值 1、2、3、4、5 分别赋予分值 100、80、60、40、20；②分量表分值 = 所含题器分值的算术平均值，总量表分值 = 分量表分值的算术平均值。

其次，我国社会包容的地区差异明显，东部地区得分最高，为 70.4 分。

东部地区、中部地区、西部地区和东北部地区关于社会包容的评价得分分别为 70.4 分、65.4 分、66.8 分和 67.6 分，F 检验在 0.01 的水平上具有显著性差异。实际上，可以看出，和 2015 年相似，东部地区的社会包容度保持最高，而中部地区的社会包容程度最低（见表 9—3）。

对东部地区而言，在改革开放初期，由于经济活动的影响更为深刻，经济体制转轨较快和社会体制变革相对滞后形成矛盾冲突，在一定程度上转化为对居民权利保护、交易自主能力和社区参与的减损。普通公众、一般劳动者越来越陷于弱势地位。所以，社会包容水平并不一定随着经济的发展而上升。但是，随着近年来社会建设的加强、市场化推进以及服务型政府的打造，公民各项权利的保护得到加强，交易自主能力得到提升。如经济的繁荣增强了财政力量，促进了公共服务生产和社会安全网建构的扩大，给公众和脆弱人群增加了福祉。转变发展理念，强化经济社会发展过程中的参与、自主、福祉，发展的包容性也就同步提高。

但是对中部、西部地区而言，正处于相当于东部地区发展初期包容性受损的阶段。中部、西部地区以及东北部地区社会包容的总体评价变化不一，2016 年的评价结果与前几年度的调查相比虽有波动，但实质变化不大。内在原因与 2015 年可能是一样的，即广大的中部、西部地区以及东北部地区需要一场全面而深刻的经济社会变革，才能推动社会包容的大幅改善。

表 9—3　　东、中、西部地区子量表分值

区域		社会包容	公共服务	社会安全网	权利保护	交换自主
东部地区	分值	70.4	70.0	70.6	72.0	69.0
	样本量	2947	2945	2841	2884	2907
	标准差	0.604	0.771	0.837	0.768	0.700
中部地区	分值	65.4	64.0	66.0	66.6	64.6
	样本量	2339	2339	2261	2265	2311
	标准差	0.564	0.746	0.831	0.740	0.694

续表

区域		社会包容	公共服务	社会安全网	权利保护	交换自主
西部地区	分值	66.8	66.6	67.2	69.0	63.8
	样本量	1821	1817	1788	1817	1810
	标准差	0.526	0.715	0.765	0.685	0.655
东北部地区	分值	67.6	65.0	69.2	70.2	65.4
	样本量	828	828	803	826	826
	标准差	0.449	0.690	0.705	0.660	0.688
差异显著性		F = 97.145 df = 3 Sig. = 0.000	F = 77.912 df = 3 Sig. = 0.000	F = 38.987 df = 3 Sig. = 0.000	F = 57.479 df = 3 Sig. = 0.000	F = 71.362 df = 3 Sig. = 0.000

三　结论、讨论和政策建议

2016 年的量表包含了“权利保护”“公共服务”“社会安全网”“交换自主”4 个分量表，题器亦与前几年相同。

（一）测量结果

第一，2016 年城市总体社会包容指数为 67.8，与前几年相比保持稳定增长态势。城市居民对 2016 年社会包容的评价总体呈正态分布。

第二，我国社会包容指数存在明显的社会特征影响因素，反映出了近年来我国社会变迁对公众意识所产生的影响。

2016 年的数据显示，年龄、学历、政治面貌、户口性质、婚姻状况、单位分类、单位所有制性质、技术级别、管理层级等对社会包容的评价具有显著性影响。

在政治面貌属性中，共产党员、民主党派的社会包容显著高于一般群众。党员群体、民主党派感到其生活、工作环境更加包容；党政机关的社会包容指数最高，个体工商户/自营职业者的社会包容指数较低；国有单位的社会包容指数显著高于私有/民营单位；有行政级别者的社会包容度显著高于一般群众；单位管理者的包容度显著高于普通职工。

第三，2016 年城市居民对社会包容在权利保护等 4 个子量表方面表现的评价与 2015 年大致相同，社会包容的 4 个子量表中，权利保护指数最高，达到 69.6 分；社会安全网的评价为 68.5 分；公共服务和交换自主的得分较低，分别只有 66.9 分和 66.2 分，低于社会包容总体分值。

“交换自主”量表 2012 年分值为 50.6 分，2013 年为 60.4 分，2014 年为 62.2 分，2015 年为 65.7 分，2016 年为 66.2 分，虽然连续 5 年成为得分最低的短板，但逐年增长。“交换自主”代表着城市居民在市场经济体制中的谈判和交易能力，是发展机会、工作状况、社会地位的综合表现。

第四，东部地区、中部地区、西部地区和东北部地区关于社会包容的评价得分分别为 70.4 分、65.4 分、66.8 分和 67.6 分，存在显著性差异。实际上，可以看出，和 2015 年相似，东部地区的社会包容度保持最高，而中部地区的社会包容程度最低。

（二）我国社会包容存在的主要问题及关键影响因素

第一，户口性质、单位所有制、政治身份等成为社会包容评价的二元分割因素。党团员群体、城市户口人群、国有单位员工等认为社会更加包容；相反，普通群众、农业户口人群、非国有单位员工等认为社会包容状况相对较差。这些体制性典型因素的影响没有根本改变。

第二，我国市场和社会机制的改革仍需大力推进。“交换自主”“公共服务”2个分量表的满意度评价得分低于社会包容总体评价，说明我国市场体制和社会机制存在阻碍个体自主参与社会行动的因素，仍然需要大力推进改革，释放个体和社会的力量。

第三，医疗服务、发展机会的满意度分别只有60.8分、65.4分，成为公共服务和交易自主中的薄弱短板和影响社会包容的关键负面因素。说明保护公众健康权利，增加机会公平，仍然是目前我国促进社会发展亟须破解的难题。

（三）促进我国社会包容的政策建议

党的十八大以来，我国各项社会事业和公共服务迅速发展，教育、医疗、卫生、文化以及公共交通等基础设施快速发展，以社会保障、社会工作、社会组织为核心的社会保护体系基本建成。今后五年是全面建成小康社会的攻坚阶段，包容性增长越来越得到经济管理和市场部门的理解和认可，而包容性发展，尤其是包容性社会发展还存在诸多需要厘清的问题，未引起足够认识和重视。实现发展成果更多更公平地惠及全体人民，必须着眼维护最广大人民根本利益，最大限度增加和谐因素，确保人民安居乐业、社会安定有序。同时，依法治国首先表现为依法推进改革，以中华人民共和国宪法为核心，依法保护人民群众的各项权利。

本研究认为应该着重从以下方面进行制度改革和政策干预，

逐步提高社会包容水平，促进社会和谐发展。

首先，以建立法制中国为行动纲领，深化经济体制和市场机制改革，创新国有经济管理方式，推进政府转型和法治政府建设，大力减少所有制性质造成的社会排斥。

以公有制为主体、多种所有制经济共同发展的基本经济制度，是中国特色社会主义制度的重要支柱，也是社会主义市场经济体制的根基。但是必须看到，所有制性质确实是造成社会排斥的重要因素。之所以如此，是因为国有单位，包括国有企业和国有行政单位拥有垄断性资源影响和控制权力。公有制本质是全民所有，而不是一个垄断的内部人所有机制。只要充分发挥市场配置资源的根本原则，就可以有效克服国有企业的垄断霸权，促进不同所有制企业从业人群的相互包容。

同样，我国需要全面深化行政体制改革，建立以民为本的服务型政府。只有当行政权力不再是资源的配置者，而是市场服务和社会服务的组织者时，一个和谐包容的社会局面才能最终形成。经济体制改革和行政体制改革不是无目标、无规则行动，必须依法进行。法制才是全面深化改革的基础保障。

其次，加快和强化社会领域法制建设，创新社会治理体系，大力培育现代社会组织，全面促进社区和社会参与；通过立法打破阶层固化倾向和社会流动藩篱，为公众创造更多的发展机会。

没有法制就没有治理，依法行动是治理原则的基本要义。社会治理是多主体之间的协商和合作，是社会和谐、包容性发展的一种运行机制，没有法制基础是不可能取得成功的。除了强化党的领导和充分发挥政府作用之外，创新社会治理体系，必须大力培育现代社会组织，促进资源在市场、社会和政府部门的均衡分配；形成新的治理结构和机制；必须完善相关法律，全面促进社会参与，充分发挥人民群众的创造力；打破阶层固化倾向和社会流动藩篱是一项艰巨的任务，也必须通过法律保障才能取得成效；法制也为经济建设和社会建设一线岗位的工作者创造更多的发展机会。

再次，以小康社会建设为契机，全面深化教育、医疗、职业培训等基本公共服务领域改革，强化社会服务体系建设，大力提升公众的人力资本和可行能力。

发展机会在本质上取决于公众的人力资本。在城市受访居民中，对教育水平、医疗服务水平回答满意的比例没有持续改进。相反，医疗服务的满意率得分最低，公共服务不健全的弊端再次显现出来。交换自主因子连续 5 年得分最低，说明人力资本的提升和服务仍然需要进一步加强。我国迫切需要强化人力资本战略，需要突出可行能力的塑造，如全面改革教育体制，取消义务阶段学校分级，推行均等办学，让每一个孩子公平享受优质教育资源，并从填鸭式的分数教学转向创新思维的能力教育；医疗服务改善有利于公众保持健康体魄，从而为可行能力的提高提供基础。基本公共服务的普及有利于社会包容性发展的体制和机制形成。

最后，继续强化构建社会安全网，加大对弱势、困难群体的社会转移支付、再就业培训和社会服务体系建设，为社会包容提供最低保障。

社会救助和安全网建设是现代市场经济体制国家一项最为基本的政府公共服务，它具有兜底的社会功能，保证最困难群体的基本生活条件。因为和其他公共服务相比，社会救助是一项定向的福利机制，容易产生依赖性，所以，社会安全网建设需要和再就业以及社会服务体系相衔接，共同维护积极的社会生活。不过，和美国等发达国家享受救助和生活补贴的比例达到 15% 的水平相比，我国的社会安全网建设还需要大力加强。

我国需要秉持以民生为本、经济发展和人的发展并重的包容性社会发展理念，以法治建设为同步策略，推动经济、社会、环境与人的全面协调、可持续发展。在地方层次上，我国的包容性社会发展战略要充分尊重地区特色和进程差异，推动不同群体的社会整合、不同民族的社会融合、不同阶层的相互包容。

第十章　国际比较：中国与周边亚洲国家的社会发展*

中国作为雄踞东方的泱泱大国，随着经济发展和综合国力的提升，在地区和全球事务中正在发挥越来越重要的作用。随着国家“一带一路”战略倡议的不断深入推进，发展与周边国家的良好关系，成为当前和今后一段时期的重要任务之一。本章聚焦于中国和周边亚洲国家中的典型代表，通过对其社会综合发展、福祉、公平和可持续等方面的考察，力图找准我国目前所处的发展阶段和在亚洲地区中的位置，为政府制定经济社会发展政策提供依据。

一　社会发展的测量方法

在历史上，一些学者以及国际机构提出了各种不同的用于测量经济社会发展的指标，这些指标有的随着时间的流逝而无人问津，有的则不断升级改进并沿用至今。一般来说，我们可以根据这些指标所立足的理论基础和所关注的重点来对其稍作

---

* 本文是中国社会科学院社会发展战略研究院“中国经济社会发展阶段国际比较研究”课题成果之一，课题主持人：葛道顺，本文执笔陈建伟。

分类：有的指标专注于经济发展层面，比如以国内生产总值（GDP）和国民总收入（GNI）为代表的国民收入核算体系、世界银行“对全球经济体的收入分组”和“21 世纪的国家财富测量”等；有的指标侧重于生活质量，比如“物质生活质量指数”（Physical Quality of Life Index，PQLI）；有的指标则强调人类的整体发展，比如联合国开发计划署提出的“人类发展指数”（HDI）和《联合国千年宣言》中提出的“新千年发展目标指标”（MDGs），等等。①

在众多用于测量经济社会发展的指标中，最为常用的是“国内生产总值”（GDP）和联合国“人类发展指数”（HDI）。国内生产总值是由本国全体常住生产者所创造的社会最终产品的价值总量，等于国内总产出扣除全部中间消耗之后的余额。国内生产总值的缺陷包括几个方面：（1）无法纳入不在市场上销售的商品和劳务的价值，比如家庭成员的家务劳动、农民用于自己消费的粮食，等等；（2）无法排除不良经济活动给社会带来的损害，如环境污染、犯罪、交通拥堵等经济活动会给社会带来很大代价，但这些代价没有从国内生产总值中减去；（3）国内生产总值无法正确地评估产品和服务质量的提高，从而对国民实际收入水平产生歪曲。有鉴于国内生产总值的这些缺陷，约瑟夫·斯蒂格利茨（Joseph Stiglitz）和阿玛蒂亚·森（Amartya Sen）等人提出从五个方面来对国内生产总值核算进行改进，包括：第一，在国民核算中强调国内生产总值之外的其他指标；第二，增强对关键生产活动特别是公共医疗卫生和教

① 《社会发展年度报告 2015》，中国社会科学出版社 2015 年版。

育的实证衡量；第三，体现家庭视角；第四，把收入、消费和财富分布的信息加进记录这些因素一般发展变化的数据；第五，扩大衡量范围，对那些发生在市场之外的活动进行估算。①

联合国人类发展指数是联合国开发计划署（UNDP）在1990年的年度发展报告中首次提出的。该指数以阿玛蒂亚·森的相关研究作为理论基础，认为单独的经济增长不足以衡量社会发展，强调人和人的能力是评价一个国家发展的最终标准。人类发展指数由三个维度构成：较长的寿命和健康，有知识，以及体面的生活标准。人类发展指数对这三个维度上的指标进行标准化处理，然后计算其几何平均值。人类发展指数从人的能力和人类福利提升的角度来评价发展，将社会发展的核心聚焦在以人为本的理念上，它的提出是对传统社会发展理论的一次重大改进。但是，人类发展指数自提出之后，就受到很多批评。有的批评认为人类发展指数所包含的维度太少；有的批评认为人类发展指数对各指标的赋权（等比例权重）不合理②；还有一些批评认为它没有包括任何生态方面的考虑，缺乏对技术发展的考虑，仅聚焦于国家表现和等级，没有从全球视角来看待发展，以及在基础统计上存在测量错误；等等。

社会发展综合指数（Social Development Index，SDI）是中国社会科学院社会发展战略研究院在《中国社会发展年度报告2012》中提出的一种对社会发展进行综合衡量的指数。社会发

① ［美］斯蒂格利茨、［印］森、［法］菲图西：《对我们生活的误测：为什么GDP增长不等于社会进步》，阮江平、王海昉译，新华出版社2010年版，第62、63页。

② 对于联合国人类发展指数的早期批评，参见UNDP，*Human Development Report*（1993），New York：Oxford University Press，1993，pp. 104－114。

展综合指数（SDI）以“四位一体”的社会发展概念框架为基础，即社会发展是由相辅相成的四个环节和机制——人民福祉、社会公平、社会包容和社会可持续——构成的一个综合系统(见表10—1)。“四位一体”的社会发展概念框架从人民福祉、社会公平、包容、可持续发展四个维度系统地涵盖了社会发展的根本目标、基本要求、实现机制和前提条件，这为引导和评价社会的长久、健康、和谐发展提供了一个很好的分析路径。

表10—1 社会发展综合指数的指标体系

<table>
<tr><th colspan="2" rowspan="2">一级指标</th><th colspan="2">二级指标</th></tr>
<tr><th>名称</th><th>含义</th></tr>
<tr><td rowspan="2">d_1</td><td rowspan="2">福祉</td><td>人均国内生产总值</td><td>按购买力平价衡量的人均GDP（2011年变价国际元）</td></tr>
<tr><td>人均消费额</td><td>人均居民最终消费支出（2005年不变价美元）</td></tr>
<tr><td>d_2</td><td>公平</td><td>基尼系数</td><td>家庭收入的基尼系数</td></tr>
<tr><td rowspan="2">d_3</td><td rowspan="2">包容</td><td>失业率</td><td>总失业人数占劳动力总数的比例</td></tr>
<tr><td>公共支出比</td><td>政府的补贴和其他拨款占其支出的比例</td></tr>
<tr><td rowspan="3">d_4</td><td rowspan="3">可持续</td><td>人均受教育年限</td><td>25岁及以上人口的人均受教育年限</td></tr>
<tr><td>教育公共开支比</td><td>教育公共开支占国内生产总值比例</td></tr>
<tr><td>单位能耗产值</td><td>GDP单位能源使用量（购买力平价美元/千克石油当量）</td></tr>
</table>

关于社会发展综合指数的指标选取、建构方法和数据来源，可参考历年的《中国社会发展报告》，限于篇幅，这里不再赘述。下面，我们将利用社会发展综合指数，并对比国内生产总值和联合国人类发展指数等测量，对中国和周边亚洲国家的社

会发展进行比较。

二 中国和周边亚洲国家

作为身处亚洲的一个幅员辽阔的大国和体量巨大的经济体，中国的经济社会发展与周边亚洲国家息息相关。中国陆地和海上边界线绵长，与东北亚、东南亚、南亚、中亚等多个国家接壤，并与日本、菲律宾、印度尼西亚等多国隔海相望。党的十八大提出“坚持与邻为善、以邻为伴，巩固睦邻友好，深化互利合作，努力使自身发展更好惠及周边国家”的外交方针，发展与周边亚洲国家的良好关系，是贯彻十八大精神的当然之义。2013 年 9 月，习近平总书记在访问哈萨克斯坦时提出共建“丝绸之路经济带”的战略构想，同年 10 月在访问印度尼西亚时提出共同建设“21 世纪海上丝绸之路”的倡议，由此形成了完整的“一带一路”战略倡议。“一带一路”倡议涉及亚洲、欧洲和非洲等国家和区域，而中国周边亚洲国家处在推动“一带一路”倡议的前哨，加强与周边亚洲国家的发展合作是实现“一带一路”倡议的重要基础。2016 年年度报告的社会发展国际比较部分，我们围绕“周边国家”这一主题，选取了我国周边亚洲国家中一些具有典型代表性的经济体，力图通过多指标、多维度的比较，定位我国在周边国家中所处的社会发展阶段和位置，为今后一段时期的经济社会发展政策制定提供一些线索。我们选取了包括中国在内的东北亚、东南亚、南亚、中亚等地区的 14 个国家（见表 10—2）进行比较，在选取代表性国家时，一个重要的衡量标准就是半个多世纪以来，是否有着较快的经济增长。

表 10—2 中国与周边亚洲国家的典型代表

区域	国家
东北亚	中国、日本、韩国
东南亚	越南、泰国、马来西亚、新加坡、印度尼西亚、菲律宾
南亚	印度、巴基斯坦
中亚	哈萨克斯坦、吉尔吉斯斯坦、塔吉克斯坦

从 20 世纪 50 年代至今，东亚（包括东北亚和东南亚）部分国家的经济发展在世界范围内创造了一个奇迹。日本、韩国和新加坡跻身世界第一经济体的俱乐部，印度尼西亚、越南、泰国和马来西亚的人均收入出现了 4—8 倍的增长。中国的人均收入从 1979 年至今上涨了超过 17 倍。[①] 在上面所选取的东亚国家中，只有菲律宾的经济长期停滞，经济增长速度缓慢。从经济增长的起飞时间来看，这些国家开启经济增长的顺序依次是：日本、韩国、新加坡、马来西亚、泰国、印度尼西亚、中国和越南。1967 年，印度尼西亚、泰国、新加坡、菲律宾和马来西亚宣告成立东南亚国家联盟（以下简称东盟）。20 世纪 80 年代后，文莱、越南、老挝、缅甸和柬埔寨 5 国先后加入东盟，形成现有的 10 个成员的格局。从 1991 年开始，中国与东盟对话进程开启，逐渐形成东盟与中国“10 + 1”合作机制。2000 年，首次东盟与中日韩“10 + 3”外长会议举行，形成东盟与中日韩“10 + 3”合作机制并延续至今。现在，东盟与中国“10 + 1”合作机制、东盟与中日韩“10 + 3”合作机制已经成为东亚区域

① ［美］德怀特·珀金斯：《东亚发展：基础和战略》，颜超凡译，中信出版社 2015 年版，第 4、5 页。

合作的主要渠道。

在南亚国家中，印度和巴基斯坦无论在地缘政治方面，还是在经济发展方面，都与中国存在着密切联系。印度是世界上人口仅次于中国的国家，据最新统计，其2016年的人口为13.3亿人。据联合国发布的《世界人口展望：2015年修订版》，到2022年，印度人口数将超过中国人口数，领衔全球人口排行榜。[①] 中印两国在近代有着相似的面对西方殖民列强的经历，在建国或独立之初的人口数量、基础设施和教育水平方面也比较接近，长期以来，在国际社会中，中国和印度之间的经济增长和发展被比喻为“龙象之争”。目前，中国和印度同是“金砖五国”的成员国，凭借“金砖国家”合作机制的巨大发展潜力，在经贸关系、全球气候变化、联合国改革、减贫等重大全球性和地区性问题上协调立场，中印两国在世界政治经济舞台上发挥着越来越大的作用。

中亚就其狭义的界定而言，指的是苏联的五个加盟共和国：哈萨克斯坦、吉尔吉斯斯坦、乌兹别克斯坦、塔吉克斯坦和土库曼斯坦。自苏联解体后，中亚五国获得独立发展，但仍与俄罗斯保持着密切联系。中亚是典型的温带沙漠、草原的大陆性气候，雨水稀少，不利于种植农业的发展。中亚五国经济以自然资源出口和农牧业为主，工业基础薄弱、发展缓慢。中亚各国是古丝绸之路出西域后的第一站，在历史上中国与中亚各国有着密切的联系。随着2001年上海合作组织的成立，中国与中

① 《外媒：印度人口2022年“提前”赶超中国》（http：//news.xinhuanet.com/world/2015－07/31/c_ 128079586.htm）。

亚国家的联系进一步加强[①]，在政治、经济、科技、文化、教育、能源、交通、环保和其他领域开展了有效的合作，并致力于维护和保障地区的和平、安全与稳定。

下面，我们按照国内生产总值（GDP）、人均国内生产总值、联合国人类发展指数（HDI）和社会发展综合指数（SDI）等指标，对中国与周边 13 个亚洲国家的社会发展程度进行比较。表 10—3 列出了这些指标，并列出了各国按照这些指标的相应排名情况。

表 10—3　　中国与周边亚洲国家的社会发展比较　　单位：美元

国家	GDP 2015	人均 GDP 2015	人均 GDP 排名	HDI 2014	HDI 排名	SDI 2014	SDI 排名
日本	4123000000000	32477.22	2	0.891	3	0.532	1
韩国	1378000000000	27221.52	3	0.898	2	0.468	2
新加坡	292700000000	52888.75	1	0.912	1	0.423	3
马来西亚	296200000000	9766.16	5	0.779	5	0.367	4
哈萨克斯坦	184400000000	10508.40	4	0.788	4	0.352	5
泰国	395300000000	5816.44	7	0.726	7	0.313	6
印度尼西亚	861900000000	3346.48	8	0.684	8	0.249	7
中国	10870000000000	7924.65	6	0.727	6	0.246	8
越南	193600000000	2111.13	10	0.666	10	0.234	9
菲律宾	292000000000	2899.37	9	0.668	9	0.230	10
吉尔吉斯斯坦	6572000000	1103.21	13	0.655	11	0.219	11
印度	2074000000000	1581.58	11	0.609	13	0.215	12
塔吉克斯坦	7853000000	925.91	14	0.624	12	0.179	13
巴基斯坦	270000000000	1428.98	12	0.538	14	0.148	14

① 目前，中亚五国中，土库曼斯坦不是上海合作组织的成员。

从表10—3中可以看出:（1）联合国人类发展指数（HDI）和社会发展综合指数（SDI）各国的排名，即这两个指标对各国发展阶段的判断是非常接近的；（2）联合国人类发展指数（HDI）和社会发展综合指数（SDI）主要与人均国内生产总值相关，而与国内生产总值的总量关系不大；（3）亚洲各国的经济总量相差巨大，但国内生产总值与人均国内生产总值之间，即经济总量和人民得到的发展实惠之间关联较小（见表10—4)。下面我们对这些结论做一些更具体的分析。

表10—4　　　　各指标的相关系数

	GDP	人均 GDP	HDI	SDI
GDP	1			
人均 GDP	0.0773	1		
HDI	0.1493	0.8675	1	
SDI	0.0953	0.8122	0.9563	1

在表10—4中，我们计算了各指标的相关系数，可以看到，一方面，国内生产总值与联合国人类发展指数的相关系数只有0.1493，与社会发展综合指数的相关系数则更小，只有0.0953。但另一方面，人均国内生产总值与联合国人类发展指数的相关系数高达0.8675，与社会发展综合指数的相关系数也达到了0.8122。再来看联合国人类发展指数和社会发展综合指数，两者的相关系数高达0.9563，说明这两个指标虽然在评价理念和评价标准上有所不同，但对于各国社会发展阶段的“判断”却是高度一致的。

为了对以上结论有更直观、生动的认识，我们画出了人均国内生产总值（GDP per capita）和社会发展综合指数（SDI）之间的二维图（见图10—1），并以国内生产总值（GDP）为权重，使各数据点（图10—1中的圆圈）的大小反映每个国家的经济总量。从图10—1中可以明显看出中国巨大的经济总量和较低的人均国内生产总值之间的巨大反差。实际上，中国的经济总量（10.87万亿美元）比这次比较的其他13个亚洲国家的经济总量之和（10.38万亿美元）还要大。但是就人均国内生产总值而言，中国至今没有突破1万美元大关，距离国际上标志高收入水平的3万美元大关更是相去甚远。根据联合国人类发展指数（HDI）设置的阈限标准，新加坡、日本和韩国为超高度发展国家；哈萨克斯坦、马来西亚、中国和泰国为高度发展国家；印度尼西亚、菲律宾、越南、吉尔吉斯斯坦、塔吉克斯坦和印度为中度发展国家；最后，巴基斯坦为低度发展国家。

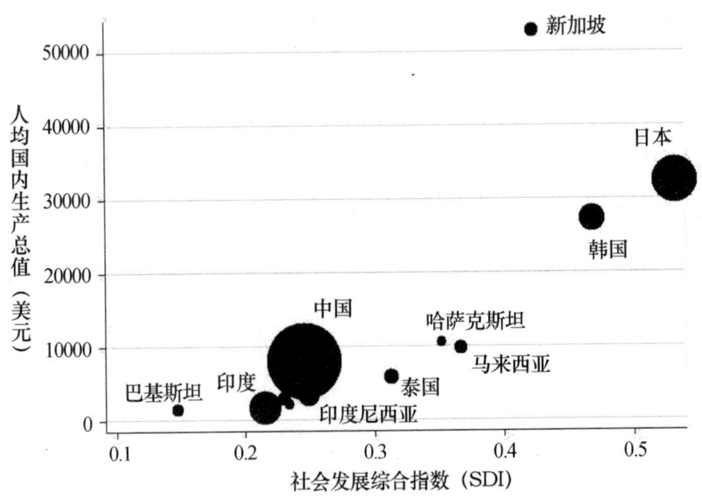

图10—1 人均国内生产总值和社会发展综合指数的关系

根据社会发展综合指数（SDI），上述排序会有一定的变化。比如中国在联合国人类发展指数中排名第六，而在社会发展综合指数中则仅排名第八。从图 10—1 中我们可以比较清晰地看到，这次比较的 14 个国家，大多数集中在社会发展综合指数（SDI）为 0.3 以下的中度发展水平，但是处在这个发展水平的国家在经济体量上又有着巨大差距，中国和印度两国都具有经济总量大、人均国内生产总值低的特点，而其他 5 个国家的经济总量都较小、人均国内生产总值也较低。而处在高度发展水平的新加坡、日本和韩国这 3 个国家，也表现出了不同的特点，从图 10—1 上的位置上看，这 3 个国家相距较远，如新加坡的人均国内生产总值远高于日韩两国，但其社会发展综合指数则落后于这两个国家（但根据联合国人类发展指数，新加坡的发展排名是高于日韩两国的）。

上述数据分析再一次证实了我们之前的结论，即社会发展综合指数不同于简单的经济发展排名，中国的经济发展水平和社会发展水平之间存在着巨大的鸿沟和“错位”。在经济发展水平上，中国已经成为两极中的一极，在经济增长速度上更是独领风骚；但是在社会发展水平上，中国却一直占据中等偏下的位置。① 作为第二次世界大战之后崛起的所谓“新兴经济体”（Emerging Economies），亚洲国家在经济增长上取得了长足的进步，但是在社会发展方面却由于先天条件的不足而一直进展迟缓。在上述比较的 14 个国家中，除了日本、韩国和新加坡的人均国内生产总值接近或超过 3 万美元之外，没有一个国家接近

① 《中国社会发展年度报告（2015）》，中国社会科学出版社 2005 年版。

这一水平或者在短期内有接近这一水平的趋势。在按照联合国人类发展指数评定的 4 个高度发展国家（哈萨克斯坦、马兰西亚、中国和泰国）中，只有哈萨克斯坦的人均国内生产总值超过了 1 万美元。这说明亚洲国家的发展任重而道远，如何在经济发展取得伟大成就的同时，进一步促进公平、包容、可持续的社会发展，是摆在大多数亚洲国家面前的一个重大课题。

三　福祉：经济发展

世界银行按照人均国民总收入（GNI per capita）把国家划分为四种类型，即低收入经济体、中低收入经济体、中高收入经济体和高收入经济体。[①] 根据世界银行的划分标准，我们把中国周边 14 个亚洲国家的经济发展水平列在表 10—5。

表 10—5　　按人均国民总收入划分的国家类型

类型	标准（美元）	国家
低收入经济体	低于 1025	塔吉克斯坦
中低收入经济体	1026—4035	菲律宾、越南、印度、巴基斯坦、吉尔吉斯斯坦、印度尼西亚
中高收入经济体	4036—12475	中国、泰国、哈萨克斯坦、马来西亚
高收入经济体	高于 12476	新加坡、日本、韩国

① ［美］珀金斯、拉德勒、林道尔：《发展经济学》，彭刚等译，中国人民大学出版社 2012 年版，第 9 页。

由于我们在前面已经指出的人均收入（人均国内生产总值）与社会发展综合指数和联合国人类发展指数之间的高度相关关系，因此上面按照人均国民总收入对中国周边亚洲国家的分类，与第二节按照社会发展综合指数和其他指数对这些国家的分类，具有比较高的一致性。

我们在图10—2中画出了上述14个亚洲国家在2015年的经济增长速度。对照上面的四种国家类型，我们可以对图10—2中的信息做如下描述。（1）高收入经济体（新加坡、日本和韩国）的经济增长速度在这14个国家中排名最低，三国的经济增长速度均在3%以下，日本的增长率则更低，只有0.47%。（2）中高收入经济体（中国、泰国、哈萨克斯坦、马来西亚）内部的经济增长速度差异最大。2015年，中国的经济增长率为6.9%，泰国为2.81%，哈萨克斯坦为1.2%，马来西亚为4.95%。同为中高收入国家，中国和哈萨克斯坦之间的经济增长率竟相差5.7个百分点。（3）中低收入国家（菲律宾、越南、印度、巴基斯坦、吉尔吉斯斯坦、印度尼西亚）的经济增长速度普遍高于高收入经济体，其中排名最低的吉尔吉斯斯坦经济增速为3.46%，排名最高的印度达到了7.57%。（4）通过简单计算可知，2015年，在上述14个亚洲国家范围内，高收入经济体的平均经济增长率为1.69%，中高收入经济体的平均经济增长率为3.96%，中低收入经济体平均经济增长率为5.64%，低收入经济体平均经济增长率为4.2%。

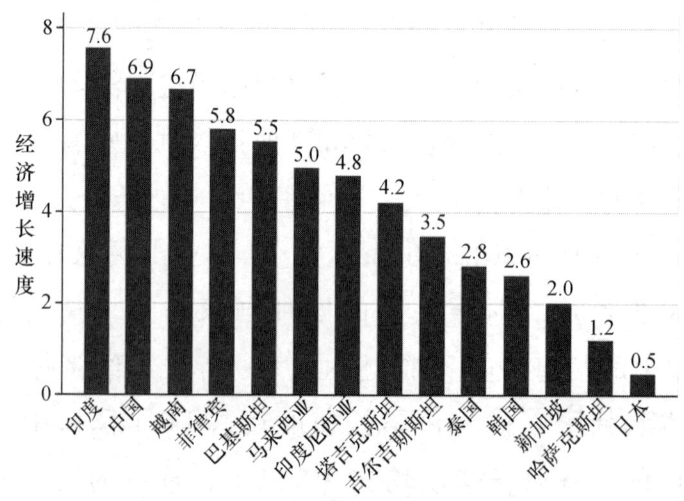

图 10—2　中国与周边亚洲国家 2015 年经济增长速度排名（%）

美国哈佛大学的经济学家德怀特·珀金斯（Dwight Perkins）在对部分东亚国家的经济发展进行研究时发现了两个重要结论。第一，人均收入非常低的国家的经济增长速度可能会快于高收入国家，并且可以在更长时间内快速增长；第二，在人均国内生产总值达到 13000 美元时，这些国家的国内生产总值的增长率均显著下降。① 珀金斯上述结论的第一部分在经济史学家亚历山大·格申克龙（Alexander Gerschenkron）那里被表达为“后发优势”（the Advantages of Backwardness）。格申克龙认为，相对贫困的后起国家借用并改进西方发达国家的先进技术，可以更快地发展并赶上先进国家。珀金斯上述结论的第二部分在有些国家表现为“中等收入陷阱”（Middle Income Trap），即当一

① ［美］德怀特·珀金斯：《东亚发展：基础和战略》，颜超凡译，中信出版社 2015 年版，第 50、150 页。

个国家的人均收入达到中等水平后，由于不能顺利实现经济发展方式的转变，导致经济增长动力不足，最终出现经济停滞，人均国民收入难以突破1万美元的状态。

我们在表10—6中，计算了上述14个亚洲国家近60年来每十年的平均经济增长速度，为了更清楚地展示各国的经济增长率的变化情况，我们还画出了各国的平均经济增长速度随时间变化的发展趋势图（见图10—3）。对照珀金斯等人的相关理论和经验发现，结合上面的表和图，我们对中国周边亚洲国家的经济总量、人均收入和经济增长速度这三者之间的关系进行分析，可以得出如下几个基本结论。（1）从整体上来看，亚洲的中低收入经济体的确表现出了极大的"后发优势"。其中表现最抢眼的是菲律宾和印度。菲律宾的经济发展受制于裙带关系和政府寻租，一直被发展经济学家所诟病，甚至得到了"在20世纪后期大部分时间里表现较差"① 的评价。但是从近20年来的发展趋势来看，其经济增速是一直向上发展的。印度在1980年之后的几十年里，其平均经济增长速度一直维持在5%以上。如前面所述，其2015年的经济增长速度已经超过了中国。其他的中低收入国家，包括越南、巴基斯坦、吉尔吉斯斯坦和印度尼西亚，经济增长速度并不稳定，但基本都维持在4%甚至更高的水平上。（2）部分中高收入国家看起来已经落入"中等收入陷阱"。最典型的是泰国和马来西亚。泰国在经历了1960—1979年长达20年的高速增长（平均经济增速在7%以上）后，最近30余年的经济增长速度与前期已不可同日而语，其最近六年

① ［美］德怀特·珀金斯：《东亚发展：基础和战略》，颜超凡译，中信出版社2015年版，第2、6、113—114页。

表10—6　　　中国与周边亚洲国家近60年来的平均经济增长速度　　　单位:%

	1960—1969	1970—1979	1980—1989	1990—1999	2000—2009	2010—2015
中国	3.37	7.45	9.76	10.01	10.30	8.28
印度	3.90	2.92	5.68	5.76	6.77	7.32
塔吉克斯坦			2.42	-9.28	8.38	6.61
菲律宾	5.05	5.79	2.01	2.75	4.45	6.16
越南			4.53	7.41	6.64	5.99
新加坡	8.85	9.47	7.79	7.30	5.27	5.84
马来西亚	6.54	7.72	5.87	7.24	4.78	5.64
印度尼西亚	3.73	7.81	6.37	4.83	5.10	5.63
哈萨克斯坦				-4.81	8.58	5.03
吉尔吉斯斯坦			6.42	-3.42	4.75	3.96
巴基斯坦	6.78	4.83	6.86	3.97	4.48	3.75
泰国	7.81	7.50	7.29	5.20	4.31	3.65
韩国	8.25	10.52	8.62	6.67	4.67	3.55
日本	10.44	4.11	4.36	1.46	0.55	1.29

注：该表中的国家按照2010—2015这六年的平均经济增长速度（最后一列）由高到低排序。

(2010—2015年）的平均经济增速为3.65%，排在上述14个亚洲国家中的倒数第三位。马来西亚的经济增长则呈现出较大的波动性，基本上每隔十年就有一次大的上涨或回落。这显示了其经济基础的不稳固，并因此在亚洲金融危机（1997年)、全球经济危机（2007—2009年）中受到的冲击很大。（3）高收入国家的经济增长速度已经出现了长达60余年的长期下降。在经历了20世纪60年代的高度增长后，日本的经济增长率逐步下

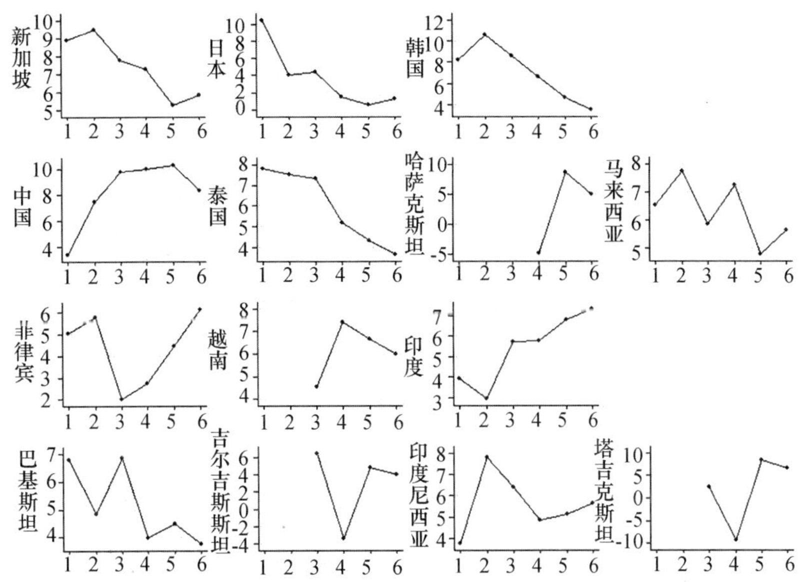

图 10—3　中国与周边亚洲国家平均经济增长速度变化趋势（%）

降，在 1991 年股市和房地产泡沫破灭之后，最近 20 多年日本的平均经济增长速度都维持在 1% 的低速水平。韩国的情况也很类似，在经历了 30 余年（1960—1989 年）的高速增长后，韩国的经济增长率呈直线下降，最近六年的经济增长率排在 14 个亚洲国家中的倒数第二位。新加坡和日本、韩国一样，同属高收入国家，但其经济增速在共性中又表现出一定的差异。一方面，从总体趋势上来看，新加坡的经济增长速度也是呈下降趋势的；但另一方面，尽管一直下降，但每十年的平均增长速度仍维持在 5% 以上的较高水平上。正如有些经济学家所指出的，新加坡是“唯一一个在 20 世纪 80 年代中期先出现短暂经济放缓，然后又再次开始长时间高增长的国家”①。

① ［美］德怀特·珀金斯：《东亚发展：基础和战略》，颜超凡译，中信出版社 2015 年版，第 153 页。

近年来，国内外比较关心的一个问题是：中国自改革开放以来形成的极高的经济增长速度能否继续维持下去？以近几年的发展趋势看，中国的经济增长率已经开始减缓，关键的问题在于这种减缓是否构成一种长期趋势，以及经济增长率会减小到什么程度。周边国家的例子摆在我们面前，中国是会像日本和韩国那样，经历经济增长率的直线下降，并长期处在近乎停滞的状态；还是会像新加坡一样，虽然经济增长减缓，但仍维持在一定的高位水平？一些学者认为，中国当前在供给侧和需求侧上都面临着重大挑战。首先，在供给侧，中国的全要素生产率一直处在较低水平（3.8%左右），如果要保持每年9%的增长速度，全要素生产率需要有每年5%或更高的增长速度。但是，中国未来的劳动力供给在数量上会逐渐下滑，在质量上会增速减缓，因此提高全要素生产率并不容易，甚至把全要素生产率增长维持在过去水平上也很困难。其次，在需求侧，一方面，中国一直奉行政府大规模投资的政策方针，但这种规模的投资在未来很可能无法持续；另一方面，消费占国内生产总值的比例在改革开放以来的30多年里一直是下降的，由于工资增长率长期落后于国内生产总值增长率、社会的老龄化愈来愈严重、社会保障体系不健全，再加上城市住房价格高企，因此，中国在未来增加家庭消费的比重也面临重重困难。[①] 由此来看，中国的经济增长率在未来必定会下降，政府如何采取措施，通过结构性改革来维持适当的经济增速，是今后一个时期的关键性问题之一。

---

① ［美］德怀特·珀金斯：《东亚发展：基础和战略》，颜超凡译，中信出版社2015年版，第154—168页。

四　公平：基尼系数

社会的平等程度是衡量一个国家社会发展的重要指标。人们已经提出了很多用于测量社会不平等的方法，比如洛伦兹曲线（Lorcnz Curve）、基尼系数（Gini Coefficient）、库兹涅茨比率[①]（Kuznets Ratio）、广义熵（Generalized Entropy）等。但就应用的普及性和公众的熟悉、接受程度而言，基尼系数无疑是应用最普遍的一种测量。基尼系数解释起来比较直观，即在洛伦兹曲线的框架内，用45 度线与洛伦兹曲线之间的面积除以 45 度线之下的面积。我们可以根据基尼系数，设定相应的阈限，来划分各个国家收入分配的不平等程度。一般来说，可以按基尼系数把各个国家划分为三个大的收入不平等程度类别：较低的收入不平等程度（基尼系数 <0. 40）；中等的收入不平等程度（基尼系数在0. 40—0. 50）；较高的收入不平等程度（基尼系数 >0. 50）。[②] 在实际应用中，我们还可以对此做进一步细分，见表 10—7。

表 10—7　　基尼系数与不平等程度的标准

阈限值	不平等程度
低于 0. 2	收入绝对平均
0. 2—0. 3	收入比较平均

① 库兹涅茨比率计算最高 20% 收入群体所占收入份额与最低 20% 或 40% 收入群体所占收入份额之比。

② ［美］波金斯、拉德勒、林道尔：《发展经济学》，彭刚等译，中国人民大学出版社 2012 年版，第 164 页。

续表

阈限值	不平等程度
0.3—0.4	收入相对合理
0.4—0.5	收入差距较大
0.5 以上	收入差距悬殊

我们根据美国爱荷华大学政治科学系的弗雷德里克·索尔特（Frederick Solt）提供的“世界收入不平等标准化数据库”（SWIID）的相关数据[①]，绘制了 13 个亚洲国家从 2005 年到 2013 年近 10 年来的基尼系数变化图（见图 10—4）。从图 10—4 中可以看出，亚洲国家在社会不平等程度上呈现出明显分化。具体来说，我们可以根据一定的标准，把 13 个亚洲国家大体划分为三个类型。（1）收入比较平均的国家，包括哈萨克斯坦、塔吉克斯坦、韩国、日本。在这些国家，基尼系数大都呈现出下降趋势，只有日本的基尼系数有轻微的上升势头。（2）收入相对合理的国家，包括巴基斯坦、越南、泰国、马来西亚、印度尼西亚。在这些国家中，泰国和印度尼西亚表现比较特殊。泰国的基尼系数从较高的水平（2005 年为 0.42）下降到了相对较低的水平（2011 年为 0.35）。印度尼西亚的基尼系数则从较低水平（2005 年为 0.39）上升到了较高水平（2013 年为 0.41）。除此之外，巴基斯坦的基尼系数在近年来也有所上升（从 2005 年的 0.31 上升到了 2011 年的 0.37），但幅度不大。（3）收入差距较大的国家，包括新加坡、菲律宾、印度、中国。

① 弗雷德里克·索尔特的“世界收入不平等标准化数据库”（SWIID）最新版本对各国基尼系数的计算截止到 2013 年。

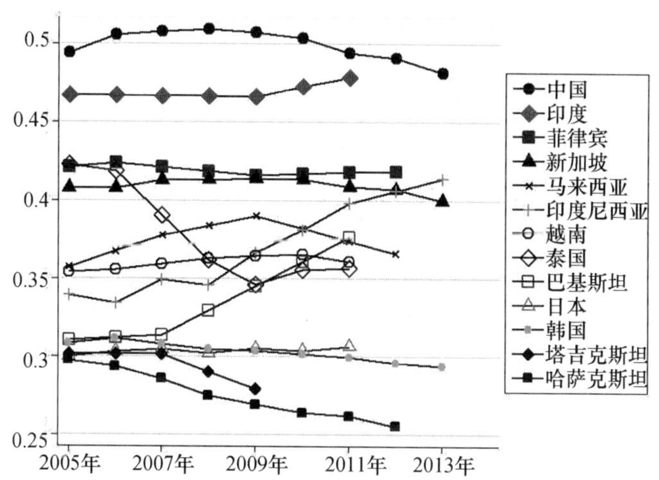

图 10—4　中国与周边亚洲国家近十年来的基尼系数变化

其中新加坡和菲律宾的基尼系数都在 0.4 的“警戒线”以上，印度和中国的基尼系数则都在 0.45 以上，中国甚至一度超过了 0.5。但值得注意的是，中国的基尼系数虽然仍维持在高位，但近年来出现了明显下降的趋势。事实上，根据国家统计局公布的数据和国内一些相关的研究，截至 2015 年，我国的居民收入基尼系数已经连续 7 年下降。① 整体来看，这里的发现在一定范围内证实了，在大多数国家中，收入基尼系数可能上升或下降，但“某一水平不平等程度的长期持续”是最显著的趋势。②

一个社会的收入平等程度与什么因素相关呢？在所涉及的

① 《2015 年全国居民收入基尼系数为 0.462 连续 7 年下降》，2016 年 1 月 19 日，新浪网（http：//finance. sina. com. cn/stock/t/2016 - 01 - 19/doc - ifxnqriz9875090. shtml）。

② ［美］波金斯、拉德勒、林道尔：《发展经济学》，彭刚等译，中国人民大学出版社 2012 年版，第 168 页。

变量范围内，我们检查了社会发展公平指数（社会发展综合指数的分指标）与各国的国内生产总值、人均国内生产总值、国内生产总值增长率等变量的相关关系。结果发现，公平指数与国内生产总值的相关系数为 -0.2，与人均国内生产总值的相关系数为0.18，与国内生产总值增长率的相关系数则高达 -0.70。由此可见，在一定程度上来说，国家的经济增长率越高，社会的不平等程度也越高。

为了更清楚地表现经济增长率与社会不平等程度之间的相关关系，我们绘制了亚洲 14 国 2015 年的经济增长速度和社会发展公平指数之间的二维图（见图 10—5）。在图 10—5 中，我们还对二者做了简单的回归分析，并绘制了回归拟合曲线及其置信区间。从中可以非常明显地看出，在上述 14 个亚洲国家范围内，经济增长速度和社会公平指数之间呈现极高的负相关关系。这种负相关关系对大多数国家都是适用的，但也有个别国家属于明显的例外情况，包括越南、泰国、新加坡，以及在一定程度上的塔吉克斯坦。具体来说，越南属于经济增长速度很快，但社会公平指数仍较高的国家；新加坡属于经济增长速度较慢，但社会公平指数相对较低的国家；而泰国则属于经济增长速度和社会公平指数既不高也不低的情况。

上述发现表明，一个国家的社会不平等与其经济发展水平（国内生产总值总量）之间不存在系统关联，但却与其经济增长速度之间具有紧密关联。为什么经济增长速度越快的国家，其收入不平等程度越高？一种解释是把经济增长速度和收入不平等程度之间看作互为因果的关系，即收入不平等会提高经济增长率，经济增长则进一步增加了社会的不平等程度。这种理论

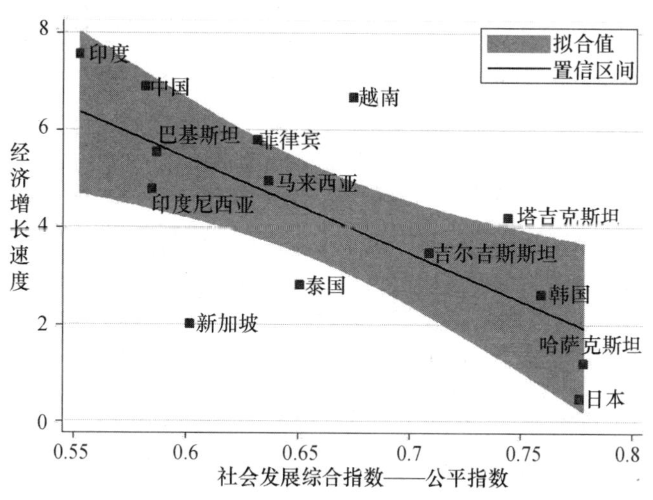

图 10—5　2015 年经济增长速度和社会公平指数的负相关关系

认为，收入分配向高收入群体倾斜，会促使该群体增加储蓄和投资，从而有助于经济增长。但应该看到的是，社会的不平等程度也可以在反方向上作用于经济增长，拖累经济增长速度。这种反作用表现在几个方面，包括抑制穷人和普通家庭的消费、减少穷人和普通家庭的教育投资、增加穷人和富人在政治上的对立，等等。因此，对于那些取得较高经济增速的国家（比如中国、印度和菲律宾）来说，如何平衡经济增长速度和社会分配不平等，是政府面临着的一个严峻考验。

五　可持续：教育投资

在社会发展综合指数（SDI）中，社会发展的可持续性是要考察的一个重要维度。在对“可持续性”进行操作化时，其中一个重要的指标就是各国的平均受教育年限，下面我们就对这一指标进行重点考察。现代经济增长理论认为，国家的长期经济增长依靠的是要素积累和生产率的提高。其中，要素积累指的是物质资本或劳动力的增加，生产率的提高则主要通过劳动分工和技术变革来实现。可持续的经济增长要求既能产生新的投资，又能确保新投资是有效率的。[①] 一些经验研究表明，教育水平的提高有助于经济增长，因为教育质量的改进可以增加高技能劳动力的供给，并且提高生产率。速水佑次郎（Yujiro Hayami）和神门善久（Yoshihisa Godo）的研究指出，教育和研发活动等无形资本投资对经济增长的贡献比有形资本积累的贡献大2—3倍。[②]

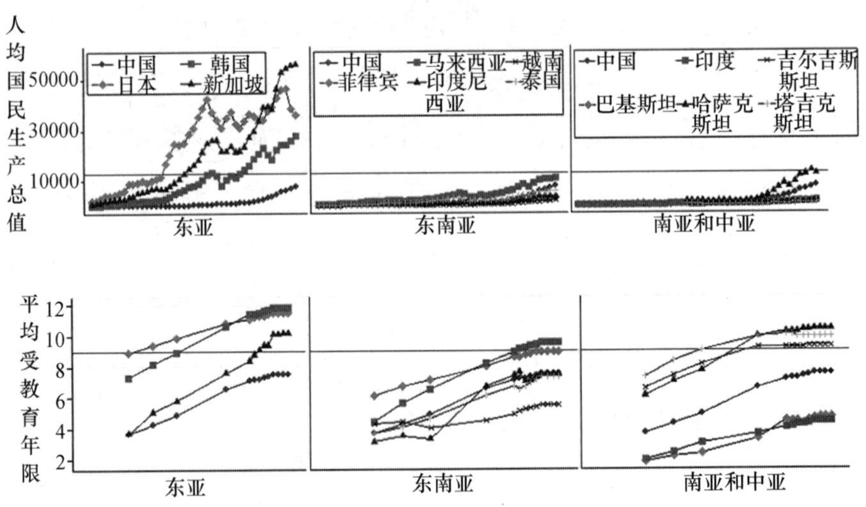

① ［美］波金斯、拉德勒和林道尔：《发展经济学》，彭刚等译，中国人民大学出版社2012年版，第62页。

② ［日］速水佑次郎、神门善久：《发展经济学——从贫困到富裕》，李周译，社会科学文献出版社2012年版，第148页。

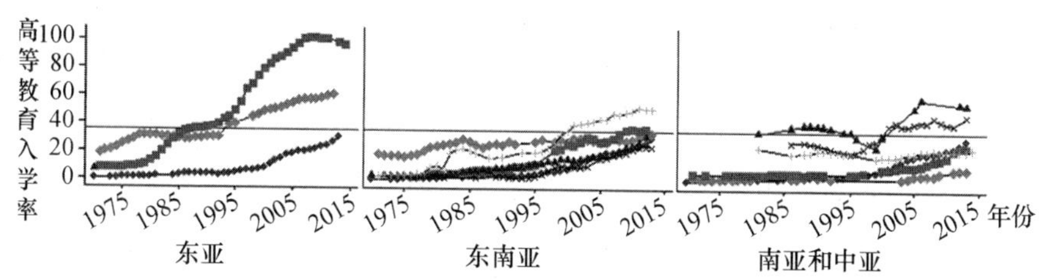

图 10—6　中国和周边亚洲国家的人均国民生产总值、平均受教育年限和高等教育入学率

我们还通过比较各国的人均国民生产总值的历年变化趋势、平均受教育年限的历年变化趋势，以及高等教育入学率的历年变化趋势，分析了上述 14 个亚洲国家的经济发展和教育发展之间的关系，结果可以看出，在上述亚洲国家范围内，人均国民生产总值和平均受教育年限之间是正相关的，同时，人均国民生产总值与高等教育入学率之间也呈现较强的正相关关系。

上述结果意味着教育水平的提高及其所带来的人力资本存量的增加，促进了国家经济的发展，并导致了人均国民生产总值的增加。当然，也可以说一国经济的发展和人均国民收入的增加，促使人们增加对教育的消费。具体来说，在上述 14 个亚洲国家中，其人均国民生产总值和教育发展水平呈现出不同的特征。（1）日本、韩国和新加坡作为高收入经济体，其人均国民生产总值、平均受教育年限和高等教育入学率①均排在亚洲国家前列。（2）中国、东南亚、南亚和中亚国家的人均国民生产总值均未超过 13000 美元，其平均受教育年限和高等教育入学

① 由于数据的限制，我们在图 10—6 中没有画出新加坡的高等教育入学率。

率相较于日本、韩国等也显得落后。（3）马来西亚、菲律宾、哈萨克斯坦、吉尔吉斯斯坦和塔吉克斯坦等国的人均受教育年限已经达到或超过 9 年，它们在高等教育入学率上的表现也相对较好，但其中除马来西亚和哈萨克斯坦这两国的人均国民生产总值相对较高外，其余国家的人均国民生产总值与其在教育水平发展上所取得的成就并不相称。（4）整体来讲，上述 14 个亚洲国家的教育水平呈现持续向上发展的势头，人均受教育年限的持续增加体现了基础教育的普及化，但中低收入国家的高等教育入学率相对于高收入国家来说仍然非常低，说明这些国家与高收入国家之间在人力资本投资上仍然存在巨大的鸿沟。

六　总结与政策建议

通过对中国和周边亚洲国家社会发展的比较，我们可以得出如下结论。

第一，按照联合国人类发展指数，中国在 14 个亚洲国家中排名第六位，按照社会发展综合指数，中国则排名第八位。总体上可以认定，我国在亚洲的社会发展排在中间位置。研究发现，亚洲各国的国内生产总值与社会发展综合指数的相关性较小，中国巨大的经济体量和较落后的社会发展之间形成鲜明反差，经济发展水平和社会发展水平之间存在着“错位”。

第二，亚洲高收入国家的经济增长速度已经出现了长达 60 余年的持续下降，日本和韩国的经济增长速度在亚洲排名倒数。部分中高收入国家落入“中等收入陷阱”，最典型的是泰国和马来西亚。从整体上来看，亚洲的中低收入经济体表现出了极大的“后发优势”。表现最抢眼的是菲律宾和印度，其中印度2015年的经济增长速度已经超过了中国。中国当前在供给侧和需求侧都面临着重大挑战，经济增长率已经出现下降趋势，如何通过结构性改革来维持适当的经济增速，是今后一个时期的关键性问题之一。

第三，亚洲国家在社会不平等程度上呈现出明显分化。哈萨克斯坦、塔吉克斯坦、韩国、日本等国家的收入分配比较平均（基尼系数在0.3以下），且基尼系数大都呈现出下降趋势。巴基斯坦、越南、泰国、马来西亚、印度尼西亚等国家的收入分配相对合理（基尼系数在0.3—0.4）。新加坡、菲律宾、印度、中国等国家的收入分配差距较大（基尼系数在0.4以上）。研究表明，在一定程度上来说，国家的经济增长率越高，社会的不平等程度也越高。

第四，教育是推动经济增长的基础性力量之一，亚洲国家的人均国民生产总值和平均受教育年限、高等教育入学率之间呈现正相关关系。部分亚洲中低收入国家的平均受教育年限和高等教育入学率取得了长足发展，但人均国民生产总值相对较低，说明教育发展和经济增长之间存在一定的“时滞”，教育投资物化为经济回报需要较长时间。相对于高收入国家来说，亚洲中低收入和中高收入国家的基础教育普及率和高等教育入学率仍然非常低，说明这些国家与高收入国家之间在人力资本投资上仍然存在巨大的鸿沟。

根据以上结论，我们认为中国当前应牢牢抓住“稳增长、调结构、促改革”这条主线，在追求经济发展的同时着力提升社会发展。通过供给侧结构性改革稳定经济增长，避免经济增速出现大幅下降；通过调整经济发展方式和产业转型升级，增加居民收入，缩小社会贫富差距；继续改革教育和医疗卫生系统，加大教育投资，为经济长期增长打下基础。

附录一　调查抽样与数据清理

现阶段错综复杂的社会问题，是与我国社会发展和社会转型相伴而生的，既反映了人类社会现代化进程中的一般规律，也有着中国自身的特殊性。这种特殊性不仅体现在中国的文化价值传统、经济体制机制、人口资源状况等方面，而且也反映了全球化背景下中国作为后发性国家在争取发展过程中所要面对的困难。事实上，中国的经济社会在改革开放以来业已取得了巨大的成就，尤其是经济的高速发展被称为“奇迹”。“中国经验”“中国道路”的研究和总结显现出改革30多年在中国历史上的巨大意义。无论从哪个方面而言，中国已经迈入了新的历史阶段。在新阶段，对中国社会发展问题的研究，既要借鉴国外的理论和方法，更需要紧密联系中国的现实经验。深入探讨社会发展和变迁过程中不断出现的问题，进一步分析重大现实问题的成因和演变趋势，深刻理解和把握社会发展转型的规律机制成为中国社会发展研究的重要课题和艰巨任务。

中国社会科学院社会发展战略研究院于2012—2015年连续四年对我国社会发展问题进行全国大样本的问卷调查，并出版了四本《中国社会发展年度报告》，在社会发展调查和研究方面积累了经验。为此，在2012—2015年调查的基础上，就社会发展中的相关重大问题进行研究，2016年继续开展全国问卷调查。

“社会发展与社会态度”调查以中国社会发展状况为研究主题，以大型全国抽样调查为基本研究方法，依据对城市居民相关信息的采集，深入分析和描述我国社会发展的总体状况、影响因素及变动趋势。调查紧扣科学发展观与当今中国社会经济“五位一体”综合协调发展的核心价值理念，以带有全局性、整合性的研究视角引领社会发展研究，同时将中国社会发展景气指标体系构建、社会发展状况与人们的主观感受、社会发展与政府的社会责任等纳入研究之中。

一 抽样设计与抽样程序

“社会发展与社会态度（2016）”调查，在国家统计局“六普”数据的基础上建立抽样框，抽取全国直辖市、地级市、县级市中居住在社区（居委会）辖区中的16岁及以上人口为调查对象，并通过问卷调查获得的数据对我国社会发展的总体状况与运行态势进行观测与评估。

（一）目标总体

“社会发展与社会态度（2016）”调查的目标总体为中国内地城市居民。此处，“城市居民”的操作性定义为，中国内地直辖市、地级市、县级市中居住在社区（居委会）辖区中的16岁及以上人口。

（二）抽样方式

调查采取多阶抽样设计，其中县级行政区划（市辖区、县级市）为一级抽样单位（Primary Sampling Unit，PSU），社区（居委会）为二级抽样单位（Second Sampling Unit，SSU），家庭户作为三级抽样单位（Third Sampling Unit，TSU），最终抽样单位为个人（Ultimate Sampling Unit，USU）。

（三）样本量

在简单随机抽样的条件下，我们可以得到样本量估计的如下公式：

$$n_{sys}=\frac{u_a^2p\ (1-p)}{d^2}$$

其中，p 为样本中某一个类别在总体中的比例；u_α为置信度为 1—α 时所对应的分布临界值；d 为样本估值和总体参数之间的差值。根据上述公式，如果我们设定估计区间置信水平为 0.05，绝对误差在 3% 以内，那么对于绝大多数样本分布的估计而言，仅需调查 1000 个样本即可。

但本次调查并非简单随机抽样，而是多阶复杂抽样，所以我们还必须考虑设计效应（deff）问题。设计效应是指在同等样本规模下，采取复杂抽样所形成的样本方差和简单随机抽样所形成的样本方差之间的比值。设计效应的估计公式为：

$$deff=1+\ (b-1)\ \times roh$$

其中，b 为从单个群中抽取的样本数量；roh 为群内同质性。公式表明，从单个群中抽取的样本数量越大，设计效应越大；群内同质性越大，设计效应越大。本次调查抽样方案已经尽可能增大群的数量，降低单个群内的样本数量。但是，在“社会态度与社会发展”相关问题上，群内同质性估计较强。因此，根据本次调查设计方案，我们估计设计效应为6。因此，考虑设计效应的样本量就是1000×6＝6000。

为了获得无偏的参数估值，社会调查必须保证一定水平的应答率。经验的规则是，在抽样调查中，至少应保证50%以上的应答率，50%的应答率是底线，70%的应答率就是较好的抽样调查。考虑到调查中的无应答现象，我们需要适当放大抽取样本的规模。我们估计应答率为75%左右，因此考虑无应答现象的样本量为6000/0.75＝8000。考虑到样本分配中的具体情况，最终确定的样本量为8100，即60×9×15＝8100。

（四）抽样框与抽样流程

1. 第一阶抽样：PSU（市、区）的抽取

本次调查的PSU抽样框来自2010年由国家统计局实施并发布的《第六次全国普查（分县）数据》。但考虑到2010年距今已经有六年之久，为了校正人口变动的效应，我们根据六普数据中的分性别、分年龄的粗死亡率对2010年人口普查数据中的12岁及以上城镇人口进行死亡率校正，以校正后的数据作为PSU的抽样框（包括1226个PSU），12岁及以上城镇人口作为加权权重。根据抽样设计方案，我们从1226个PSU中，按照PPS的原则，抽取60个PSU（除新疆和西藏之外的地区中抽取）。60个PSU分布在24个省份，样本数量最多的是湖北省（包含5个PSU），样本数量最少的是云南省（包含1个PSU）。

2. 第二阶抽样：SSU（社区居委会）的抽取

本次调查的SSU抽样框来自2010年国家统计局《第六次全国普查数据》的原始数据，国家统计局相关部门提供了2010年

SSU 的户数和 12 岁及以上城镇人口数。我们根据抽样方案，在 SSU 抽样框中，按照 PPS 原则，在每个 PSU 中抽取 9 个社区居委会作为 SSU，原则上共抽取 540 个社区居委会。在实际抽样过程中，由于有的社区居委会人口规模较大，我们进行了分割处理，因此同一个社区居委会可能被重复抽中。最终抽样设计中共涉及 529 个社区居委会。

3. 第三阶抽样：TSU（家庭户）的抽取

在本调查中，家庭户包括户籍登记的家庭、集体户以及各类集体居住点。TSU 样本框来自调查实施单位，抽样员需要会同有关知情人，依据已知的地理信息（如地图、地址簿等），依据地块现场制作“户样本框”。建立“户样本框”后，由调查督导统一用计算机程序随机抽取出所需要调查的入户地址。居内抽户的工作完成后，抽样员和访问员不可更换样本户。如果经多次努力仍然无法调查抽中的样本户，访问员请在《入户情况登记表》中的相应栏目中注明原因，但不可以进行户替代。

为了能够把流动人口纳入本次调查的范围之内，本次调查 TSU 的抽样采取“以户定人”的原则，即以住户为抽样单元，无论住户内的成员是户籍人口、常住人口还是流动人口，都是本次调查的潜在对象。

4. 第四阶抽样：USU（回答人）的抽取

抽中的家庭户中，所有 16 岁及以上家庭成员构成第四级样本框。在成功入户后，访问员需要借助问卷首页上的 Kish 表从户内成员中抽选出被访者。需要注意的是，对于集中居住点，若总人数小于等于 10 人，采用 Kish 表进行户内抽样；若人数大于 10 人，则随机抽取集中居住点内的 10 人，再采用 Kish 表进行户内抽样。

如果抽中对象同意接受访问，则开始进行问卷访谈。

如果抽中对象拒绝接受访问，访问员应如实在《入户情况登记表》中的“访问失败”—“受访者原因”的相应栏中标明抽中对象的性别，并记录下“失败原因”。

如果抽中对象因不在家、出国、病重等原因无法接受调查时，可根据当时情况考虑是否应约访抽中对象。如不能约访，访问员也应如实在《入户情况登记表》中的相应栏中标明抽中对象的性别，并记录下“失败原因”。

不管因何种原因而访问失败，访问员都不得在户内替换抽中的被访者，而应在《入户情况登记表》中注明，然后开始下一户的入户工作。

二　调查质量控制

调查质量控制的目标，在于在“总体研究设计”的指导思路下，降低调查数据的系统误差。基于《社会态度与社会发展调查（2016)》的研究设计，调查的系统误差主要可能出现于以下三个环节当中。

- “居内抽户”环节：如社区地块抽样图不完整，社区抽样表填写不准确，访问员随意替换住户地址。
- “户内抽人”环节：如访问员未按照 Kish 表程序进行户内抽样，或者 Kish 表填写不规范，导致样本性别、年龄等多方面出现偏误。
- “实地访问”环节：如访问员在访谈时出现系统性漏问，

利用跳答规则故意回避部分题组，将应“逐项提问”的问题合并提问等，引导或暗示被访者进行某种回答等。

本次调查的质量控制也主要围绕以上三个环节，在调查过程中通过以下程序对于数据质量进行控制。

（一）“居内抽户”环节

抽样员首先抵达抽中的社区或居委会，进行实地走访，考察社区居委会内的所有建筑情况，据此绘制或更新《社区地块抽样图》。在此基础上填写《地块抽样表》，列出每一幢建筑的层数、楼门数、每层每个楼门中住户数。上述建筑中的所有住户就构成了本次抽样的抽样框。抽样员必须确保图、表中住宅楼、房的编号一致。如果《地块抽样表》中显示的住户数量明显低于当地居委会的一般户数规模，应及时核对《地块抽样图》和《地块抽样表》是否完整。在接收到《地块抽样表》资料后，甲方项目组将根据随机程序，为每个社区提供访问地址。同一住户访问 3 次无应答或拒访 2 次才可视为访问失败，并将情况如实填写在《入户情况登记表》中。对上门 3 次仍不能完成规定数量有效样本访问的社区，甲方项目组提供第 2 批访问地址。访问员在访问过程中，必须认真填写《入户情况登记表》，切不可随意更换访问地址。经核查，《地块抽样表》填写缺失超过 100 户者，该社区居委会的问卷将视为废卷。访问员必须对完成访问的户拍摄住址照片一套（居委会全称照、住宅楼/平房编号照、家门牌号照）。照片中显示地址应与样本地址一致。缺失照片或地址错误的问卷将视为废卷。

(二)“户内抽人”环节

按照调查流程，访问员在成功入户之后首先要借助问卷第2页上的 Kish 表从户内成员中抽取出被访者。“户内抽人”环节是保持样本随机性的重要环节，必须严格执行。调查机构在问卷完成的两天内进行一审、二审，检查问卷中 Kish 表抽样过程是否正确。如果有误，必须重新进行入户访问。调查机构需要对调查数据分城市进行性别、年龄的快速汇总。如果出现性别比失衡、年龄结构偏差的情况，必须进行情况核实，并向项目组上交情况说明。访问员访问过程中，必须进行全程录音。录音中必须显示访问员正确地进行了“户内抽人”环节。录音中有造假行为，此访问员所做的所有问卷视为废卷。录音缺失“户内抽人”环节的问卷将视为废卷。

(三)“实地访问”环节

调查执行机构利用《访问员手册》和相应的视频材料对访问员进行有效培训。针对“实地访问”环节，调查机构需要在问卷完成的两天内进行一审、二审，避免出现漏问、跳答误用等问题。如果出现上述错误，必须及时进行弥补。每个访问员在完成第一份样本访问后，必须及时把第一份访问的问卷电子版和录音传送给社科院督导，以便及时评估和纠正访问中存在的问题。问卷完成后，录音审核必须覆盖每个访问员和每个居委会。如果录音显示访问时间过短，在15分钟之内完成，复核员需要对此问题进行重新复核，并对访问员进行及时指导。对于录音核查过程中发现的错误，及时反馈给调查执行机构，要求其进行弥补。如果发现明显的录音造假行为，要求调查执行机构对该访问员负责的所有问卷重新入户。访问员必须记录被访者的电话信息于问卷首页，以便进行电话核查。

三　数据录入与数据清理

（一）数据录入

数据用软件 EpiData Entry 3.1 进行录入。本次调查对所有问卷数据采取双录比对。此外，利用 Epidata Entry 中的数据录入质控功能，预先编制程序，令计算机系统自动检验和控制其中变量的值域错误与变量间的逻辑错误。单个变量如出现异常值，或者多个变量间逻辑关系有错误，需要查找原问卷，确认是否录入错误；如非录入错误，通过电话联系被访问者，进行核实和补救。

（二）数据清理

在数据录入之后，对数据进一步进行清理。清理主要包括如下环节。

1. 核查

进行双录比对（通过将同一份问卷交由两名不同的录入员进行录入，然后比对两份录入数据，对不一致的样本和变量查对原始问卷记录以进行错误修正，将录入中造成的数据错误降至最低）、核查个案的唯一性与完备性；问卷编号、居委会编码、地址核查；文字与编码比对；问卷时间核查。

2. 入户表的逻辑查验

首先，我们检查入户登记表中16周岁及以上的人口数是否与受访者自答的全家16周岁及以上人口数一致；然后检查入户登记表中户主是否唯一；接下来，对入户登记表中的配偶关系进行逻辑检查。

3. Kish 表的查验

根据检验程序来检查问卷是否正确使用了 Kish 表。

4. 家庭成员信息的核对

根据家庭成员信息表的情况来核对相关数据，消除家庭人口数的缺失值；消除男性女性成员数加总不等于总人数的情况；核对家庭人口结构是否符合一般规律。

5. 人口变量核查

检查性别、年龄等基本人口结构变量是否有缺失值，进行补充；问卷在回答人抽样和D部分中进行了两次性别和年龄的填写，核对前后是否一致。

6. 人口结构核查

主要目标在于核查性别比、年龄结构是否正常，与家庭成员人口结构是否一致。核查结果显示，数据中女性比例为54.90%，总体而言接近正常。但是分省来看，仍然有六个省份的女性比例超过60%。问卷回答人的性别年龄分布见附图1—1。

经过上述核查和清理之后，最终数据库中样本数为7936份。

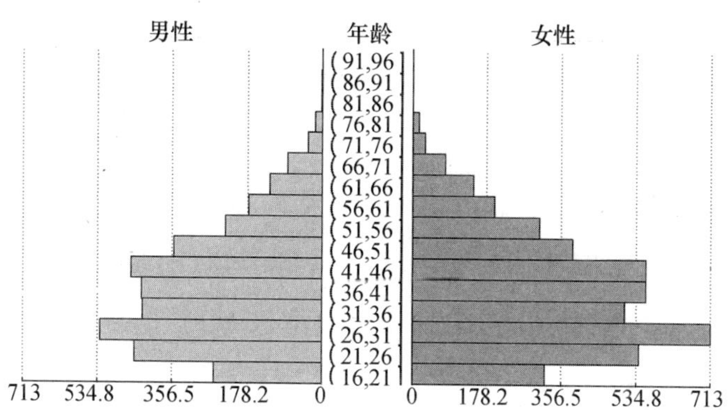

附图1—1　问卷回答人的性别年龄分布

四　抽样权重与目标总体校正

本次调查数据中共生成了两个权重变量：抽样权重和事后分层权重。前者用来调整抽样设计当中的多阶段不等概率；后者在前者基础上，进一步进行结构性权重调整，以防止人口结构的偏差。现就两者的生成过程做简要说明。

（一）抽样权重（weight）

本次调查的基本抽样设计是多阶段复杂抽样。第一阶是以 PPS 方式抽取出 59 个市区；第二阶是市区内以 PPS 方式抽居委会；第三阶是居委会内以随机方式抽户；第四阶是户内用 Kish 表方式等概率抽人。

样本中每个个案被抽中的概率为：

$$\frac{psu.\ p}{pop.\ p}\times psu.\ n\times\frac{ssu.\ p}{psu.\ p}\times ssu.\ n\ \frac{tsu.\ h}{ssu.\ h}\times\frac{1}{tsu.\ p}=\frac{ssu.\ p}{pop.\ p}\times psu.\ n\times$$

$ssu.n \dfrac{tsu.h}{ssu.h} \times \dfrac{1}{tsu.p}$

抽样权重应为上述概率之倒数。我们加权中使用到的数据为：

- pop. p：六普数据中所有市区居委会中的 16 岁及以上人口数。根据抽样框可以计算出，这一数字为 616432389 人。
- ssu. p：被抽中的居委会中 16 岁及以上人口数。这一数据来自六普数据。
- psu. n：抽中的市区数。本次抽样设计中抽取 60 个市区，实际执行中山东省莱西市因质量问题被整体删除，实际执行了 59 个市区的调查。故而这一数字为 59。
- ssu. n：每个市区中抽中的居委会数。本次抽样设计中每个市区抽取 9 个社区，在实际执行中由于居委会人口数不一，多数市区中抽取 9 个社区，部分市区有所调整。
- ssu. h：被抽中的居委会中的户数总数。这一数据来自六普数据。
- tsu. h：每个居委会中抽取到并且成功访问的户数。
- tsu. p：被抽中的户中的 16 岁及以上家庭人口数。

（二）事后分层权重

为了使数据中的性别比更为接近总体的性别比，我们还用 rake 方法进行了加权修正。六普数据中，男性比例为 51.27%，女性比例为 48.73%。这样，便又生成一个对性别结构进行调整后的权重 rake。加权之后的性别比和六普一致。

附录二　调查数据部分变量频数

一　个人信息

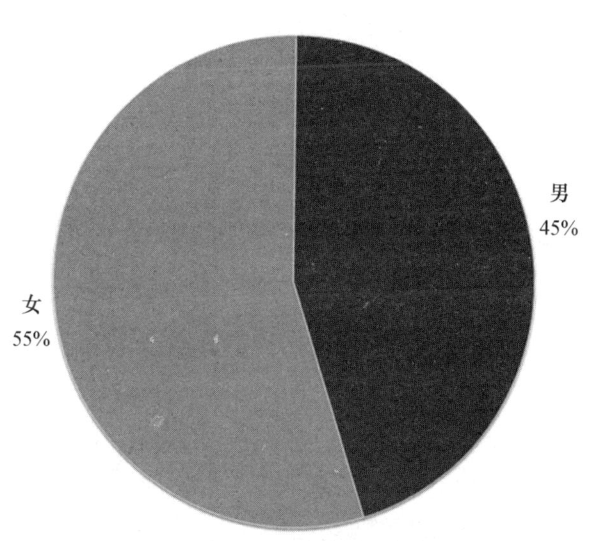

附图2—1　性别（n＝8099）

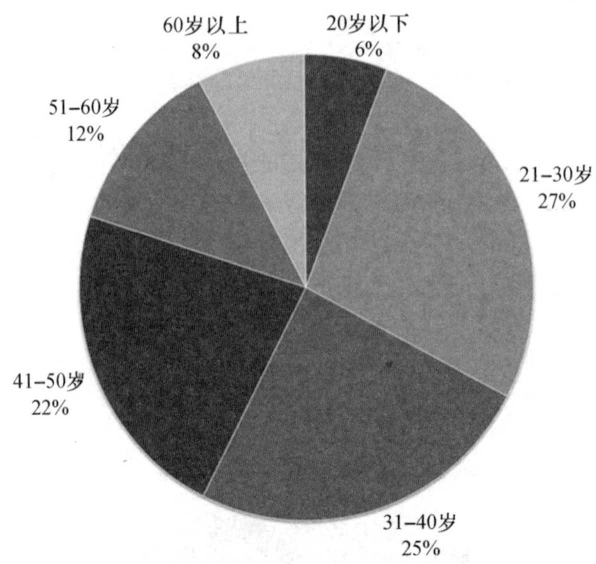

附图 2—2　年龄（n = 8110）

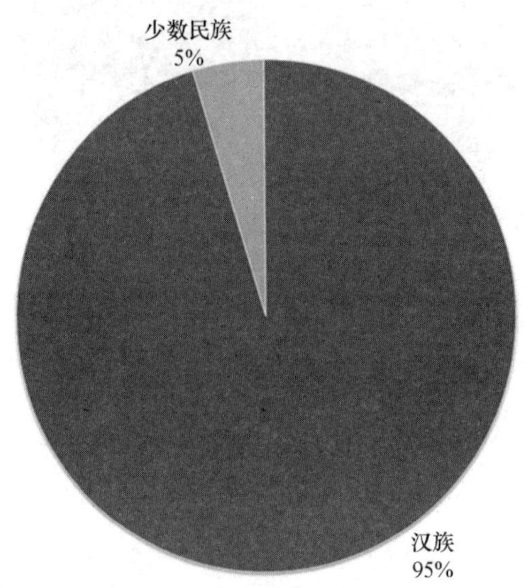

附图 2—3　民族（n = 8118）

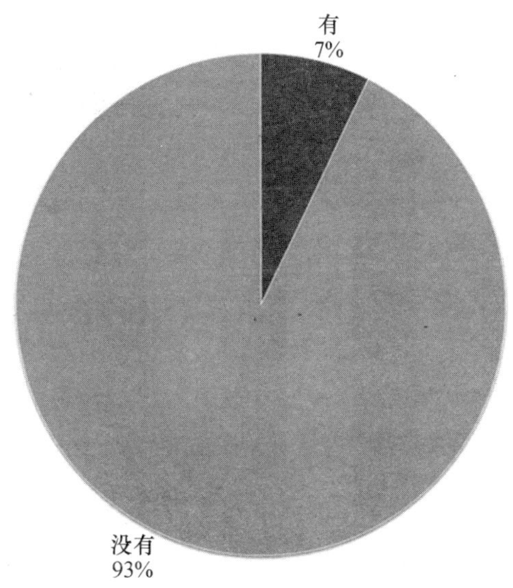

附图2—4　是否有宗教信仰（n＝8103）

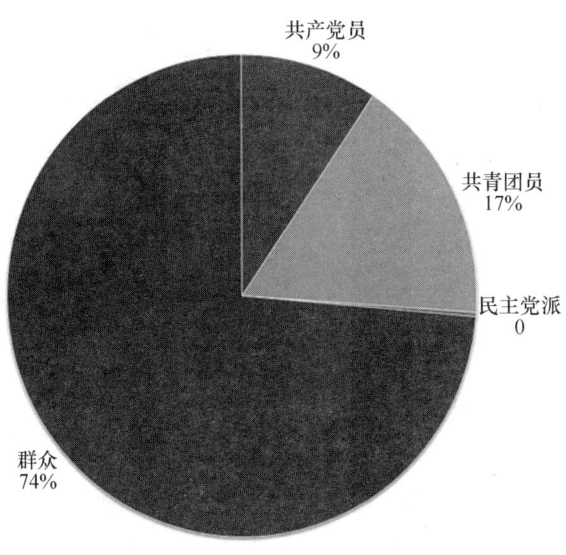

附图2—5　政治面貌（n＝8109）

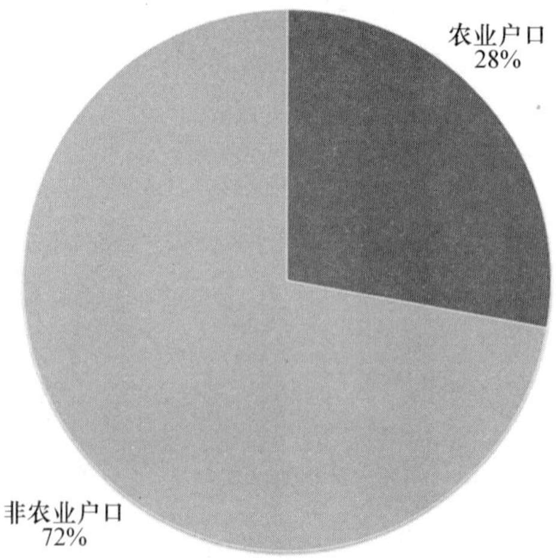

附图 2—6　户口类型（n = 8114）

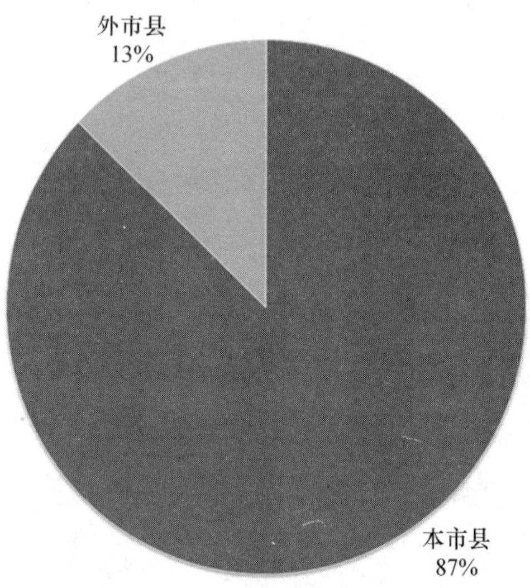

附图 2—7　户口所在地（n = 8088）

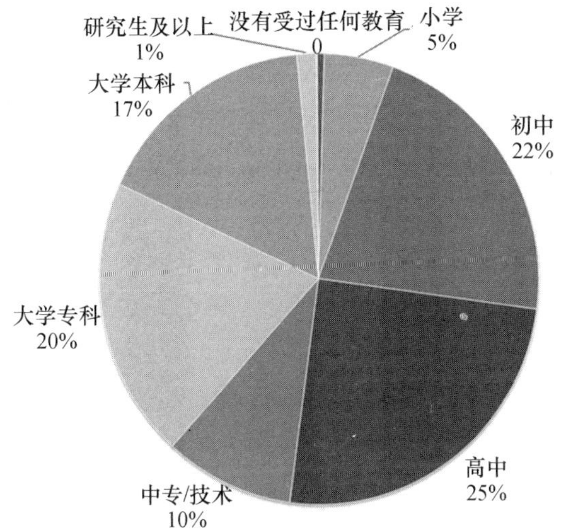

附图 2—8　教育程度（n =8116）

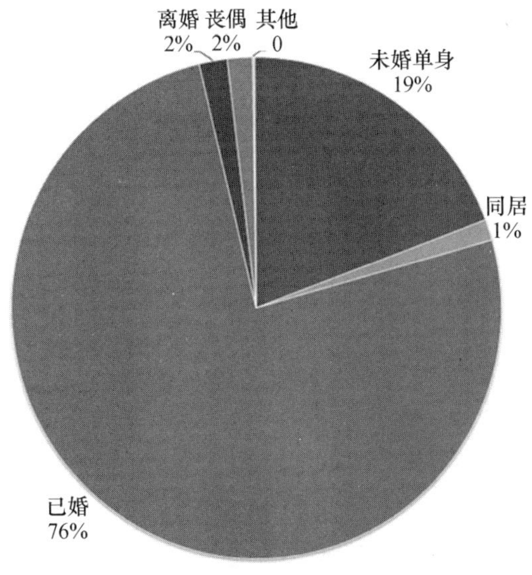

附图 2—9　婚姻状况（n =8110）

二　社会感受

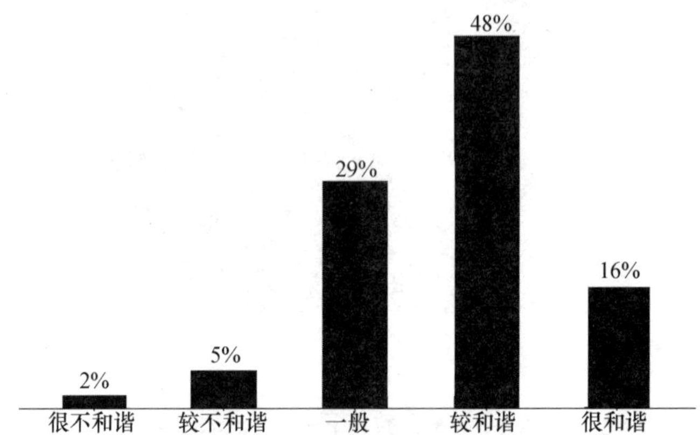

附图 2—10　对当前社会总体状况的态度（n =8043）

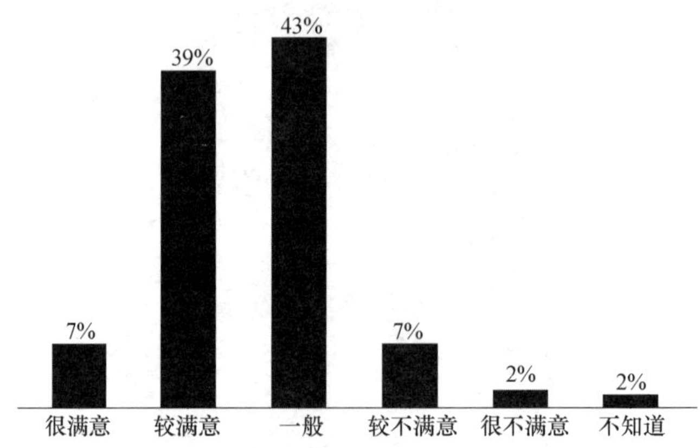

附图 2—11　经济发展水平（现实评价）（n =8117）

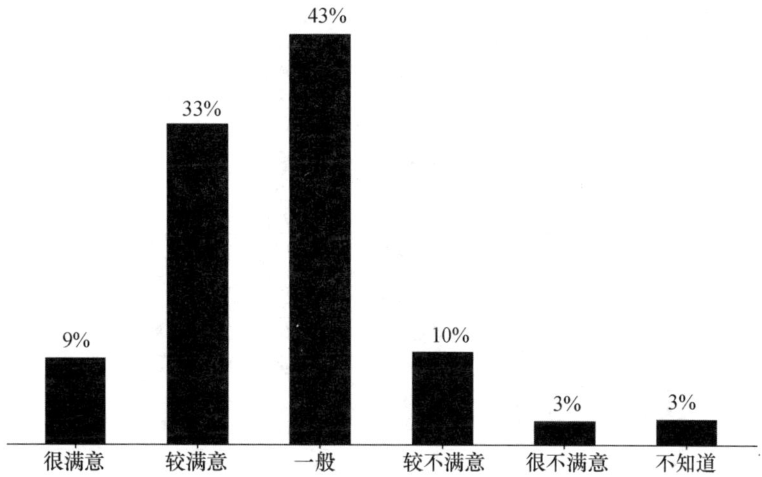

附图 2—12　经济增长速度（现实评价）（n = 8115）

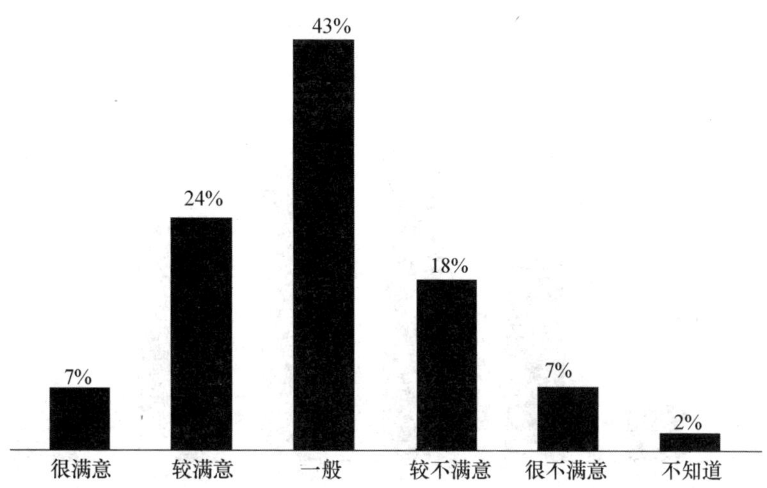

附图 2—13　居民收入增长（现实评价）（n = 8114）

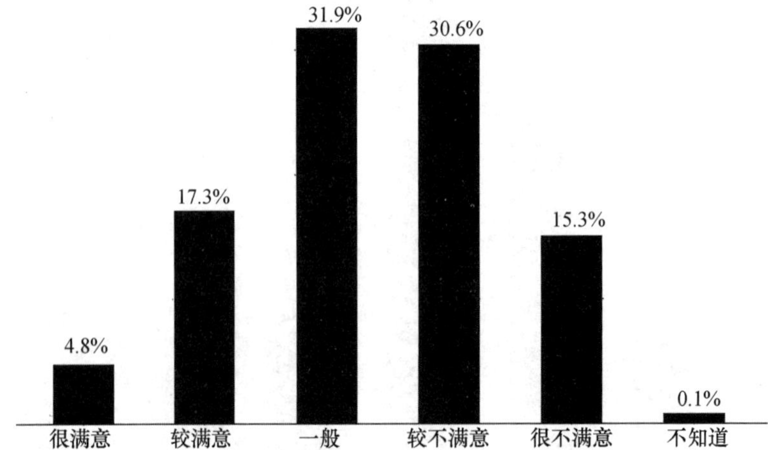

附图 2—14　物价水平（现实评价）（n = 8114）

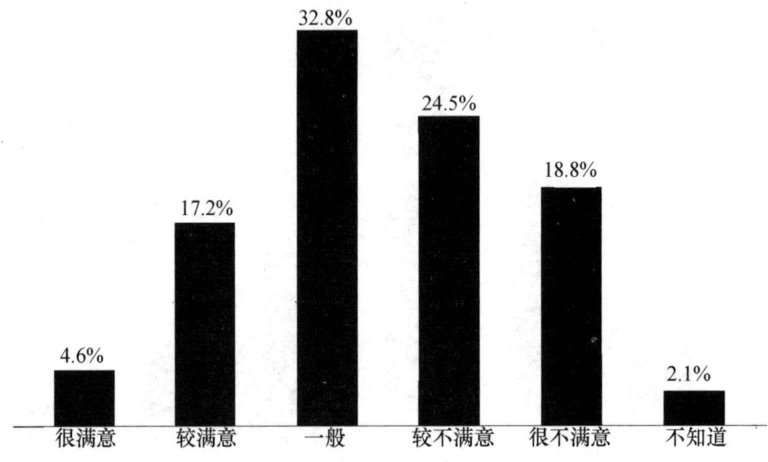

附图 2—15　住房状况（现实评价）（n = 8114）

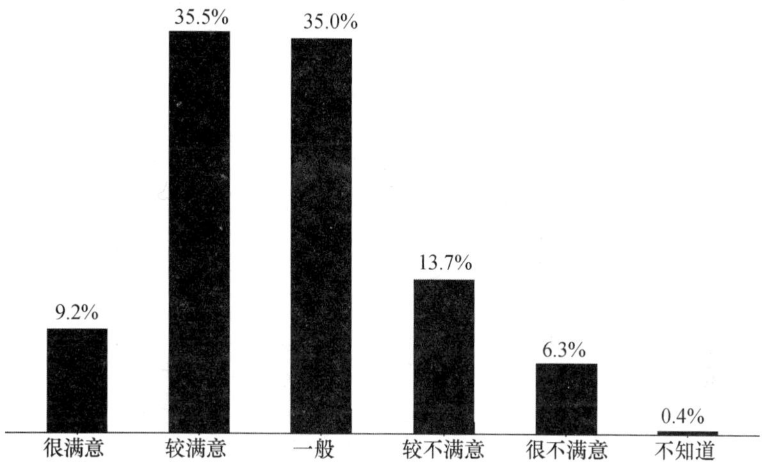

附图 2—16　环境质量（现实评价）（n = 7934）

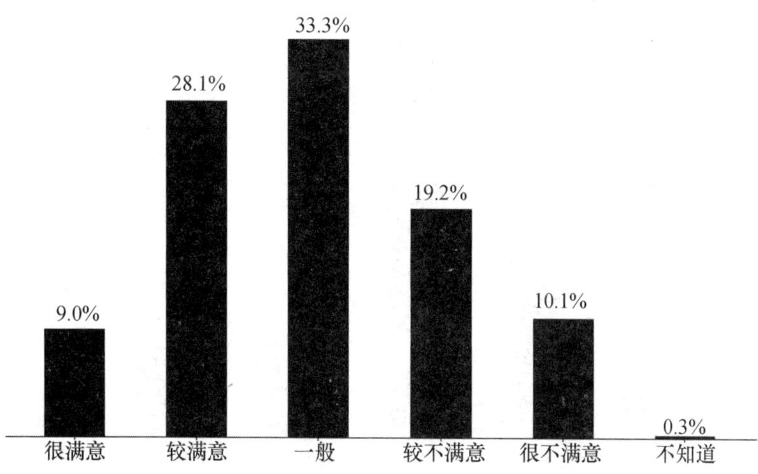

附图 2—17　空气质量（现实评价）（n = 7931）

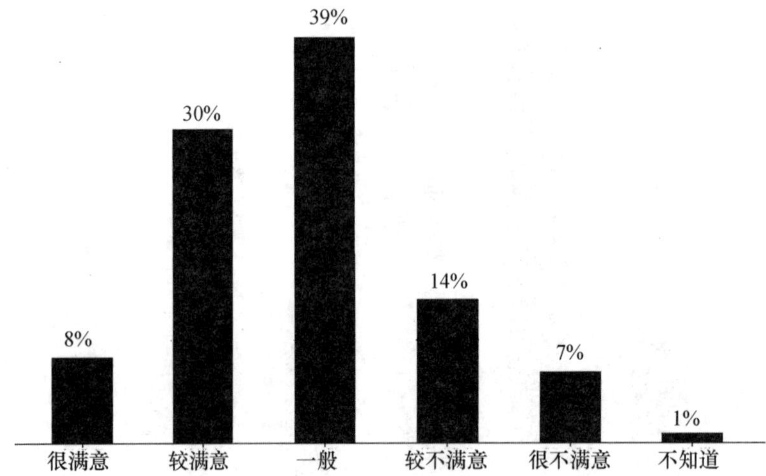

附图 2—18　自来水质量（现实评价）（n =7932）

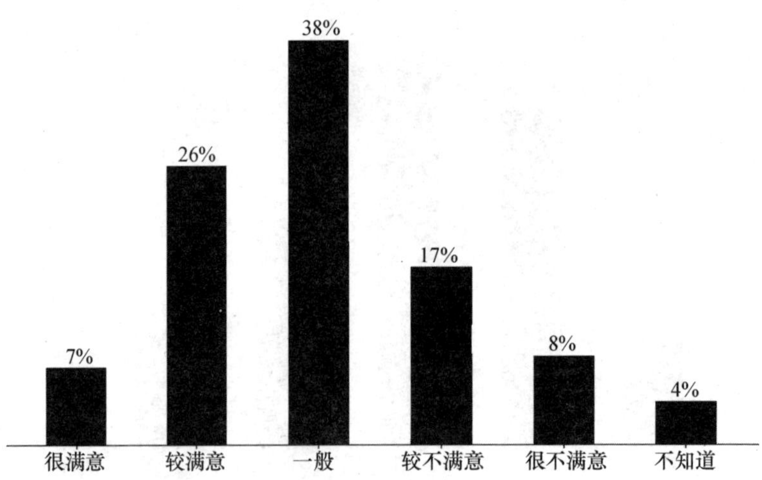

附图 2—19　生态水面质量（现实评价）（n =7930）

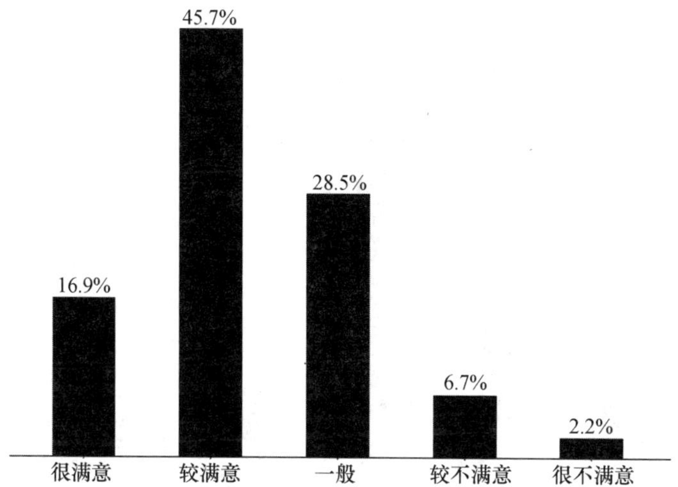

附图 2—20　城市绿化（现实评价）（n = 8114）

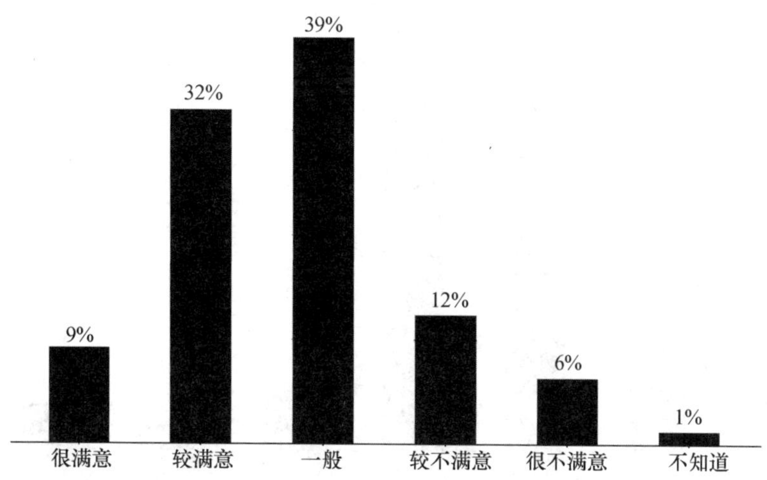

附图 2—21　生活垃圾处理（现实评价）（n = 8097）

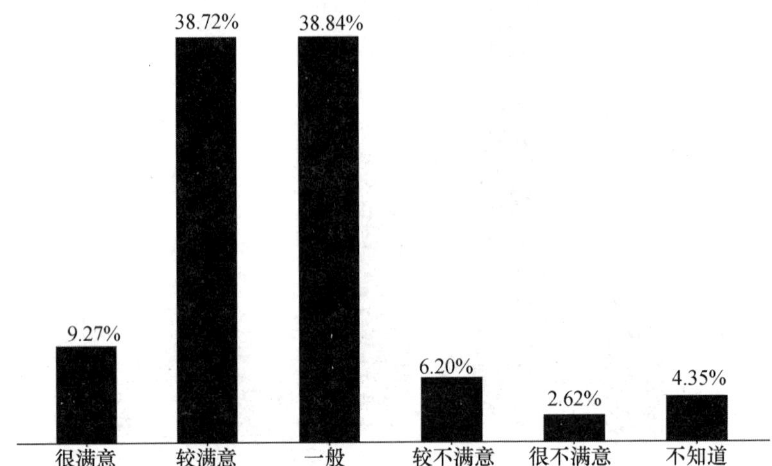

附图 2—22 法律对公民人身权利的保护状况（现实评价）（n =8113）

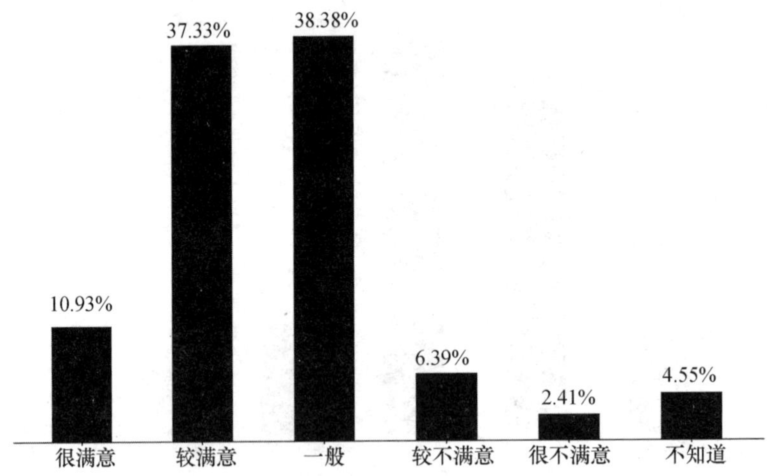

附图 2—23 法律对公民财产权利的保护（现实评价）（n =8113）

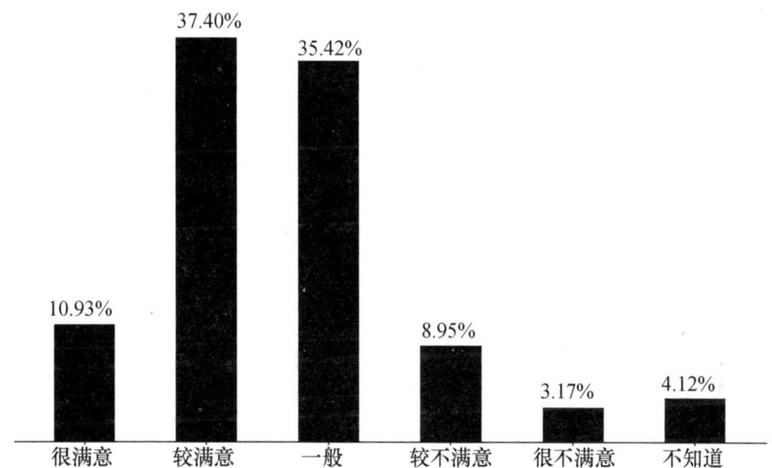

附图 2—24　法律对公民劳动权益的保护（现实评价）（n＝8113）

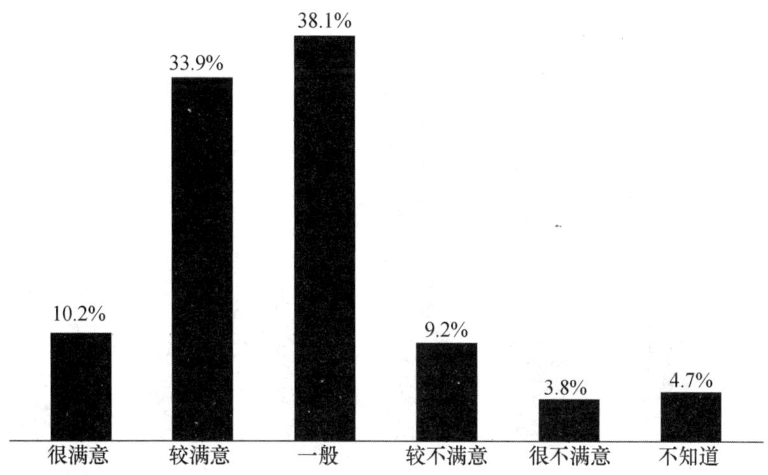

附图 2—25　政府依法行政（现实评价）（n＝8114）

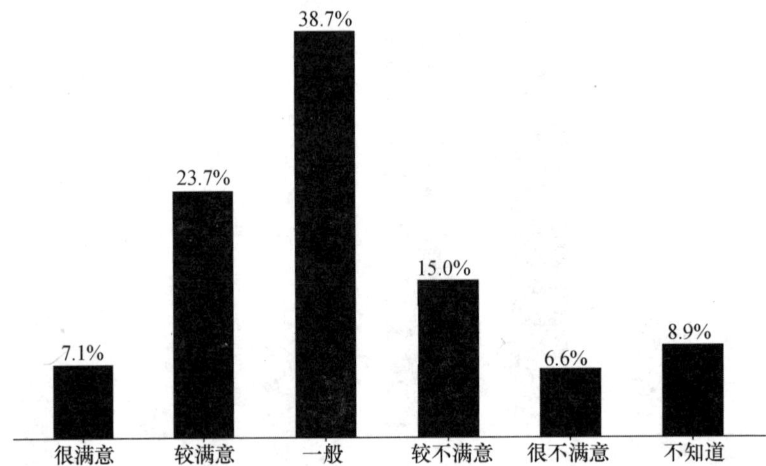

附图2—26　公务员廉洁自律（现实评价）（n＝8112）

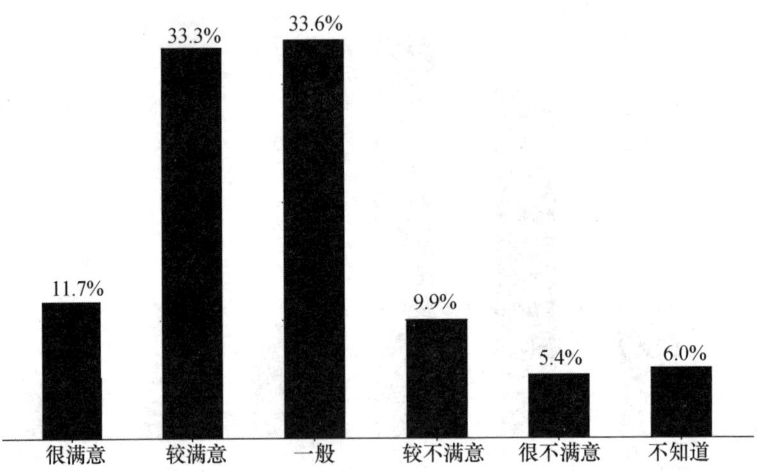

附图2—27　预防和惩治腐败（现实评价）（n＝8107）

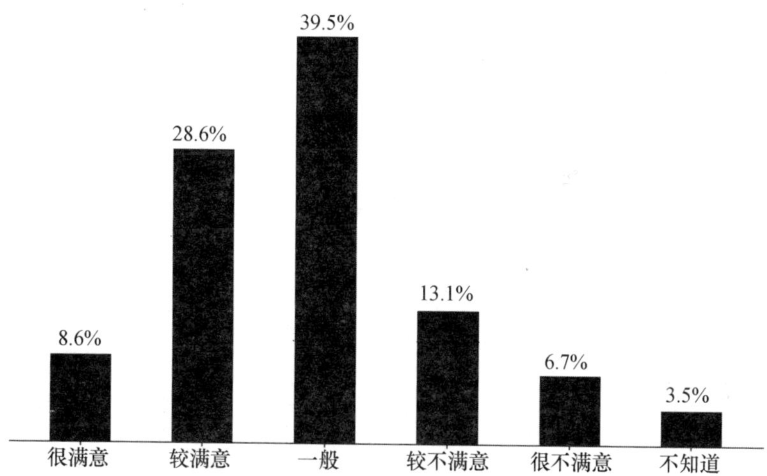

附图2—28　办事效率（现实评价）（n =8111）

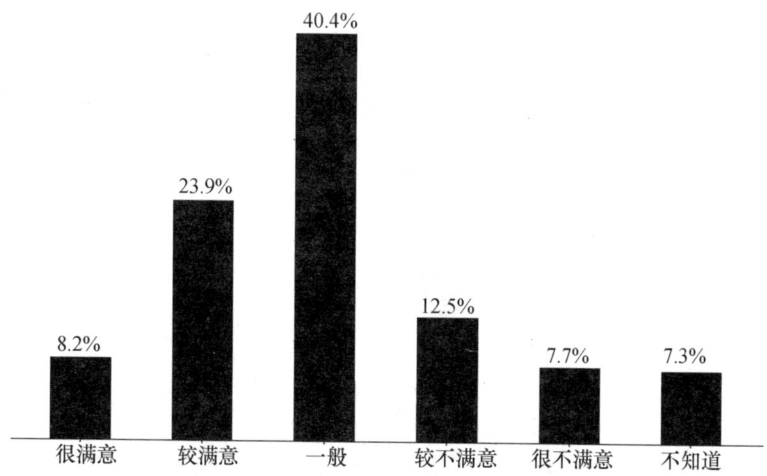

附图2—29　信息公开透明（现实评价）（n =8112）

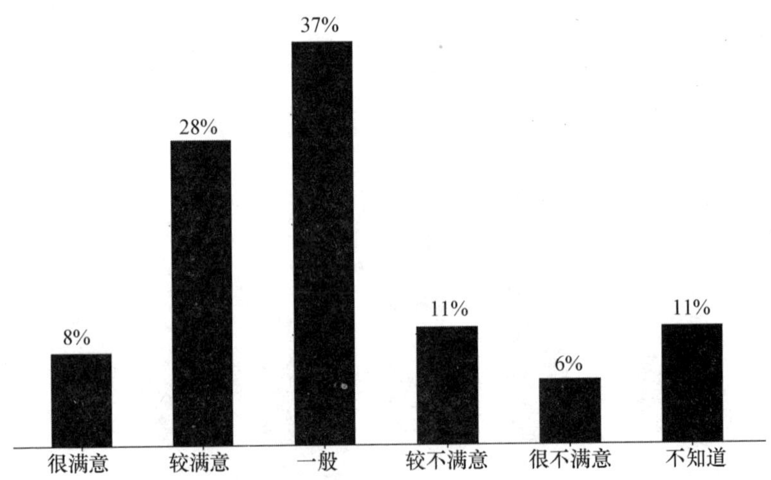

附图2—30　有关部门及负责人在违规失职后受到追究（现实评价）（n = 8113）

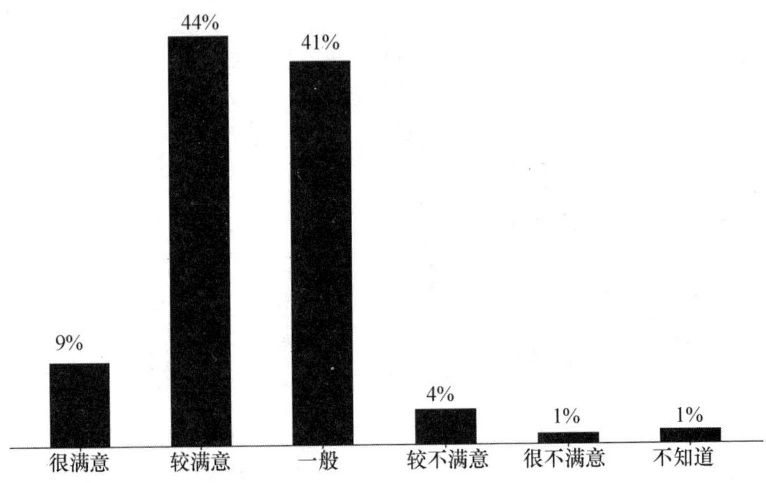

附图2—31　社会整体发展水平（现实评价）（n = 8113）

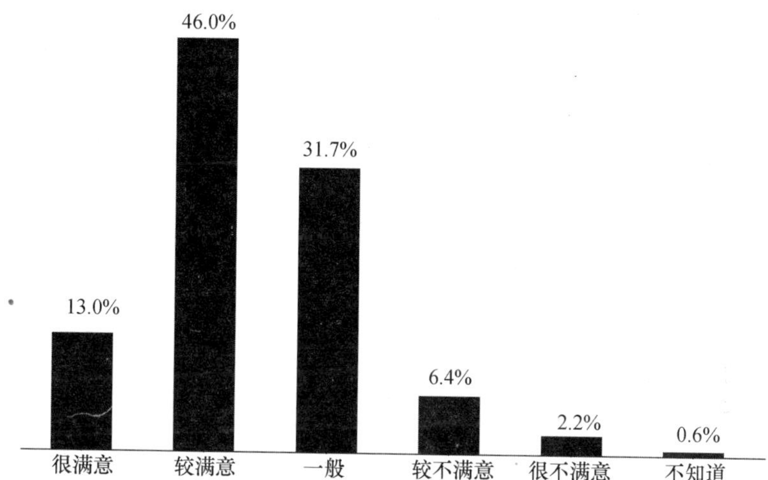

附图 2—32　基础设施状况（现实评价）（n = 8113）

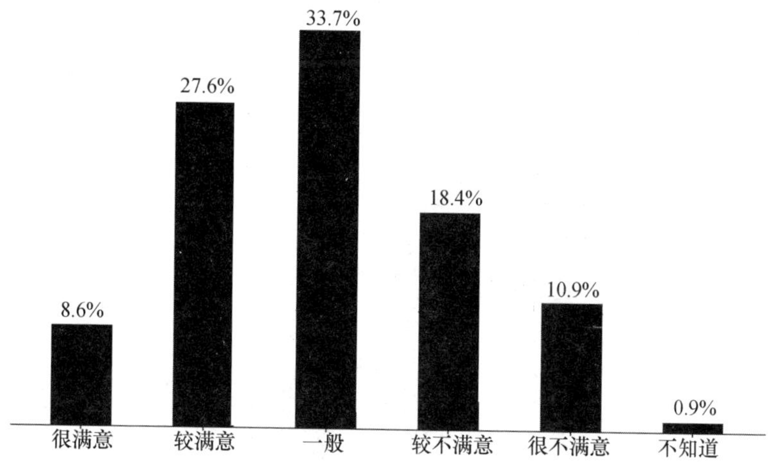

附图 2—33　医疗服务水平（现实评价）（n = 8114）

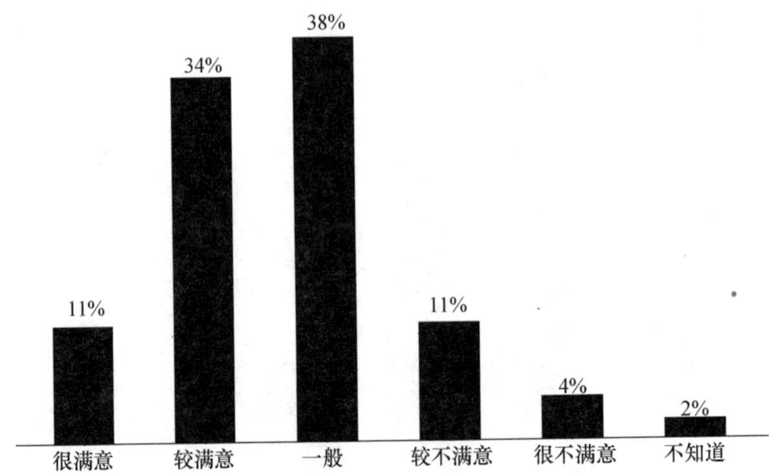

附图 2—34　教育水平（现实评价）（n＝8112）

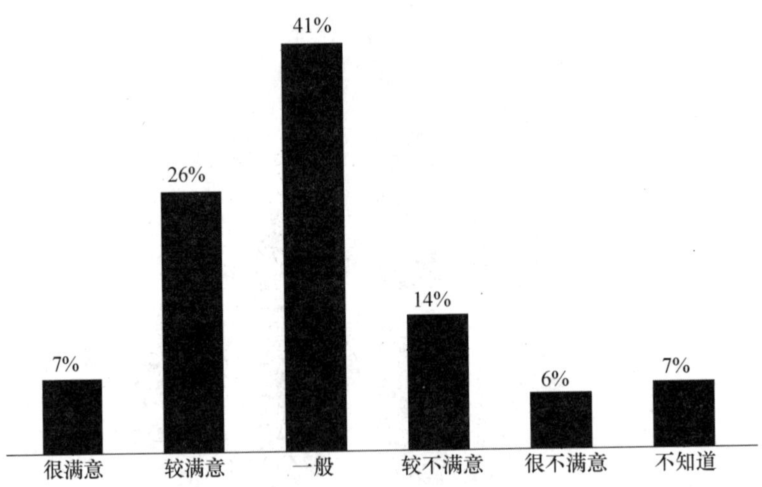

附图 2—35　住房保障（现实评价）（n＝8109）

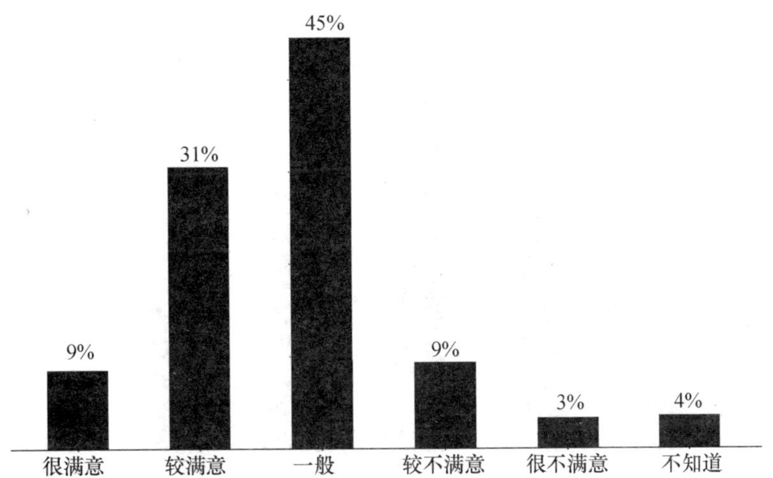

附图 2—36　社会保障水平（现实评价）（n = 8105）

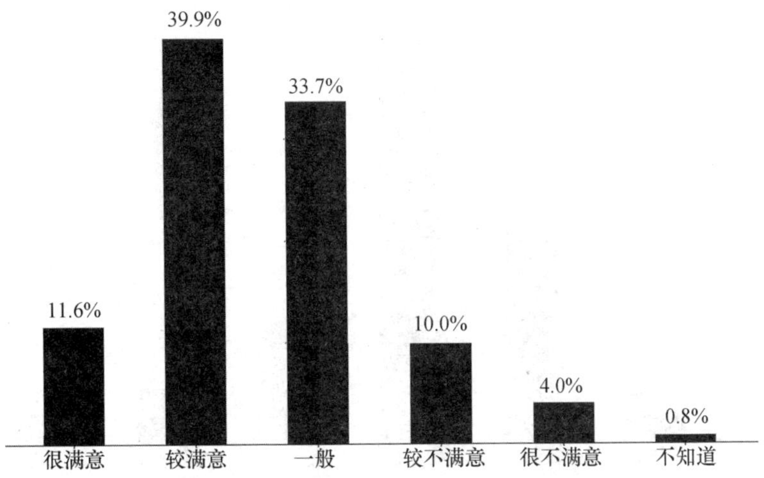

附图 2—37　治安状况（现实评价）（n = 8113）

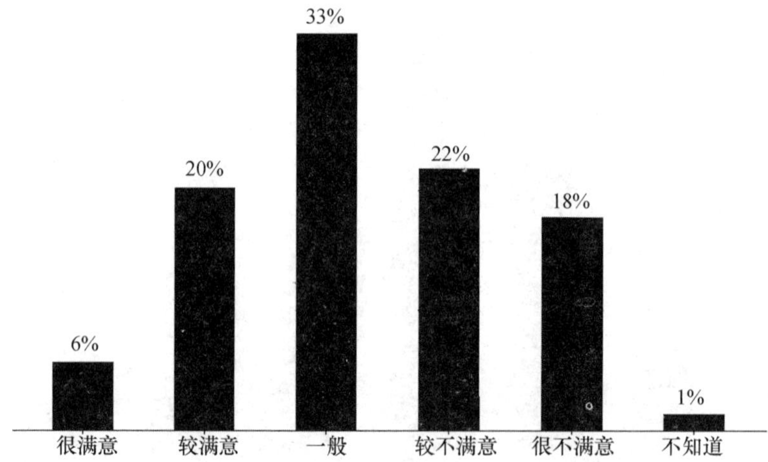

附图 2—38　食品安全（现实评价）（n =8112）

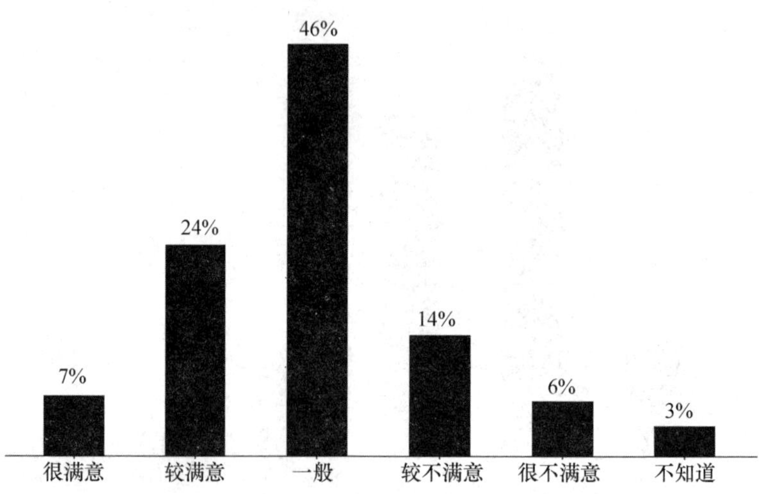

附图 2—39　社会公平公正状况（现实评价）（n =8110）

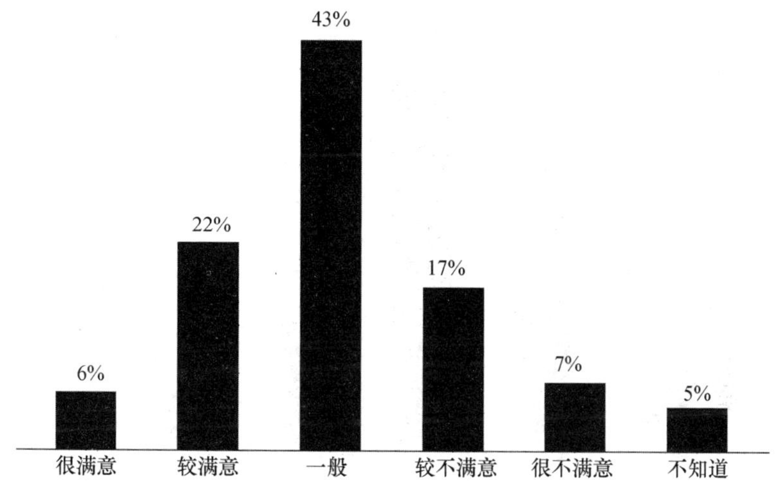

附图 2—40　就业机会（现实评价）（n =8108）

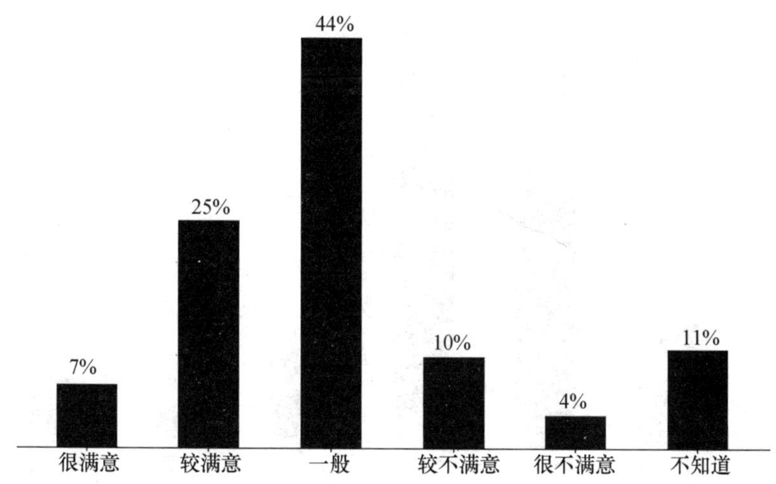

附图 2—41　继续教育和岗位培训机会（现实评价）（n =8109）

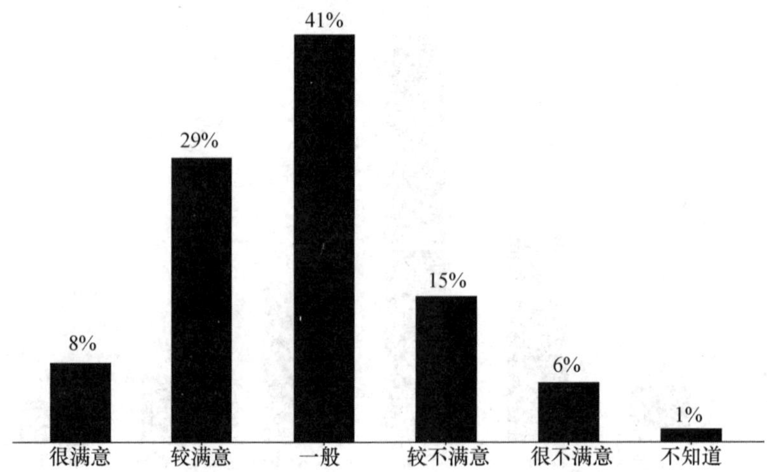

附图 2—42　社会风气（现实评价）（n = 8114）

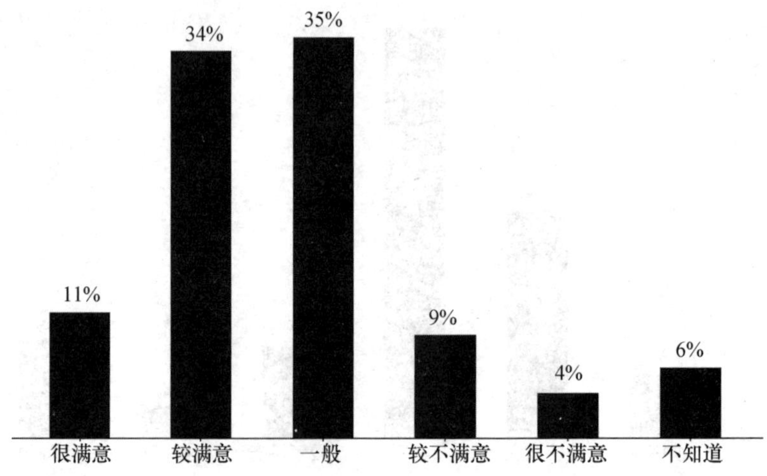

附图 2—43　对孤寡老人、孤儿的社会保护（现实评价）（n = 8110）

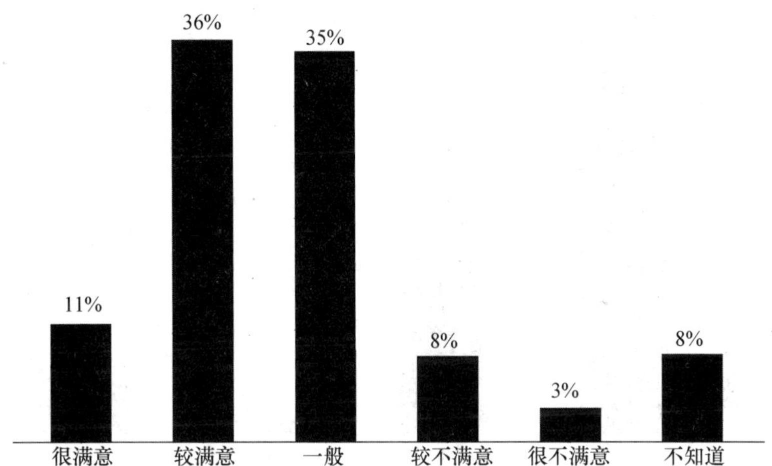

附图 2—44　对残疾人的社会援助（现实评价）（n =8110）

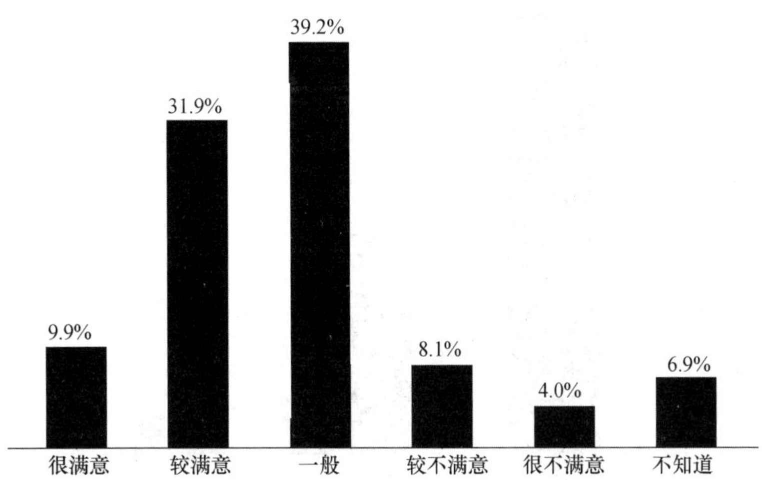

附图 2—45　对贫困群体的社会救助（现实评价）（n =7971）

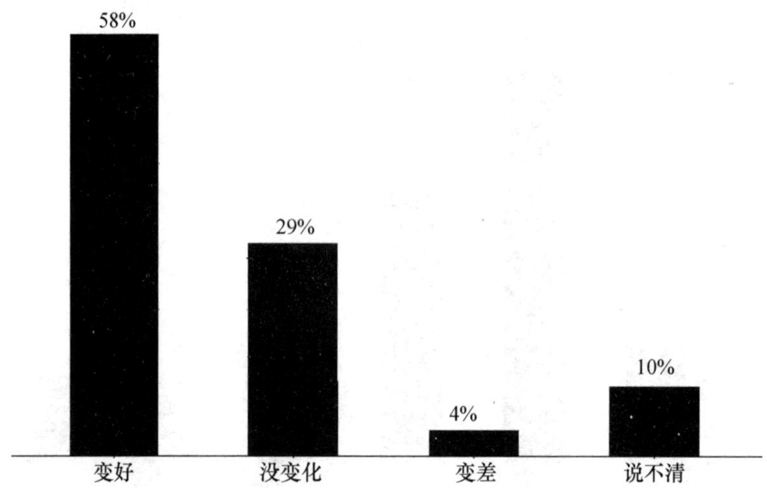

附图 2—46　经济发展水平（未来预期）（n = 8098）

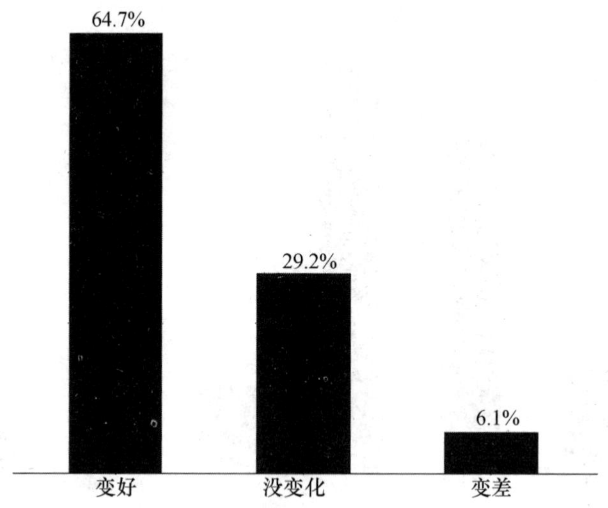

附图 2—47　经济增速（未来预期）（n = 7936）

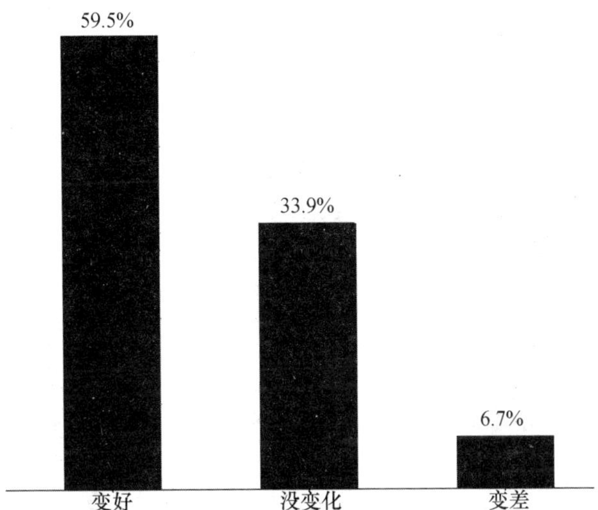

附图 2—48　收入增长（未来预期）（n = 7936）

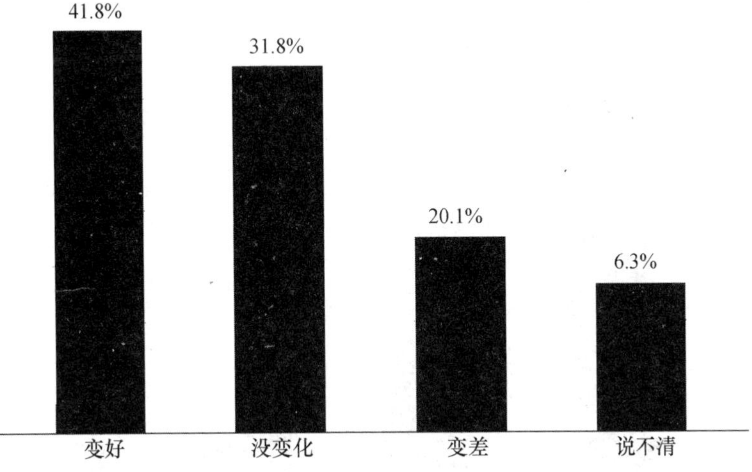

附图 2—49　物价水平（未来预期）（n = 8093）

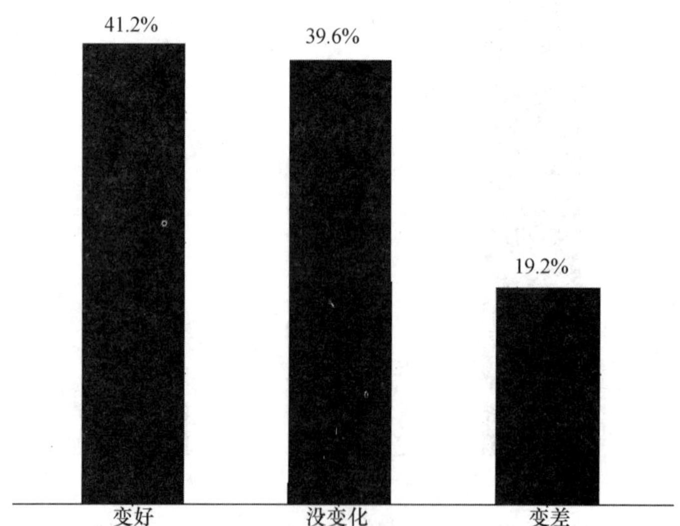

附图2—50 住房状况（未来预期）（n=8094）

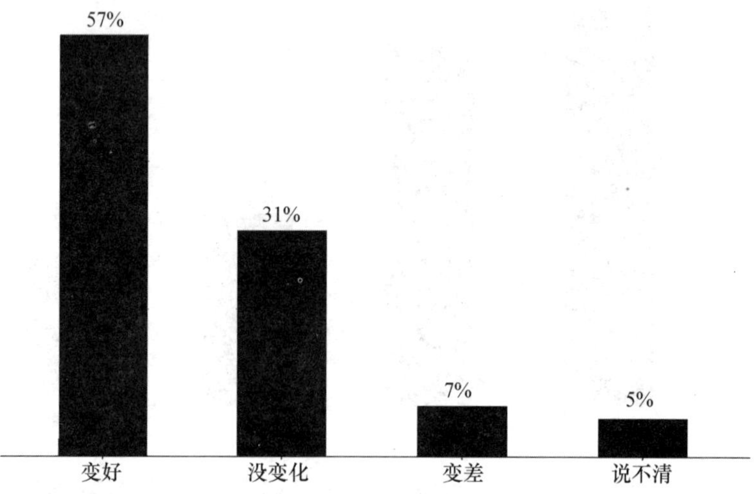

附图2—51 环境质量（未来预期）（n=8116）

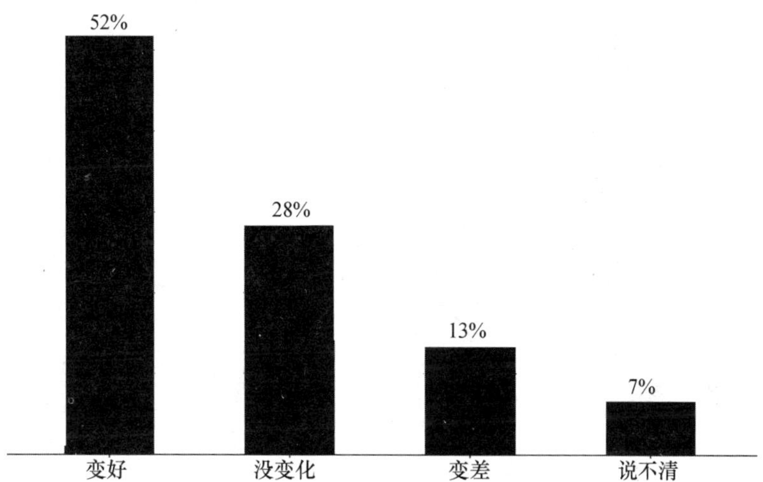

附图 2—52　空气质量（未来预期）（n =8113）

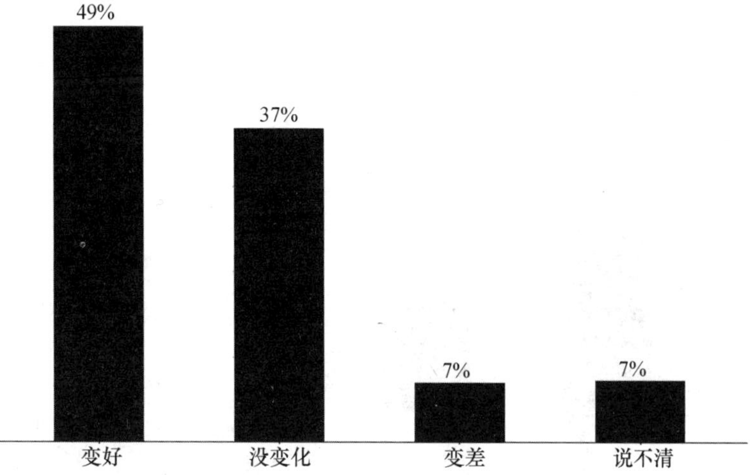

附图 2—53　自来水质量（未来预期）（n =8107）

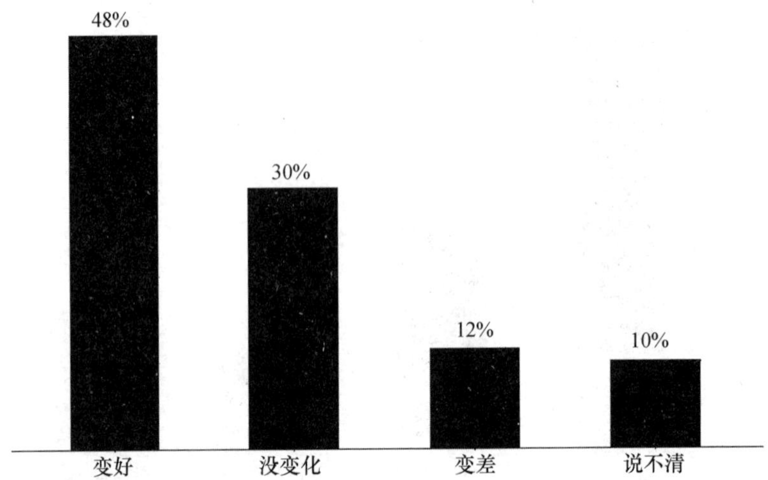

附图 2—54　生态水面质量（未来预期）（n =8103）

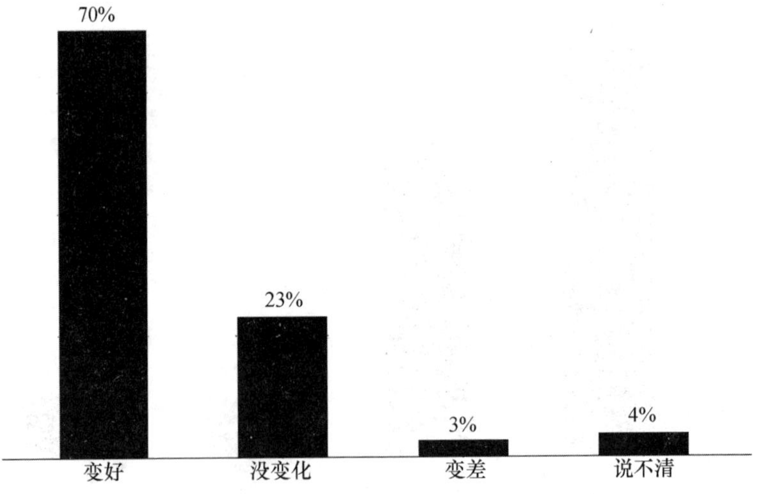

附图 2—55　城市绿化（未来预期）（n =8111）

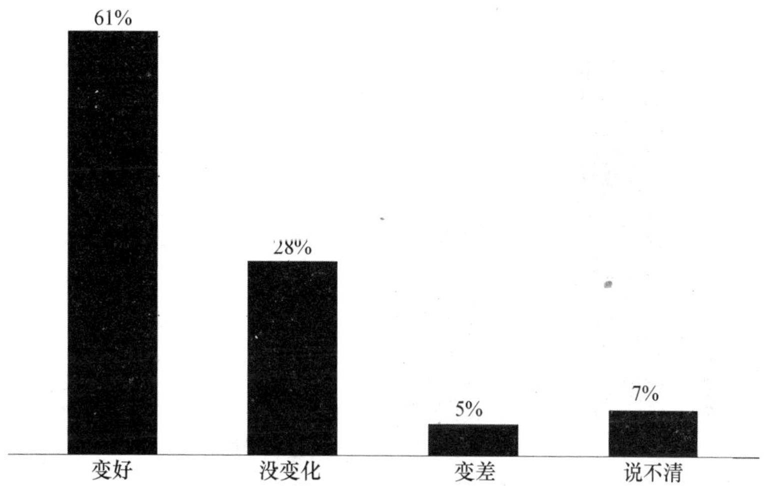

附图 2—56　生活垃圾处理（未来预期）（n = 8101）

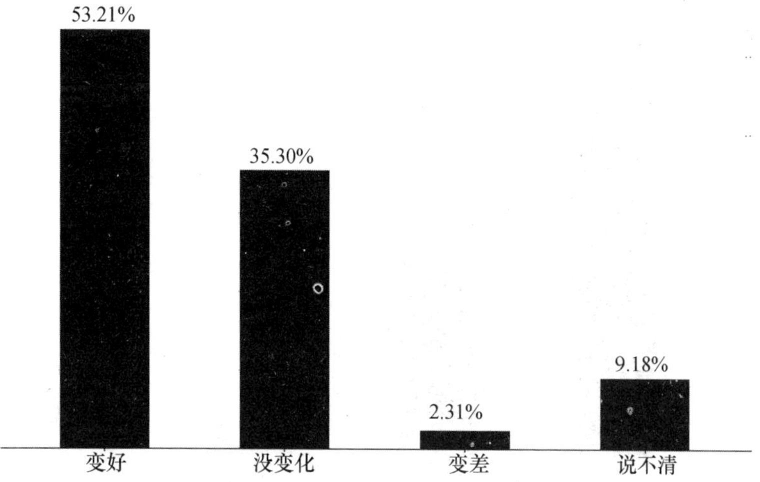

附图 2—57　法律对公民人身权利的保护状况（未来预期）（n = 8100）

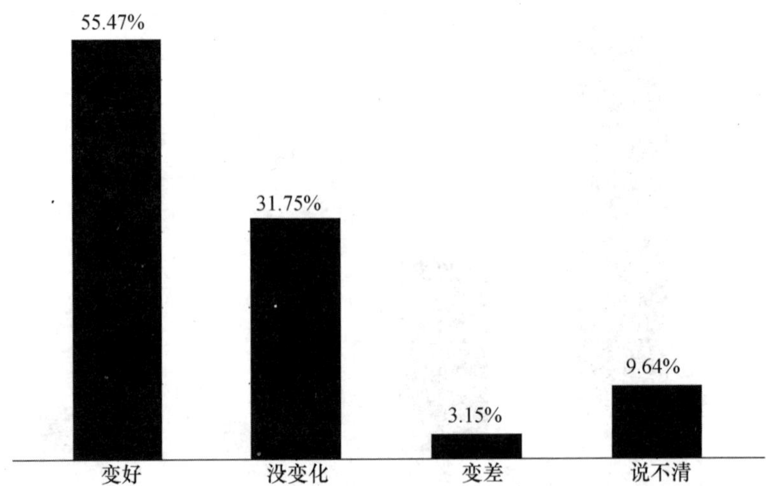

附图 2—58　法律对公民财产权利的保护（未来预期）（n = 8097）

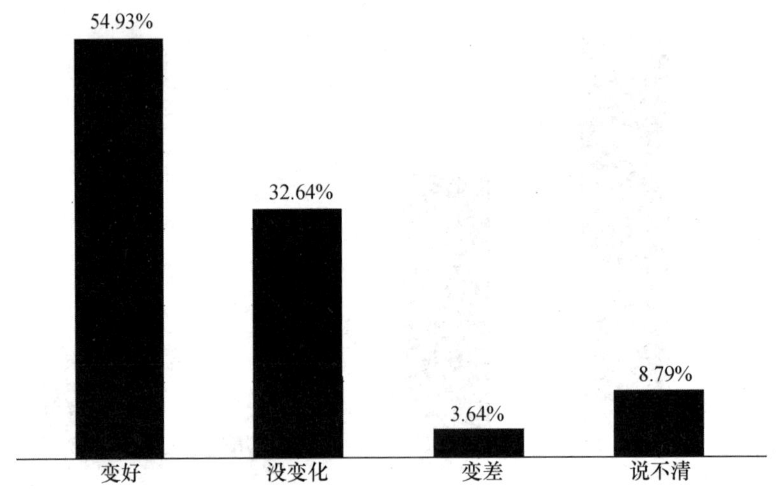

附图 2—59　法律对公民劳动权益的保护（未来预期）（n = 8100）

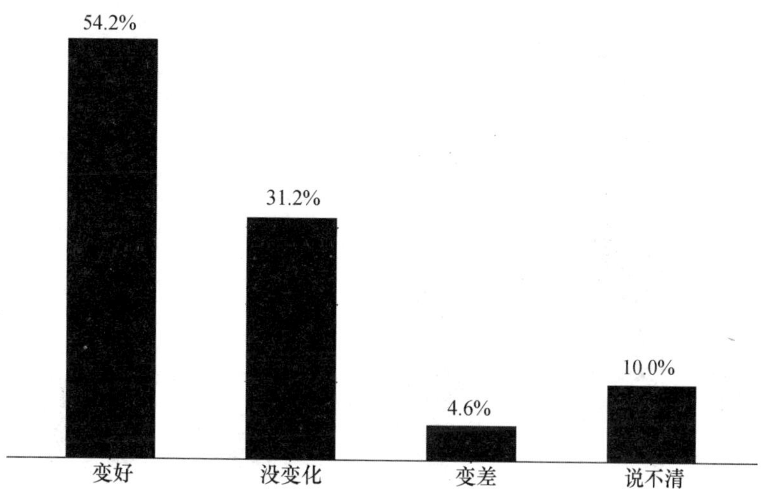

附图2—60　政府依法行政（未来预期）（n =8105）

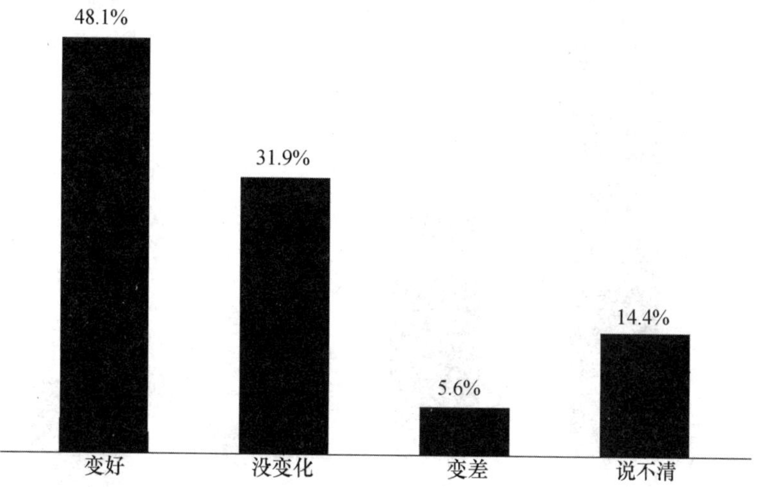

附图2—61　公务员廉洁自律（未来预期）（n =8090）

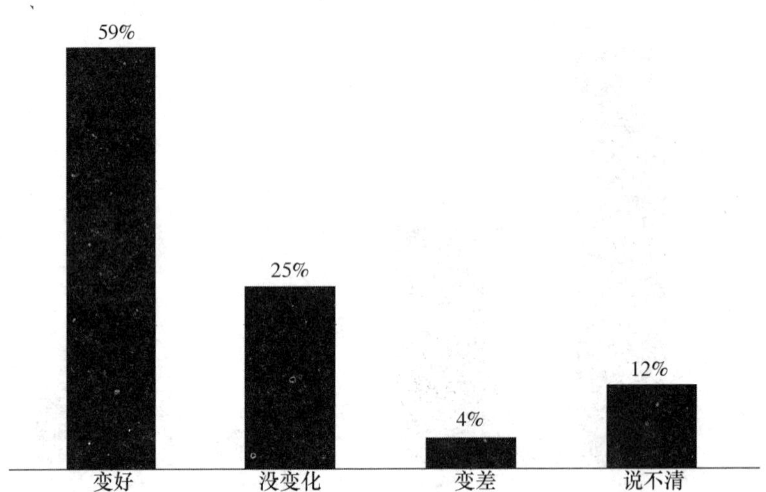

附图2—62　预防和惩治腐败（未来预期）（n＝8085）

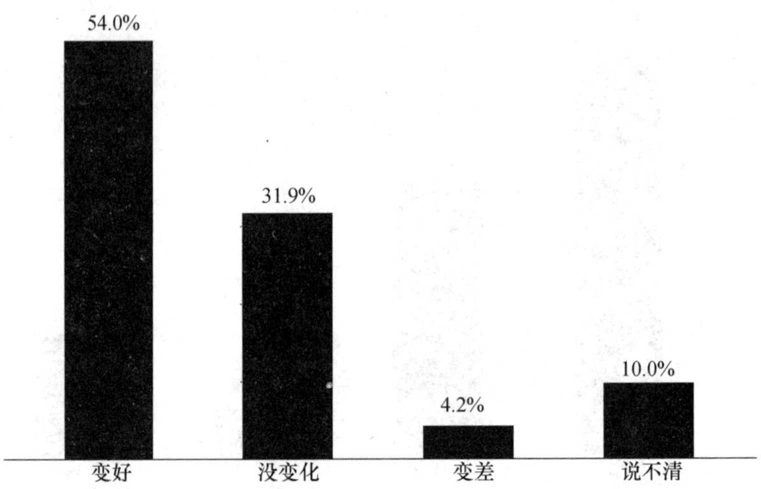

附图2—63　办事效率（未来预期）（n＝8103）

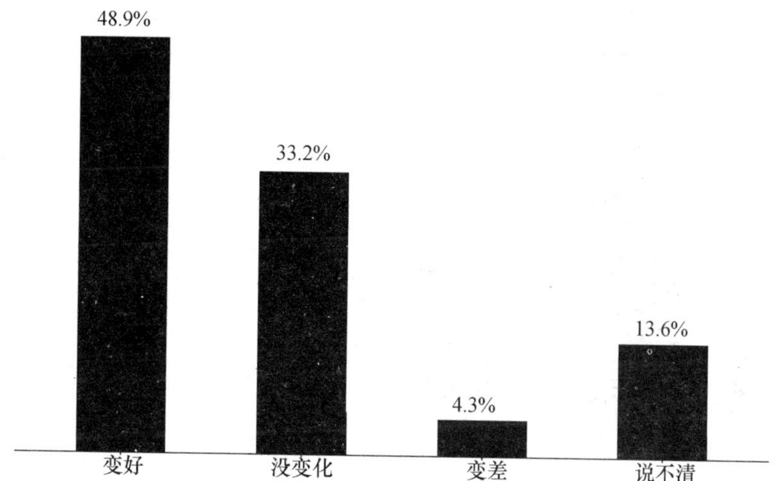

附图 2—64　信息公开透明（未来预期）（n = 8087）

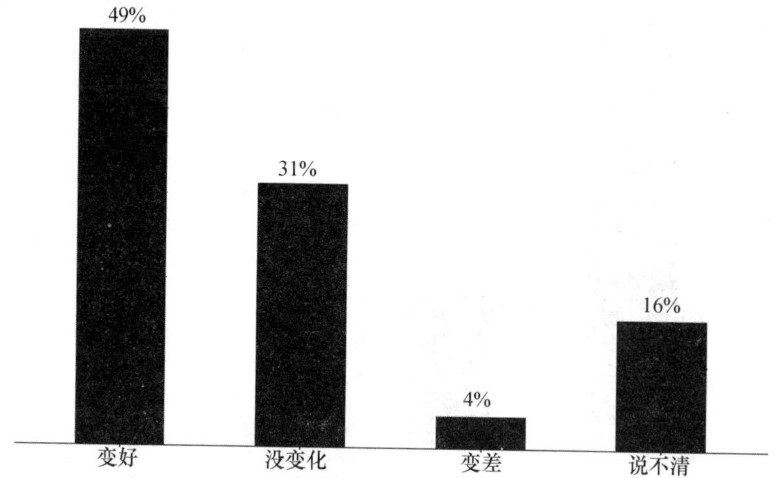

附图 2—65　有关部门及负责人在违规失职后受到追究（未来预期）（n = 8077）

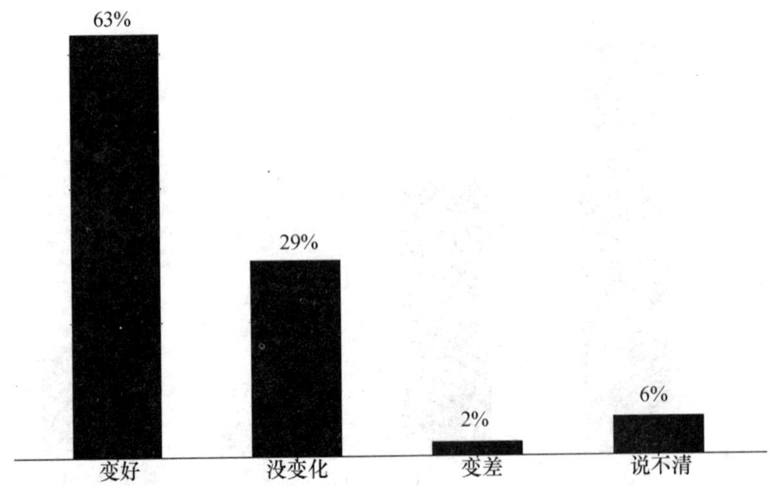

附图 2—66 社会整体发展水平（未来预期）（n =8095）

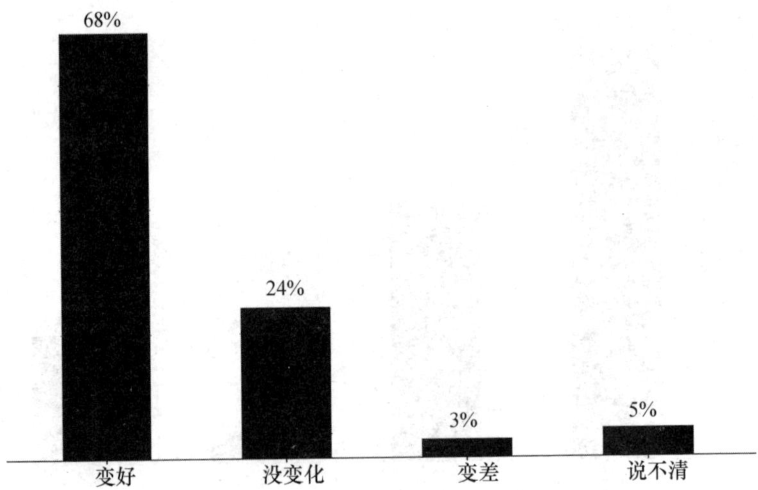

附图 2—67 基础设施状况（未来预期）（n =8093）

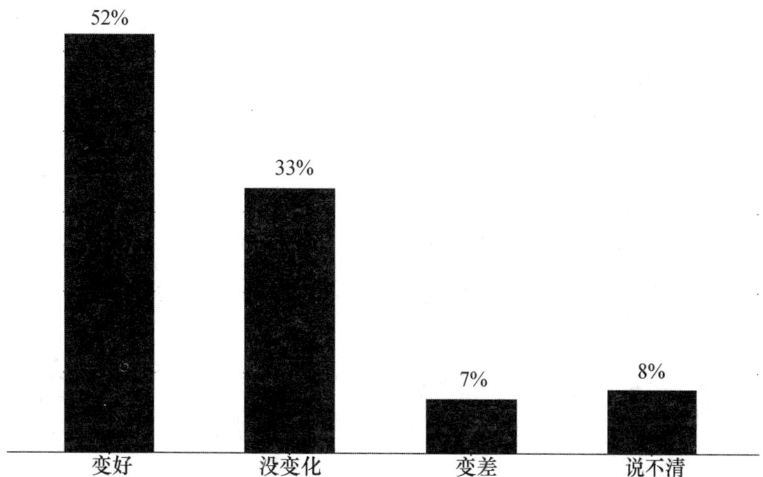

附图 2—68　医疗服务（未来预期）（n = 8093）

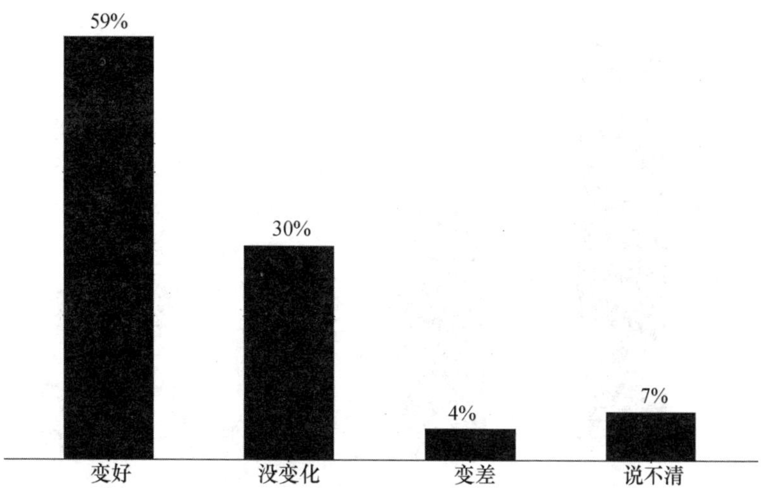

附图 2—69　教育水平（未来预期）（n = 8092）

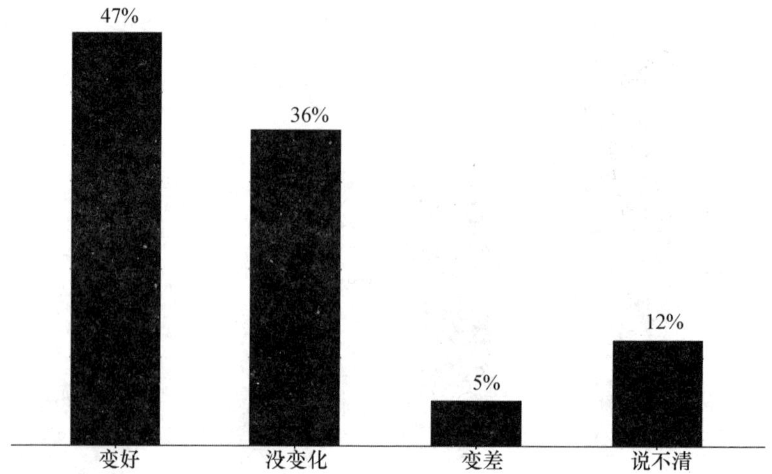

附图 2—70　住房保障（未来预期）（n = 8074）

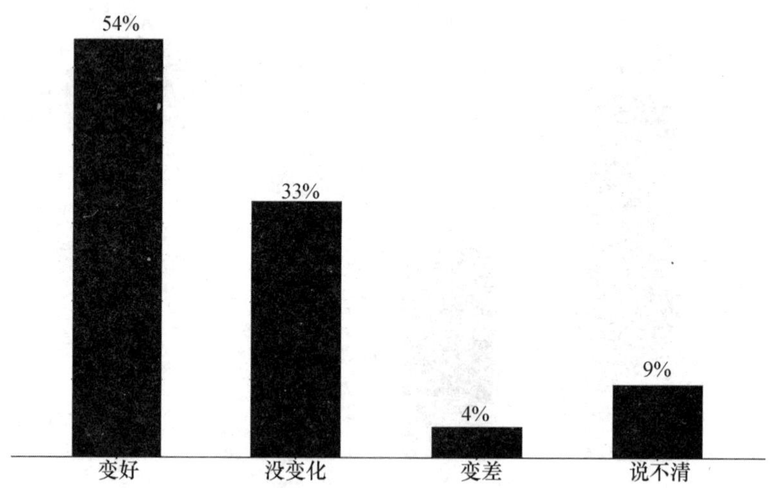

附图 2—71　社会保障水平（未来预期）（n = 8081）

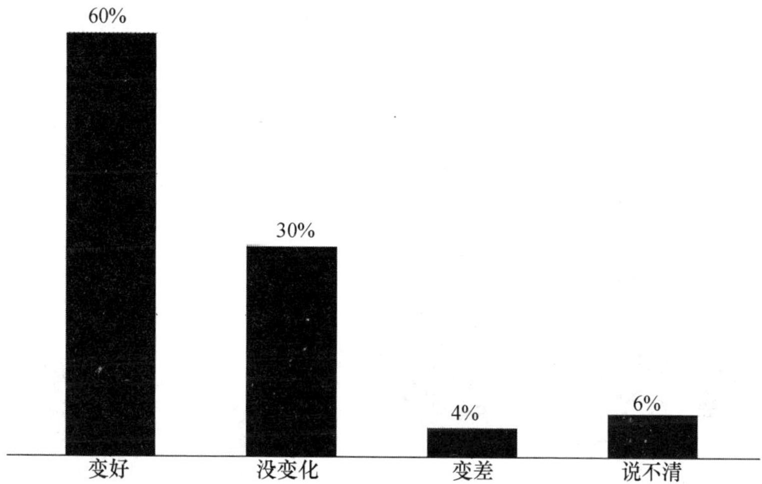

附图 2—72　治安状况（未来预期）（n＝8095）

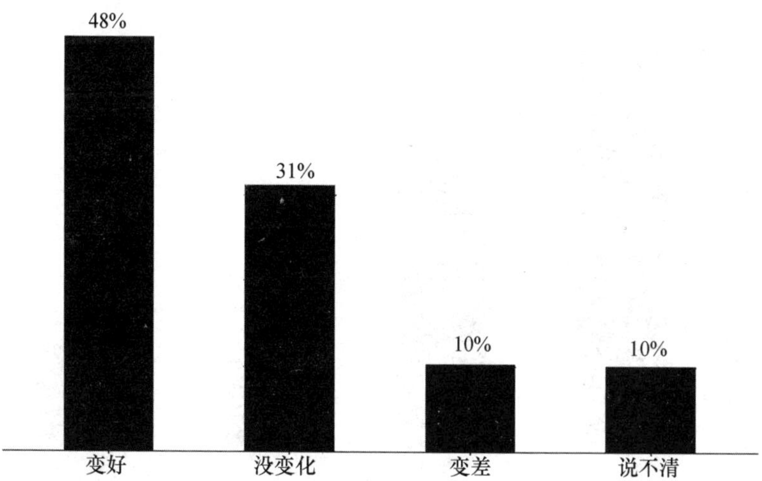

附图 2—73　食品安全状况（未来预期）（n＝8092）

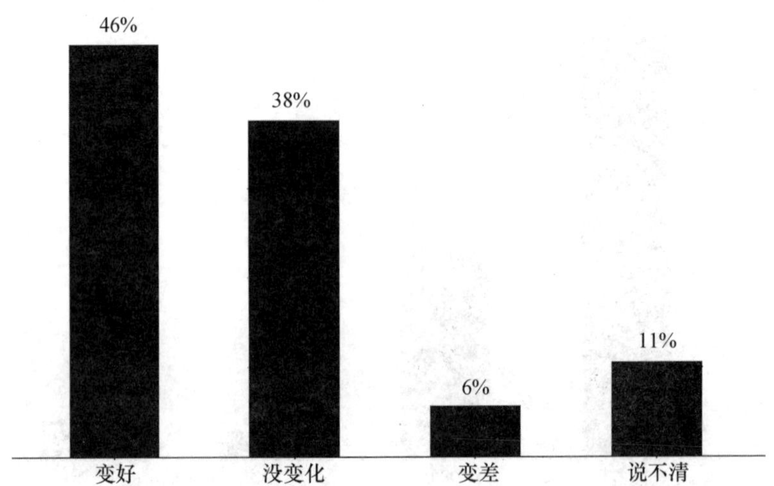

附图 2—74　社会公平公正状况（未来预期）（n = 8079）

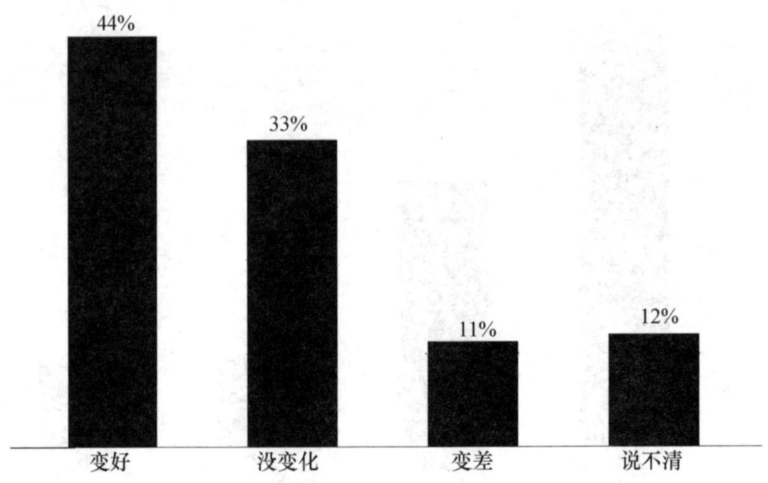

附图 2—75　就业机会（未来预期）（n = 8079）

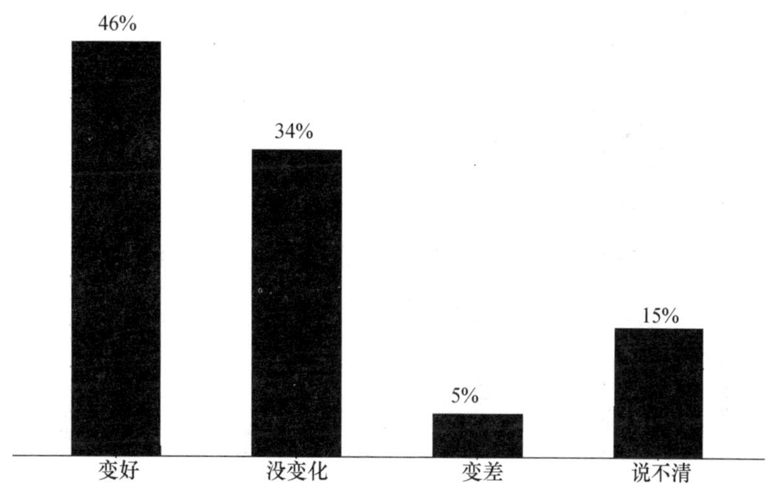

附图 2—76　继续教育和岗位培训机会（未来预期）（n = 8055）

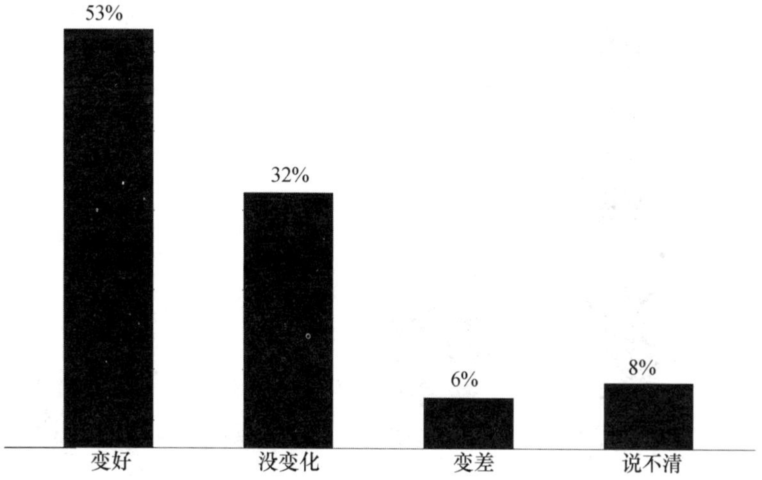

附图 2—77　社会风气（未来预期）（n = 8090）

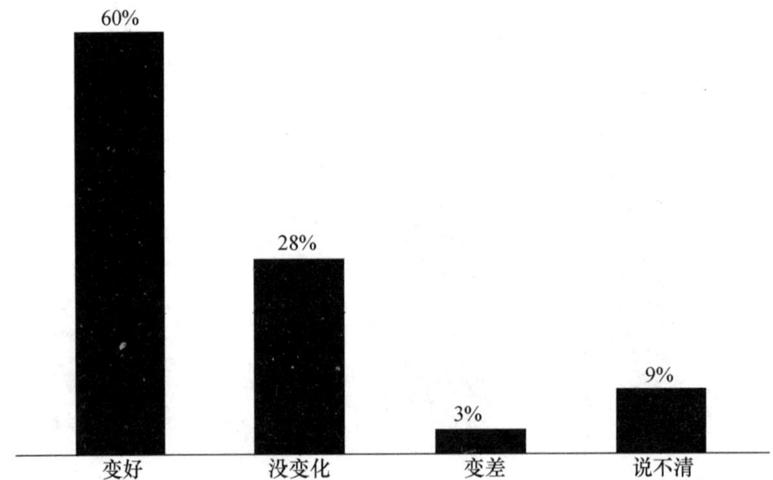

附图 2—78　对孤寡老人、孤儿的社会保护（未来预期）（n = 8073）

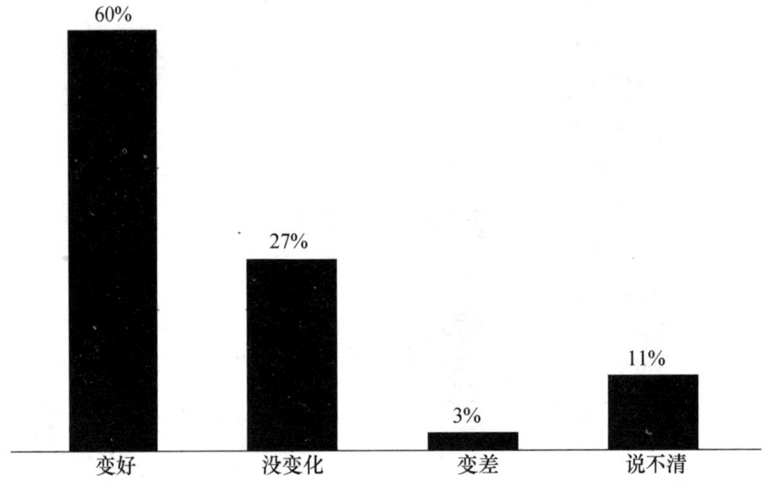

附图 2—79　对残疾人的社会援助（未来预期）（n = 8066）

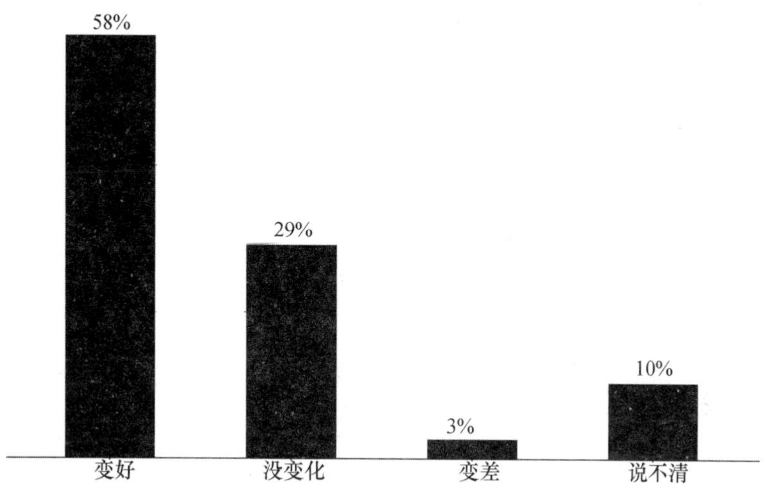

附图 2—80　对贫困群体的社会救助（未来预期）（n = 8074）

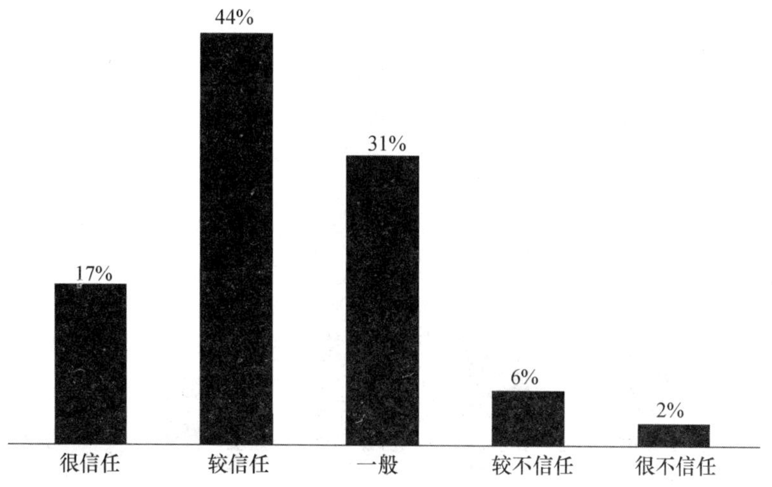

附图 2—81　公安局/派出所（n = 8117）

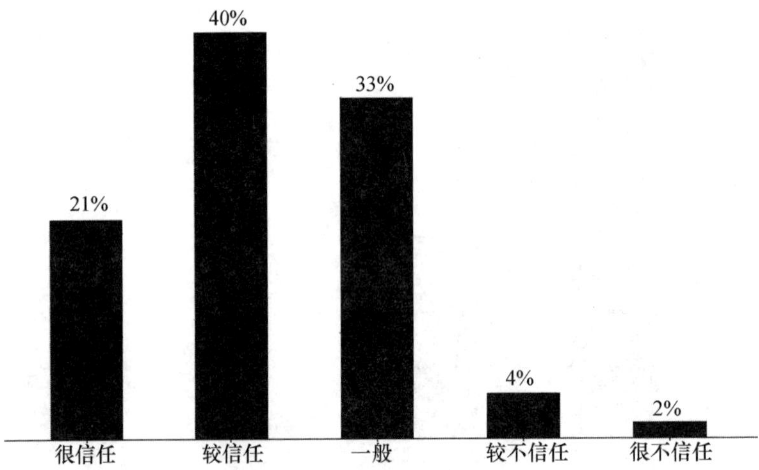

附图 2—82　法院（n =8110）

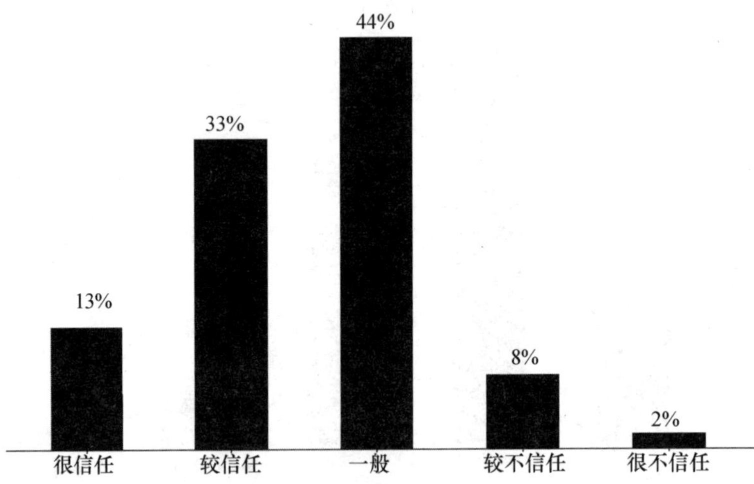

附图 2—83　工商/税务部门（n =8108）

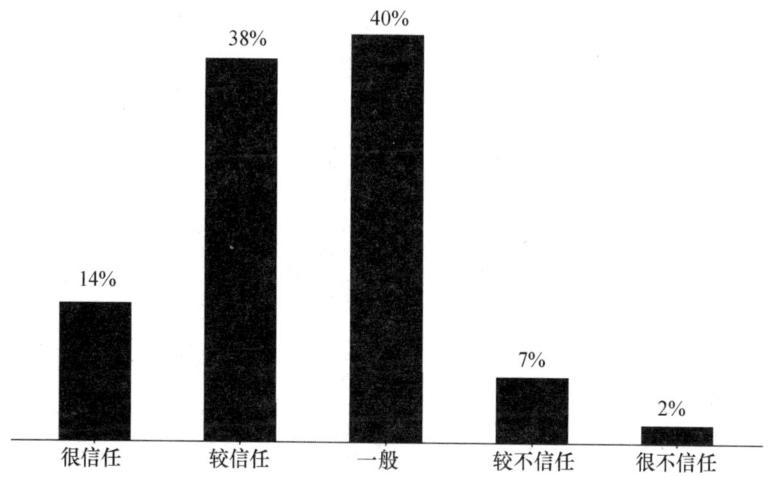

附图 2—84 社会保障部门（n =8109）

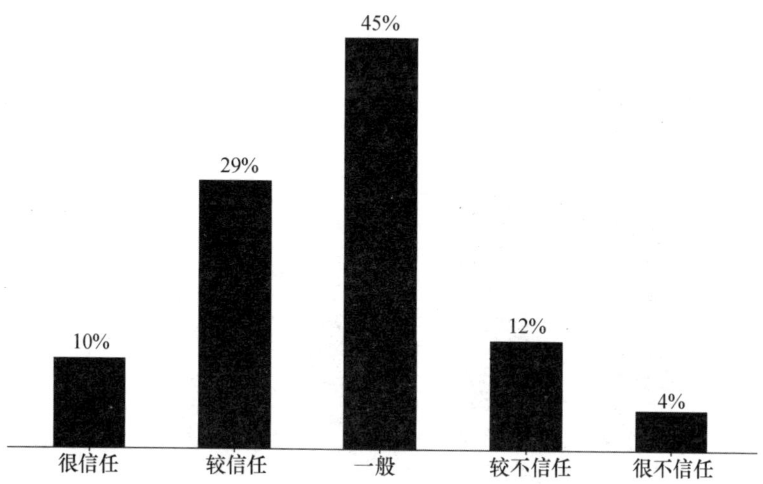

附图 2—85 信访部门（n =8096）

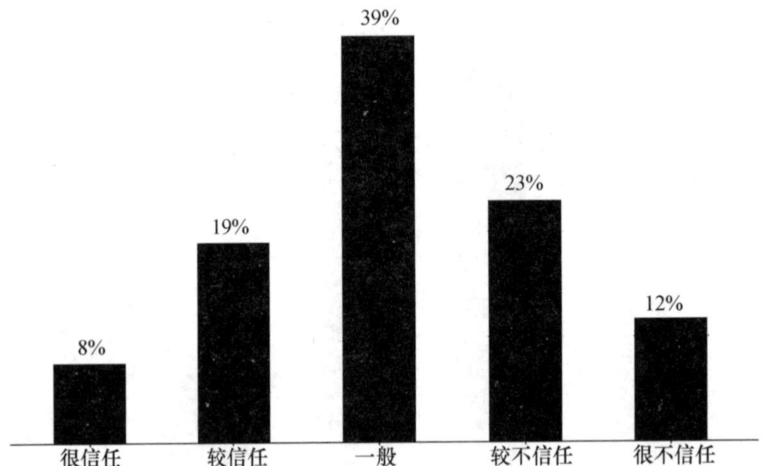

附图 2—86　城管部门（n＝8102）

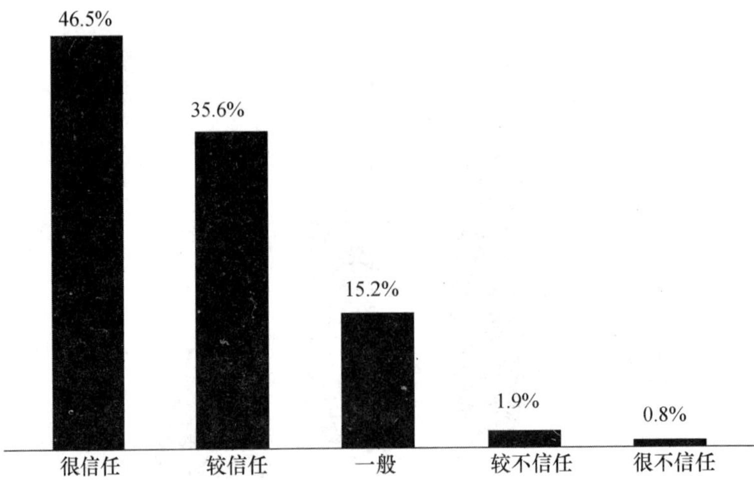

附图 2—87　中央政府（n＝8111）

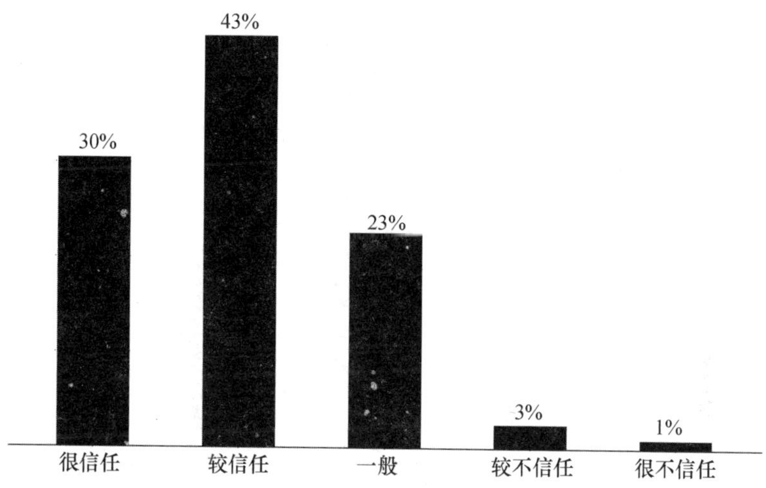

附图 2—88　省、市政府（n = 8108）

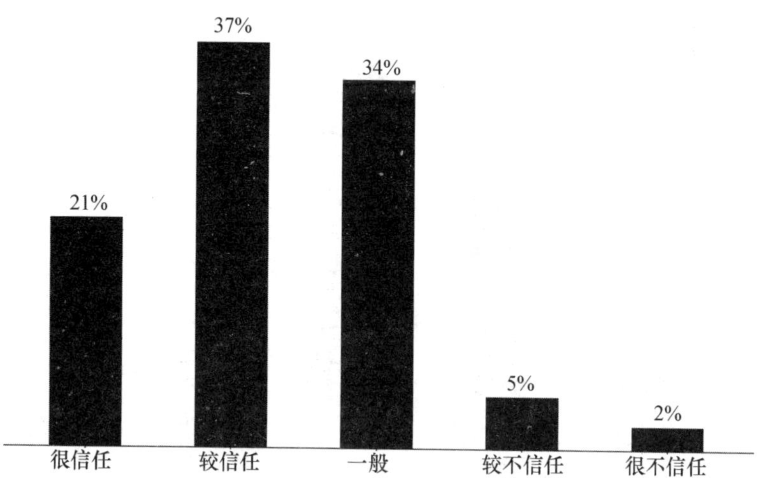

附图 2—89　县、区政府（n = 8108）

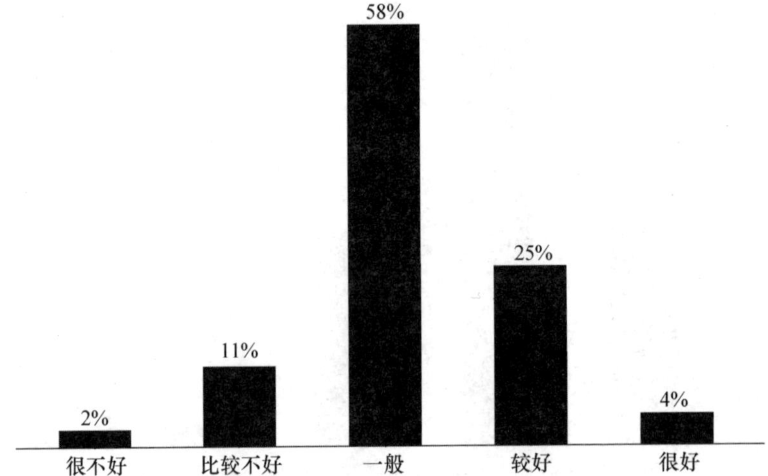

附图 2—90　老板与员工（n = 8111）

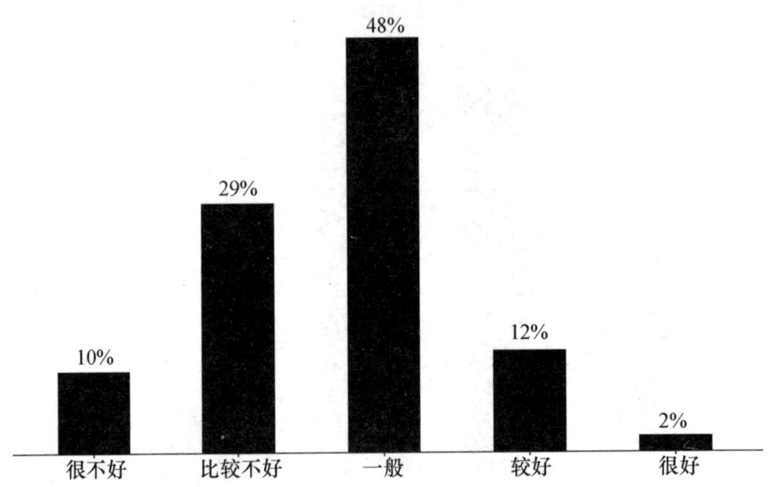

附图 2—91　穷人与富人（n = 8110）

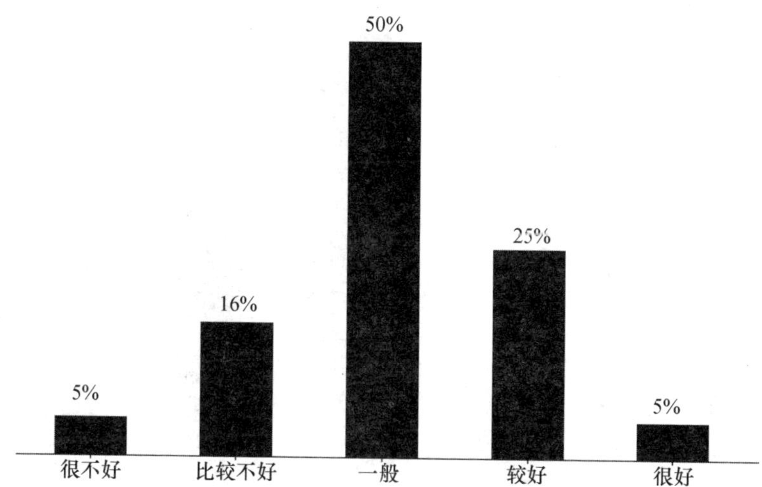

附图 2—92　城里人与农村人（n＝8109）

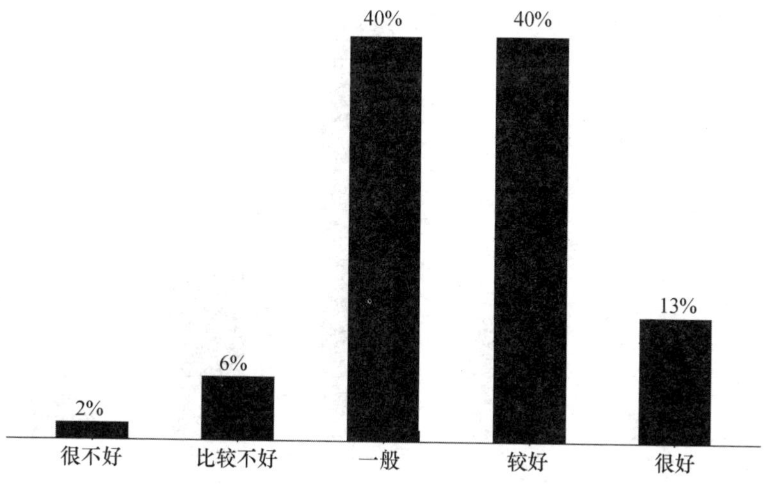

附图 2—93　汉族与少数民族（n＝8099）

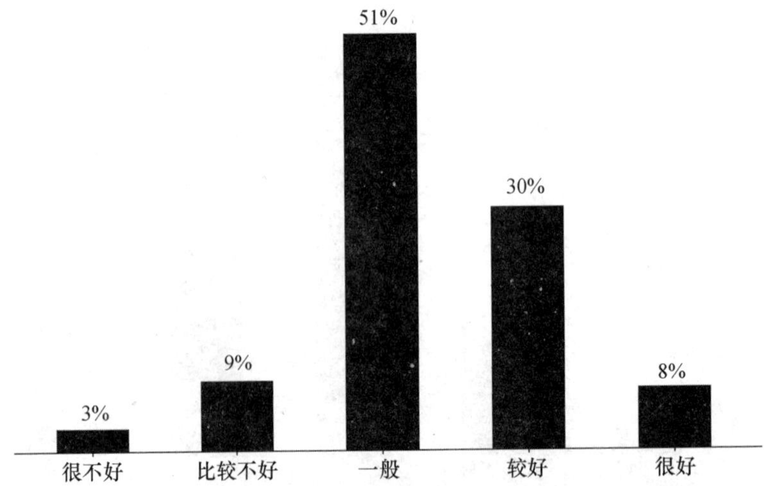

附图 2—94　信教与不信教（n＝8101）

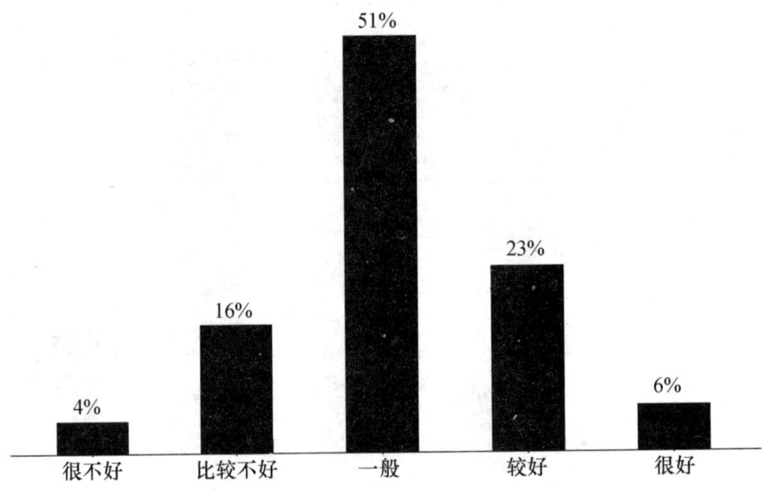

附图 2—95　干部与群众（n＝8104）

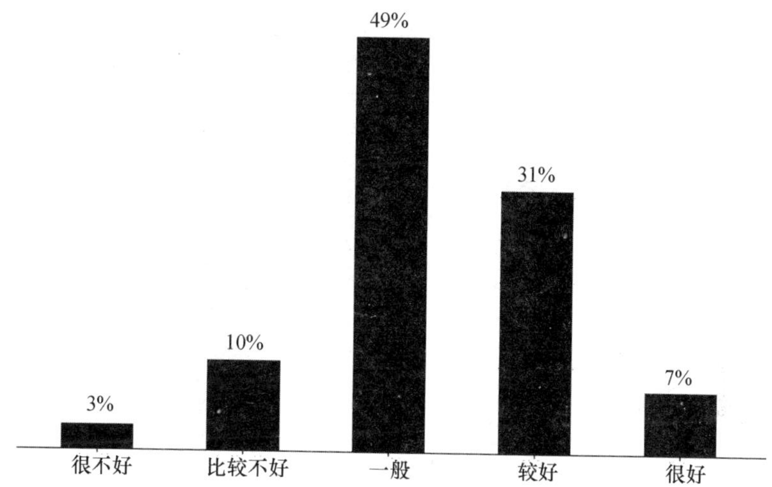

附图 2—96　本地人与外地人（n = 8109）

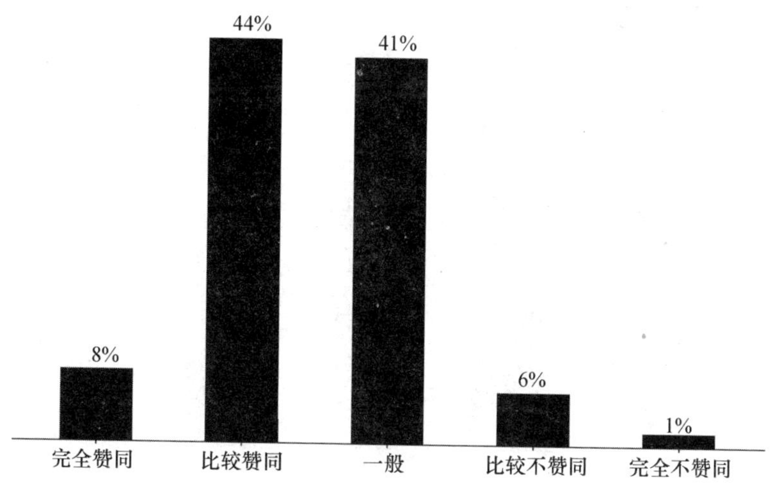

附图 2—97　政府的服务符合我的需要（n = 8116）

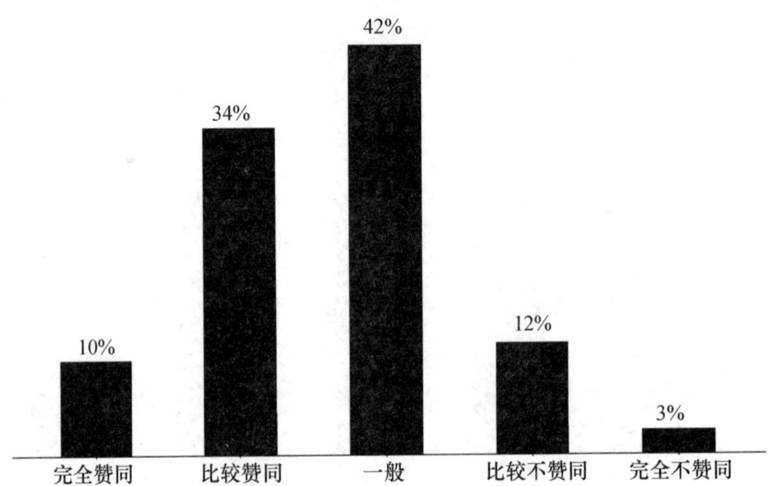

附图 2—98　政府的服务让我得到了实惠（n＝8116）

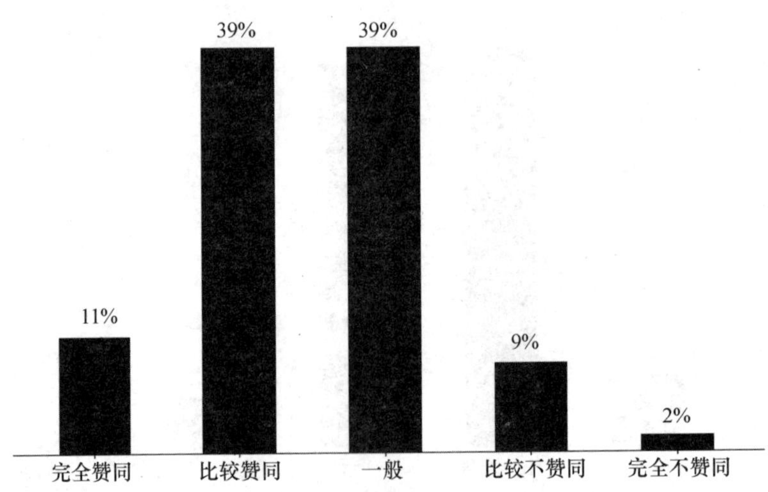

附图 2—99　政府提供的服务很方便（n＝8112）

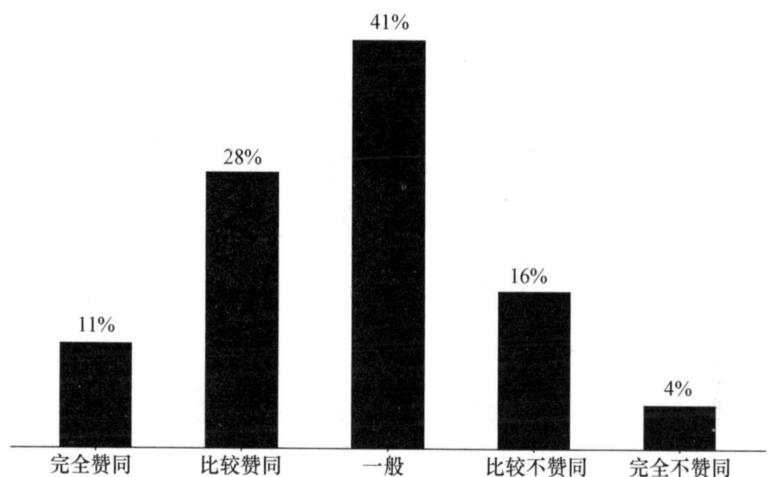

附图 2—100　政府愿意听取老百姓的意见（n = 8112）

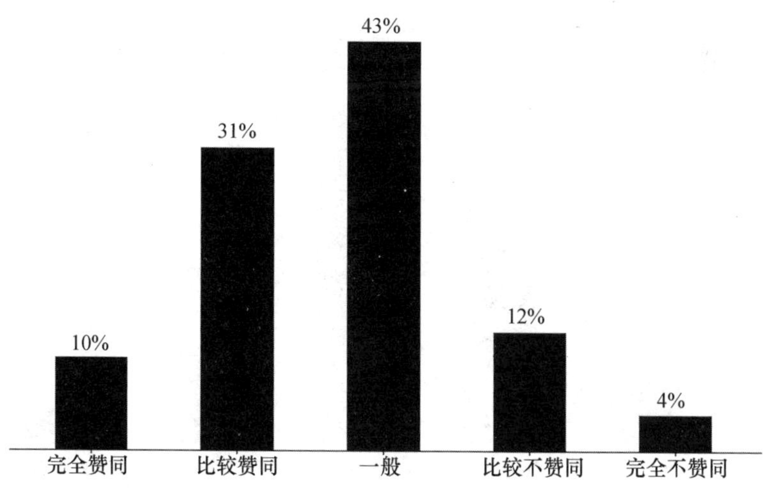

附图 2—101　政府处理事情是公道的（n = 8110）

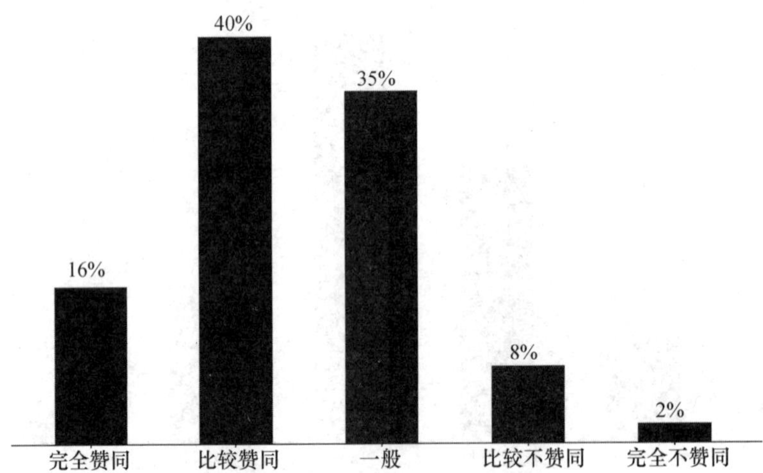

附图 2—102　政府能够处理好突发事件（n =8110）

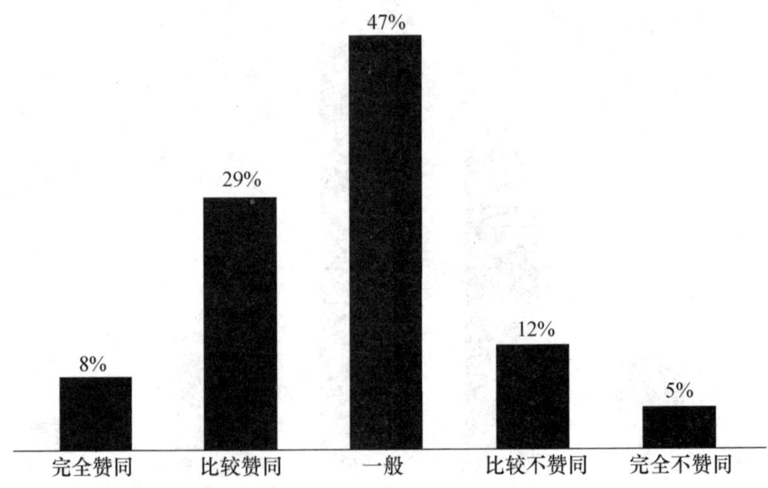

附图 2—103　政府工作人员的能力比较强（n =8112）

三　个人生活

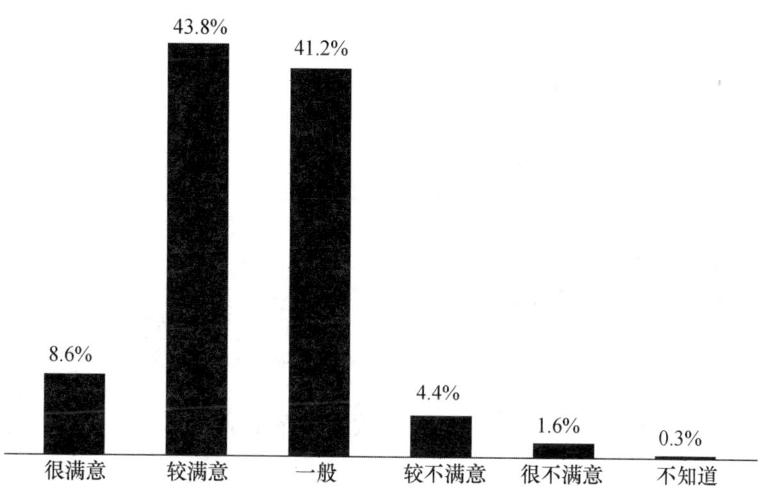

附图 2—104　总体满意度（现实评价）（n＝8108）

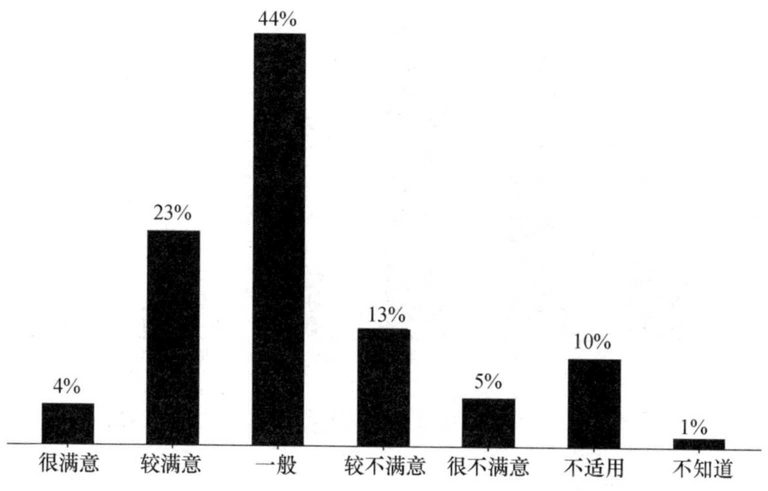

附图 2—105　个人收入水平（现实评价）（n＝8079）

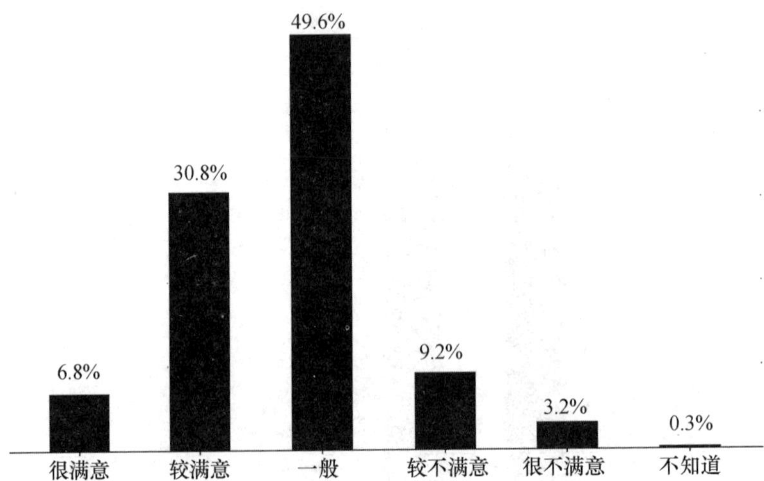

附图 2—106　家庭经济状况（现实评价）（n =8103）

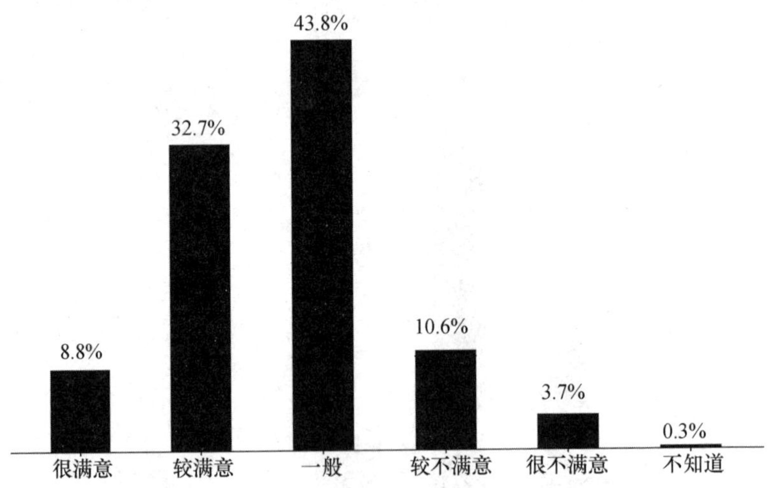

附图 2—107　住房状况（现实评价）（n =8106）

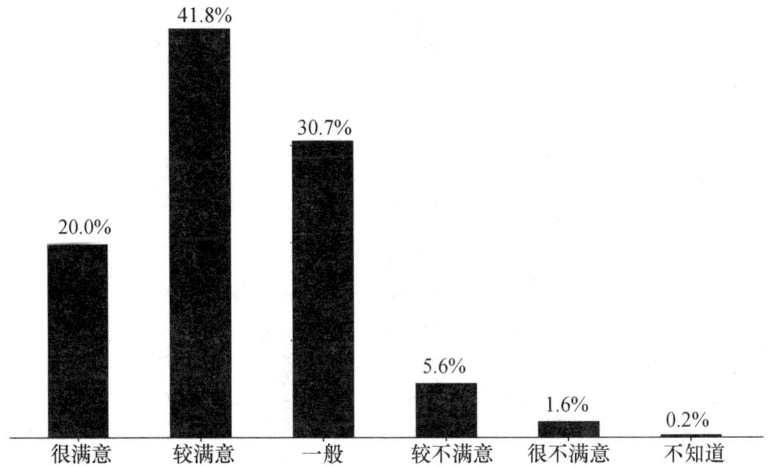

附图 2—108　健康状况（现实评价）（n =7923）

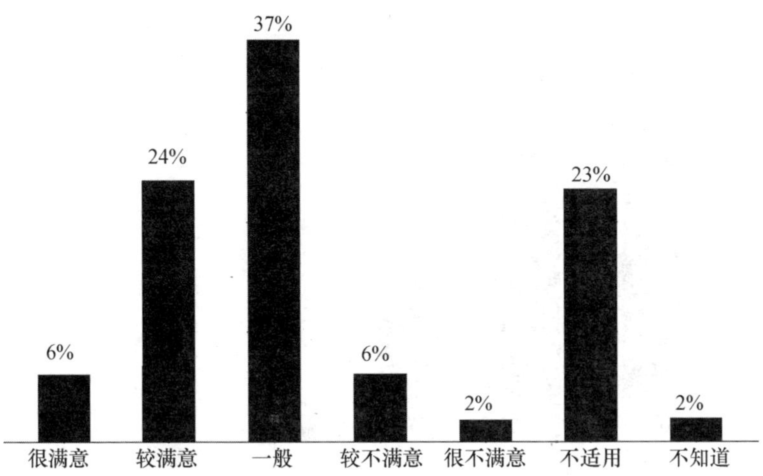

附图 2—109　工作状况（现实评价）（n =8067）

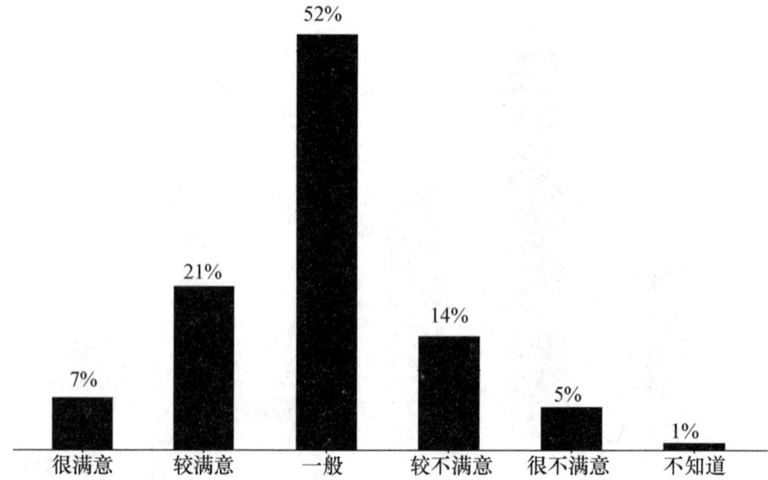

附图 2—110　生活压力（现实评价）（n = 8087）

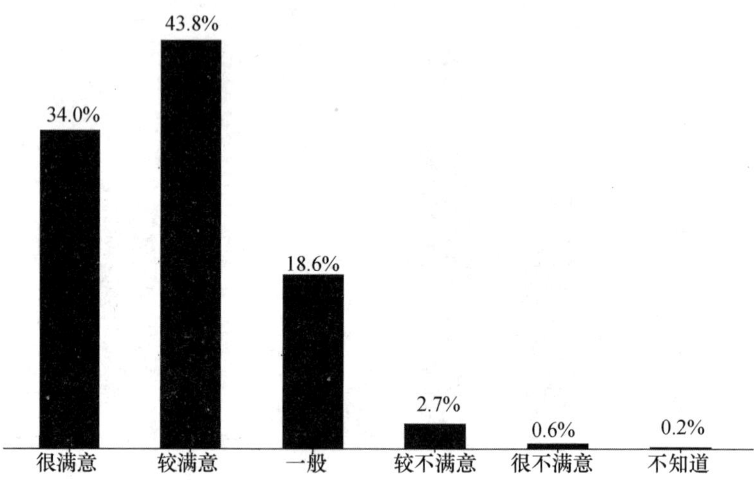

附图 2—111　家庭关系（现实评价）（n = 8102）

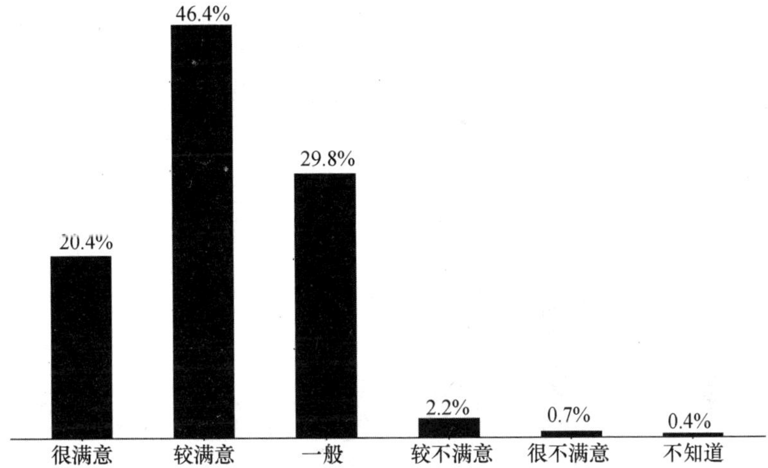

附图 2—112　人际关系（现实评价）（n = 8102）

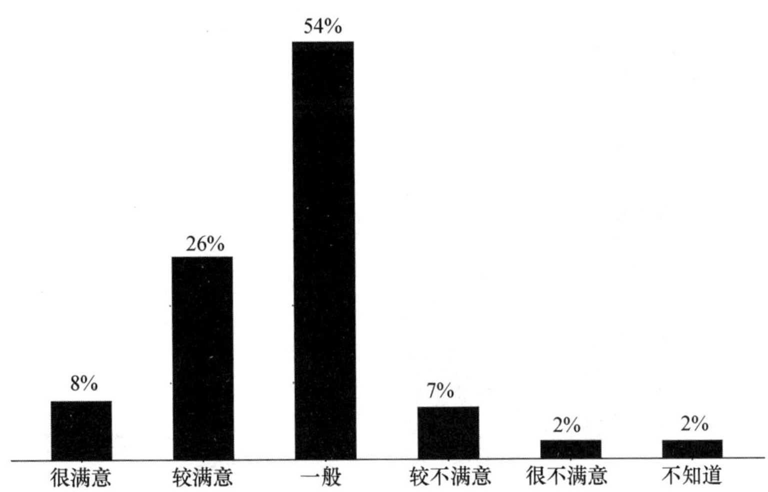

附图 2—113　社会地位（现实评价）（n = 8102）

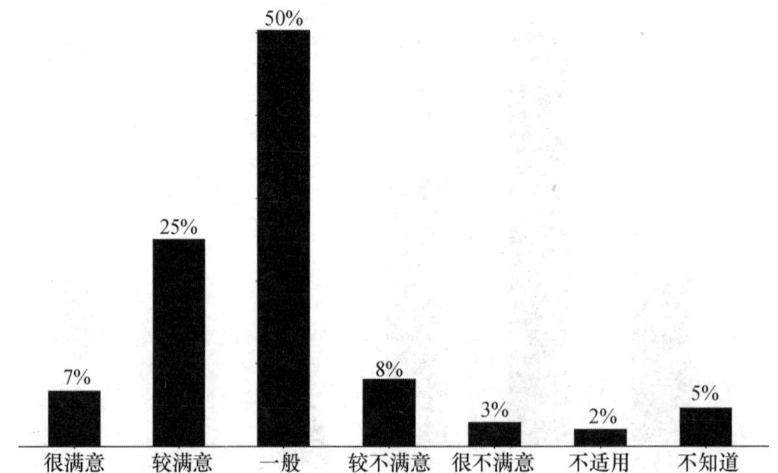

附图 2—114 发展机会（现实评价）（n = 7890）

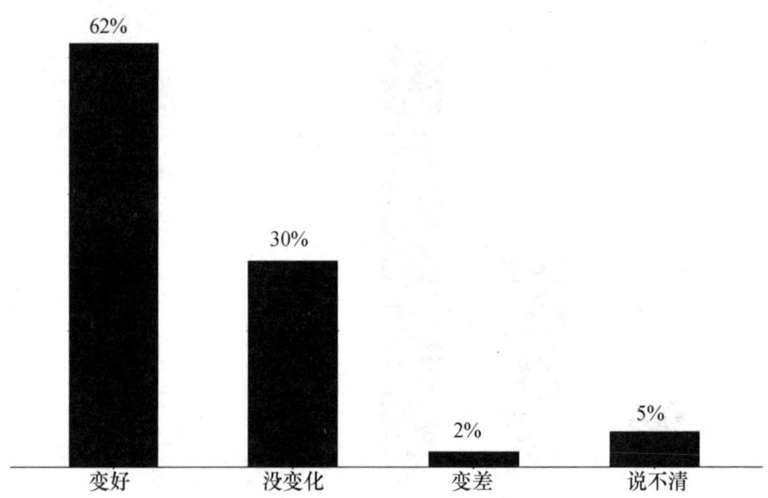

附图 2—115 总体满意度（未来预期）（n = 8083）

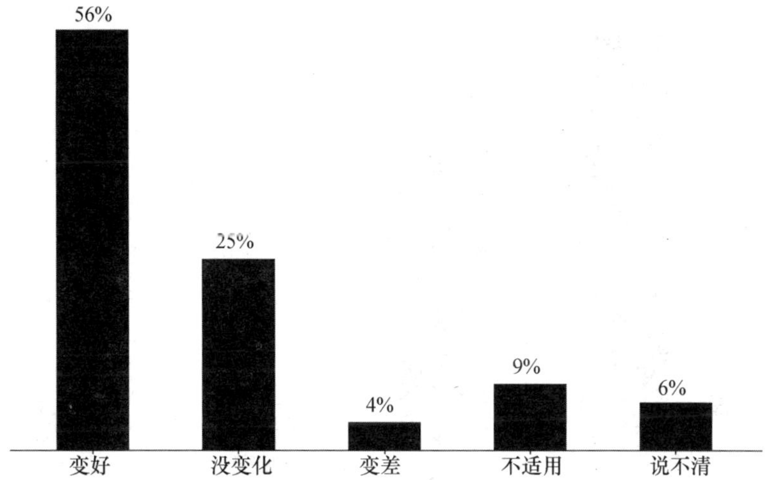

附图 2—116　个人收入水平（未来预期）（n = 8064）

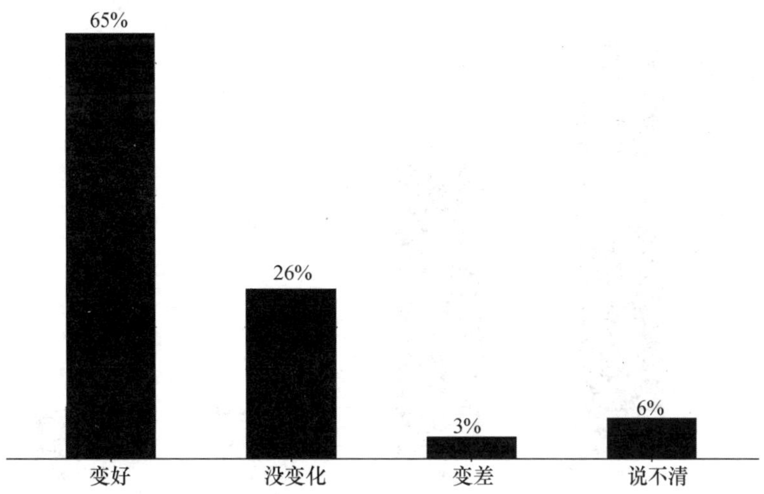

附图 2—117　家庭经济状况（未来预期）（n = 8082）

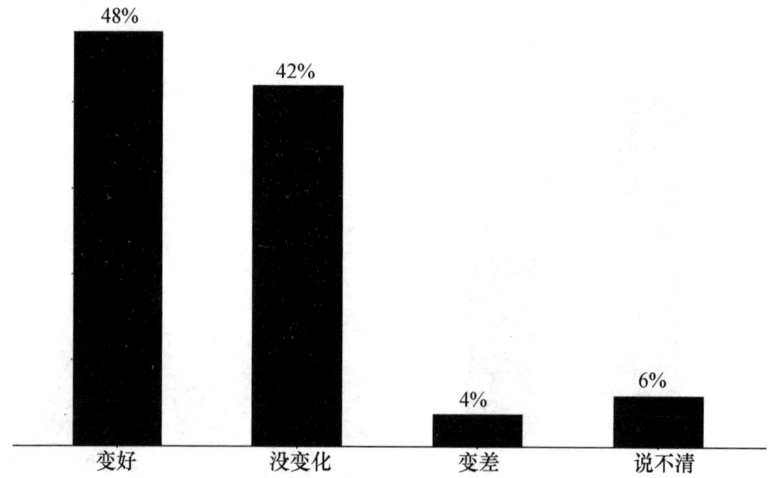

附图2—118 住房状况（未来预期）（n=8079）

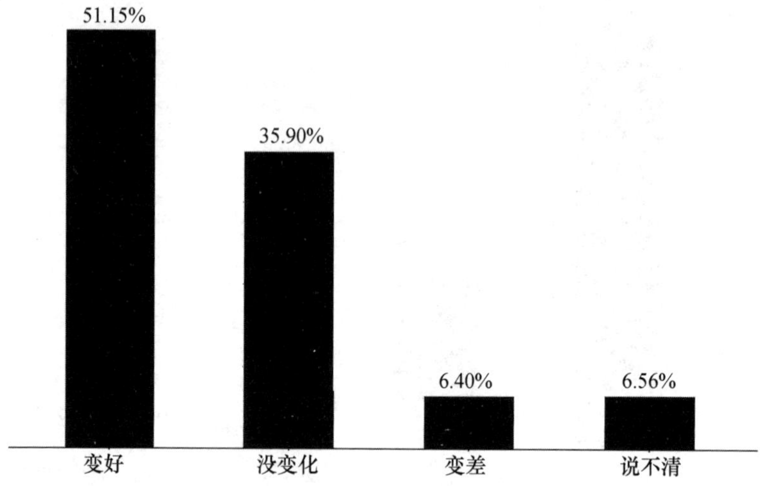

附图2—119 健康状况（未来预期）（n=7895）

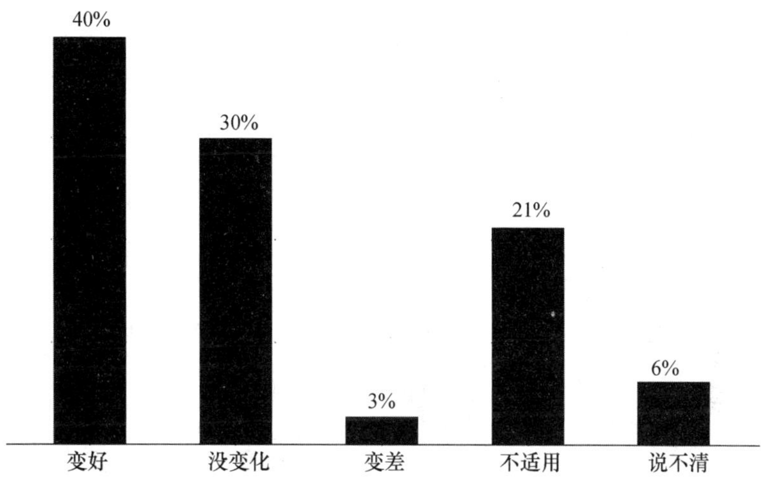

附图 2—120　工作状况（未来预期）（n = 8055）

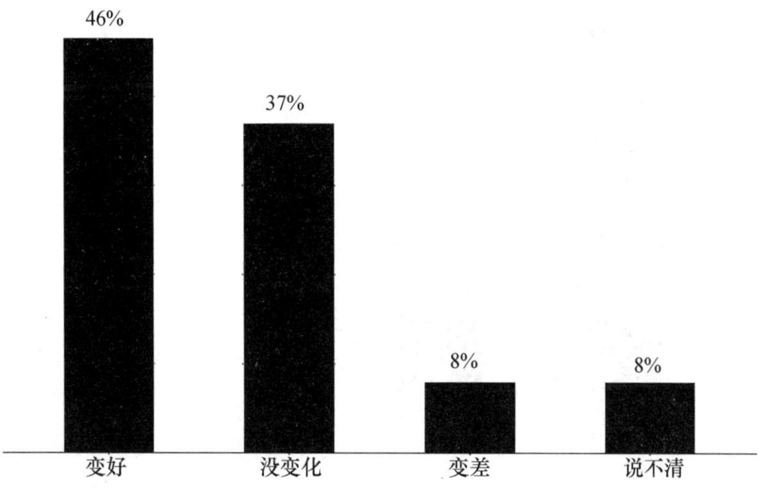

附图 2—121　生活压力（未来预期）（n = 8060）

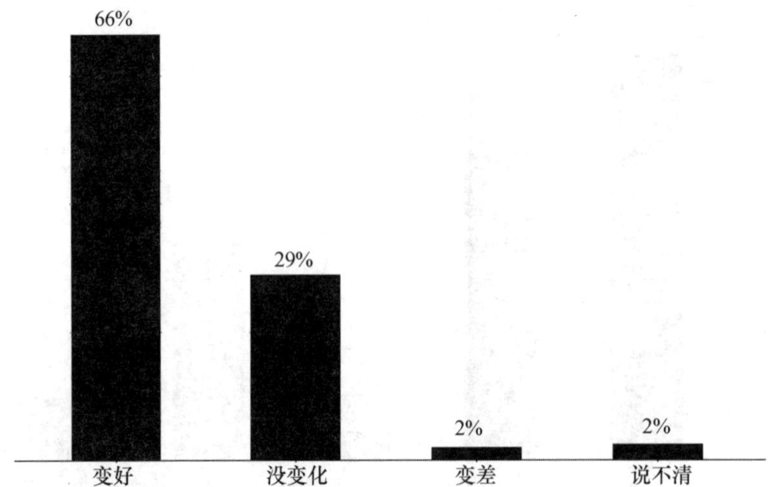

附图 2—122 家庭关系（未来预期）（n = 8080）

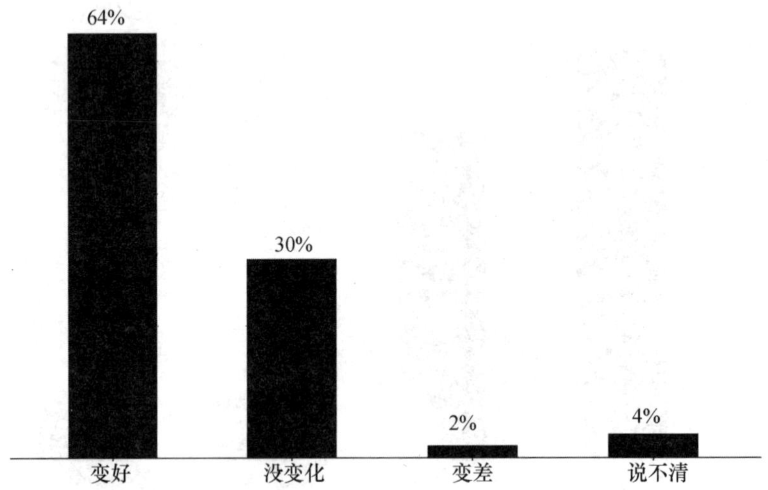

附图 2—123 人际关系（未来预期）（n = 8079）

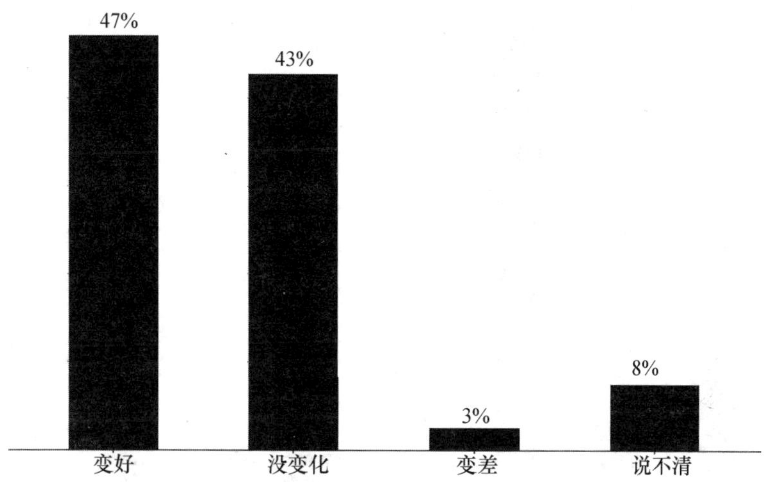

附图 2—124　社会地位（未来预期）（n = 8069）

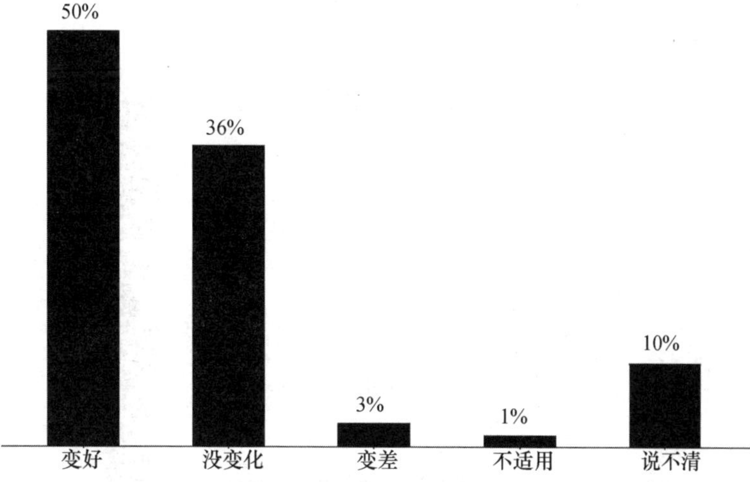

附图 2—125　发展机会（未来预期）（n = 7887）

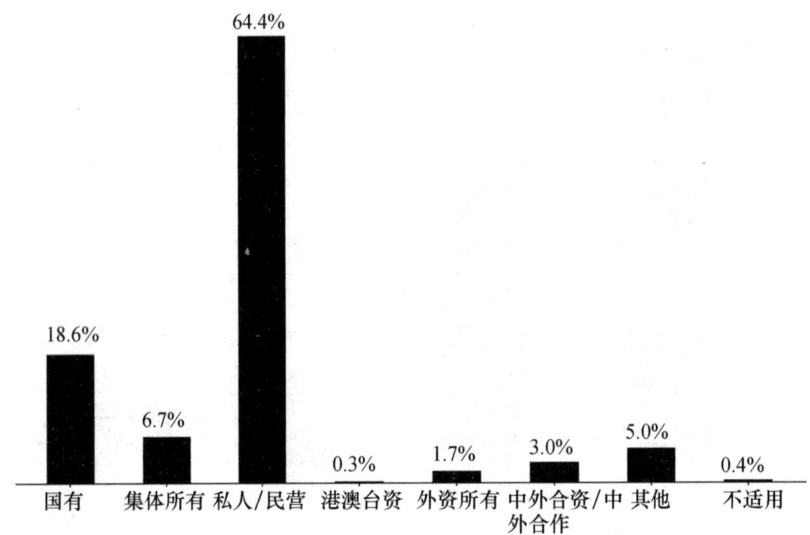

附图 2—126　您目前工作单位的所有制性质是（n = 5129）

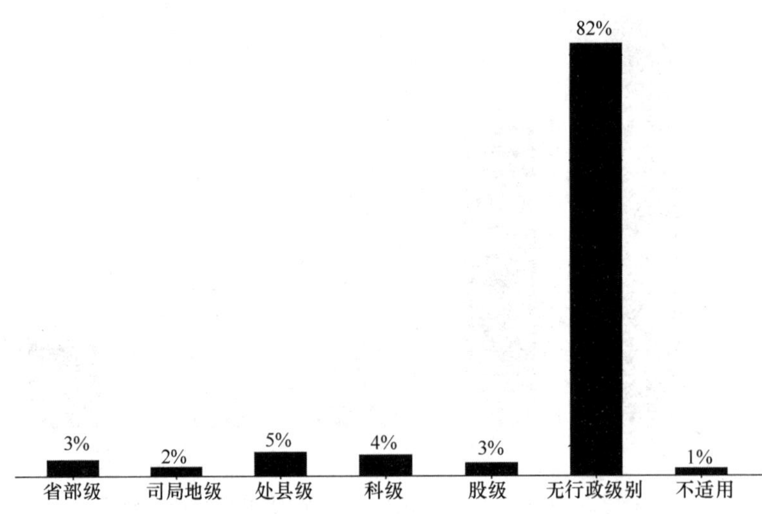

附图 2—127　您单位的级别是（n = 5117）

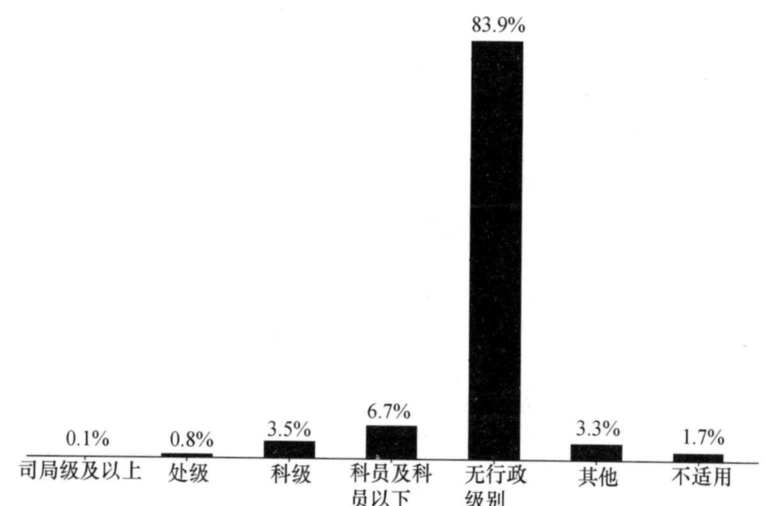

附图 2—128　您在单位中的行政职务相当于（n =5093）

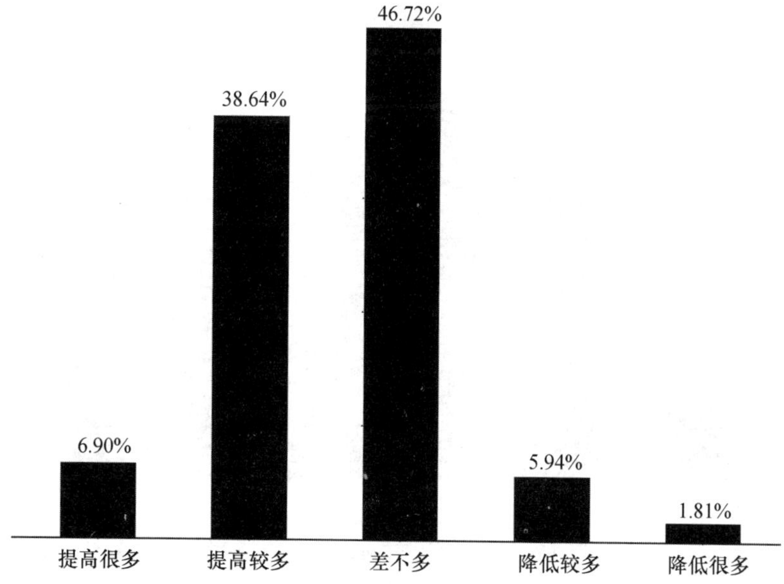

附图 2—129　与五年前相比，您的经济收入（n =8092）

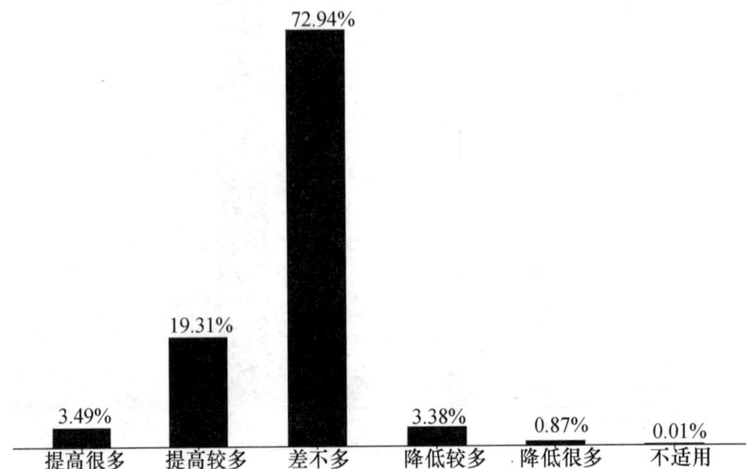

附图 2—130 与五年前相比，您的社会地位（n =8112）

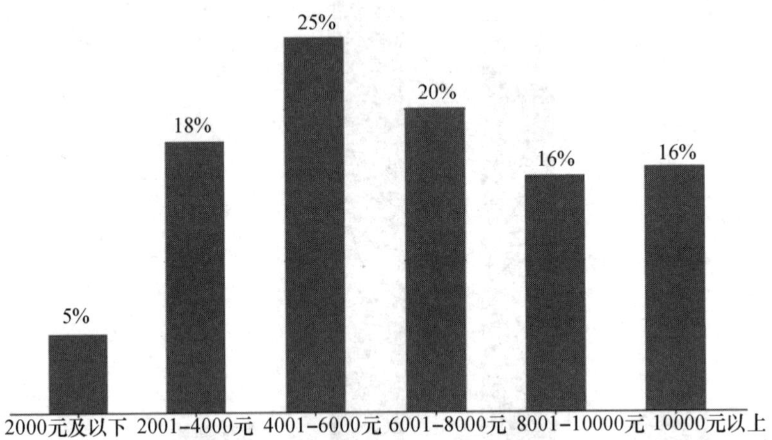

附图 2—131 家庭月收入（n =8106）

后　记

《中国社会发展年度报告（2016）》是集体研究的成果。这份报告分析的数据基础来源于中国社会科学院社会发展战略研究院在2016年组织的一次全国性调查。社会发展战略研究院的科研人员参与了问卷的设计与调查。夏传玲、高勇和魏钦恭负责了整个调查的抽样，高勇负责整个调查实施的管理，张彦、向眉负责具体调查实施方面的沟通与协调，调查过程中的督导由吴莹、艾云、杨清媚、陈华珊、张彦、梁萌、张帆、陈建伟、王绍琛、陈永媛、王磊、刘海霞、许博、郑美燕、张旖旎、胡婕婷、冯泽琨、李怀瑞等同志精心地进行了组织。课题组的全体成员认真参与了多次研究报告的讨论。刘良妮、兰丽霞同志对调查的后勤服务保障做了周到细致的安排。刘白驹和葛道顺对各个分报告进行了认真的审读。

在这份年度报告中，第一章由王绍琛撰写；第二章由李汉林、魏钦恭撰写；第三章由艾云撰写；第四章由张彦撰写；第五章由吴莹撰写；第六章由张蒽撰写；第七章由吴建平撰写；第八章由向眉撰写；第九章由葛道顺、张旖旎撰写；第十章由陈建伟撰写；附录一和附录二分别由高勇与陈华珊撰写。